신비한 동양철학 9

운명으로 본 나의 질병과 건강

오상익 편저

삼한

책 머리에

정통 명리학(命理學)인 자미두수(紫微斗數)로 개개인의 질병과 건강상태를 자세히 분석하여 질병을 예방하고 치료하는데 많은 도움을 받을 수 있는 표준자료 집필이 거의 끝날 무렵 동아일보사 여성동아부에서 발표했으면 좋겠다고 했다. 그래서 '여성동아'에 발표하기에는 자료가 너무 방대하다고 난색을 표명했지만 축소하여 중요한 부분만이라도 발표할 수 있도록 요청했다.

따라서 '여성동아' 금년 4월호에 자미두수(紫微斗數) 12궁(宮) 가운데 가장 핵심이 되는 '질액궁(疾厄宮)'에 배열된 성좌(星座)조직으로 선천적인 질병과 건강상태만을 분석할 수 있는 내용을 발표하게 되었다.

이 글이 발표되자 전국 독자들로 부터 많은 전화가 쇄도했다. 전화는 대체로 분석된 내용이 자기의 실제상황과 일치한다고 하면서 자미두수(紫微斗數) 12궁(宮) 가운데 명궁(命宮)과 자녀궁(子女宮) 별로 배열된 성좌(星座) 조직과 함께 후천적인 질병과 건강상태까지 자세히 분석할 수 있는 완전한 표준자료를 빨리 발표해 주도록 요청했다.

'여성동아'에 글이 발표되기에 앞서 김병희 기자님이 주위의 여러 사람들을 대상으로 임상실험한 결과 약 70%가 실제 상황과 일치한다면서 정확성을 더 높일 수 없겠느냐고 문의했다.

이 문의에 대해 '여성동아'에 발표되는 글은 단지 '질액궁(疾厄

宮)'에 배열된 성좌(星座) 조직으로만 분석한 선천적인 질병과 건강상태에 국한된 일부분이기 때문에 그정도의 결과가 나왔지만 완전한 표준자료로 분석한다면 정확성은 훨씬 더 높다고 했다. 그리고 아직 50% 이상 많은 오진(誤診)을 내고 있는 현대의학에 비교할 때 70% 정도의 정확성만 있다고 해도 대단한 것이라고 덧 붙였다.

자미두수(紫微斗數)와 사주학(四柱學)은 동양오술(東洋五術) 가운데 명(命) 분야에 속하는 정통 명리학(命理學)으로서 인간이 오랜 기간 실제 경험을 통하여 얻어진 축적된 지식을 통계한 자료를 근거로 만든 것이기 때문에 1백%의 정확성은 있을 수 없다. 다만 기상대의 일기예보와 같이 높은 확률성을 가지고 있는 것이다. 따라서 어떤 사람에게는 분석한 내용이 실제상황과 일치하지 않는 경우가 있다.

명리학(命理學)인 자미두수(紫微斗數)와 사주학(四柱學)으로 분석할 수 있는 범위도 개인의 능력에 따라 차이는 있지만 반드시 일정한 한계가 있다. 그러나 많은 술사(術士)들은 이와 같이 제한된 범위에서 진실을 논하기에는 부족한 자기 지식을 감추기 위해 허황된 내용으로 과대포장을 하다보니 잘못된 방향으로 흐르게 된다.

실상 우리나라 역술계(易術系)는 현대과학적인 학술방법으로 연구하여 정확한 실체를 밝히면서 진실을 논하는 것이 아니고 대부분 충분하지 못한 지엽적인 지식을 가지고 생계 내지 생활의 수단으로 활용하다 보니 자신의 이익을 위해 과장된 표현으로 사람들을 현혹시키거나 사행심을 조성시키는 등 매우 잘못된 방향으로 흘러가기 때문에 많은 문제와 폐단을 낳고 있는 것이다.

이러한 현실 풍토는 동양오술(東洋五術)(한의학 분야 제외)에 대한 정확한 실체를 이해할 수 있는 기회마저 가질 수 없게 만들었다. 때문에 대부분 사람들은 무엇이 옳고 틀리는지 조차 모르고 지내는 가운데 진실과는 거리가 멀어지게 되었다.

우리나라에 올바른 동양오술(東洋五術) 문화를 창달하려면 많은 지식인들이 참여한 가운데 현대과학적인 학술방법에 의거 연구 분석하여 긍정적인 이론은 더욱 발전시키고 부정적인 이론은 도태시키는 과정에서 합리적인 이론들이 실제 생활에 많이 활용되어 직접 피부로 느낄 수 있는 효과를 거둘 수 있어야 한다.

이와 같은 연구 풍토를 조성하기에 앞서 선행되어야 할 일은 일반 국민들이 동양오술(東洋五術)(한의학 분야 제외) 각 분야에 대한 정확한 실체의 개요만이라도 이해할 수 있는 기회를 부여하여 분별력 있게 대처할 수 있는 능력을 갖추도록 하는 것이다. 그러면 사회 병리적인 나쁜 현상은 자연히 사라지면서 건전한 방향으로 발전될 것이다.

그 일환으로 각종 매스컴에 동양오술(東洋五術) 각 분야에 대한 정확한 실체를 교양강좌로서 많이 활용되고, 대학교와 일반교양교육기관인 주부대학·숙녀대학·평생교육원 등에 교양과목으로 강의가 이루어진다면 커다란 파급 효과와 더불어 다른 어떤 교양과목 보다 인생에 많은 도움이 되는 지식을 얻을 수 있을 것이다.

이 책은 올바른 동양오술(東洋五術) 문화를 창달하고자 하는 필자의 뜻을 받아들인 동아일보사의 적극적인 협조로 '여성동아'에 특별부록으로 계속 연재하고 있는 가운데 금년 4월호에 발표된 자미두수(紫微斗數)로 분석한 인간의 질병과 건강상태에서 아직 공개하지 않은 것으로 자미두수(紫微斗數) 12궁(宮) 중에 명궁(命宮)과 자녀궁(子女宮) 및 기타 십이지궁(十二支宮) 별로 배열된 성좌(星座) 조직과 함께 후천적인 질병과 건강상태까지 자세히 분석할 수 있는 내용을 보완하여 완전한 자료가 되도록 하였다.

그리고 이 책은 현대과학적인 학술연구방법에 충실하기 위해 실제 많은 임상실험을 거치면서 도출해낸 자료이기 때문에 활용하는 사람은 누구나 자신의 선후천적인 질병과 건강상태를 자세히 분석하여, 이를 근거로 질병을 예방하고 치료하는데 직접 피부로 느끼는 커다란 도움을 얻을 수 있을 것이다. 특히 의사(한의사와 서양의사)들이 환자를 진료하는데 활용하면 대단히 큰 도움을 얻을 수 있을 것이다.

따라서 이 책은 예방의학적인 차원에서 사전에 질병을 진단하므로서 건강을 유지하는데 훌륭한 지침을 얻을 수 있기 때문에 현대의학에서 새로운 장을 여는 계기가 될 것이다.

끝으로 올바른 동양오술(東洋五術)문화 창달을 위해 노력하는 필자에게 적극적으로 협조해주고 있는 동아일보사 관계자에게 감사드린다. 특히 필자의 글을 계속 대단히 큰 비중으로 다루어 주시고 계시는 '여성동아' 노용욱 편집장님과 김병희 기자님께 깊은 감사를 드리며, 아울러 노고를 아끼지 않으시고 이 책을 출판해 주신 '삼한출판' 김충호 사장님께도 깊이 감사드린다.

辛未年 陰四月
青松에서 吳相益

차 례

제1장 자미두수(紫微斗數)의 실체와 표준자료

1. 서론
2. 자미두수(紫微斗數)의 의의(意義)와 유래
3. 자미두수(紫微斗數)와 서양점성술(西洋占星術)
4. 자미두수(紫微斗數)와 12궁(宮)
5. 자미두수(紫微斗數)의 활용과 효과
6. 결론

자미두수(紫微斗數)의 실체와 표준자료

1. 서론

고대 희랍의 철인(哲人) 소크라테스는 "너 자신을 알라"라는 유명한 말을 남겼다. 이 말은 평범하면서도 깊은 진리를 담고 있는 것으로 사람이 자기자신을 안다는 것이 언뜻 보기에는 쉬운 것 같지만 여러 가지 관점에서 깊이 생각해보면 매우 어려운 일이라는 것을 금방 깨달을 수 있다.

또한 사람이 자기 자신을 아는 것 가운데 가장 어려운 것이 운명이라고 말할 수 있을 것이다. 운명 가운데서도 미래의 운명은 더욱 예측하기 어려운 것이 된다.

만약 어떤 사람이 자기 자신에게 다가올 미래의 운명을 정확하게 예측할 수 있다면 좋고 나쁜 모든 일에 대하여 사전에 미리 적절하게 대처할 수 있는 기회를 가질 수 있다. 따라서 인위적인 노력으로 좋은 것은 더욱 좋게 하고 나쁜 것은 제거하거나 완화시킬 수 있기 때문에 성공적인 인생을 영위해 나아가는데 매우 큰 도움이 될 것이다. 이와 같은 것을 명리학(命理學)에서 지명조명(知命造命)이라고 한다. 이 말은 운명을 알고 사전에 잘 대처하면 더 좋은 운명으로 살아갈 수 있다는 뜻이다.

인간의 운명은 매우 신비스러운 것이기 때문에 고도로 발달된 현대과학으로도 아직 풀지 못하고 있다. 하지만 수 천년 전 부터 뜻있는 선인(先人)들에 의해 사람이 태어난 자료와 우주의 원리를 응용하여 인간의 운명과 본질을 탐구하는 여러 가지 방법을 창출해 사용하여 왔다. 이 가운데 실제 경험을 통하여 가치성이 없는 것으로 판명된 것은 도태되어 버리고 몇 가지는 지금까지 상당히 가치있는 것으로 인정되어 계속 발전되면서 크게 활용되고 있다.

대표적인 것으로 서양에서는 서양점성술(西洋占星術)이 있고 동양에서는 동양오술(東洋五術) 가운데 명(命) 분야에 속하는 자미두수(紫微斗數)와 사주학(四柱學)이 있다.

자미두수(紫微斗數)와 사주학(四柱學)은 정통 명리학(命理學)으로 오늘 날 중국(中國)에서 양대 산맥을 이루면서 매우 활발히 연구되고 있다. 이들은 서로 자기들이 인간의 운명과 본질을 더 정확하게 판단할 수 있다고 주장하면서 가치성도 충분히 인정받고 있다.

사주학(四柱學)은 지금 우리나라에서 많이 활용되고 있는 것으로 자세한 실체까지는 이해하지 못하더라도 대부분의 사람들은 이것이 인간의 운명을 탐구하는 것이라는 정도는 알고 있다. 그러나 자미두수(紫微斗數)는 아직 우리나라에 잘 알려지지가 않아서 보통 사람들은 무엇을 하는 것인지 조차 모르고 있을 것이다.

자미두수(紫微斗數)는 사주학(四柱學)에 비해 누구나 쉽고 간단하게 접근하여 사주학(四柱學) 이상으로도 인간의 운명을 정확하게 판단할 수 있기 때문에 복잡한 현대사회에 활용하여 많은 도움을 얻을 수 있는 것이다.

이러한 자미두수(紫微斗數)가 아직 우리나라에 잘 알려지지가 않았다는 사실에 놀라움과 함께 매우 안타깝게 생각하면서 실체를 간단히 설명한다.

2. 자미두수(紫微斗數)의 의의(意義)와 유래

고금(古今)을 통해 볼 때 국가의 발전은 천문학(天文學)의 발달과 매우 밀접한 관계를 가지고 있다는 것을 알 수 있다. 예를 들면 중국과 이집트는 6천여년 전에 이미 수준 높은 천문과학(天文科學)을 가지고 고대문명국가로서 위용을 떨쳤다. 오늘날에는 서구의 몇몇 국가에서 가장 발달된 천문과학(天文科學)을 가지고 있으면서 역시 가장 발전된 국가형태를 유지하고 있다.

천문학(天文學)은 모든 과학의 기초와 근본이 되는 것으로 인류의 발전에 매우 중요한 역할을 했다. 그리고 천문학(天文學) 연구의 중요한 자료가 되는 태양계(太陽系)의 행성(行星)들은 우리 인간에게 많은 영향을 미치고 있다는 것은 이미 과학적으로도 증명되었다.

자미두수(紫微斗數)는 성상학(星象學)으로서 일종의 천문학(天文學)이라고도 할 수 있는데 모두 130개나 되는 많은 성좌(星座)들이 인간에게 각각 어떠한 영향이 미치는지를 연구하는 것이다.

또한 자미두수(紫微斗數)는 사주학(四柱學)과 마찬가지로 인간이 오랜 기간 경험을 통하여 얻어진 축적된 지식을 통계한 것을 근거로 하여 각양각색인 인간의 운명을 분석하고 판단하는 것이다.

이러한 자미두수(紫微斗數)는 사람이 태어난 음력(陰曆) 연·월·일·시를 기본자료로 하여 일정한 공식에 따라 12궁(宮)인 명궁(命宮)·형제자매궁(兄弟姉妹宮)·부처궁(夫妻宮)·자녀궁(子女宮)·재백궁(財帛宮)·질액궁(疾厄宮)·천이궁(遷移宮)·교우궁(交友宮)·사업궁(事業宮)·전택궁(田宅宮)·복덕궁(福德宮)·부모궁(父母宮)에 130개 성좌(星座)가 모두 배열된다. 이렇게 배열된 성좌(星座)의 도판(圖板)을 명판(命板)(아래 도표참조)이라고 하며 이 명판(命板)을 기준으로 하여 인간의 미묘한 운명을 탐구하고 분석하는 것이다. 그리고 모든 성좌(星座) 가운데 자미성(紫微星)이 가장 우두머리이기 때문에 자미두수(紫微斗數)라고 한다.

자미두수(紫微斗數)에 출현되는 130개나 되는 많은 성좌(星座)는 다체로운 변화가 이루어지는 현대 사회에 생활하고 있는 인간의 성격을 비롯하여 자세한 생활부분까지 분석할 수 있으므로 오늘날과 같이 복잡한 사회에 적절히 활용하면 많은 도움을 받을 수 있다.

이러한 자미두수(紫微斗數)는 도교(道敎)의 도장경(道臟經)에 실려있는 것이 자료로서는 가장 오래된 것으로 중국(中國)의 여순양(呂純陽)이 창시해 전해 내려온 것을 송(宋)나라 때 진희이(陳希夷)가 이 것을 근거로 다시 깊이 연구해 완전한 형식으로 집대성 하였다. 따라서 오늘날의 자미두수(紫微斗數)는 진희이(陳希夷)가 만든 형식으로 이루어져 있으며 중국(中國) 명(明)나라 때 나홍선(羅洪先)과 청(淸)나라 때 청성도사(靑城道士) 등을 거치면서 계속 발전해 지금에 이르게 되었

〈명판(命板)〉

太陽星 天巫星 陀羅星 天姚星 文昌星 臨官星 天馬星 力士星 天虛星 空亡星 巳 (事業宮) 宮	破軍星 陰煞星 祿存星 天傷星 右弼星 冠帶星 地空星 博士星 恩光星 午 (交友宮) 宮	天機星 天月星 擎羊星 沐浴星 華蓋星 官府星 天哭星 封誥星 未 (遷移星) 宮	紫微星 天廚星 天府星 天使星 天鉞星 截路星 左輔星 長生星 天德星 伏兵星 申 (疾厄宮) 宮
武曲星 帝旺星 地劫星 青龍星 八座星 化祿星 月德星 旬中星 紅鸞星 辰 (田宅宮) 宮	己亥年(1959년)5月15日 巳時生		太陰星 養 星 文曲星 大耗星 破碎星 化忌星 天官星 空亡星 酉 (財帛宮) 宮
天同星 鈴 星 龍池星 衰 星 小耗星 卯 (福德宮) 宮			貪狼星 天喜星 天貴星 胎 星 三台星 病符星 天壽星 化權星 寡宿星 戌 (子女宮) 宮
七殺星 將軍星 火 星 孤辰星 天福星 病 星 寅 (父母宮) 宮	天梁星 化科星 蜚廉星 天刑星 死 星 奏書星 丑 (命宮) 宮	廉貞星 天空星 天相星 解神星 天魁星 基 星 天才星 飛廉貞 咸池星 子 (兄弟姉妹宮)宮	巨門星 鳳閣星 台輔星 絶 星 喜神星 亥 (夫妻宮) 宮

다.

그런데 자미두수(紫微斗數)는 실제로 최근 20여년 동안에 현대인에 의해 가장 많은 발전을 이루었다.

3. 자미두수(紫微斗數)와 서양점성술(西洋占星術)

동양의 점성술(占星術)이라고도 할 수 있는 자미두수(紫微斗數)와 서양점성술(西洋占星術)은 모두 성좌(星座)를 이용하여 인간의 운명과 본질을 탐구하고 분석하는 것으로 서로 비슷한 형태를 가지고 있다. 그러나 사용되는 성좌수(星座數)와 응용되는 방법이 다르기 때문에 분석할 수 있는 영역(領域)과 정확성에 많은 차이가 있다.

자미두수(紫微斗數)에 활용되는 성좌(星座)는 자미성(紫微星)을 비롯하여 모두 130개나 되지만 서양점성술(西洋占星術)에 활용되는 성좌(星座)는 모두 22개로서 목양좌(牧羊座)・목우좌(牧牛座)・쌍자좌(雙子座)・천해좌(天蟹座)・사자좌(獅子座)・처녀좌(處女座)・천칭좌(天秤座)・천헐좌(天蠍座)・사수좌(射手座)・산양좌(山羊座)・수병좌(水甁座)・쌍어좌(雙魚座) 및 태양(太陽)・달(月)・수성(水星)・금성(金星)・화성(火星)・목성(木星)・토성(土星)・천왕성(天王星)・해왕성(海王星)・명왕성(冥王星)이다.

자미두수(紫微斗數)와 서양점성술(西洋占星術)에 사용되는 성좌(星座)는 모두 하나 하나 독특한 특질을 가지고 있으며 그 특질이 바로 인간의 운명을 탐구하고 분석하는 중요한 자료가 된다. 따라서 서양점성술(西洋占星術)에 비해 약 6배 정도 많은 성좌(星座)를 사용하고 있는 자미두수(紫微斗數)가 그 만큼 더 많은 특질을 인간에게 적용시킬 수 있다.

그러므로 동양의 자미두수(紫微斗數)가 서양점성술(西洋占星術)에 비해 훨씬 세밀하고 정확하게 인간의 운명과 본질을 탐구하고 분석할 수 있다.

4. 자미두수(紫微斗數)와 12궁(宮)

자미두수(紫微斗數)는 자미성(紫微星)을 비롯해서 모두 130개의 성좌(星座)가 공식에 따라 명궁(命宮) 등 12궁(宮)에 각각 배열된다. 각 궁(宮)에 배열된 성좌(星座)는 그 궁(宮)이 대표하는 뜻에 따라 어떤 내용이 분석된다. 예를 들면 부모궁(父母宮)에 배열된 성좌(星座)는 주로 부모에 대한 내용으로 분석된다.

이와 같이 성좌(星座)가 배열되어 있는 12궁(宮)이 대표하는 뜻이 각각 무엇인지를 이해하면 자미두수(紫微斗數)로 분석되는 내용을 쉽게 이해할 수 있다.

(1) 명궁(命宮)과 신궁(身宮)

이 궁(宮)에 배열된 성좌(星座)는 주로 사람의 성격과 본질 등을 비롯하여 전반적인 운명을 대표한다고 말할 수 있다.

명궁(命宮)은 선천적(先天的)인 운명을 대표하고 신궁(身宮)은 후천적(後天的)인 운명을 대표한다. 그러므로 명궁(命宮)이 좋지 않고 신궁(身宮)이 좋으면 후천적(後天的)으로 노력하여 운명을 많이 개선할 수 있다.

반면에 명궁(命宮)이 좋고 신궁(身宮)이 좋지 않으면 비록 어려움을 만날지라도 노력하여 충분히 극복할 수 있다.

(2) 형제자매궁(兄弟姉妹宮)

이 궁(宮)에 배열된 성좌(星座)는 주로 형제자매에 대한 전반적인 내용을 대표한다. 예를 들면 형제자매들과 사이가 어떠한지 또는 형제자매들의 발전상태가 어떠한지 등을 분석할 수 있다.

(3) 부처궁(夫妻宮)

이 궁(宮)에 배열된 성좌(星座)는 주로 남녀와 부부에 대한 전반적인 내용을 대표한다. 예를 들면 배우자가 어떠한 사람인지 또는 부부간의 사이가 어떠하며 어떠한 문제가 발생되는지 등을 분석할 수 있다.

(4) 자녀궁(子女宮)

이 궁(宮)에 배열된 성좌(星座)는 주로 자녀에 대한 전반적인 내용을 대표한다. 예를 들면 자녀들의 발전상태가 어떠한지 또는 자녀들의 숫자가 얼마나 되는지 등을 분석할 수 있다.

(5) 재백궁(財帛宮)

이 궁(宮)에 배열된 성좌(星座)는 주로 재운(財運)에 대한 전반적인 내용을 대표한다. 예를 들면 돈을 언제 얼마나 벌 수 있는지 또는 어떠한 돈을 벌 수 있는지 등 주로 동산(動產)에 대한 것을 분석할 수 있다.

(6) 질액궁(疾厄宮)

이 궁(宮)에 배열된 성좌(星座)는 주로 질병에 대한 전반적인 내용을 대표한다. 예를 들면 건강상태가 어떠한지 또는 신체의 어떤 부분이 허약하며 어떠한 질병이 발생할 가능성이 많은지 등을 분석할 수 있다.

(7) 천이궁(遷移宮)

이 궁(宮)에 배열된 성좌(星座)는 주로 이동상태에 대한 전반적인 내용을 대표한다. 예를 들면 직장에 대한 이동상태가 어떠한지 또는 이사에 대한 내용 등을 분석할 수 있다.

(8) 교우궁(交友宮)

이 궁(宮)에 배열된 성좌(星座)는 주로 인간관계에 대한 전반적인 내용을 대표한다. 예를 들면 직장 상사나 부하들과의 관계가 어떠한지 또는 친구들과의 관계가 어떠한지 등을 분석할 수 있다.

(9) 사업궁(事業宮)

이 궁(宮)에 배열된 성좌(星座)는 주로 직업과 사업에 대한 전반적인 내용을 대표한다. 예를 들면 어떠한 직업이나 사업을 선택하는 것이 좋은지 또는 사업이나 직장에서의 발전상태가 어떠한지 등을 분석할 수 있다.

(10) 전택궁(田宅宮)

이 궁(宮)에 배열된 성좌(星座)는 주로 부동산(不動產)에 대한 전반적인 내용을 대표한다. 예를 들면 부동산(不動產)을 얼마나 가질 수 있는지 또는 생활환경이 어떠한지 등을 분석할 수 있다.

(11) 복덕궁(福德宮)

이 궁(宮)에 배열된 성좌(星座)는 주로 정신적인 상태에 대한 전반적인 내용을 대표한다. 예를 들면 생활속에서 느끼는 심리적인 상태가 어떠한지 등을 분석할 수 있다.

(12) 부모궁(父母宮)

이 궁(宮)에 배열된 성좌(星座)는 주로 부모에 대한 전반적인 내용을 대표한다. 예를 들면 어떠한 부모를 가지고 있는지 또는 부모와의 관계가 어떠한지 등을 분석할 수 있다.

5. 자미두수(紫微斗數)의 활용과 효과

자미두수(紫微斗數)로 인간의 운명속에 내재된 본질과 역량을 정확하게 분석하여 적절히 잘 활용한다면 상당히 좋은 효과를 얻을 수 있을 것이다. 예를 들어 어떤 사람이 어디에 투자를 해 돈 5억을 벌었다고 하자, 그런데 자미두수(紫微斗數)로 이 사람의 재운(財運)을 분석해 본 결과 10억을 벌 수 있는 역량을 가지고 있다 했을 때 명리학적(命理學的)으로 계산하면 5억을 손해 본 셈이 된다. 왜냐하면 만약 이 사람이 그 때 10억을 벌 수 있는 재운(財運)이 자기에게 있다는 것을 미리 알고 더욱 적극적인 방법으로 계속 과감히 투자했다면 10억을 벌 수 있었기 때문이다.

반면에 어떤 사람의 재운(財運)을 분석해 본 결과 5억을 벌 수 있는 역량 밖에 없다고 했을 때 어디에 투자를 해서 5억 정도 벌었으면 더 이상 투자하는 것을 중지하고 보수적인 행동을 취한다면 번 돈을 모두 유지할 수 있지만 돈이 잘 벌린다고 계속 적극적으로 투자를 하다가는 그때까지 번 5억은 물론 본전까지 날릴 위험이 있다.

그러므로 어떤 일을 도모하고자 할 때는 미리 그 분야에 대한 자기 자신에게 내재된 본질과 역량을 명리학(命理學)으로 정확하게 분석한 다음 그 결과를 참고로 하여 일을 처리하면 적절히 잘 대처할 수 있기 때문에 좋은 효과를 거둘 수 있을 것이다.

정통 명리학(命理學)인 자미두수(紫微斗數)나 사주학(四柱學)으로 인간의 운명을 정확하게 분석하여 활용할 수 있는 수준에 이르려면 상당히 오랜 기간 심혈을 기울여 연구해야 가능하다. 그러므로 대부분 사람들은 직접 활용할 수 있는 수준에 이르지 못하고 있어 반드시 전문가와 직접 접촉해야 되는 불편한 과정이 필요할 뿐 아니라 또한 전문가의 수준 차이로 많은 문제점이 발생할 가능성이 있다.

필자는 오랜 기간 중국(中國)에서 명리학(命理學)을 학술적으로 연구하면서 이 분야에 지식이 전혀 없는 사람이라도 간단한 절차로 쉽게 활용하여 소기의 목적을 달성할 수 있는 표준자료를 만들 수 있다면 많은 사람들에게 큰 도움이 될 수 있다고 생각하고 검토하게 되었다.

그 결과 명리학(命理學) 가운데 사주학(四柱學)은 문제점이 많이 있어 완전한 표준자료를 만들 수가 없다는 결론이 나왔으나 자미두수(紫微斗數)는 높은 수준에 있는 전문가라면 완전한 표준자료를 만들 수 있다는 확신을 얻고 연구한 결과 먼저 몇 개 분야에 대한 표준자료를 구상하여 집필하기 시작했다.

이 표준자료는 누구나 자기 자신이 태어난 정확한 자료만 알고 있으면 간단한 방법으로 활용하여 다양한 변화가 이루어지고 있는 현대사회를 지혜롭게 살아가는데 많은 도움을 받을 수 있을 것이다.

(1) 질병에 대한 표준자료

인간에게 발생되는 모든 질병에 대해 사전에 미리 탐지할 수만 있다면 질병을 예방하는데 매우 큰 효과를 거둘 수 있을 것이다. 그러나 대부분의 질병은 자신도 모르는 사이에 침범하여 어떤 문제가 발생되면 병원을 찾아가서 치료를 받게 된다.

현대의학도 질병을 치료하는 데는 지대한 효과를 발휘하지만 진단에 있어서는 아직 높은 비율로 오진(誤診)을 내고 있을 뿐 아니라 현재 상태에서 아무런 이상이 없을 때는 앞으로 언제 어떠한 질병이 발생할 가능성이 많다는 것까지는 진단할 수가 없기 때문에 질병을 원천적으로 예방하는 데는 많은 문제점이 있다.

자미두수(紫微斗數)는 사람이 태어나서 부터 일생동안의 건강상태를 미리 분석할 수 있기 때문에 질병을 원천적으로 예방하는데 매우 좋은 효과를 거둘 수 있다. 예를 들면 인체의 어떤 부분이 허약한지 또한 언제 어떤 질병이 발생할 가능성이 많은지를 미리 분석할 수 있기 때문에 허약한 부분은 보강시키고 발생할 가능성이 많은 질병에 대해서는 사전에 원인이 될 수 있는 요소들을 최대한으로 제거시킬 수 있으므로 자연히 질병으로 부터 예방되어 건강하게 지낼 수 있을 것이다.

자미두수(紫微斗數)는 이미 발생된 많은 질병에 대해서도 정확한 원인을 규명할 수 있기 때문에 치료에 큰 도움을 얻을 수 있다. 예를 들면 다친데도 없이 허리가 아픈 증상이 중년 부인들에게 많이 나타나는데 온갖 치료방법을 다 동원해도 효과를 얻지 못하고 고생하는 사람이 많이 있다. 필자의 친척이 이런 증상으로 고생하고 있어 자미두수(紫微斗數)로 분석해 보니 심장이 매우 허약하면서 위가 좋지 않은 결과는 나왔지만 허리 자체에는 아무런 이상이 없는 것으로 나타났다. 그러면 이 환자의 허리가 아픈 원인은 심장이 허약하고 위가 나쁜데 있다. 왜냐하면 한의학적으로 보면 심장이 허약하거나 위가 허한(虛寒)하면 허리가 아픈 증상이 온다고 했으니 이 환자는 바로 이러한 원인에서 나타난 증상이라고 말할 수 있다.

그러므로 이 환자는 허리 자체의 치료보다 심장과 위를 강하게 해주는 치료방법을 택하면 심장과 위의 상태가 점점 좋아지면서 허리가 아픈 증상도 점점 사라질 것이다.

이와같이 근본적인 원인을 규명하여 치료하지 않고 단지 현대 의학적인 차원에서 외과적인 약물 치료방법을 택한다면 일시적인 효과는 있을지라도 근본적으로는 더욱 악화시키는 결과를 초래할 것이다. 왜냐하면 현대 의학의 외과적인 약물치료 과정에서 먹는 신경계통의 약은 위를 상하게 하는 요인이 많이 있어 위를 더욱 약하게 만들기 때문이다.

이 책은 인간의 질병과 건강상태를 자세하게 분석할 수 있는 표준자료이다. 따라서 이 책을 활용하는 사람은 누구나 자신의 질병을 예방하고 치료하는데 많은 도움을 얻을 수 있을 것이다.

(2) 자녀지도에 대한 표준자료

사람은 태어나서 성장하는 동안 크고 작은 여러 가지 변화가 일어난다. 그 가운데 심리적인 변화는 인격을 형성하는데 매우 중요한 역할을 한다. 예를 들면 어릴 때 매우 착하던 자녀가 청소년이 되어서 성격이 거칠게 변하여 많은 문제를 발생시키는가 하면 어떤 자녀는 어릴 때 성격이 난폭해 많은 문제를 일으키더니 청소년이 되면서 매우 착한 행동을 하는 경우를 볼 수 있다.

사람은 누구나 성장하는 과정에서 여러 가지 주위 환경의 영향을 받으면서 본질과 성격에 크고 작은 변화가 일어난다. 더우기 급속한 경제 발전과 더불어 유입된 잘못된 서구문명은 더 많은 청소년들을 탈선의 현장으로 불러들이고 있다. 이와 같이 날로 퇴폐해져 가는 사회에 생활하고 있는 나의 자녀가 잘못되지 않는다고는 아무도 장담할 수 없다.

오늘날과 같이 퇴폐한 것이 날로 더해가는 사회에서는 어릴 때부터 자녀들의 지도가 특히 중요시 된다. 자녀지도에 앞서 가장 중요한 것은 자녀에게 깊숙히 내재된 본질과 성격을 잘 분석하는 것이다. 만약 이것이 정확하게만 분석된다면 자녀를 지도하는 것은 비교적 쉬워진다.

하지만 자기가 낳아서 기르고 있는 자녀라고 해도 깊숙히 내재된 본질과 성격을 정확하게 분석하여 지도하기란 쉬운 일이 아니다. 따라서 대부분의 자녀들이 부모들의 지극한 정성과 지도속에서 성장하지만 적지 않은 청소년들이 잘못된 길로 접어들어 문제아가 되고 있다.

자미두수(紫微斗數)는 깊숙히 내재되어 파악하기 어려운 사람의 성격과 본질을 상당히 정확하게 분석할 수 있기 때문에 자녀지도에 활용하면 매우 좋은 효과를 얻을 수 있을 것이다. 자미두수(紫微斗數)로 인간에게 내재된 성격과 본질을 분석해 보면 일정한 주기에 따라 변화가 일어나는데 10년 주기에는 비교적 큰 변화가 나타난다. 예를 들면 선천적인 명판(命板)이 비록 착한 성격과 본질을 가지고 있다 할지라도 10년 주기에 따라 후천적으로 좋지 않는 명판(命板)에 이르게 되면 쉽게 탈선하여 좋지 않게 되는 경향이 많다.

그러므로 부모들은 자녀들이 성장하는 과정에서 변화하는 여러 가지 내재된 성격과 본질을 자미두수(紫微斗數)로 미리 분석해서 어린 시절부터 적절하게 잘 지도하면 문제아가 되지 않고 훌륭한 사람으로 성장시키는데 커다란 도움이 될 것이다.

이와같이 사람에게 깊숙히 내재된 성격과 본질을 분석할 수 있는 표준자료를 곧 집필하여 누구나 쉽게 이용해 자녀들의 지도에 많은 도움이 되도록 할 예정이다.

(3) 남녀와 부부에 대한 표준자료

오늘날 우리 사회는 서구의 개방주의 사상이 많이 유입되어 남녀와 부부사이도 아주 자유스러운 단계에 이르게 되었다. 이에 따라 서로간에 욕구가 다양해지면서 많은 문제가 발생되고 있다.

명리학적(命理學的)으로 보면 우리 인간은 태어날 때 이미 배우자에 대한 것을 비롯하여 결혼생활에 대한 전반적인 것이 정해져 있다. 다만 후천적으로 얼마나 변화시키느냐가 중요한 문제이다.

자미두수(紫微斗數)는 결혼 상대자가 어떤 사람이며, 결혼해서 어떤 문제가 발생하며, 또한 어떤 관계를 유지하는지 등에 대하여 사전에 분석할 수 있다. 그러므로 이것을 근거로 미혼자는 인위적인 방법을 통하여 더욱 잘 어울리는 배우자를 선택할 수 있을 것이고, 결혼한 부부들은 내재된 근본 원인에 따라 제시된 여러가지 인위적인 노력을 통하여 좋지 않은 원인을 많이 제거시킬 수 있기 때문에 원만하지 못한 부부 사이도 좋게 하는데 많은 도움이 될 수 있을 것이다.

이와 같이 남녀와 부부에 대한 전반적인 내용을 분석할 수 있고 단점을 보완해 줄 수 있는 방법이 제시된 표준자료를 곧 집필하여 누구나 쉽게 이용해 좋은 배우자를 선택하고 원만한 부부 관계를 유지하는데 많은 도움이 되도록 할 예정이다.

(4) 사업과 재운(財運)에 대한 표준자료

사업에 성공해서 돈을 많이 번 사람도 있지만 실패하여 많은 돈을 잃은 사람도 있다. 사업에 성공하고 실패하는 원인은 여러가지가 있을 것이다. 그러나 명리학적(命理學的)으로 보면 사업의 성패는 재운(財運)과 사업운의 성쇠에 의해 결정된다고 판단한다.

그러므로 어떤 사업이나 투자를 하고자 할 때는 사전에 자기 자신의 재운(財運)과 사업운의 주기를 자세히 분석해 상승하는 시기에는 적극적인 자세와 함께 과감히 투자를 하고 쇠퇴하는 시기에는 보수적인 자세를 취하면 사업을 비롯해 여러 가지 크고 작은 투자에서 손해를 보지 않고 많은 이익을 남기는데 커다란 도움이 될 것이다.

이와 같이 재운(財運)과 사업운에 대한 성쇠를 자세히 분석할 수 있는 표준자료를 곧 집필하여 누구나 쉽게 이용해 사업이나 투자에 많은 도움이 되도록 할 예정이다.

6. 결론

명리학(命理學)의 실체를 정확하게 이해하지 못하고 있으면서 불확실한 견해로 배척만 하는 사람이 있는가 하면 어떤 사람은 맹신하는 경향이 있다. 이러한 태도는 과학문명이 고도로 발달된 현대사회에 생활하고 있는 사람으로서 바람직한 행위라고 할 수 없다. 왜냐하면 어떤 것을 받아들이는데 있어서 반드시 그 실체를 정확하게 이해한 뒤 비로소 자신의 사고에 비추어 부정을 하던지 또는 긍정을 하는 것이 현대인의 진정한 자세이기 때문이다.

정통 명리학(命理學)으로 인간의 운명과 본질을 정확하게 분석하면 그 결과가 실제 상황과 상당히 높은 확률로 일치한다. 또한 이론 전개과정이 합리적인 논리성을 가지고 있기 때문에 미신으로 취급해서 배척만 하는 행위는 무지(無知)한 사람이라고 말할 수 있다. 그렇다고 무조건 믿을 수 있을 만큼 실제 상황과 모두 일치하는 것이 아니기 때문에 맹신하는 행위는 어리석은 사람이라고 말할 수 있다.

정통 명리학(命理學)은 인간의 운명과 본질을 탐구하고 분석하는 것이지만 모든 내용은 단지 가능성을 제시하는 것에 불과하므로 어떤 확정된 결론을 내리는 것은 매우 잘못된 행위라고 말할 수 있다. 그런데 시중의 많은 술사(術士)들은 자신의 위엄성을 높이기 위해 일정한 한계를 넘어선 터무니 없는 어떤 결론을 내리면서 많은 사람들을 현혹시키고 있다.

정통 명리학(命理學)인 자미두수(紫微斗數)는 사람을 현혹시키거나 일정한 한계를 넘어선 터무니 없는 내용으로 사행심을 조장하는 도구로 잘못 이용되어서는 않된다. 반드시 철저한 이론 전개과정을 거쳐 나타난 결과가 실제 피부로 느낄 수 있어야 한다.

예를 들어 인간에게 내재된 본질을 자미두수(紫微斗數)로 분석하여 질병 예방, 자녀지도, 배우자 선택, 사업 등에 분별력 있게 활용하면 반드시 피부로 직접 느끼는 도움을 받을 것이다.

제 2 장 자미두수(紫微斗數)로 질병과 건강상태 보는 방법

♥ 41

자미두수(紫微斗數)로 질병과 건강상태 보는 방법

자미두수(紫微斗數)의 명판(命板)은 고정적으로 되어있는 십이지궁(十二支宮)인 자궁(子宮), 축궁(丑宮), 인궁(寅宮), 묘궁(卯宮), 진궁(辰宮), 사궁(巳宮), 오궁(午宮), 미궁(未宮), 신궁(申宮), 유궁(酉宮), 술궁(戌宮), 해궁(亥宮)에 사람에 따라 각각 다르게 배열되는 명궁(命宮), 형제자매궁(兄弟姉妹宮)·부처궁(夫妻宮)·자녀궁(子女宮)·재백궁(財帛宮)·질액궁(疾厄宮)·천이궁(遷移宮)·교우궁(交友宮)·사업궁(事業宮)·전택궁(田宅宮)·복덕궁(福德宮)·부모궁(父母宮)의 12개 궁(宮)과 모두 130개 성좌(星座) 등으로 이루어져 있다.

이 가운데 질액궁(疾厄宮), 명궁(命宮), 자녀궁(子女宮) 및 십이지궁(十二支宮) 별로 배열된 성좌(星座)조직을 보고 인간의 선후천(先後天)적인 질병과 건강상태를 자세히 분석할 수 있다.

또 자미두수(紫微斗數)에 사용되는 성좌(星座)는 모두 1백30개나 되나 여기서는 복잡함을 피하기 위해 인간의 질병과 건강상태를 분석하는데 반드시 필요한 41개 성좌만을 선별하여 활용하기로 하고 명판(命板)도 꼭 필요한 내용만 기록하기로 한다.

그러므로 "명판(命板) 작성법(作成法)" 순서에 따라 명판(命板)에 41개 성좌(星座)를 모두 배열하여 "질병과 건강상태 보는 방법"에 따라 분석된 내용을 보면 된다.

〔명판(命板) 작성법(作成法)〕

(1) 먼저 백지(白紙)를 준비해 아래 도표와 같이 십이지궁(十二支宮)만 표기된 명판(命板)을 그린다. 이 도표는 고정된 것이다.

(2) 음력(陰曆)으로 태어난 정확한 연(年)·월(月)·일(日)·시(時)를 명판(命板) 중앙에 있는 사각형 안에 도표와 같이 표기한다. 예를 들어 음력 1951년 8월 18일 오전 8시에 출생한 사람은 아래의 명판(命板)과 같이 표기한다.

이 때 주의해야 할 사항이 몇 개 있다.

첫째 : 태어난 연(年)·월(月)·일(日)을 양력(陽曆)으로 밖에 모를 때는 부록에 있는 "음양력(陰陽曆) 대조표(對照表)"를 보고 반드시 음력(陰曆)으로 바꾸어야 한다.

둘째 : 태어난 해의 연(年)은 반드시 육십갑자(六十甲子)로 표기한다. 예와 같이 1951년에 태어난 사람은 신묘년(辛卯年)으로 표기하는 식이다.(태어난 해의 육십갑자를 모르는 사람은 부록에 있는 "음양력 대조표"를 보면 된다).

셋째 : 태어난 월(月)과 일은 예와 같이 아라비아 숫자로 표기한

巳　宮	午　宮	未　宮	申　宮
辰　宮			酉　宮
卯　宮			戌　宮
寅　宮	丑　宮	子　宮	亥　宮

다. 이때 주의사항은 태어난 달이 만약 윤달(閏月)이면 그 달을 이등분하여 전반기(前半期)에 태어났으면 윤달을 그대로 표기하고 후반기(後半期)에 태어났으면 다음 달을 표기한다.

예를 들어 어떤 사람이 윤5월(閏五月)에 태어나고 그 윤5월이 29

巳 宮	午 宮	未 宮	申 宮
辰 宮	辛卯年 8月18日 辰時		酉 宮
卯 宮			戌 宮
寅 宮	丑 宮	子 宮	亥 宮

일 간으로 되어 있다면 윤5월 1일 부터 14일 낮 12시 사이에 태어난 사람은 5월로 표기하고, 윤5월 14일 낮12시 부터 29일 사이에 태어난 사람은 6월로 표기한다.

넷째 : 태어난 시(時)는 십이지(十二支)로 환산하여 표기한다

(아래 십이지 시간 환산표 참조).

십이지(十二支)시간 환산표

十二支	어제 날짜	오늘 날짜													내일 날짜
	子時	子時	丑時	寅時	卯時	辰時	巳時	午時	未時	申時	酉時	戌時	亥時	子時	子時
시간	23시 ~ 0시	0시 ~ 1시	1시 ~ 3시	3시 ~ 5시	5시 ~ 7시	7시 ~ 9시	9시 ~ 11시	11시 ~ 13시	13시 ~ 15시	15시 ~ 17시	17시 ~ 19시	19시 ~ 21시	21시 ~ 23시	23시 ~ 0시	0시 ~ 1시

이 때 주의해야 할 사항이 두 가지 있다.

① 태어난 정확한 시간 산출법은 자기가 출생한 곳에 태양이 지나가는 때를 정각 낮 12시로 기준해야 된다. 현재 우리나라는 동경 135도 자오선상에 태양이 통과할 때를 낮 12시로 정한 것이기 때문에 실제 경도가 다른 우리나라 각 지점을 통과하는 시간과는 다르다.

예를 들어 경기도 수원시는 동경 약 127도 지점에 위치하고 있기 때문에 경도 1도 작으면 시간으로 4분이 늦어지므로 수원시는 현재 우리나라 표준시로 정한 동경 135도 보다 8도가 작다. 그러므로 현재 우리가 사용하고 있는 시간보다 32분이 늦은 낮 12시 32분에 태양이 이 곳을 통과하게 된다. 그래서 수원시에서 태어난 모든 사람의 십이지(十二支) 시간 환산은 모두 32분을 늦게 계산해야 된다. 예를 들면 오시(午時)는 11시 32분에서 13시 32분 사이가 되고, 미시(未時)는 13시 32분에서 15시 32분 사이가 되고, 신시(申時)는 15시 32분에서 17시 32분 사이가 된다(모든 지도(地圖)에 경도가 표시 되어 있기 때문에 자기가 태어난 곳에 태양이 통과하는 시간을 쉽게 계산할 수 있다. 경도가 1도 작으면 시간으로 4분이 늦고 경도가 1분 작으면 시간으로 4초 늦게 계산하면 된다).

② 일광절약시간(日光節約時間) 즉 서머타임을 실시한 기간에 태어난 사람은 1시간 앞당겨 계산해야 된다. 예를 들면 그 기간의 오전 8시에 태어난 사람은 오전 7시로 계산해야 된다(역대 서머타임 실시 기간은 아래 도표 참조).

(역대 썸머타임 실시 기간)

년　도	기　　　　간
1948년	5월31일 자정~9월22일 자정
1949년	4월3일 자정~9월11일 자정
1950년	4월1일 자정~9월10일 자정
1955년	5월5일 자정~9월8일
1956년	5월20일 자정~9월19일
1959년	5월3일 자정~9월19일 24시
1987년	5월 둘째 일요일 02시~10월 둘째 일요일 03시

(3) 양남녀(陽男女)와 음남녀(陰男女)를 구별하여 명판(命板) 중앙에 있는 사각형 안에 표기한다.

	태어난 해(年)의 天干
陽男과陽女	甲 · 丙 · 戊 · 庚 · 壬
陰男과陰女	乙 · 丁 · 己 · 辛 · 癸

도표와 같이 태어난 해의 천간(天干)이 양간(陽干)에 속하는 갑(甲)·병(丙)·무(戊)·경(庚)·임(壬)이면 양남(陽男)과 양녀(陽女)가 되고 태어난 해의 천간(天干)이 음간(陰干)에 속하는 을(乙)·정(丁)·기(己)·신(辛)·계(癸)이면 음남(陰男)과 음녀(陰女)가 된다.

예를 들어 음력 1951년 8월 18일 오전 8시에 출생한 사람은 태어난 해가 신묘년(辛卯年)이기 때문에 천간(天干)에 속하는 신(辛)은 음간(陰干)에 해당됨으로 남자는 음남(陰男)이 되고 여자는 음녀(陰女)가 된다. 이것을 명판(命板)에 표기하면 아래와 같다.

다.

巳　宮	午　宮	未　宮	申　宮
辰　宮	辛卯年 8月18日 辰時 ★陰男 혹은 陰女		酉　宮
卯　宮			戌　宮
寅　宮	丑　宮	子　宮	亥　宮

(4) 명궁(命宮)을 명판(命板)에 있는 십이지궁(十二支宮)에 정한다.

명궁(命宮)은 태어난 월(月)과 태어난 시(時)의 배합에 의해 위치가 결정되는 것으로 아래의 명궁 위치표에서 쉽게 찾을 수 있다.

〈명궁(命宮) 위치표〉

生月 生時	1 月	2 月	3 月	4 月	5 月	6 月	7 月	8 月	9 月	10 月	11 月	12 月
子時	寅	卯	辰	巳	午	未	申	酉	戌	亥	子	丑
丑時	丑	寅	卯	辰	巳	午	未	申	酉	戌	亥	子
寅時	子	丑	寅	卯	辰	巳	午	未	申	酉	戌	亥
卯時	亥	子	丑	寅	卯	辰	巳	午	未	申	酉	戌
辰時	戌	亥	子	丑	寅	卯	辰	巳	午	未	申	酉
巳時	酉	戌	亥	子	丑	寅	卯	辰	巳	午	未	申
午時	申	酉	戌	亥	子	丑	寅	卯	辰	巳	午	未
未時	未	申	酉	戌	亥	子	丑	寅	卯	辰	巳	午
申時	午	未	申	酉	戌	亥	子	丑	寅	卯	辰	巳
酉時	巳	午	未	申	酉	戌	亥	子	丑	寅	卯	辰
戌時	辰	巳	午	未	申	酉	戌	亥	子	丑	寅	卯
亥時	卯	辰	巳	午	未	申	酉	戌	亥	子	丑	寅

도표를 보면 태어난 달이 6월이고 태어난 시간이 사시(巳時)이면 명궁(命宮)은 십이지궁(十二支宮) 가운데 6월과 사시(巳時)가 교차해 만나는 인궁(寅宮)에 위치하게 된다. 예를 들어 음력 1951년(辛卯年) 8월 18일 오전 8시(辰時)에 태어난 남자는 8월과 진시(辰時)가 교차하는 십이지궁(十二支宮) 가운데 사궁(巳宮)에 명궁(命宮)이 위치하게 된다. 이것을 명판(命板)에 표기하면 아래와 같다.

(5) 12개 궁(宮)을 명판(命板)에 있는 십이지궁(十二支宮) 에 모두 정한다.

12개 궁(宮)은 명궁(命宮)에서 부터 시계 반대 방향으로 다음 순서에 따라 십이지궁(十二支宮) 에 하나 씩 배열하면 된다.

① 명궁(命宮), ② 형제자매궁(兄弟姊妹宮), ③ 부처궁(夫妻宮), ④ 자녀궁(子女宮), ⑤ 재백궁(財帛宮), ⑥ 질액궁(疾厄宮), ⑦ 천이궁(遷移宮), ⑧ 교우궁(交友宮), ⑨ 사업궁(事業宮), ⑩ 전택궁(田宅宮),

★ (命宮) 巳　宮	午　宮	未　宮	申　宮
辰　宮	辛卯年 8月18日 辰時 陰男		酉　宮
卯　宮			戌　宮
寅　宮	丑　宮	子　宮	亥　宮

⑪ 복덕궁(福德宮), ⑫ 부모궁(父母宮).

예를 들어 음력 1951년(辛卯年) 8월 18일 오전 8시(辰時)에 출생한 남자는 명궁(命宮)이 십이지궁(十二支宮) 가운데 사궁(巳宮)에 위치하고 있기 때문에 명궁(命宮)이 있는 사궁(巳宮)부터 시계 반대 방향으로 순서대로 배열하면 아래의 명판(命板)과 같다.

★(命宮) 巳 宮	★(父母宮) 午 宮	★(福德宮) 未 宮	★(田宅宮) 申 宮
★(兄弟姉妹宮) 辰 宮	辛卯年 8月18日 辰時 陰男		★(事業宮) 酉 宮
★(夫妻宮) 卯 宮			★(交友宮) 戌 宮
★(子女宮) 寅 宮	★(財帛宮) 丑 宮	★(疾厄宮) 子 宮	★(遷移宮) 亥 宮

(6) 오행국(五行局)을 정하여 명판(命板) 중앙에 있는 사각형 안에 표기한다. 오행국(五行局)은 태어난 해의 천간(天干)과 명궁(命宮)이 위치하고 있는 십이지궁(十二支宮)의 지지(地支) 배합으로 이루어지

는 것으로 아래의 오행국(五行局) 도표를 참조하면 된다.

〈오행국(五行局) 도표〉

출생한 年의 天干 / 命宮이 있는十二之宮	甲 혹은 乙	乙 혹은 庚	丙 혹은 辛	丁 혹은 壬	戊 혹은 癸
子 혹은 丑	水 二 局	火 六 局	土 五 局	木 三 局	金 四 局
寅 혹은 卯	火 六 局	土 五 局	木 三 局	金 四 局	水 二 局
辰 혹은 巳	木 三 局	金 四 局	水 二 局	火 六 局	土 五 局
午 혹은 未	土 五 局	木 三 局	金 四 局	水 二 局	火 六 局
申 혹은 酉	金 四 局	水 二 局	火 六 局	土 五 局	木 三 局
戌 혹은 亥	火 六 局	土 五 局	木 三 局	金 四 局	水 二 局

도표를 보면 만약 어떤 사람이 출생한 해의 천간(天干)이 갑(甲)이고 명궁(命宮)이 십이지궁(十二支宮) 가운데 자궁(子宮)에 위치하고 있으면 갑(甲)과 자(子)가 교차하는 곳인 수2국(水二局)이 된다.

예를 들어 음력 1951년(辛卯年) 8월 18일 오전 8시(辰時)에 출생한 남자는 태어난 해가 신묘년(辛卯年)이기 때문에 천간(天干)은 신(辛)이 되고 명궁(命宮)은 십이지궁(十二支宮) 가운데 사궁(巳宮)에 위치하고 있기 때문에 신(辛)과 사(巳)가 교차하는 수2국(水二局)이 된다. 이것을 명판(命板)에 표기하면 아래와 같다.

(7) 대한(大限)을 정하여 명판(命板)에 있는 십이지궁(十二支宮)에 배열한다.

대한(大限)은 10년 마다 변하는 인간의 후천적인 운명을 대표하는 것으로 오행국(五行局)에 의해 시작되는 나이가 정해진다. 이러한 대한(大限)은 명판(命板)부터 시작하여 10년 마다 양남(陽男)과 음녀(陰女)는 시계 방향으로 12개 궁(宮)이 모두 하나씩 옮겨지고, 음남(陰男)과 양녀(陽女)는 시계 반대 방향으로 12개 궁(宮)이 모두 하나씩 옮

巳 宮 (命宮)	午 宮 (父母宮)	未 宮 (福德宮)	申 宮 (田宅宮)
辰 宮 (兄弟姉妹宮)	辛卯年 8月18日 辰時 陰男 ★ 水二局		酉 宮 (事業宮)
卯 宮 (夫妻宮)			戌 宮 (交友宮)
寅 宮 (子女宮)	丑 宮 (財帛宮)	子 宮 (疾厄宮)	亥 宮 (遷移宮)

겨진다. 이것을 알기 쉬운 도표로 간단히 나타내면 아래와 같다.

예를 들어 음력 1951년(辛卯年) 8월 18일 오전 8시(辰時)에 태어난 남자는 음남(陰男)으로서 수2국(水二局)에 속함으로 도표 가운데 수2국(水二局)을 보면 대한(大限)은 2세부터 시작되고 10년 마다 시계 반

五行局	大限이 위치하는 宮 / 陰陽 男女	命宮	兄弟姉妹宮	夫妻宮	子女宮	財帛宮	疾厄宮	遷移宮	交友宮	事業宮	田宅宮	福德宮	父母宮
水二局	陰男 陰女	2~11	112~121	102~111	92~101	82~91	72~81	62~71	52~61	42~51	32~41	22~31	12~21
	陰男 陰女	2~11	12~21	22~31	32~41	42~51	52~61	62~71	72~81	82~91	92~101	102~111	112~121
木三局	陰男 陰女	3~12	113~122	103~112	93~102	83~92	73~82	63~72	53~62	43~52	33~42	23~32	13~22
	陰男 陰女	3~12	13~22	23~32	33~42	43~52	53~62	63~72	73~82	83~92	93~102	103~112	113~122
金四局	陰男 陰女	4~13	114~123	104~113	94~103	84~93	74~83	64~73	54~63	44~53	34~43	24~33	14~23
	陰男 陰女	4~13	14~23	24~33	34~43	44~53	54~63	64~73	74~83	84~93	94~103	104~113	114~123
土五局	陰男 陰女	5~14	115~124	105~114	95~104	85~94	75~84	65~74	55~64	45~54	35~44	25~34	15~24
	陰男 陰女	5~14	15~24	25~34	35~44	45~54	55~64	65~74	75~84	85~94	95~104	105~114	115~124
火六局	陰男 陰女	6~15	116~125	106~115	96~105	86~95	76~85	66~75	56~65	46~55	36~45	26~35	16~25
	陰男 陰女	6~15	16~25	26~35	36~45	46~55	56~65	66~75	76~85	86~95	96~105	106~115	116~125

(命宮) 巳 宮 ★(2~11)	(父母宮) 午 宮 ★(112~121)	(福德宮) 未 宮 ★(102~111)	(田宅宮) 申 宮 ★(92~101)
(兄弟姉妹宮) 辰 宮 ★(12~21)	辛卯年 8月18日 辰時 陰男 水二局		(事業宮) 酉 宮 ★(82~91)
(夫妻宮) 卯 宮 ★(22~31)			(交友宮) 戌 宮 ★(72~81)
(子女宮) 寅 宮 ★(32~41)	(財帛宮) 丑 宮 ★(42~51)	(疾厄宮) 子 宮 ★(52~61)	(遷移宮) 亥 宮 ★(62~71)

대 방향으로 궁(宮)이 하나씩 옮겨지는 것을 알 수 있다. 그러므로 명판(命板)은 2세부터 11세까지의 후천적인 운명의 명판(命板)이 되고, 형제자매궁(兄弟姉妹宮)은 12세부터 21세까지의 후천적인 운명의 명궁(命宮)이 되고, 부처궁(夫妻宮)은 22세부터 31세까지, 자녀궁(子女宮)

은 32세부터 41세까지, 재백궁(財帛宮)은 42세부터 51세까지, 질액궁(疾厄宮)은 52세부터 61세까지, 천이궁(遷移宮)은 62세부터 71세까지, 교우궁(交友宮)은 72세부터 81세까지, 사업궁(事業宮)은 82세부터 91세까지, 전택궁(田宅宮)은 92세부터 101세까지, 복덕궁(福德宮)은 102세부터 111세까지 부모궁(父母宮)은 112세부터 121세까지의 후천적인 운명의 명궁(命宮)이 된다. 이것을 명판(命板)에 표기하면 아래와 같다.

(8) 자미성(紫微星)을 명판(命板)에 있는 십이지궁(十二支宮)에 배열한다. 자미성(紫微星)은 오행국(五行局)과 출생한 날이 서로 배합되어 십이지궁(十二支宮) 가운데 어느 한 궁(宮)에 배열된다. 이것을 도표로 간단히 나타내면 아래의 자미성(紫微星) 위치표와 같다.

〈자미성(紫微星) 위치표〉

출생한 日 \ 五行局	水二局	木二局	金四局	土五局	火六局
1	丑	辰	亥	午	酉
2	寅	丑	辰	亥	午
3	寅	寅	丑	辰	亥
4	卯	巳	寅	丑	辰
5	卯	寅	子	寅	丑
6	辰	卯	巳	未	寅
7	辰	午	寅	子	戌
8	巳	卯	卯	巳	未
9	巳	辰	丑	寅	子
10	午	未	午	卯	巳
11	午	辰	卯	申	寅
12	未	巳	辰	丑	卯
13	未	申	寅	午	亥
14	申	巳	未	卯	申
15	申	午	辰	辰	丑

출생한 日 \ 五行局	水二局	木二局	金四局	土五局	火六局
16	酉	酉	巳	酉	午
17	酉	午	卯	寅	卯
18	戌	未	申	未	辰
19	戌	戌	巳	辰	子
20	亥	未	午	巳	酉
21	亥	申	辰	戌	寅
22	子	亥	酉	卯	未
23	子	申	午	申	辰
24	丑	酉	未	巳	巳
25	丑	子	巳	午	丑
26	寅	酉	戌	亥	戌
27	寅	戌	未	辰	卯
28	卯	丑	申	酉	申
29	卯	戌	午	午	巳
30	辰	亥	亥	未	午

도표를 보면 어떤 사람의 오행국(五行局)이 목3국(木三局)이고 21일에 태어났으면 자미성(紫微星)은 목3국(木三局)과 21일이 교차하는 십이지궁(十二支宮) 가운데 신궁(申宮)에 배열된다. 예를 들어 음력 1951년(辛卯年) 8월 18일 오전 8시(辰時)에 태어난 남자는 오행국(五行局)으로는 수이국(水二局)이 되고 18일에 태어났기 때문에 수이국(水二

(命宮) 巳 宮 (2~11)	(父母宮) 午 宮 (112~121)	(福德宮) 未 宮 (102~111)	(田宅宮) 申 宮 (92~101)
(兄弟姉妹宮) 辰 宮 (12~21)	辛卯年 8月18日 辰時 陰男 水二局		(事業宮) 酉 宮 (82~91)
(夫妻宮) 卯 宮 (22~31)			★紫微星 (交友宮) 戌 宮 (72~81)
(子女宮) 寅 宮 (32~41)	(財帛宮) 丑 宮 (42~51)	(疾厄宮) 子 宮 (52~61)	(遷移宮) 亥 宮 (62~71)

局)과 18일이 교차되는 십이지궁(十二支宮)은 술(戌)이 된다. 그러므로 이 사람의 자미성(紫微星)은 술궁(戌宮)에 배열된다. 이것을 명판(命板)에 표기하면 아래와 같다.

(9) 주성(主星) 14개를 명판(命板)에 있는 십이지궁(十二支宮)에 각각 배열한다. 14개 주성(主星)은 자미성(紫微星), 천기성(天機星), 태양성(太陽星), 무곡성(武曲星), 천동성(天同星), 염정성(廉貞星), 천부성(天府星), 태음성(太陰星), 탐랑성(貪狼星), 거문성(巨門星), 천상성(天相星), 천량성(天梁星), 칠살성(七殺星), 파군성(破軍星)으로서 자미성(紫微星)이 배열된 십이지궁(十二支宮)만 알면 다음 도표에 의해 모두 간단히 배열할 수 있다.

도표1은 자미성(紫微星)이 십이지궁(十二支宮) 가운데 자궁(子宮)에 있는 사람의 14개 주성(主星)이 모두 배열된 명판(命板)이고, 도표2는 자미성(紫微星)이 축궁(丑宮)에 있는 사람, 도표3은 자미성(紫微星)이 인궁(寅宮)에 있는 사람, 도표4는 자미성(紫微星)이 묘궁(卯宮)에 있는 사람, 도표5는 자미성(紫微星)이 진궁(辰宮)에 있는 사람, 도표6은 자미성(紫微星)이 사궁(巳宮)에 있는 사람, 도표7은 자미성(紫微星)이 오궁(午宮)에 있는 사람, 도표8은 자미성(紫微星)이 미궁(未宮)에 있는 사람, 도표9은 자미성(紫微星)이 신궁(申宮)에 있는 사람, 도표10은 자미성(紫微星)이 유궁(酉宮)에 있는 사람, 도표11은 자미성(紫微星)이 술궁(戌宮)에 있는 사람, 도표12는 자미성(紫微星)이 십이지궁(十二支宮) 가운데 해궁(亥宮)에 있는 사람의 14개 주성(主星)이 배열된 명판(命板)으로서 12개 도표는 다음과 같다.

〔도표 1〕 紫微星이 子宮에 배열된 사람

太陰星 巳 宮	貪狼星 午 宮	天同星 巨門星 未 宮	武曲星 天相星 申 宮
天府星 廉貞星 辰 宮			太陽星 天梁星 酉 宮
卯 宮			七殺星 戌 宮
破軍星 寅 宮	丑 宮	紫微星 子 宮	天機星 亥 宮

〔도표 2〕 紫微星이 丑宮에 배열된 사람

廉貞星 貪狼星 巳　宮	巨門星 午　宮	天相星 未　宮	天同星 天梁星 申　宮
太陰星 辰　宮			武曲星 七殺星 酉　宮
天府星 卯　宮			太陽星 戌　宮
  寅　宮	紫微星 破軍星 丑　宮	天機星 子　宮	 亥　宮

〔도표 3〕 紫微星이 寅宮에 배열된 사람

巨門星 巳 宮	廉貞星 天相星 午 宮	天梁星 未 宮	七殺星 申 宮
貪狼星 辰 宮			天同星 酉 宮
太陰星 卯 宮			武曲星 戌 宮
紫微星 天府星 寅 宮	天機星 丑 宮	破軍星 子 宮	太陽星 亥 宮

〔도표 4〕 紫微星이 卯宮에 배열된 사람

天相星 巳　宮	天梁星 午　宮	廉貞星 七殺星 未　宮	申　宮
巨門星 辰　宮			酉　宮
紫微星 貪狼星 卯　宮			天同星 戌　宮
天機星 太陰星 寅　宮	天府星 丑　宮	太陽星 子　宮	武曲星 破軍星 亥　宮

〔도표 5〕 紫微星이 辰宮에 배열된 사람

天梁星 巳　宮	七殺星 午　宮	未　宮	廉貞星 申　宮
紫微星 天相星 辰　宮			酉　宮
天機星 巨門星 卯　宮			破軍星 戌　宮
貪狼星 寅　宮	太陽星 太陰星 丑　宮	武曲星 天府星 子　宮	天同星 亥　宮

〔도표 6〕 紫微星이 巳宮에 배열된 사람

紫微星 七殺星 巳　宮	 午　宮	 未　宮	 申　宮
天機星 天梁星 辰　宮			廉貞星 破軍星 酉　宮
天相星 卯　宮			 戌　宮
太陽星 巨門星 寅　宮	武曲星 貪狼星 丑　宮	天同星 太陰星 子　宮	天府星 亥　宮

〔도표 7〕紫微星이 午宮에 배열된 사람

天機星 巳　宮	紫微星 午　宮	 未　宮	破軍星 申　宮
七殺星 辰　宮			 酉　宮
太陽星 天梁星 卯　宮			廉貞星 天府星 戌　宮
武曲星 天相星 寅　宮	天同星 巨門星 丑　宮	貪狼星 子　宮	太陰星 亥　宮

〔도표 8〕紫微星이 未宮에 배열된 사람

 巳 宮	天機星 午 宮	紫微星 破軍星 未 宮	 申 宮
太陽星 辰 宮			天府星 酉 宮
武曲星 七殺星 卯 宮			太陰星 戌 宮
天同星 天梁星 寅 宮	天相星 丑 宮	巨門星 子 宮	廉貞星 貪狼星 亥 宮

〔도표 9〕 紫微星이 申宮에 배열된 사람

太陽星 巳　宮	破軍星 午　宮	天機星 未　宮	紫微星 天府星 申　宮
武曲星 辰　宮			太陰星 酉　宮
天同星 卯　宮			貪狼星 戌　宮
七殺星 寅　宮	天梁星 丑　宮	廉貞星 天相星 子　宮	巨門星 亥　宮

〔도표 10〕 紫微星이 酉宮에 배열된 사람

武曲星 破軍星 巳　宮	太陽星 午　宮	天府星 未　宮	太陰星 天機星 申　宮
天同星 辰　宮			紫微星 貪狼星 酉　宮
卯　宮			巨門星 戌　宮
寅　宮	廉貞星 七殺星 丑　宮	天梁星 子　宮	天相星 亥　宮

〔도표 11〕紫微星이 戌宮에 배열된 사람

天同星 巳　宮	武曲星 天府星 午　宮	太陽星 太陰星 未　宮	貪狼星 申　宮
破軍星 辰　宮			天機星 巨門星 酉　宮
卯　宮			紫微星 天相星 戌　宮
廉貞星 寅　宮	丑　宮	七殺星 子　宮	天梁星 亥　宮

〔도표 12〕 紫微星이 亥宮에 배열된 사람

天府星 巳 宮	天同星 太陰星 午 宮	武曲星 貪狼星 未 宮	太陽星 巨門星 申 宮
辰 宮			天相星 酉 宮
廉貞星 破軍星 卯 宮			天機星 天梁星 戌 宮
寅 宮	丑 宮	子 宮	紫微星 七殺星 亥 宮

예를 들어 음력 1951년(辛卯年) 8월 18일 오전 8시(辰時)에 태어난 남자는 자미성(紫微星)이 십이지궁(十二支宮) 가운데 술궁(戌宮)에 배열되어 있으므로 도표11에 해당된다. 따라서 도표11에 배열된 것과 똑같이 14개 주성(主星)을 모두 이 사람의 명판(命板)에 표기하면 아래와 같다.

<table>
<tr><td>天同星
(命宮)
巳 宮
(2~11)</td><td>武曲星
天府星
(父母宮)
午 宮
(112~121)</td><td>太陽星
太陰星
(福德宮)
未 宮
(102~111)</td><td>貪狼星
(田宅宮)
申 宮
(92~101)</td></tr>
<tr><td>破軍星
(兄弟姉妹宮)
辰 宮
(12~21)</td><td colspan="2" rowspan="2">辛卯年 8月18日 辰時
陰男
水二局</td><td>天機星
巨門星
(事業宮)
酉 宮
(82~91)</td></tr>
<tr><td>(夫妻宮)
卯 宮
(22~31)</td><td>紫微星
天相星
(交友宮)
戌 宮
(72~81)</td></tr>
<tr><td>廉貞星
(子女宮)
寅 宮
(32~41)</td><td>(財帛宮)
丑 宮
(42~51)</td><td>七殺星
(疾厄宮)
子 宮
(52~61)</td><td>天梁星
(遷移宮)
亥 宮
(62~71)</td></tr>
</table>

(10) 녹존성(祿存星)·경양성(擎羊星)·타라성(陀羅星)·천괴성(天魁星)·천월성(天鉞星)·절공성(截空星)을 명판(命板)에 있는 십이지궁(十二支宮) 에 배열한다. 이 성좌(星座)들은 출생한 해의 천간(天干)에 의해 배열되는 것으로 간단히 도표로 나타내면 아래와 같다.

星座 / 출생한 年의天干	祿存星	擎羊星	陀羅星	天魁星	天越星	截空星
甲	寅	卯	丑	丑	未	申
乙	卯	辰	寅	子	申	午
丙	巳	午	辰	亥	酉	辰
丁	午	未	巳	亥	酉	寅
戊	巳	午	辰	丑	未	子
己	午	未	巳	子	申	申
庚	申	酉	未	丑	未	午
辛	酉	戌	申	寅	午	辰
壬	亥	子	戌	卯	巳	寅
癸	子	丑	亥	卯	巳	子

도표를 보면 만약 어떤 사람이 출생한 해의 천간(天干)이 정(丁)이면 녹존성(祿存星)은 십이지궁(十二支宮) 가운데 오궁(午宮)에 배열되고, 경양성(擎羊星)은 미궁(未宮), 타라성(陀羅星)은 사궁(巳宮), 천괴성(天魁星)은 해궁(亥宮), 천월성(天鉞星)은 유궁(酉宮), 절공성(截空星)은 인궁(寅宮)에 각각 배열된다. 예를 들어 음력 1951년(辛卯年) 8월 18일 오전 8시(辰時)에 태어난 남자는 태어난 해가 신묘년(辛卯年)이기 때문에 출생한 해의 천간(天干)은 신(辛)이 된다.

그러므로 이 사람의 녹존성(祿存星)은 십이지궁(十二支宮) 가운데 유궁(酉宮)에 배열되고, 경양성(擎羊星)은 술궁(戌宮), 타라성(陀羅星)은 신궁(申宮), 천괴성(天魁星)은 인궁(寅宮), 천월성(天鉞星)은 오궁(午宮), 절공성(截空星)은 진궁(辰宮)에 각각 배열된다. 이것을 명판(命板)에 표기하면 아래와 같다.

天同星 (命宮) 巳 宮 (2~11)	武曲星 天府星 ★ 天鉞星 (父母宮) 午 宮 (112~121)	太陽星 太陰星 (福德宮) 未 宮 (102~111)	貪狼星 ★ 陀羅星 (田宅宮) 申 宮 (92~101)
破軍星 ★ 截空星 (兄弟姉妹宮) 辰 宮 (12~21)	辛卯年 8月18日 辰時 陰男 水二局		天機星 巨門星 ★ 祿存星 (事業宮) 酉 宮 (82~91)
(夫妻宮) 卯 宮 (22~31)			紫微星 天相星 ★ 擎羊星 (交友宮) 戌 宮 (72~81)
廉貞星 ★ 天魁星 (子女宮) 寅 宮 (32~41)	(財帛宮) 丑 宮 (42~51)	七殺星 (疾厄宮) 子 宮 (52~61)	天梁星 (遷移宮) 亥 宮 (62~71)

(11) 좌보성(左輔星)·우필성(右弼星)·천형성(天刑星)을 명판(命板)에 있는 십이지궁(十二支宮)에 배열한다. 이 성좌(星座)들은 출

생한 달에 의해 배열되는 것으로 간단히 도표로 나타내면 아래와 같다.

生月 / 星座	1月	2月	3月	4月	5月	6月	7月	8月	9月	10月	11月	12月
左 輔 星	辰	巳	午	未	申	酉	戌	亥	子	丑	寅	卯
右 弼 星	戌	酉	申	未	午	巳	辰	卯	寅	丑	子	亥
天 刑 星	酉	戌	亥	子	丑	寅	卯	辰	巳	午	未	申

도표를 보면 만약 어떤 사람이 출생한 달이 1월이면 좌보성(左輔星)은 십이지궁(十二支宮) 가운데 진궁(辰宮)에 배열되고, 우필성(右弼星)은 술궁(戌宮), 천형성(天刑星)은 유궁(酉宮)에 각각 배열된다. 예를 들어 음력 1951년(辛卯年) 8월 18일 오전 8시(辰時)에 태어난 남자는 출생한 달이 8월이기 때문에 좌보성(左輔星)은 십이지궁(十二支宮) 가운데 해궁(亥宮)에 배열되고, 우필성(右弼星)은 묘궁(卯宮), 천형성(天刑星)은 진궁(辰宮)에 각각 배열된다. 이것을 명판(命板)에 표기하면 아래와 같다.

(12) 문창성(文昌星)·문곡성(文曲星)·지공성(地空星)·지겁성(地劫星)을 명판(命板)에 있는 십이지궁(十二支宮)에 배열한다. 이 성좌(星座)들은 출생한 시(時)에 의하여 배열되는 것으로 간단히 도표로 나타내면 아래와 같다.

星座 / 출생한時	文昌星	文曲星	地空星	地劫星	星座 / 출생한時	文昌星	文曲星	地空星	地劫星
子時	戌	辰	亥	亥	午時	辰	戌	巳	巳
丑時	酉	巳	戌	子	未時	卯	亥	辰	午
寅時	申	午	酉	丑	申時	寅	子	卯	未
卯時	未	未	申	寅	酉時	丑	丑	寅	申
辰時	午	申	未	卯	戌時	子	寅	丑	酉
巳時	巳	酉	午	辰	亥時	亥	卯	子	戌

<table>
<tr><td>天同星
(命宮)
巳 宮
(2~11)</td><td>武曲星
天府星
天鉞星
(父母宮)
午 宮
(112~121)</td><td>太陽星
太陰星
(福德宮)
未 宮
(102~111)</td><td>貪狼星
陀羅星
(田宅宮)
申 宮
(92~101)</td></tr>
<tr><td>破軍星
截空星
★ 天刑星
(兄弟姉妹宮)
辰 宮
(12~21)</td><td colspan="2" rowspan="2">辛卯年 8月18日 辰時
陰男
水二局</td><td>天機星
巨門星
祿存星
(事業宮)
酉 宮
(82~91)</td></tr>
<tr><td>★ 右弼星
(夫妻宮)
卯 宮
(22~31)</td><td>紫微星
天相星
擎羊星
(交友宮)
戌 宮
(72~81)</td></tr>
<tr><td>廉貞星
天魁星
(子女宮)
寅 宮
(32~41)</td><td>(財帛宮)
丑 宮
(42~51)</td><td>七殺星
(疾厄宮)
子 宮
(52~61)</td><td>天梁星
★ 左輔星
(遷移宮)
亥 宮
(62~71)</td></tr>
</table>

도표를 보면 만약 어떤 사람이 태어난 시간이 미시(未時)이면 문창성(文昌星)은 십이지궁(十二支宮) 가운데 묘궁(卯宮)에 배열되고, 문곡성(文曲星)은 해궁(亥宮), 지공성(地空星)은 진궁(辰宮), 지겁성(地劫星)은 오궁(午宮)에 각각 배열된다. 예를 들어 음력 1951년(辛卯年)

8월 18일 오전 8시(辰時)에 태어난 남자는 태어난 시간이 진시(辰時)이기 때문에 문창성(文昌星)은 십이지궁(十二支宮) 가운데 오궁(午宮)에 배열되고, 문곡성(文曲星)은 신궁(申宮), 지공성(地空星)은 미궁(未宮), 지겁성(地劫星)은 묘궁(卯宮)에 각각 배열된다. 이것을 명판(命板)에 표기하면 아래와 같다.

<table>
<tr>
<td>天同星
(命宮)
巳 宮
(2~11)</td>
<td>武曲星
天府星
天鉞星
★ 文昌星
(父母宮)
午 宮
(112~121)</td>
<td>太陽星
太陰星
★ 地空星
(福德宮)
未 宮
(102~111)</td>
<td>貪狼星
陀羅星
★ 文曲星
(田宅宮)
申 宮
(92~101)</td>
</tr>
<tr>
<td>破軍星
截空星
天刑星
(兄弟姊妹宮)
辰 宮
(12~21)</td>
<td colspan="2" rowspan="2">辛卯年 8月18日 辰時
陰男
水二局</td>
<td>天機星
巨門星
祿存星
(事業宮)
酉 宮
(82~91)</td>
</tr>
<tr>
<td>右弼星
★ 地劫星
(夫妻宮)
卯 宮
(22~31)</td>
<td>紫微星
天相星
擎羊星
(交友宮)
戌 宮
(72~81)</td>
</tr>
<tr>
<td>廉貞星
天魁星
(子女宮)
寅 宮
(32~41)</td>
<td>(財帛宮)
丑 宮
(42~51)</td>
<td>七殺星
(疾厄宮)
子 宮
(52~61)</td>
<td>天梁星
左輔星
(遷移宮)
亥 宮
(62~71)</td>
</tr>
</table>

(13) 화성(火星)과 영성(鈴星)을 명판(命板)에 있는 십이지궁(十二支宮)에 배열한다. 이 성좌(星座)들은 출생한 해의 지지(地支)와 출생한 시(時)의 배합으로 배열되는 것으로 간단히 도표로 나타내면 아래와 같다.

출생한 年의地支	寅·午·戌		甲·子·辰		巳·酉·丑		亥·卯·未	
星座 / 출생 한時間	火星	鈴星	火星	鈴星	火星	鈴星	火星	鈴星
子時	丑	卯	寅	戌	卯	戌	酉	戌
丑時	寅	辰	卯	亥	辰	亥	戌	亥
寅時	卯	巳	辰	子	巳	子	亥	子
卯時	辰	午	巳	丑	午	丑	子	丑
辰時	巳	未	午	寅	未	寅	丑	寅
巳時	午	申	未	卯	申	卯	寅	卯
午時	未	酉	申	辰	酉	辰	卯	辰
未時	申	戌	酉	巳	戌	巳	辰	巳
申時	酉	亥	戌	午	亥	午	巳	午
酉時	戌	子	亥	未	子	未	午	未
戌時	亥	丑	子	申	丑	申	未	申
亥時	子	寅	丑	酉	寅	酉	申	酉

도표를 보면 어떤 사람의 출생한 해가 자년(子年)이고 태어난 시가 신시(申時)면 화성(火星)은 십이지궁(十二支宮) 가운데 술궁(戌宮)에 배열되고 영성(鈴星)은 오궁(午宮)에 배열된다. 예를 들어 음력 1951년(辛卯年) 8월 18일 오전 8시(辰時)에 태어난 남자는 출생한 해가 묘년(卯年)이고 태어난 시가 진시(辰時)이기 때문에 화성(火星)은 십이지궁(十二支宮) 가운데 축궁(丑宮)에 배열되고, 영성(鈴星)은 인궁(寅

宮)에 배열된다. 이것을 명판(命板)에 표기하면 아래와 같다.

天同星 (命宮) 巳 宮 (2~11)	武曲星 天府星 天鉞星 文昌星 (父母宮) 午 宮 (112~121)	太陽星 太陰星 地空星 (福德宮) 未 宮 (102~111)	貪狼星 陀羅星 文曲星 (田宅宮) 申 宮 (92~101)
破軍星 截空星 天刑星 (兄弟姉妹宮) 辰 宮 (12~21)	辛卯年 8月18日 辰時 陰男 水二局		天機星 巨門星 祿存星 (事業宮) 酉 宮 (82~91)
右弼星 地劫星 (夫妻宮) 卯 宮 (22~31)			紫微星 天相星 擎羊星 (交友宮) 戌 宮 (72~81)
廉貞星 天魁星 ★鈴星 (子女宮) 寅 宮 (32~41)	★火星 (財帛宮) 丑 宮 (42~51)	七殺星 (疾厄宮) 子 宮 (52~61)	天梁星 左輔星 (遷移宮) 亥 宮 (62~71)

(14) 천마성(天馬星)·천곡성(天哭星)·천허성(天虛星)·용지성(龍池星)·홍란성(紅鸞星)·천희성(天喜星)·고진성(孤辰星)·과숙성

(寡宿星)·함지성(咸池星)의 9개 성좌(星座)를 명판(命板)에 있는 십이지궁(十二支宮)에 배열한다. 이 성좌(星座)들은 출생한 해의 지지(地支)에 의해 배열되는 것으로 간단히 도표로 나타내면 아래와 같다.

星座 / 출생한 年의地支	天馬星	天哭星	天虛星	龍池星	紅鸞星	天喜星	孤辰星	寡宿星	咸池星
子	寅	午	午	辰	卯	酉	寅	戌	酉
丑	亥	巳	未	巳	寅	申	寅	戌	午
寅	申	辰	申	午	丑	未	巳	丑	卯
卯	巳	卯	酉	未	子	午	巳	丑	子
辰	寅	寅	戌	申	亥	巳	巳	丑	酉
巳	亥	丑	亥	酉	戌	辰	申	辰	午
午	申	子	子	戌	酉	卯	申	辰	卯
未	巳	亥	丑	亥	申	寅	申	辰	子
申	寅	戌	寅	子	未	丑	亥	未	酉
酉	亥	酉	卯	丑	午	子	亥	未	午
戌	申	申	辰	寅	巳	亥	亥	未	卯
亥	巳	未	巳	卯	辰	戌	寅	戌	子

예를 들어 음력 1951년(辛卯年) 8월 18일 오전 8시(辰時)에 태어난 남자는 출생한 해의 지지(地支)가 묘년(卯年)이기 때문에 도표를 보면 천마성(天馬星)은 십이지궁(十二支宮) 가운데 사궁(巳宮)에 배열되고, 천곡성(天哭星)은 묘궁(卯宮), 천허성(天虛星)은 유궁(酉宮), 용지성(龍池星)은 미궁(未宮), 홍란성(紅鸞星)은 자궁(子宮), 천희성(天喜星)은 오궁(午宮), 고진성(孤辰星)은 사궁(巳宮), 과숙성(寡宿星)은 축궁(丑宮), 함지성(咸池星)은 자궁(子宮)에 각각 배열된다. 이것을 명판(命板)에 표기하면 아래와 같다.

(15) 삼태성(三台星)과 팔좌성(八座星)을 명판(命板)에 있는 십

<table>
<tr>
<td>天同星
★ 天馬星
★ 孤辰星
(命宮)
巳 宮
(2～11)</td>
<td>武曲星
天府星
天鉞星
文昌星
★ 天喜星
(父母宮)
午 宮
(112～121)</td>
<td>太陽星
太陰星
地空星
★ 龍池星
(福德宮)
未 宮
(102～111)</td>
<td>貪狼星
陀羅星
文曲星
(田宅宮)
申 宮
(92～101)</td>
</tr>
<tr>
<td>破軍星
截空星
天刑星
(兄弟姉妹宮)
辰 宮
(12～21)</td>
<td colspan="2" rowspan="2">辛卯年 8月18日 辰時
陰男
水二局</td>
<td>天機星
巨門星
祿存星
★ 天虛星
(事業宮)
酉 宮
(82～91)</td>
</tr>
<tr>
<td>右弼星
地劫星
★ 天哭星
(夫妻宮)
卯 宮
(22～31)</td>
<td>紫微星
天相星
擎羊星
(交友宮)
戌 宮
(72～81)</td>
</tr>
<tr>
<td>廉貞星
天魁星
鈴 星
(子女宮)
寅 宮
(32～41)</td>
<td>火 星
★ 寡宿星
(財帛宮)
丑 宮
(42～51)</td>
<td>七殺星
★ 紅鸞星
★ 咸池星
(疾厄宮)
子 宮
(52～61)</td>
<td>天梁星
左輔星
(遷移宮)
亥 宮
(62～71)</td>
</tr>
</table>

이지궁(十二支宮)에 배열한다. 이 두 성좌(星座)는 출생한 날에 의해 배열되는 것으로 다음과 같다.

① 삼태성(三台星)

삼태성(三台星)은 좌보성(左輔星)이 배열되어 있는 십이지궁(十

二支宮)에서 부터 시계 방향으로 1일에 한 궁(宮)씩 돌아 태어난 날짜가 멈추는 곳에 배열된다. 아래의 도표를 보면 만약 어떤 사람이 태어난 날짜가 26일이고 좌보성(左輔星)이 십이지궁(十二支宮) 가운데 자궁(子宮)에 있을 때 삼태성(三台星)은 자궁(子宮)에서 부터 시계 방향으로 돌아 26일이 멈추는 축궁(丑宮)에 배열된다.

6일. 18일 巳　宮	7일. 19일 午　宮	8일. 20일 未　宮	9일. 21일 申　宮
5일. 17일 辰　宮			10일. 22일 酉　宮
4일. 16일 卯　宮			11일. 23일 戌　宮
3일. 15일 寅　宮	三台星 2일.14일.26일 丑　宮	左輔星 1일.13일.25일 子　宮	12일. 24일 亥　宮

② 팔좌성(八座星)

팔좌성(八座星)은 우필성(右弼星)이 배열되어 있는 십이지궁(十二支宮)에서 부터 시계 반대 방향으로 1일에 한 궁(宮)씩 돌아 태어난 날짜가 멈추는 곳에 배열된다. 아래의 도표를 보면 만약 어떤 사람이 태어난 날짜가 26일 이고 우필성(右弼星)이 십이지궁(十二支宮) 가운데 자궁(子宮)에 있을 때 팔좌성(八座星)은 자궁(子宮)에서 부터 시계 반대 방향으로 돌아 26일이 멈추는 해궁(亥宮)에 배열된다.

8일. 20일 巳 宮	7일. 19일 午 宮	6일. 18일 未 宮	5일. 17일 申 宮
9일. 21일 辰 宮			4일. 16일 酉 宮
10일. 22일 卯 宮			3일. 15일 戌 宮
11일. 23일 寅 宮	12일. 24일 丑 宮	右弼星 1일.13일.25일 子 宮	八座星 2일.14일.26일 亥 宮

예를 들어 음력 1951년(辛卯年) 8월 18일 오전 8시(辰時)에 태어난 남자는 태어난 날짜가 18일이고 좌보성(左輔星)이 십이지궁(十二支宮) 가운데 해궁(亥宮)에 있으므로 삼태성(三台星)은 해궁(亥宮)에서부터 시계 방향으로 돌아 18일이 멈추는 진궁(辰宮)에 배열된다. 그리고 우필성(右弼星)은 십이지궁(十二支宮) 가운데 묘궁(卯宮)에 있으므로 팔좌성(八座星)은 묘궁(卯宮)에서 부터 시계 반대 방향으로 돌아 18일이 멈추는 술궁(戌宮)에 배열된다. 이것을 명판(命板)에 표기하면 아래와 같다.

天同星 天馬星 孤辰星 (命宮) 巳 宮 (2~11)	武曲星 天府星 天鉞星 文昌星 天喜星 (父母宮) 午 宮 (112~121)	太陽星 太陰星 地空星 龍池星 (福德宮) 未 宮 (102~111)	貪狼星 陀羅星 文曲星 (田宅宮) 申 宮 (92~101)
破軍星 截空星 天刑星 ★ 三台星 (兄弟姉妹宮) 辰 宮 (12~21)	辛卯年 8月18日 辰時 陰男 水二局		天機星 巨門星 祿存星 天虛星 (事業宮) 酉 宮 (82~91)
右弼星 地劫星 天哭星 (夫妻宮) 卯 宮 (22~31)			紫微星 天相星 擎羊星 ★ 八座星 (交友宮) 戌 宮 (72~81)
廉貞星 天魁星 鈴 星 (子女宮) 寅 宮 (32~41)	火 星 寡宿星 (財帛宮) 丑 宮 (42~51)	七殺星 紅鸞星 咸池星 (疾厄宮) 子 宮 (52~61)	天梁星 左輔星 (遷移宮) 亥 宮 (62~71)

(16) 화기성(化忌星)을 명판(命板)에 있는 십이지궁(十二支宮)에 배열한다. 이 성좌(星座)는 출생한 해의 천간(天干)과 태양성(太陽星)·태음성(太陰星)·염정성(廉貞星)·거문성(巨門星)·천기성(天機星)·문곡성(文曲星)·천동성(天同星)·문창성(文昌星)·무곡성(武曲

星)・탐랑성(貪狼星)이 서로 배합되어 발생되는 것으로 간단히 도표로 나타내면 아래와 같다.

生年의 天干	甲	乙	丙	丁	戊	己	庚	辛	壬	癸
星座	太陽星	太陰星	廉貞星	巨門星	天機星	文曲星	天同星	文昌星	武曲星	貪狼星
化忌星	化忌星	化忌星	化忌星	化忌星	化忌星	化忌星	化忌星	化忌星	化忌星	化忌星

도표를 보면 만약 어떤 사람이 출생한 해의 천간(天干)이 갑(甲)이면 태양성(太陽星)이 화기성(化忌星)이 되므로 명판(命板) 가운데 태양성(太陽星)이 있는 십이지궁(十二支宮)에 화기성(化忌星)을 배열한다. 예를 들어 음력 1951년(辛卯年) 8월 18일 오전 8시(辰時)에 태어난 남자는 신묘년(辛卯年)에 출생했기 때문에 천간(天干)이 신(辛)이 된다. 그러므로 이 사람은 문창성(文昌星)이 화기성(化忌星)이 되므로 문창성(文昌星)이 있는 십이지궁(十二支宮)에 화기성(化忌星)을 배열하면 된다. 이것을 명판(命板)에 표기하면 아래와 같다.(완성된 명판)

이상 41개 성좌(星座) 배열을 끝으로 질병과 건강상태를 보기 위한 사전 절차가 모두 끝났다. 다음에는 이 자료를 가지고 질병과 건강상태를 보는 방법을 소개해 보자.

〔완성된 명판(命板)〕

<table>
<tr>
<td>天同星
天馬星
孤辰星
(命宮)
巳　宮
(2～11)</td>
<td>武曲星
天府星
天鉞星
文昌星
天喜星
★化忌星
(父母宮)
午　宮
(112～121)</td>
<td>太陽星
太陰星
地空星
龍池星
(福德宮)
未　宮
(102～111)</td>
<td>貪狼星
陀羅星
文曲星
(田宅宮)
申　宮
(92～101)</td>
</tr>
<tr>
<td>破軍星
截空星
天刑星
三台星
(兄弟姉妹宮)
辰　宮
(12～21)</td>
<td colspan="2" rowspan="2">辛卯年 8月18日 辰時
陰男
水二局</td>
<td>天機星
巨門星
祿存星
天虛星
(事業宮)
酉　宮
(82～91)</td>
</tr>
<tr>
<td>右弼星
地劫星
天哭星
(夫妻宮)
卯　宮
(22～31)</td>
<td>紫微星
天相星
擎羊星
八座星
(交友宮)
戌　宮
(72～81)</td>
</tr>
<tr>
<td>廉貞星
天魁星
鈴　星
(子女宮)
寅　宮
(32～41)</td>
<td>火　星
寡宿星
(財帛宮)
丑　宮
(42～51)</td>
<td>七殺星
紅鸞星
咸池星
(疾厄宮)
子　宮
(52～61)</td>
<td>天梁星
左輔星
(遷移宮)
亥　宮
(62～71)</td>
</tr>
</table>

〔질병과 건강상태 보는 방법〕

명판작성(命板作成)이 완성되면 12개 궁(宮) 가운데 질액궁(疾厄宮)·명궁(命宮)·자녀궁(子女宮)에 배열되어 있는 성좌(星座) 조직과 12개 궁(宮)과는 관계없이 십이지궁(十二支宮) 별로 배열되어 있는 성좌 조직을 보고 인간의 선후천적(先後天的)적인 질병과 건강상태를 분석하는 것으로 모두 5가지 종류로 되어 있는 색인(索引)에 따라 찾으면 질병과 건강상태를 분석한 내용을 볼 수 있다.

그러면 색인(索引) 찾는 법과 선후천적(先後天的)인 질병과 건강상태를 보는 방법을 알아 보기로 하자.

(1) 색인(索引) 찾는 방법

색인(索引)은 질액궁(疾厄宮)에 배열된 14개 주성(主星)의 조직, 질액궁(疾厄宮)에 배열된 기타 성좌(星座) 조직, 명궁(命宮)에 배열된 성좌(星座) 조직, 자녀궁(子女宮)에 배열된 성좌(星座)조직, 12개 궁(宮)과 관계없이 단지 십이지궁(十二支宮)별로 배열된 성좌(星座) 조직으로 모두 5가지 종류로 되어 있다.

이 5가지 종류의 색인(索引)은 모든 사람에게 전부 해당되는 것이 아니고 사람에 따라 각각 다르기는 하지만 최소한 한 가지는 해당된다. 그러므로 5가지 종류의 색인 가운데 해당되는 성좌 조직이 없을 때는 상관할 필요가 없고 다만 해당되는 것이 있을 때만 찾아 보면 된다. 이 때 주의사항으로 만약 질액궁(疾厄宮)에 14개 주성(主星)이 하나도 배열되어 있지 않을 때는 맞은 편에 있는 부모궁에 배열된 성좌

(星座) 가운데 14개 주성(主星)에 해당되는 성좌만을 빌려서 사용한다. 14개 주성(主星)은 자미성(紫微星), 천기성(天機星), 태양성(太陽星), 무곡성(武曲星), 천동성(天同星), 염정성(廉貞星), 천부성(天府星), 태음성(太陰星), 탐랑성(貪狼星), 거문성(巨門星), 천상성(天相星), 천량성(天梁星), 칠살성(七殺星), 파군성(破軍星)이다.

⑵ 선천적(先天的)인 질병과 건강상태 보는 방법

선천적(先天的)인 질병과 건강상태는 일생(一生) 중에 나타나는 현상으로서 선천적(先天的)인 명판(命板) 즉 처음에 작성된 명판을 중심으로 하여 질액궁(疾厄宮)・명궁(命宮)・자녀궁(子女宮)에 배열된 명판(命板) 조직과 12개 궁(宮)과는 상관없이 단지 십이지궁(十二支宮)별로 배열된 성좌(星座) 조직을 5가지 종류의 색인(索引)에서 각각 찾아 보면 된다.

예를 들어 음력 1951년(辛卯年) 8월 18일 오전 8시(辰時)에 태어난 남자의 선천적(先天的)인 질병과 건강상태는 다음과 같이 5가지 종류의 색인에서 찾아 보면 된다.

① 질액궁(疾厄宮)의 14개 주성(主星)의 색인(索引)에서 "七殺星〈子宮・寅宮・辰宮・午宮・申宮・戌宮〉"에 해당되는 페이지를 찾아 보면 된다. 왜냐하면 이 사람은 14개 주성(主星) 가운데 칠살성(七殺星)이 십이지궁(十二支宮) 가운데 자궁(子宮)에 위치하면서 질액궁(疾厄宮)이 되기 때문이다.

② 질액궁(疾厄宮)의 기타 성좌(星座)의 색인(索引)에서 "紅鸞星〈十二宮全部〉"를 찾아 보면 된다. 왜냐하면 이 사람은 14개 주성(主星)에 해당되지 않은 기타 성좌(星座) 중에 홍란성(紅鸞星)이 십이지궁(十

二支宮) 가운데 자궁(子宮)에 위치하면서 질액궁(疾厄宮)이 되기 때문이다. 그리고 함지성(咸池星)도 있지만 색인(索引)에 없기 때문에 상관할 필요가 없다.

③ 명궁(命宮)의 성좌(星座) 색인(索引)에는 해당되는 것이 없다. 왜냐하면 이 사람의 명궁(命宮)에 천동성(天同星)·천마성(天馬星)·고진성(孤辰星)이 배열되어 있지만 명궁(命宮)의 성좌(星座) 조직 색인(索引)에는 해당되지 않기 때문이다.

④ 자녀궁(子女宮)의 성좌(星座) 색인(索引)에서 "廉貞星〈十二支宮 全部〉"을 찾아 보면 된다. 왜냐하면 이 사람은 염정성(廉貞星)이 십이지궁(十二支宮) 가운데 인궁(寅宮)에 위치하면서 자녀궁(子女宮)이 되기 때문이다.

⑤ 십이지궁(十二支宮) 별로 배열된 성좌(星座)의 색인(索引)에서 "貪狼星·(文昌星 또는 文曲星)〈十二支宮 全部〉"를 찾아 보면 된다. 왜냐하면 이 사람은 십이지궁(十二支宮) 가운데 신궁(申宮)에 탐랑성(貪狼星)과 문곡성(文曲星)이 함께 배열되어 있기 때문이다.

(3) 후천적(後天的)인 질병과 건강상태 보는 방법

후천적(後天的)인 질병과 건강상태는 10년 주기로 바뀌어지면서 각각 다르게 나타나는 현상으로서, 대한(大限)에 의해 이루어지는 후천적(後天的)인 명판(命板) 가운데 명궁(命宮)·자녀궁(子女宮)·질액궁(疾厄宮)에 배열된 성좌(星座) 조직을 각각 색인에서 찾아 보면 된다.

예를 들어 음력 1951년(辛卯年) 8월 18일 오전 8시(辰時)에 태어난 남자의 대한(大限)은 2세부터 10년 주기로 되어있다. 그러므로 이 사람의 대한(大限) 주기 별로 각각 다르게 나타나는 후천적(後天的)인 질병과 건강상태를 보는 방법은 다음과 같다.

①2세~11세

이 사람의 명판(命板)을 보면 2세부터 11세까지의 대한(大限)은 명궁(命宮)에 위치하고 있다. 그러므로 이 기간 후천적(後天的)인 명궁(命宮)·자녀궁(子女宮)·질액궁(疾厄宮)의 위치가 선천적(先天的)인 것과 동일하기 때문에 질병과 건강상태도 선천적(先天的)인 것과 같다. (모든 사람의 첫 번째 대한(大限) 주기의 후천적(後天的)인 질병과 건강상태는 선천적(先天的)인 것과 같다).

②12세~21세

이 사람의 명판(命板)을 보면 12세부터 21세까지의 대한(大限)은 십이지궁(十二支宮) 가운데 진궁(辰宮)인 형제자매궁(兄弟姉妹宮)에 위치하고 있으므로 이 기간의 후천적(後天的)인 명판(命板)의 명궁(命宮)은 바로 이 곳이 된다. 그러므로 후천적(後天的)인 명판(命板)의 12개 궁(宮)은 형제자매궁(兄弟姉妹宮)인 진궁(辰宮) 부터 순서대로 명궁(命宮)에서 부모궁(父母宮)까지 시계 반대 방향으로 하나씩 배열하면 자녀궁(子女宮)은 십이지궁(十二支宮) 가운데 축궁(丑宮)이 되고, 질액궁(疾厄宮)은 해궁(亥宮)이 된다.(12개 궁(宮)의 배열 순서는 명판(命板) 작성 때와 같다).

그러면 이 사람의 12세부터 21세까지의 후천적(後天的)인 질병과 건강상태는 후천적(後天的)으로 질액궁(疾厄宮)이 되는 해궁(亥宮)에 배열된 성좌(星座) 조직, 명궁(命宮)이 되는 진궁(辰宮)에 배열된 성좌(星座) 조직, 자녀궁(子女宮)이 되는 축궁(丑宮)에 배열된 성좌(星座) 조직을 선천적(先天的)인 것과 같은 방법으로 각각 색인에서 찾아 보면 된다.

③22세~31세

이 사람의 명판(命板)을 보면 22세부터 31세까지의 대한(大限)은 십이지궁(十二支宮) 가운데 묘궁(卯宮)인 부처궁(夫妻宮)에 위치하고 있으므로 이 기간의 후천적(後天的)인 명판(命板)의 명궁(命宮)은 바로 이곳이 된다. 그러므로 후천적(後天的)인 명판(命板)의 12개 궁(宮)은 부처궁(夫妻宮)인 묘궁(卯宮)부터 순서대로 명궁(命宮)에서 부모궁(父母宮)까지 시계 반대 방향으로 하나씩 배열하면 자녀궁(子女宮)은 십이지궁(十二支宮) 가운데 자궁(子宮)이 되고, 질액궁(疾厄宮)은 술궁(戌宮)이 된다. 그러면 이 사람의 22세부터 31세까지의 후천적(後天的)인 질병과 건강상태는 후천적(後天的)으로 질액궁(疾厄宮)이 되는 술궁(戌宮)에 배열된 성좌(星座) 조직, 명궁(命宮)이 되는 묘궁(卯宮)에 배열된 성좌(星座) 조직, 자녀궁(子女宮)이 되는 자궁(子宮)에 배열된 성좌(星座) 조직을 선천적(先天的)인 것과 같은 방법으로 색인에서 찾아보면 된다.

④ 32세~41세, 42세~51세, 52세~61세, 62세~71세, 72세~81세, 82세~91세, 92세~101세, 102세~111세, 112세~121세까지 대한(大限)의 주기에 따라 각각 다르게 나타나는 후천적(後天的)인 질병과 건강상태도 모두 ② ③번과 같은 방법으로 보면 된다.

제 3 장 성좌조직색인(星座組織索引)

1. 질액궁(疾厄宮)에 배열된 14개 주성(主星)－색인(索引)
2. 질액궁(疾厄宮)에 배열된 기타 성좌(星座)－색인(索引)
3. 명궁(命宮)에 배열된 성좌(星座)－색인(索引)
4. 자녀궁(子女宮)에 배열된 성좌(星座)－색인(索引)
5. 십이지궁(十二支宮) 별로 배열된 성좌(星座)－색인(索引)

[성좌조직색인(星座組織索引)]

1. 질액궁(疾厄宮)에 배열된 14개 주성(主星) 색인(索引)

2. 질액궁(疾厄宮)에 배열된 기타 성좌(星座) 색인(索引)

3. 명궁(命宮)에 배열된 성좌(星座) 색인(索引)

4. 자녀궁(子女宮)에 배열된 성좌(星座) 색인(索引)

5. 십이지궁(十二支宮)에 배열된 성좌(星座) 색인(索引)

제 4 장 성좌조직(星座組織) 분석내용

1. 질액궁(疾厄宮)에 배열된 14개 주성(主星) 분석 내용
2. 질액궁(疾厄宮)에 배열된 기타 성좌(星座) 분석 내용
3. 명궁(命宮)에 배열된 성좌(星座) 분석 내용
4. 자녀궁(子女宮)에 배열된 성좌(星座) 분석 내용
5. 십이지궁(十二支宮) 별로 배열된 성좌(星座) 분석 내용

[성좌조직(星座組織) 분석내용(分析內容)]

1. 질액궁(疾厄宮)에 배열된 14개 주성(主星) 분석 내용

(1) 紫微星〈子宮・午宮〉

巳 宮	紫微星 (疾厄宮) 午 宮	未 宮	申 宮
辰 宮			酉 宮
卯 宮			戌 宮
寅 宮	丑 宮	紫微星 (疾厄宮) 子 宮	亥 宮

[해설]

① 자미성(紫微星)이 십이지궁(十二支宮) 가운데 자궁(子宮) 또는 오궁(午宮)에 위치하면서 질액궁(疾厄宮)이 될 때는 비장(脾臟)이 허약하거나 소화기능이 좋지 않을 가능성이 많다. 그리고 과도한 욕구로 인하여 무엇이든지 지나치는 경향이 많아서 체질(體質)이 허약해 질 가능성이 많다.

② 자미성(紫微星)이 십이지궁(十二支宮)가운데 자궁(子宮) 또는 오궁(午宮)에 위치하면서 질액궁(疾厄宮)이 되고, 이 때 만약 사살성(四殺星)인 경양성(擎羊星)·타라성(陀羅星)·화성(火星)·영성(鈴星)이 하나 이상 함께 있을 때는 ①항에서 나타나는 나쁜 현상들과 더불어 두통(頭痛)·신경쇠약(神經衰弱)·당뇨병(糖尿病)이 발생할 가능성이 많다.

③ 자미성(紫微星)이 십이지궁(十二支宮)가운데 자궁(子宮) 또는 오궁(午宮)에 위치하면서 질액궁(疾厄宮)이 되고, 이 때 만약 지공성(地空星) 또는 지겁성(地劫星)이 함께 있을 때는 ①항에서 나타나는 나쁜 현상들과 더불어 심장쇠약(心臟衰弱)이 될 가능성이 많다.

④ 자미성(紫微星)이 십이지궁(十二支宮)가운데 자궁(子宮) 또는 오궁(午宮)에 위치하면서 질액궁(疾厄宮)이 되고, 이 때 만약 육살성(六煞星)인 경양성(擎羊星)·타라성(陀羅星)·화성(火星)·영성(鈴星)·지공성(地空星)·지겁성(地劫星)이 하나도 없고 칠길성(七吉星)인 문창성(文昌星)·문곡성(文曲星)·좌보성(左輔星)·우필성(右弼星)·천괴성(天魁星)·천월성(天鉞星)·녹존성(祿存星)이 하나 이상 함께 있을 때는 ①항에서 나타나는 나쁜 상태는 경미(輕微)하거나 발생하지 않을 가능성이 많다.

⑵紫微星 破軍星〈丑宮·未宮〉

巳　宮	午　宮	紫微星 破軍星 (疾厄宮) 未　宮	申　宮
辰　宮			酉　宮
卯　宮			戌　宮
寅　宮	紫微星 破軍星 (疾厄宮) 丑　宮	子　宮	亥　宮

[해설]

① 자미성(紫微星)과 파군성(破軍星)이 십이지궁(十二支宮) 가운데 축궁(丑宮) 또는 미궁(未宮)에 함께 위치하면서 질액궁(疾厄宮)이 될 때는 혈액순환(血液循環)이 고르지 못하거나 심장병(心臟病)·고혈압(高血壓)·저혈압(低血壓)·신경쇠약(神經衰弱)·만성병(慢性病)이 발생할 가능성이 많다.

② 자미성(紫微星)과 파군성(破軍星)이 십이지궁(十二支宮) 가운데 축궁(丑宮) 또는 미궁(未宮)에 함께 위치하면서 질액궁(疾厄宮)이 되고, 이 때 만약 육살성(六煞星)인 경양성(擎羊星)·타라성(陀羅星)·화성(火星)·영성(鈴星)·지공성(地空星)·지겁성(地劫星)이 하나 이상 함께 있을 때는 ①항에서 나타나는 나쁜 현상들과 더불어 해소(咳嗽)나 또는 폐경(肺經 : 폐에 딸린 경락)에 질병이 발생할 가능성이 많다.

③ 자미성(紫微星)과 파군성(破軍星)이 십이지궁(十二支宮) 가운데 축궁(丑宮) 또는 미궁(未宮)에 함께 위치하면서 질액궁(疾厄宮)이 되고, 이 때 만약 육살성(六煞星)이 하나도 없고 칠길성(七吉星)인 문창성(文昌星)·문곡성(文曲星)·좌보성(左輔星)·우필성(右弼星), 천괴성(天魁星)·천월성(天鉞星)·녹존성(祿存星)이 하나 이상 함께 있을 때는 ①항에서 나타나는 나쁜 상태는 경미(輕微)하거나 발생하지 않을 가능성이 많다.

⑶紫微星 天府星〈寅宮・申宮〉

巳　宮	午　宮	未　宮	紫微星 天府星 （疾厄宮） 申　宮
辰　宮			酉　宮
卯　宮			戌　宮
紫微星 天府星 （疾厄宮） 寅　宮	丑　宮	子　宮	亥　宮

[해설]

①자미성(紫微星)과 천부성(天府星)이 십이지궁(十二支宮) 가운데 인궁(寅宮) 또는 신궁(申宮)에 함께 위치하면서 질액궁(疾厄宮)이 될 때는 좋지 않은 자극을 받으면 두통(頭痛)이 발생할 가능성이 많다.

②자미성(紫微星)과 천부성(天府星)이 십이지궁(十二支宮)가운데 인궁(寅宮) 또는 신궁(申宮)에 함께 위치하면서 질액궁(疾厄宮)이 되고, 이 때 만약 육살성(六煞星)인 경양성(擎羊星)·타라성(陀羅星)·화성(火星)·영성(鈴星)·지공성(地空星)·지겁성(地劫星)이 하나 이상 함께 있을 때는 ①항에서 나타나는 나쁜 현상과 더불어 두통(頭痛)·당뇨병(糖尿病)·정신분열증(精神分裂症)·토혈(吐血)이 발생할 가능성이 많다.

③자미성(紫微星)과 천부성(天府星)이 십이지궁(十二支宮) 가운데 인궁(寅宮) 또는 신궁(申宮)에 함께 위치하면서 질액궁(疾厄宮)이 되고, 이 때 만약 육살성(六煞星)이 하나도 없고 칠길성(七吉星)인 문창성(文昌星)·문곡성(文曲星)·좌보성(左輔星)·우필성(右弼星)·천괴성(天魁星)·천월성(天鉞星)·녹존성(祿存星)이 하나 이상 함께 있을 때는 ①항에서 나타나는 나쁜 현상은 경미(輕微)하거나 발생하지 않을 가능성이 많다.

⑷紫微星 貪狼星〈卯宮·酉宮〉

巳　宮	午　宮	未　宮	申　宮
辰　宮			紫微星 貪狼星 (疾厄宮) 酉　宮
紫微星 貪狼星 (疾厄宮) 卯　宮			戌　宮
寅　宮	丑　宮	子　宮	亥　宮

[해설]

① 자미성(紫微星)과 탐랑성(貪狼星)이 십이지궁(十二支宮) 가운데 묘궁(卯宮) 또는 유궁(酉宮)에 함께 위치하면서 질액궁(疾厄宮)이 될 때는 신장(腎臟)이 좋지 않거나 성신경(性神經)이 쇠약해질 가능성이 많다.

② 자미성(紫微星)과 탐랑성(貪狼星)이 십이지궁(十二支宮) 가운데 묘궁(卯宮) 또는 유궁(酉宮)에 함께 위치하면서 질액궁(疾厄宮)이 되고, 이 때 만약 육살성(六煞星)인 경양성(擎羊星)·타라성(陀羅星)·화성(火星)·영성(鈴星)·지공성(地空星)·지겁성(地劫星)이 하나 이상 함께 있을 때는 ①항에서 나타나는 나쁜 현상과 더불어 성(性)기능이 좋지 않거나 신장병(腎臟病)·당뇨병(糖尿病)·두통(頭痛)이 발생할 가능성이 많다.

③ 자미성(紫微星)과 탐랑성(貪狼星)이 십이지궁(十二支宮) 가운데 묘궁(卯宮) 또는 유궁(酉宮)에 함께 위치하면서 질액궁(疾厄宮)이 되고, 이 때 만약 육살성(六煞星)이 하나도 없고 칠길성(七吉星)인 문창성(文昌星)·문곡성(文曲星)·좌보성(左輔星)·우필성(右弼星)·천괴성(天魁星)·천월성(天鉞星)·녹존성(祿存星)이 하나 이상 함께 있을 때는 ①항에서 나타나는 나쁜 현상은 경미(輕微)하거나 혹은 성신경쇠약(性神經衰弱)이 발생할 가능성이 많다.

⑸紫微星 天相星〈辰宮·戌宮〉

巳 宮	午 宮	未 宮	申 宮
紫微星 天相星 (疾厄宮) 辰 宮			酉 宮
卯 宮			紫微星 天相星 (疾厄宮) 戌 宮
寅 宮	丑 宮	子 宮	亥 宮

[해설]

① 자미성(紫微星)과 천상성(天相星)이 십이지궁(十二支宮) 가운데 진궁(辰宮) 또는 술궁(戌宮)에 함께 위치하면서 질액궁(疾厄宮)이 될 때는 내분비선계통(內紛秘腺系統)의 질병이나 위장병(胃臟病)·피부병(皮膚病)이 발생할 가능성이 많다.

② 자미성(紫微星)과 천상성(天相星)이 십이지궁(十二支宮) 가운데 진궁(辰宮) 또는 술궁(戌宮)에 함께 위치하면서 질액궁(疾厄宮)이 되고, 이 때 만약 육살성(六煞星)인 경양성(擎羊星)· 타라성(陀羅星)·화성(火星)·영성(鈴星)·지공성(地空星)·지겁성(地劫星)이 하나 이상 함께 있을 때는 ①항에서 나타나는 나쁜 현상들과 더불어 당뇨병(糖尿病)이 발생할 가능성이 많다.

③ 자미성(紫微星)과 천상성(天相星)이 십이지궁(十二支宮) 가운데 진궁(辰宮) 또는 술궁(戌宮)에 함께 위치하면서 질액궁(疾厄宮)이 되고, 이 때 만약 육살성(六煞星)이 하나도 없고 칠길성(七吉星)인 문창성(文昌星)·문곡성(文曲星)·좌보성(左輔星)·우필성(右弼星)·천괴성(天魁星)·천월성(天鉞星)·녹존성(祿存星)이 하나 이상 함께 있을 때는 ①항에서 나타나는 나쁜 상태는 경미(輕微)하거나 발생하지 않을 가능성이 많다.

⑹紫微星 七殺星〈巳宮・亥宮〉

紫微星 七殺星 (疾厄宮) 巳 宮	午 宮	未 宮	申 宮
辰 宮			酉 宮
卯 宮			戌 宮
寅 宮	丑 宮	子 宮	紫微星 七殺星 (疾厄宮) 亥 宮

[해설]

① 자미성(紫微星)과 칠살성(七殺星)이 십이지궁(十二支宮) 가운데 사궁(巳宮) 또는 해궁(亥宮)에 함께 위치하면서 질액궁(疾厄宮)이 될 때는 사지(四肢)에 힘이 없거나 쉽게 피로(疲勞)를 느끼거나 또는 위장병(胃臟病)이 발생할 가능성이 많다.

② 자미성(紫微星)과 칠살성(七殺星)이 십이지궁(十二支宮) 가운데 사궁(巳宮) 또는 해궁(亥宮)에 함께 위치하면서 질액궁(疾厄宮)이 되고, 이 때 만약 육살성(六煞星)인 경양성(擎羊星)· 타라성(陀羅星)·화성(火星)·영성(鈴星)·지공성(地空星)·지겁성(地劫星)이 하나 이상 함께 있을 때는 ①항에서 나타나는 나쁜 현상들과 더불어 당뇨병(糖尿病)이 발생할 가능성이 많다.

③ 자미성(紫微星)과 칠살성(七殺星)이 십이지궁(十二支宮) 가운데 사궁(巳宮)또는 해궁(亥宮)에 함께 위치 하면서 질액궁(疾厄宮)이 되고, 이 때 만약 육살성(六煞星)이 하나도 없고 칠길성(七吉星)인 문창성(文昌星)·문곡성(文曲星)·좌보성(左輔星)·우필성(右弼星)·천괴성(天魁星)·천월성(天鉞星)·녹존성(祿存星)이 하나 이상 함께 있을 때는 ①항에서 나타나는 나쁜 상태는 경미(輕微)하거나 발생하지 않을 가능성이 많다.

(7) 天機星〈子宮 · 午宮〉

巳宮	天機星 (疾厄宮) 午宮	未宮	申宮
辰宮			酉宮
卯宮			戌宮
寅宮	丑宮	天機星 (疾厄宮) 子宮	亥宮

[해설]

① 천기성(天機星)이 십이지궁(十二支宮) 가운데 자궁(子宮) 또는 오궁(午宮)에 위치하면서 질액궁(疾厄宮)이 될 때는 어린 아기 시절에 병을 앓을 가능성이 많다.

② 천기성(天機星)이 십이지궁(十二支宮) 가운데 자궁(子宮) 또는 오궁(午宮)에 위치하면서 질액궁(疾厄宮)이 되고 이 때 만약 육살성(六煞星)인 경양성(擎羊星)· 타라성(陀羅星)·화성(火星)·영성(鈴星)·지공성(地空星)·지겁성(地劫星)이 하나 이상 함께 있을 때는 ①항에서 나타나는 나쁜 현상과 더불어 팔이나 다리에 힘이 없거나 눈에 질병이 발생할 가능성이 많다.

③ 천기성(天機星)이 십이지궁(十二支宮) 가운데 자궁(子宮) 또는 오궁(午宮)에 위치하면서 질액궁(疾厄宮)이 되고, 이 때 만약 육살성(六煞星)이 하나도 없고 칠길성(七吉星)인 문창성(文昌星)·문곡성(文曲星)·좌보성(左輔星)·우필성(右弼星)·천괴성(天魁星)·천월성(天鉞星)·녹존성(祿存星)이 하나 이상 함께 있을 때는 ①항에서 나타나는 나쁜 상태는 경미(輕微)하거나 발생하지 않을 가능성이 많다.

⑻天機星〈丑宮・未宮〉

巳 宮	午 宮	天機星 (疾厄宮) 未 宮	申 宮
辰 宮			酉 宮
卯 宮			戌 宮
寅 宮	天機星 (疾厄宮) 丑 宮	子 宮	亥 宮

[해설]

① 천기성(天機星)이 십이지궁(十二支宮) 가운데 축궁(丑宮) 또는 미궁(未宮)에 위치하면서 질액궁(疾厄宮)이 될 때는 머리나 얼굴에 상처를 입어 흉터를 남기거나 혹은 체질(體質)이 허약할 가능성이 많다.

② 천기성(天機星)이 십이지궁(十二支宮) 가운데 축궁(丑宮) 또는 미궁(未宮)에 위치하면서 질액궁(疾厄宮)이 되고, 이 때 만약 육살성(六煞星)인 경양성(擎羊星)· 타라성(陀羅星)·화성(火星)·영성(鈴星)·지공성(地空星)·지겁성(地劫星)이 하나 이상 함께 있을 때는 ①항에서 나타나는 나쁜 현상과 더불어 사지(四肢)에 힘이 없거나 또는 위장(胃臟)이나 눈에 질병이 발생할 가능성이 많다.

③ 천기성(天機星)이 십이지궁(十二支宮) 가운데 축궁(丑宮) 또는 미궁(未宮)에 위치하면서 질액궁(疾厄宮)이 되고, 이 때 만약 육살성(六煞星)이 하나도 없고 칠길성(七吉星)인 문창성(文昌星)·문곡성(文曲星)·좌보성(左輔星)·우필성(右弼星)·천괴성(天魁星)·천월성(天鉞星)·녹존성(祿存星)이 하나 이상 함께 있을 때는 체질(體質)이 허약하거나 원기(元氣)가 부족 또는 새들 새들 마르는 현상이 발생할 가능성 많다.

⑼天機星 太陰星〈寅宮・申宮〉

巳 宮	午 宮	未 宮	天機星 太陰星 （疾厄宮） 申 宮
辰 宮			酉 宮
卯 宮			戌 宮
天機星 太陰星 （疾厄宮） 寅 宮	丑 宮	子 宮	亥 宮

[해설]

① 천기성(天機星)과 태음성(太陰星)이 십이지궁(十二支宮) 가운데 인궁(寅宮) 또는 신궁(申宮)에 위치하면서 질액궁(疾厄宮)이 될 때는 피부병(皮膚病)이나 성병(性病)이 발생할 가능성이 많다.

② 천기성(天機星)과 태음성(太陰星)이 십이지궁(十二支宮) 가운데 인궁(寅宮) 또는 신궁(申宮)에 함께 위치하면서 질액궁(疾厄宮)이 되고, 이 때 만약 육살성(六煞星)인 경양성(擎羊星)· 타라성(陀羅星)·화성(火星)·영성(鈴星)·지공성(地空星)·지겁성(地劫星)이 하나 이상 함께 있을 때는 ①항에서 나타나는 나쁜 현상과 더불어 심장(心臟)이 약하거나 또는 심장병(心臟病)·부인병(婦人病) 이나 간장(肝臟)에 질병이 발생할 가능성이 많다.

③ 천기성(天機星)과 태음성(太陰星)이 십이지궁(十二支宮) 가운데 인궁(寅宮) 또는 신궁(申宮)에 위치하면서 질액궁(疾厄宮)이 되고, 이 때 만약 육살성(六煞星)이 하나도 없고 칠길성(七吉星)인 문창성(文昌星)·문곡성(文曲星)·좌보성(左輔星)·우필성(右弼星)·천괴성(天魁星)·천월성(天鉞星)·녹존성(祿存星)이 하나 이상 함께 있을 때는 ①항에서 나타나는 나쁜 상태는 경미(輕微)하거나 발생하지 않을 가능성이 많다.

(10) 天機星 巨門星〈卯宮・酉宮〉

巳 宮	午 宮	未 宮	申 宮
辰 宮			天機星 巨門星 (疾厄宮) 酉 宮
天機星 巨門星 (疾厄宮) 卯 宮			戌 宮
寅 宮	丑 宮	子 宮	亥 宮

[해설]

① 천기성(天機星)과 거문성(巨門星)이 십이지궁(十二支宮) 가운데 묘궁(卯宮) 또는 유궁(酉宮)에 함께 위치하면서 질액궁(疾厄宮)이 될 때는 위장병(胃臟病) 또는 심장(心臟)이나 혈압(血壓)에 이상이 발생할 가능성이 많다.

② 천기성(天機星)과 거문성(巨門星)이 십이지궁(十二支宮) 가운데 묘궁(卯宮) 또는 유궁(酉宮)에 함께 위치하면서 질액궁(疾厄宮)이 되고, 때 만약 육살성(六煞星)인 경양성(擎羊星)· 타라성(陀羅星)·화성(火星)·영성(鈴星)·지공성(地空星)·지겁성(地劫星)이 하나 이상 함께 있을 때는 ①항에서 나타나는 나쁜 현상들인 위장병(胃臟病) 또는 심장(心臟)이나 혈압(血壓)에 더 큰 이상이 발생할 가능성이 많고 이와 더불어 신경계통(神經系統)에도 이상이 발생할 가능성이 많다.

③ 천기성(天機星)과 거문성(巨門星)이 십이지궁(十二支宮) 가운데 묘궁(卯宮) 또는 유궁(酉宮)에 함께 위치하면서 질액궁(疾厄宮)이 되고, 이 때 만약 육살성(六煞星)이 하나도 없고 칠길성(七吉星)인 문창성(文昌星)·문곡성(文曲星)·좌보성(左輔星)·우필성(右弼星)·천괴성(天魁星)·천월성(天鉞星)·녹존성(祿存星)이 하나 이상 함께 있을 때는 원기(元氣)가 부족한 현상이 나타나는 반면 ①항에서 나타나는 나쁜 상태는 경미(輕微)하거나 발생하지 않을 가능성이 많다.

(11) 天機星 天梁星〈辰宮·戌宮〉

巳　宮	午　宮	未　宮	申　宮
天機星 天梁星 （疾厄宮） 辰　宮			酉　宮
卯　宮			天機星 天梁星 （疾厄宮） 戌　宮
寅　宮	丑　宮	子　宮	亥　宮

[해설]

① 천기성(天機星)과 천량성(天梁星)이 십이지궁(十二支宮) 가운데 진궁(辰宮) 또는 술궁(戌宮)에 함께 위치하면서 질액궁(疾厄宮)이 될 때는 심장(心臟)이 좋지 않거나 심장박동(心臟搏動)이 너무 빠르거나 또는 신장(腎臟)이나 생식기계통(生殖器系統)에 질병이 발생할 가능성이 많다.

② 천기성(天機星)과 천량성(天梁星)이 십이지궁(十二支宮) 가운데 진궁(辰宮) 또는 술궁(戌宮)에 함께 위치하면서 질액궁(疾厄宮)이 되고, 때 만약 육살성(六煞星)인 경양성(擎羊星)・ 타라성(陀羅星)・화성(火星)・영성(鈴星)・지공성(地空星)・지겁성(地劫星)이 하나 이상 함께 있을 때는 ①항에서 나타나는 나쁜 현상들과 더불어 빈혈(貧血)이 발생할 가능성이 많다.

③ 천기성(天機星)과 천량성(天梁星)이 십이지궁(十二支宮) 가운데 진궁(辰宮) 또는 술궁(戌宮)에 함께 위치하면서 질액궁(疾厄宮)이 되고, 이 때 만약 육살성(六煞星)이 하나도 없고 칠길성(七吉星)인 문창성(文昌星)・문곡성(文曲星)・좌보성(左輔星)・우필성(右弼星)・천괴성(天魁星)・천월성(天鉞星)・녹존성(祿存星)이 하나 이상 함께 있을 때는 ①항에서 나타나는 나쁜 상태는 경미(輕微)하거나 발생하지 않을 가능성이 많다.

(12)天機星〈巳宮・亥宮〉

天機星 (疾厄宮) 巳　宮	午　宮	未　宮	申　宮
辰　宮			酉　宮
卯　宮			戌　宮
寅　宮	丑　宮	子　宮	天機星 (疾厄宮) 亥　宮

[해설]

① 천기성(天機星)이 십이지궁(十二支宮) 가운데 사궁(巳宮) 또는 해궁(亥宮)에 위치하면서 질액궁(疾厄宮)이 될 때는 체질(體質)이 허약하거나 얼굴 또는 머리에 상처를 입어 흉터를 남길 가능성이 많다.

② 천기성(天機星)이 십이지궁(十二支宮) 가운데 사궁(巳宮) 또는 해궁(亥宮)에 위치하면서 질액궁(疾厄宮)이 되고, 이 때 만약 육살성(六煞星)인 경양성(擎羊星)· 타라성(陀羅星)·화성(火星)·영성(鈴星)·지공성(地空星)·지겁성(地劫星)이 하나 이상 함께 있을 때는 ①항에서 나타나는 나쁜 현상들과 더불어 위장(胃臟)이나 눈에 질병이 발생할 가능성이 많다.

③ 천기성(天機星)이 십이지궁(十二支宮) 가운데 사궁(巳宮) 또는 해궁(亥宮)에 위치하면서 질액궁(疾厄宮)이 되고, 이 때 만약 육살성(六煞星)이 하나도 없고 칠길성(七吉星)인 문창성(文昌星)·문곡성(文曲星)·좌보성(左輔星)·우필성(右弼星)·천괴성(天魁星)·천월성(天鉞星)·녹존성(祿存星)이 하나 이상 함께 있을 때는 원기(元氣)가 부족하거나 체질(體質)이 허약할 가능성이 많다.

(13) 太陽星〈子宮・戌宮・亥宮〉

巳　宮	午　宮	未　宮	申　宮
辰　宮			酉　宮
卯　宮			太陽星 (疾厄宮) 戌　宮
寅　宮	丑　宮	太陽星 (疾厄宮) 子　宮	太陽星 (疾厄宮) 亥　宮

[해설]

① 태양성(太陽星)이 십이지궁(十二支宮) 가운데 자궁(子宮)·술궁(戌宮)·해궁(亥宮)에 위치하면서 질액궁(疾厄宮)이 될 때는 시력(視力)이나 대장(大腸) 좋지 않거나 또는 두통(頭痛)이나 혈변(血便)이 발생할 가능성이 가능성이 많다.

② 태양성(太陽星)이 십이지궁(十二支宮) 가운데 자궁(子宮)·술궁(戌宮)·해궁(亥宮)에 위치하면서 질액궁(疾厄宮)이 되고, 이 때 만약 화기성(化忌星) 또는 육살성(六煞星)인 경양성(擎羊星)· 타라성(陀羅星)·화성(火星)·영성(鈴星)·지공성(地空星)·지겁성(地劫星)이 하나 이상 함께 있을 때는 ①항에서 나타나는 나쁜 현상들과 더불어 눈에 질병이 발생할 가능성이 많다.

③ 태양성(太陽星)이 십이지궁(十二支宮) 가운데 자궁(子宮)·술궁(戌宮)·해궁(亥宮)에 위치하면서 질액궁(疾厄宮)이 되고, 이 때 만약 육살성(六煞星)이 하나도 없고 칠길성(七吉星)인 문창성(文昌星)·문곡성(文曲星)·좌보성(左輔星)·우필성(右弼星)·천괴성(天魁星)·천월성(天鉞星)·녹존성(祿存星)이 하나 이상 함께 있을 때는 ①항에서 나타나는 나쁜 상태는 경미(輕微)하거나 발생하지 않을 가능성이 많다.

(14) 太陽星〈辰宮·巳宮·午宮〉

太陽星 (疾厄宮) 巳　宮	太陽星 (疾厄宮) 午　宮	未　宮	申　宮
太陽星 (疾厄宮) 辰　宮			酉　宮
卯　宮			戌　宮
寅　宮	丑　宮	子　宮	亥　宮

[해설]

① 태양성(太陽星)이 십이지궁(十二支宮) 가운데 진궁(辰宮)·사궁(巳宮)·오궁(午宮)에 위치하면서 질액궁(疾厄宮)이 될 때는 시력(視力)이 좋지 않을 가능성이 있다.

② 태양성(太陽星)이 십이지궁(十二支宮) 가운데 진궁(辰宮)·사궁(巳宮)·오궁(午宮)에 위치하면서 질액궁(疾厄宮)이 되고, 이 때 만약 육살성(六煞星)인 경양성(擎羊星)· 타라성(陀羅星)·화성(火星)·영성(鈴星)·지공성(地空星)·지겁성(地劫星)이 하나 이상 함께 있을 때는 ①항에서 나타나는 나쁜 현상과 더불어 눈에 질병이 발생할 가능성이 많다.

③ 태양성(太陽星)이 십이지궁(十二支宮) 가운데 진궁(辰宮)·사궁(巳宮)·오궁(午宮)에 위치하면서 질액궁(疾厄宮)이 되고, 이 때 만약 육살성(六煞星)이 하나도 없고 칠길성(七吉星)인 문창성(文昌星)·문곡성(文曲星)·좌보성(左輔星)·우필성(右弼星)·천괴성(天魁星)·천월성(天鉞星)·녹존성(祿存星)이 하나 이상 함께 있을 때는 ①항에서 나타나는 나쁜 상태는 경미(輕微)하거나 발생하지 않을 가능성이 많다.

(15) 太陽星 太陰星〈丑宮·未宮〉

巳 宮	午 宮	太陰星 太陽星 (疾厄宮) 未 宮	申 宮
辰 宮			酉 宮
卯 宮			戌 宮
寅 宮	太陽星 太陰星 (疾厄宮) 丑 宮	子 宮	亥 宮

[해설]

① 태양성(太陽星)과 태음성(太陰星)이 십이지궁(十二支宮) 가운데 축궁(丑宮) 또는 미궁(未宮)에 위치하면서 질액궁(疾厄宮)이 될 때는 눈이나 간장(肝臟)이 약할 가능성이 있다.

② 태양성(太陽星)과 태음성(太陰星)이 십이지궁(十二支宮) 가운데 축궁(丑宮) 또는 미궁(未宮)에 위치하면서 질액궁(疾厄宮)이 되고, 이 때 만약 육살성(六煞星)인 경양성(擎羊星)· 타라성(陀羅星)·화성(火星)·영성(鈴星)·지공성(地空星)·지겁성(地劫星)이 하나 이상 함께 있을 때는 ①항에서 나타나는 나쁜 현상들과 더불어 눈이나 간장(肝臟)에 질병이 발생할 가능성이 많다.

③ 태양성(太陽星)과 태음성(太陰星)이 십이지궁(十二支宮) 가운데 축궁(丑宮) 또는 미궁(未宮)에 함께 위치하면서 질액궁(疾厄宮)이 되고, 이 때 만약 육살성(六煞星)이 하나도 없고 칠길성(七吉星)인 문창성(文昌星)·문곡성(文曲星)·좌보성(左輔星)·우필성(右弼星)·천괴성(天魁星)·천월성(天鉞星)·녹존성(祿存星)이 하나 이상 함께 있을 때는 ①항에서 나타나는 나쁜 상태는 경미(輕微)하거나 발생하지 않을 가능성이 많다.

(16) 太陽星 巨門星〈寅宮〉

巳　宮	午　宮	未　宮	申　宮
辰　宮			酉　宮
卯　宮			戌　宮
太陽星 巨門星 (疾厄宮) 寅　宮	丑　宮	子　宮	亥　宮

[해설]

① 태양성(太陽星)과 거문성(巨門星)이 십이지궁(十二支宮) 가운데 인궁(寅宮)에 함께 위치하면서 질액궁(疾厄宮)이 될 때는 시력(視力)이 좋지 않거나 위장(胃臟)에 질병이 발생할 가능성이 많다.

② 태양성(太陽星)과 거문성(巨門星)이 십이지궁(十二支宮) 가운데 인궁(寅宮)에 함께 위치하면서 질액궁(疾厄宮)이 되고, 이 때 만약 육살성(六煞星)인 경양성(擎羊星)· 타라성(陀羅星)·화성(火星)·영성(鈴星)·지공성(地空星)·지겁성(地劫星)이 하나 이상 함께 있을 때는 ①항에서 나타나는 나쁜 현상들과 더불어 위장(胃臟)이나 눈에 질병이 발생할 가능성이 많다.

③ 태양성(太陽星)과 거문성(巨門星)이 십이지궁(十二支宮) 가운데 인궁(寅宮)에 함께 위치하면서 질액궁(疾厄宮)이 되고 이 때 만약 육살성(六煞星)이 하나도 없고 칠길성(七吉星)인 문창성(文昌星)·문곡성(文曲星)·좌보성(左輔星)·우필성(右弼星)·천괴성(天魁星)·천월성(天鉞星)·녹존성(祿存星)이 하나 이상 함께 있을 때는 ①항에서 나타나는 나쁜 상태는 경미(輕微)하거나 발생하지 않을 가능성이 많다.

(17) 太陽星 巨門星〈申宮〉

巳　宮	午　宮	未　宮	太陽星 巨門星 (疾厄宮) 申　宮
辰　宮			酉　宮
卯　宮			戌　宮
寅　宮	丑　宮	子　宮	亥宮

[해설]

① 태양성(太陽星)과 거문성(巨門星)이 십이지궁(十二支宮) 가운데 신궁(申宮)에 함께 위치하면서 질액궁(疾厄宮)이 될 때는 몸이 항상 편안하지 못한 느낌을 받거나 시력(視力)이 좋지 않고 위장병(胃臟病)·두통(頭痛)이 발생할 가능성이 많다.

② 태양성(太陽星)과 거문성(巨門星)이 십이지궁(十二支宮) 가운데 신궁(申宮)에 함께 있으면서 질액궁(疾厄宮)이 되고, 이 때 만약 육살성(六煞星)인 경양성(擎羊星)· 타라성(陀羅星)·화성(火星)·영성(鈴星)·지공성(地空星)·지겁성(地劫星)이 하나 이상 함께 있을 때는 ①항에서 나타나는 나쁜 현상들과 더불어 특히 위장(胃臟)에 질병이 발생할 가능성이 많다.

③ 태양성(太陽星)과 거문성(巨門星)이 십이지궁(十二支宮) 가운데 신궁(申宮)에 함께 위치하면서 질액궁(疾厄宮)이 되고, 이 때 만약 육살성(六煞星)이 하나도 없고 칠길성(七吉星)인 문창성(文昌星)·문곡성(文曲星)·좌보성(左輔星)·우필성(右弼星)·천괴성(天魁星)·천월성(天鉞星)·녹존성(祿存星)이 하나 이상 함께 있을 때는 ①항에서 나타나는 나쁜 상태는 경미(輕微)하거나 발생하지 않을 가능성이 많다.

(18) 太陽星 天梁星〈卯宮〉

巳　宮	午　宮	未　宮	申　宮
辰　宮			酉　宮
太陽星 天梁星 （疾厄宮） 卯　宮			戌　宮
寅　宮	丑　宮	子　宮	亥　宮

[해설]

① 태양성(太陽星)과 천량성(天粱星)이 십이지궁(十二支宮) 가운데 묘궁(卯宮)에 함께 위치하면서 질액궁(疾厄宮)이 될 때는 시력(視力)이 좋지 않거나 심장(心臟)이 약할 가능성이 있다.

② 태양성(太陽星)과 천량성(天粱星)이 십이지궁(十二支宮) 가운데 묘궁(卯宮)에 함께 위치하면서 질액궁(疾厄宮)이 되고, 이 때 만약 육살성(六煞星)인 경양성(擎羊星)· 타라성(陀羅星)·화성(火星)·영성(鈴星)·지공성(地空星)·지겁성(地劫星)이 하나 이상 함께 있을 때는 ①항에서 나타나는 나쁜 현상들과 더불어 심장(心臟)에 질병이 발생할 가능성이 많다.

③ 태양성(太陽星)과 천량성(天粱星)이 십이지궁(十二支宮) 가운데 묘궁(卯宮)에 함께 위치하면서 질액궁(疾厄宮)이 되고, 이 때 만약 육살성(六煞星)이 하나도 없고 칠길성(七吉星)인 문창성(文昌星)·문곡성(文曲星)·좌보성(左輔星)·우필성(右弼星)·천괴성(天魁星)·천월성(天鉞星)·녹존성(祿存星)이 하나 이상 함께 있을 때는 ①항에서 나타나는 나쁜 상태는 경미(輕微)하거나 발생하지 않을 가능성이 많다.

(19) 太陽星 天梁星〈酉宮〉

巳 宮	午 宮	未 宮	申 宮
辰 宮			太陽星 天梁星 (疾厄宮) 酉 宮
卯 宮			戌 宮
寅 宮	丑 宮	子 宮	亥 宮

[해설]

① 태양성(太陽星)과 천량성(天梁星)이 십이지궁(十二支宮) 가운데 유궁(酉宮)에 함께 위치하면서 질액궁(疾厄宮)이 될 때는 심장(心臟)이 약하거나 눈에 질병이 발생할 가능성이 많다.

② 태양성(太陽星)과 천량성(天梁星)이 십이지궁(十二支宮) 가운데 유궁(酉宮)에 함께 위치하면서 질액궁(疾厄宮)이 되고, 이 때 만약 육살성(六煞星)인 경양성(擎羊星)· 타라성(陀羅星)·화성(火星)·영성(鈴星)·지공성(地空星)·지겁성(地劫星)이 하나 이상 함께 있을 때는 ①항에서 나타나는 나쁜 현상들과 더불어 심장(心臟)에 질병이 발생할 가능성이 많다.

③ 태양성(太陽星)과 천량성(天梁星)이 십이지궁(十二支宮) 가운데 유궁(酉宮)에 함께 위치하면서 질액궁(疾厄宮)이 되고 이 때 만약 육살성(六煞星)이 하나도 없고 칠길성(七吉星)인 문창성(文昌星)·문곡성(文曲星)·좌보성(左輔星)·우필성(右弼星)·천괴성(天魁星)·천월성(天鉞星)·녹존성(祿存星)이 하나 이상 함께 있을 때는 ①항에서 나타나는 나쁜 상태는 경미(輕微)하거나 발생하지 않을 가능성이 많다.

(20) 武曲星 天府星〈子宮・午宮〉

巳 宮	武曲星 天府星 (疾厄宮) 午 宮	未 宮	申 宮
辰 宮			酉 宮
卯 宮			戌 宮
寅 宮	丑 宮	武曲星 天府星 (疾厄宮) 子 宮	亥 宮

[해설]

① 무곡성(武曲星)과 천부성(天府星)이 십이지궁(十二支宮) 가운데 자궁(子宮) 또는 오궁(午宮)에 위치하면서 질액궁(疾厄宮)이 될 때는 코·담(膽)·호흡기계통(呼吸器系統)의 기능이 약할 가능성이 있다.

② 무곡성(武曲星)과 천부성(天府星)이 십이지궁(十二支宮) 가운데 자궁(子宮) 또는 오궁(午宮)에 함께 위치하면서 질액궁(疾厄宮)이 되고, 이 때 만약 육살성(六煞星)인 경양성(擎羊星)· 타라성(陀羅星)·화성(火星)·영성(鈴星)·지공성(地空星)·지겁성(地劫星)이 하나 이상 함께 있을 때는 ①항에서 나타나는 나쁜 현상들과 더불어 위장(胃臟)이나 담(膽)에 질병이 발생할 가능성이 많다.

③ 무곡성(武曲星)과 천부성(天府星)이 십이지궁(十二支宮) 가운데 자궁(子宮) 또는 오궁(午宮)에 함께 위치하면서 질액궁(疾厄宮)이 되고, 이 때 만약 육살성(六煞星)이 하나도 없고 칠길성(七吉星)인 문창성(文昌星)·문곡성(文曲星)·좌보성(左輔星)·우필성(右弼星)·천괴성(天魁星)·천월성(天鉞星)·녹존성(祿存星)이 하나 이상 함께 있을 때는 ①항에서 나타나는 나쁜 상태는 경미(輕微)하거나 발생하지 않을 가능성이 많다.

⑵1)武曲星 貪狼星〈丑宮・未宮〉

巳 宮	午 宮	武曲星 貪狼星 (疾厄宮) 未 宮	申 宮
辰 宮			酉 宮
卯 宮			戌 宮
寅 宮	武曲星 貪狼星 (疾厄宮) 丑 宮	子 宮	亥 宮

[해설]

① 무곡성(武曲星)과 탐랑성(貪狼星)이 십이지궁(十二支宮) 가운데 축궁(丑宮) 또는 미궁(未宮)에 위치하면서 질액궁(疾厄宮)이 될 때는 호흡기계통(呼吸器系統)·코·신장(腎臟)의 기능이 약할 가능성이 있다.

② 무곡성(武曲星)과 탐랑성(貪狼星)이 십이지궁(十二支宮) 가운데 축궁(丑宮) 또는 미궁(未宮)에 함께 위치하면서 질액궁(疾厄宮)이 되고, 이 때 만약 육살성(六煞星)인 경양성(擎羊星)· 타라성(陀羅星)·화성(火星)·영성(鈴星)·지공성(地空星)·지겁성(地劫星)이 하나 이상 함께 있을 때는 ①항에서 나타나는 나쁜 현상들과 더불어 성신경쇠약(性神經衰弱)이 발생할 가능성이 많다.

③ 무곡성(武曲星)과 탐랑성(貪狼星)이 십이지궁(十二支宮) 가운데 축궁(丑宮) 또는 미궁(未宮)에 함께 위치하면서 질액궁(疾厄宮)이 되고, 이 때 만약 육살성(六煞星)이 하나도 없고 칠길성(七吉星)인 문창성(文昌星)·문곡성(文曲星)·좌보성(左輔星)·우필성(右弼星)·천괴성(天魁星)·천월성(天鉞星)·녹존성(祿存星)이 하나 이상 함께 있을 때는 ①항에서 나타나는 나쁜 상태는 경미(輕微)하거나 발생하지 않을 가능성이 많다.

⑵2)武曲星 天相星〈寅宮·申宮〉

巳　宮	午　宮	未　宮	武曲星 天相星 (疾厄宮) 申　宮
辰　宮			酉　宮
卯　宮			戌　宮
武曲星 天相星 (疾厄宮) 寅　宮	丑　宮	子　宮	亥　宮

[해설]

① 무곡성(武曲星)과 천상성(天相星)이 십이지궁(十二支宮) 가운데 인궁(寅宮) 또는 신궁(申宮)에 위치하면서 질액궁(疾厄宮)이 될 때는 코·장(腸)의 기능이나 또는 피부(皮膚)가 좋지 않을 가능성이 있다.

② 무곡성(武曲星)과 천상성(天相星)이 십이지궁(十二支宮) 가운데 인궁(寅宮) 또는 신궁(申宮)에 함께 위치하면서 질액궁(疾厄宮)이 되고, 이 때 만약 육살성(六煞星)인 경양성(擎羊星)· 타라성(陀羅星)·화성(火星)·영성(鈴星)·지공성(地空星)·지겁성(地劫星)이 하나 이상 함께 있을 때는 ①항에서 나타나는 나쁜 현상들과 더불어 몸을 다치거나 암질(暗疾 : 숨은 질병)또는 코나 장(腸)에 질병이 발생할 가능성이 많다.

③ 무곡성(武曲星)과 천상성(天相星)이 십이지궁(十二支宮) 가운데 인궁(寅宮)또는 신궁(申宮)에 함께 위치하면서 질액궁(疾厄宮)이 되고, 이 때 만약 육살성(六煞星)이 하나도 없고 칠길성(七吉星)인 문창성(文昌星)·문곡성(文曲星)·좌보성(左輔星)·우필성(右弼星)·천괴성(天魁星)·천월성(天鉞星)·녹존성(祿存星)이 하나 이상 함께 있을 때는 ①항에서 나타나는 나쁜 상태는 경미(輕微)하거나 발생하지 않을 가능성이 많다.

(23) 武曲星 七殺星〈卯宮·酉宮〉

巳　宮	午　宮	未　宮	申宮
辰　宮			武曲星 七殺星 (疾厄宮) 酉　宮
武曲星 七殺星 (疾厄宮) 卯　宮			戌　宮
寅　宮	丑　宮	子　宮	亥　宮

[해설]

①무곡성(武曲星)과 칠살성(七殺星)이 십이지궁(十二支宮) 가운데 묘궁(卯宮) 또는 유궁(酉宮)에 위치하면서 질액궁(疾厄宮)이 될 때는 코나 장(腸)에 출혈(出血)등 이상이 발생할 가능성이 많다.

②무곡성(武曲星)과 칠살성(七殺星)이 십이지궁(十二支宮) 가운데 묘궁(卯宮) 또는 유궁(酉宮)에 함께 위치하면서 질액궁(疾厄宮)이 되고, 이 때 만약 육살성(六腸星)인 경양성(擎羊星)· 타라성(陀羅星)·화성(火星)·영성(鈴星)·지공성(地空星)·지겁성(地劫星)이 하나 이상 함께 있을 때는 ①항에서 나타나는 나쁜 현상들과 더불어 몸을 쉽게 다치거나 또는 코·장(煞)에 질병이나 치질(痔疾)이 발생할 가능성이 많다.

③무곡성(武曲星)과 칠살성(七殺星)이 십이지궁(十二支宮) 가운데 묘궁(卯宮) 또는 유궁(酉宮)에 함께 위치하면서 질액궁(疾厄宮)이 되고, 이 때 만약 육살성(六煞星)이 하나도 없고 칠길성(七吉星)인 문창성(文昌星)·문곡성(文曲星)·좌보성(左輔星)·우필성(右弼星)·천괴성(天魁星)·천월성(天鉞星)·녹존성(祿存星)이 하나 이상 함께 있을 때는 코나 장(腸)에 경미(輕微)한 질병이 나타날 가능성이 많다.

(24) 武曲星〈辰宮·戌宮〉

巳　宮	午　宮	未　宮	申　宮
武曲星 (疾厄宮) 辰　宮			酉　宮
卯　宮			武曲星 (疾厄宮) 戌　宮
寅　宮	丑　宮	子　宮	亥　宮

[해설]

①무곡성(武曲星)이 십이지궁(十二支宮) 가운데 진궁(辰宮) 또는 술궁(戌宮)에 위치하면서 질액궁(疾厄宮)이 될 때는 폐(肺)가 건강하지 못하거나 또는 각혈(咯血)이 발생할 수 있다.

②무곡성(武曲星)이 십이지궁(十二支宮) 가운데 진궁(辰宮) 또는 술궁(戌宮)에 위치하면서 질액궁(疾厄宮)이 되고, 이 때 만약 육살성(六煞星)인 경양성(擎羊星)· 타라성(陀羅星)·화성(火星)·영성(鈴星)·지공성(地空星)·지겁성(地劫星)이 하나 이상 함께 있을 때는 ①항에서 나타나는 나쁜 현상들과 더불어 몸을 쉽게 외상(外傷)을 입거나 다른 질병이 발생할 가능성이 많다.

③무곡성(武曲星)이 십이지궁(十二支宮) 가운데 진궁(辰宮)또는 술궁(戌宮)에 위치하면서 질액궁 (疾厄宮) 이 되고, 이 때 만약 육살성(六煞星)이 하나도 없고 칠길성(七吉星)인 문창성(文昌星)·문곡성(文曲星)·좌보성(左輔星)·우필성(右弼星)·천괴성(天魁星)·천월성(天鉞星)·녹존성(祿存星)이 하나 이상 함께 있을 때는 ①항에서 타나나는 나쁜 상태는 경미(輕微)할 가능성이 많다.

(25) 武曲星 破軍星〈巳宮・亥宮〉

武曲星 破軍星 (疾厄宮) 巳　宮	午　宮	未　宮	申　宮
辰　宮			酉　宮
卯　宮			戌　宮
寅　宮	丑　宮	子　宮	武曲星 破軍星 (疾厄宮) 亥　宮

[해설]

① 무곡성(武曲星)과 파군성(破軍星)이 십이지궁(十二支宮) 가운데 사궁(巳宮) 또는 해궁(亥宮)에 함께 위치하면서 질액궁(疾厄宮)이 될 때는 코나 폐(肺)의 기능이 좋지 않거나 또는 어린 아기 시절 질병이 많이 발생할 가능성이 있다.

② 무곡성(武曲星)과 파군성(破軍星)이 십이지궁(十二支宮) 가운데사궁(巳宮)또는 해궁(亥宮)에 함께 위치하면서 질액궁(疾厄宮)이되고, 이 때 만약 육살성(六煞星)인 경양성(擎羊星)· 타라성(陀羅星)·화성(火星)·영성(鈴星)·지공성(地空星)·지겁성(地劫星)이 하나 이상 함께 있을 때는 ①항에서 나타나는 나쁜 현상들과 더불어 숨이 차서 헐떡거리거나, 눈이 어지럽거나 또는 외상(外傷)을 쉽게 입거나, 폐(肺)에 질병이 발생할 가능성이 많다.

③ 무곡성(武曲星)과 파군성(破軍星)이 십이지궁(十二支宮) 가운데 사궁(巳宮) 또는 해궁(亥宮)에 함께 위치하면서 질액궁(疾厄宮)이 되고, 이 때 만약 육살성(六煞星)이 하나도 없고 칠길성(七吉星)인 문창성(文昌星)·문곡성(文曲星)·좌보성(左輔星)·우필성(右弼星)·천괴성(天魁星)·천월성(天鉞星)·녹존성(祿存星)이 하나 이상 함께 있을 때는 ①항에서 타나나는 나쁜 상태는 경미(輕微)할 가능성이 많다.

(26) 天同星 太陰星〈子宮〉

巳　宮	午　宮	未　宮	申　宮
辰　宮			酉　宮
卯　宮			戌　宮
寅　宮	天同星 太陰星 (疾厄宮) 丑　宮	子　宮	亥　宮

[해설]

① 천동성(天同星)과 태음성(太陰星)이 십이지궁(十二支宮) 가운데 자궁(子宮)에 함께 위치하면서 질액궁(疾厄宮)이 될 때는 간장(肝臟)의 기능이 약하거나 귀에 가벼운 이상이 발생할 가능성이 있다.

② 천동성(天同星)과 태음성(太陰星)이 십이지궁(十二支宮) 가운데 자궁(子宮)에 함께 위치하면서 질액궁(疾厄宮)이 되고, 이 때 만약 육살성(六煞星)인 경양성(擎羊星)· 타라성(陀羅星)·화성(火星)·영성(鈴星)·지공성(地空星)·지겁성(地劫星)이 하나 이상 함께 있을 때는 ①항에서 나타나는 나쁜 현상들과 더불어 간장(肝臟)에 질병이 발생할 가능성이 많다.

③ 천동성(天同星)과 태음성(太陰星)이 십이지궁(十二支宮) 가운데 자궁(子宮)에 함께 위치하면서 질액궁(疾厄宮)이 되고, 이 때 만약 육살성(六煞星)이 하나도 없고 칠길성(七吉星)인 문창성(文昌星)·문곡성(文曲星)·좌보성(左輔星)·우필성(右弼星)·천괴성(天魁星)·천월성(天鉞星)·녹존성(祿存星)이 하나 이상 함께 있을 때는 ①항에서 타나나는 나쁜 상태는 경미(輕微)하거나 발생하지 않을 가능성이 많다.

(27) 天同星 太陰星〈午宮〉

巳　宮	天同星 太陰星 (疾厄宮) 午　宮	未　宮	申　宮
辰　宮			酉　宮
卯　宮			戌　宮
寅　宮	丑　宮	子　宮	亥　宮

[해설]

① 천동성(天同星)과 태음성(太陰星)이 십이지궁(十二支宮) 가운데 오궁(午宮)에 함께 위치하면서 질액궁(疾厄宮)이 될 때는 감기에 잘 걸리거나 또는 간장(肝臟)이나 귀에 질병이 발생할 가능성이 많다.

② 천동성(天同星)과 태음성(太陰星)이 십이지궁(十二支宮) 가운데 오궁(午宮)에 함께 위치하면서 질액궁(疾厄宮)이 되고, 이 때 만약 육살성(六煞星)인 경양성(擎羊星)・타라성(陀羅星)・화성(火星)・영성(鈴星)・지공성(地空星)・지겁성(地劫星)이 하나 이상 함께 있을 때는 ①항에서 나타나는 나쁜 현상들과 더불어 특히 간장(肝臟)에 질병이 발생할 가능성이 많다.

③ 천동성(天同星)과 태음성(太陰星)이 십이지궁(十二支宮) 가운데 오궁(午宮)에 함께 위치하면서 질액궁(疾厄宮)이 되고, 이 때 만약 육살성(六煞星)이 하나도 없고 칠길성(七吉星)인 문창성(文昌星)・문곡성(文曲星)・좌보성(左輔星)・우필성(右弼星)・천괴성(天魁星)・천월성(天鉞星)・녹존성(祿存星)이 하나 이상 함께 있을 때는 경미(輕微)한 간장병(肝臟病)이 발생할 가능성이 많으며 또한 ①항에서 나타나는 다른 나쁜 상태는 경미(輕微)하거나 발생하지 않을 가능성이 많다.

(28)天同星 巨門星〈丑宮·未宮〉

巳　宮	午　宮	天同星 巨門星 (疾厄宮) 未　宮	申　宮
辰　宮			酉　宮
卯　宮			戌　宮
寅　宮	天同星 巨門星 (疾厄宮) 丑　宮	子　宮	亥　宮

[해설]

① 천동성(天同星)과 거문성(巨門星)이 십이지궁(十二支宮) 가운데 축궁(丑宮) 또는 미궁(未宮)에 함께 위치하면서 질액궁(疾厄宮)이 될 때는 위장(胃臟)이나 귀에 질병이 발생할 가능성이 많다.

② 천동성(天同星)과 거문성(巨門星)이 십이지궁(十二支宮) 가운데 축궁(丑宮) 또는 미궁(未宮)에 함께 위치하면서 질액궁(疾厄宮)이 되고, 이 때 만약 육살성(六煞星)인 경양성(擎羊星)·타라성(陀羅星)·화성(火星)·영성(鈴星)·지공성(地空星)·지겁성(地劫星)이 하나 이상 함께 있을 때는 ①항에서 나타나는 나쁜 현상인 위장병(胃臟病)이나 귀병(病)과 더불어 심장(心臟)·혈압(血壓)·신경계통(神經系統)에 이상이 발생할 가능성이 많다.

③ 천동성(天同星)과 거문성(巨門星)이 십이지궁(十二支宮) 가운데 축궁(丑宮) 또는 미궁(未宮)에 함께 위치하면서 질액궁(疾厄宮)이 되고, 이 때 만약 육살성(六煞星)이 하나도 없고 칠길성(七吉星)인 문창성(文昌星)·문곡성(文曲星)·좌보성(左輔星)·우필성(右弼星)·천괴성(天魁星)·천월성(天鉞星)·녹존성(祿存星)이 하나 이상 함께 있을 때는 경미(輕微)한 위장병(胃臟病)이 발생할 가능성이 많으며 또한 ①항에서 나타나는 다른 나쁜 상태는 경미(輕微)하거나 발생하지 않을 가능성이 많다.

(29) 天同星 天梁星〈寅宮·申宮〉

巳 宮	午 宮	未 宮	天同星 天梁星 (疾厄宮) 申 宮
辰 宮			酉 宮
卯 宮			戌 宮
天同星 天梁星 (疾厄宮) 寅 宮	丑 宮	子 宮	亥 宮

[해설]

① 천동성(天同星)과 천량성(天梁星)이 십이지궁(十二支宮) 가운데 인궁(寅宮) 또는 신궁(申宮)에 함께 위치하면서 질액궁(疾厄宮)이 될 때는 귀나 심장(心臟)이 약할 가능성이 많다.

② 천동성(天同星)과 천량성(天梁星)이 십이지궁(十二支宮) 가운데 인궁(寅宮) 또는 신궁(申宮)에 함께 위치하면서 질액궁(疾厄宮)이 되고, 이 때 만약 육살성(六煞星)인 경양성(擎羊星)·타라성(陀羅星)·화성(火星)·영성(鈴星)·지공성(地空星)·지겁성(地劫星)이 하나 이상 함께 있을 때는 심장(心臟)이나 귀에 질병이 발생할 가능성이 많다.

③ 천동성(天同星)과 천량성(天梁星)이 십이지궁(十二支宮) 가운데 인궁(寅宮) 또는 신궁(申宮)에 함께 위치하면서 질액궁(疾厄宮)이 되고, 이 때 만약 육살성(六煞星)이 하나도 없고 칠길성(七吉星)인 문창성(文昌星)·문곡성(文曲星)·좌보성(左輔星)·우필성(右弼星)·천괴성(天魁星)·천월성(天鉞星)·녹존성(祿存星)이 하나 이상 함께 있을 때는 ①항에서 나타나는 나쁜 상태는 경미(輕微)하거나 발생하지 않을 가능성이 많다.

(30) 天同星〈卯宮・辰宮・酉宮・戌宮〉

巳　宮	午　宮	未　宮	申　宮
天同星 (疾厄宮) 辰　宮			天同星 (疾厄宮) 酉　宮
天同星 (疾厄宮) 卯　宮			天同星 (疾厄宮) 戌　宮
寅　宮	丑　宮	子　宮	亥　宮

[해설]

① 천동성(天同星)이 십이지궁(十二支宮) 가운데 묘궁(卯宮)·진궁(辰宮)·유궁(酉宮)·술궁(戌宮)에 위치하면서 질액궁(疾厄宮)이 될 때는 귀가 약하거나 또는 뚱뚱하게 살이 찌면서도 허약한 체질(體質)이 되거나 머리에 종기가 발생할 가능성이 많다.

② 천동성(天同星)이 십이지궁(十二支宮) 가운데 묘궁(卯宮)·진궁(辰宮)·유궁(酉宮)·술궁(戌宮)에 위치하면서 질액궁(疾厄宮)이 되고, 이 때 만약 육살성(六煞星)인 경양성(擎羊星)·타라성(陀羅星)·화성(火星)·영성(鈴星)·지공성(地空星)·지겁성(地劫星)이 하나 이상 함께 있을 때는 ①항에서 나타나는 나쁜 현상들과 더불어 특히 몸이 뚱뚱하게 되거나 또는 뚱뚱하면서도 허약한 체질(體質)이 될 가능성이 많다.

③ 천동성(天同星)이 십이지궁(十二支宮) 가운데 묘궁(卯宮)·진궁(辰宮)·유궁(酉宮)·술궁(戌宮)에 위치하면서 질액궁(疾厄宮)이 되고, 이 때 만약 육살성(六煞星)이 하나도 없고 칠길성(七吉星)인 문창성(文昌星)·문곡성(文曲星)·좌보성(左輔星)·우필성(右弼星)·천괴성(天魁星)·천월성(天鉞星)·녹존성(祿存星)이 하나 이상 함께 있을 때는 ①항에서 나타나는 나쁜 상태는 경미(輕微)하거나 발생하지 않을 가능성이 많다.

(31) 天同星〈巳宮 · 亥宮〉

天同星 (疾厄宮) 巳 宮	午 宮	未 宮	申 宮
辰 宮			酉 宮
卯 宮			戌 宮
寅 宮	丑 宮	子 宮	天同星 (疾厄宮) 亥 宮

[해설]

① 천동성(天同星)이 십이지궁(十二支宮) 가운데 사궁(巳宮) 또는 해궁(亥宮)에 위치하면서 질액궁(疾厄宮)이 될 때는 귀에 경미(輕微)한 질병이 발생할 가능성이 많다.

② 천동성(天同星)이 십이지궁(十二支宮) 가운데 사궁(巳宮) 또는 해궁(亥宮)에 위치하면서 질액궁(疾厄宮)이 되고, 이 때 만약 육살성(六煞星)인 경양성(擎羊星)·타라성(陀羅星)·화성(火星)·영성(鈴星)·지공성(地空星)·지겁성(地劫星)이 하나 이상 함께 있을 때는 ①항에서 나타나는 나쁜 현상들과 더불어 감기에 잘 걸릴 가능성이 많다.

③ 천동성(天同星)이 십이지궁(十二支宮) 가운데 사궁(巳宮) 또는 해궁(亥宮)에 위치하면서 질액궁(疾厄宮)이 되고, 이 때 만약 육살성(六煞星)이 하나도 없고 칠길성(七吉星)인 문창성(文昌星)·문곡성(文曲星)·좌보성(左輔星)·우필성(右弼星)·천괴성(天魁星)·천월성(天鉞星)·녹존성(祿存星)이 하나 이상 함께 있을 때는 ①항에서 나타나는 나쁜 상태가 더욱 경미(輕微)하거나 발생하지 않을 가능성이 많다.

⑶2)廉貞星 天相星〈子宮·午宮〉

巳 宮	廉貞星 天相星 (疾厄宮) 午 宮	未 宮	申 宮
辰 宮			酉 宮
卯 宮			戌 宮
寅 宮	丑 宮	廉貞星 天相星 (疾厄宮) 子 宮	亥 宮

[해설]

① 염정성(廉貞星)과 천상성(天相星)이 십이지궁(十二支宮) 가운데 자궁(子宮) 또는 오궁(午宮)에 함께 위치하면서 질액궁(疾厄宮)이 될 때는 소화기능이 약하거나 위장(胃臟)에 질병이 발생할 가능성이 많다.

② 염정성(廉貞星)과 천상성(天相星)이 십이지궁(十二支宮) 가운데 자궁(子宮) 또는 오궁(午宮)에 함께 위치하면서 질액궁(疾厄宮)이 되고, 이 때 만약 육살성(六煞星)인 경양성(擎羊星)·타라성(陀羅星)·화성(火星)·영성(鈴星)·지공성(地空星)·지겁성(地劫星)이 하나 이상 함께 있을 때는 ①항에서 나타나는 나쁜 현상들과 더불어 손이나 발을 크게 다치거나 또는 치아(齒牙)가 좋지 않거나 당뇨병(糖尿病)이 발생할 가능성이 많다. 또한 위암(胃癌)이 발생할 가능성도 있다.

③ 염정성(廉貞星)과 천상성(天相星)이 십이지궁(十二支宮) 가운데 자궁(子宮) 또는 오궁(午宮)에 함께 위치하면서 질액궁(疾厄宮)이 되고, 이 때 만약 육살성(六煞星)이 하나도 없고 칠길성(七吉星)인 문창성(文昌星)·문곡성(文曲星)·좌보성(左輔星)·우필성(右弼星)·천괴성(天魁星)·천월성(天鉞星)·녹존성(祿存星)이 하나 이상 함께 있을 때는 ①항에서 나타나는 나쁜 상태는 경미(輕微)하거나 발생하지 않을 가능성이 많다.

⑶廉貞星 七殺星〈丑宮·未宮〉

巳　宮	午　宮	廉貞星 七殺星 （疾厄宮） 未　宮	申　宮
辰　宮			酉　宮
卯　宮			戌　宮
寅　宮	廉貞星 七殺星 （疾厄宮） 丑　宮	子　宮	亥　宮

[해설]

① 염정성(廉貞星)과 칠살성(七殺星)이 십이지궁(十二支宮) 가운데 축궁(丑宮) 또는 미궁(未宮)에 함께 위치하면서 질액궁(疾厄宮)이 될 때는 위장(胃臟)이나 눈에 질병이 발생할 가능성이 많다.

② 염정성(廉貞星)과 칠살성(七殺星)이 십이지궁(十二支宮) 가운데 축궁(丑宮) 또는 미궁(未宮)에 함께 위치하면서 질액궁(疾厄宮)이 되고, 이 때 만약 육살성(六煞星)인 경양성(擎羊星)・타라성(陀羅星)・화성(火星)・영성(鈴星)・지공성(地空星)・지겁성(地劫星)이 하나 이상 함께 있을 때는 ①항에서 나타나는 나쁜 현상들과 더불어 교통 사고나 외상(外傷)을 쉽게 입거나 또는 팔이나 다리를 크게 다칠 가능성이 많다. 그리고 구강(口腔)・목・장(腸)에 암(癌)이 발생할 가능성도 있으므로 조심해야 된다.

③ 염정성(廉貞星)과 칠살성(七殺星)이 십이지궁(十二支宮) 가운데 축궁(丑宮) 또는 미궁(未宮)에 함께 위치하면서 질액궁(疾厄宮)이 되고, 이 때 만약 육살성(六煞星)이 하나도 없고 칠길성(七吉星)인 문창성(文昌星)・문곡성(文曲星)・좌보성(左輔星)・우필성(右弼星)・천괴성(天魁星)・천월성(天鉞星)・녹존성(祿存星)이 하나 이상 함께 있을 때는 구강(口腔)에 질병이 발생할 가능성이 많으며 또한 ①항에서 나타나는 나쁜 상태는 경미(輕微)하거나 발생하지 않을 가능성이 많다.

(34) 廉貞星〈寅宮・申宮〉

巳 宮	午 宮	未 宮	廉貞星 (疾厄宮) 申 宮
辰 宮			酉 宮
卯 宮			戌 宮
廉貞星 (疾厄宮) 寅 宮	丑 宮	子 宮	亥 宮

[해설]

① 염정성(廉貞星)이 십이지궁(十二支宮) 가운데 인궁(寅宮)또는 신궁(申宮)에 위치하면서 질액궁(疾厄宮)이 될 때는 알레르기성 체질(體質)이나 요통(腰痛)·족통(足痛) 혹은 어린아기 시절에 질병이 많이 발생할 가능성이 있다.

② 염정성(廉貞星)이 십이지궁(十二支宮) 가운데 인궁(寅宮) 또는 신궁(申宮)에 위치하면서 질액궁(疾厄宮)이 되고, 이 때 만약 육살성(六煞星)인 경양성(擎羊星)·타라성(陀羅星)·화성(火星)·영성(鈴星)·지공성(地空星)·지겁성(地劫星)이 하나 이상 함께 있을 때는 ①항에서 나타나는 나쁜 현상들과 더불어 특히 신경통(神經痛)이나 요통(腰痛)이 발생할 가능성이 많으며 또한 암(癌)이 발생할 가능성도 있다.

③ 염정성(廉貞星)이 십이지궁(十二支宮)가운데 인궁(寅宮) 또는 신궁(申宮)에 위치하면서 질액궁(疾厄宮)이 되고, 이 때 만약 육살성(六煞星)이 하나도 없고 칠길성(七吉星)인 문창성(文昌星)·문곡성(文曲星)·좌보성(左輔星)·우필성(右弼星)·천괴성(天魁星)·천월성(天鉞星)·녹존성(祿存星)이 하나 이상 함께 있을 때는 ①항에서 나타나는 나쁜 상태는 경미(輕微)하거나 발생하지 않을 가능성이 많다.

(35)廉貞星 破軍星〈卯宮·酉宮〉

巳　宮	午　宮	未　宮	申　宮
辰　宮			廉貞星 破軍星 (疾厄宮) 酉　宮
廉貞星 破軍星 (疾厄宮) 卯　宮			戌　宮
寅　宮	丑　宮	子　宮	亥　宮

[해설]

① 염정성(廉貞星)과 파군성(破軍星)이 십이지궁(十二支宮) 가운데 묘궁(卯宮) 또는 유궁(酉宮)에 함께 위치하면서 질액궁(疾厄宮)이 될 때는 폐결핵(肺結核)이 발생할 가능성이 많다.

② 염정성(廉貞星)과 파군성(破軍星)이 십이지궁(十二支宮) 가운데 묘궁(卯宮) 또는 유궁(酉宮)에 함께 위치하면서 질액궁(疾厄宮)이 되고, 이 때 만약 육살성(六煞星)인 경양성(擎羊星)·타라성(陀羅星)·화성(火星)·영성(鈴星)·지공성(地空星)·지겁성(地劫星)이 하나 이상 함께 있을 때는 ①항에서 나타나는 나쁜 현상인 폐결핵(肺結核)과 더불어 기관지염(氣管支炎) 또는 팔이나 다리에 외상(外傷)을 입을 가능성이 많다.

③ 염정성(廉貞星)과 파군성(破軍星)이 십이지궁(十二支宮) 가운데 묘궁(卯宮) 또는 유궁(酉宮)에 함께 위치하면서 질액궁(疾厄宮)이 되고, 이 때 만약 육살성(六煞星)이 하나도 없고 칠길성(七吉星)인 문창성(文昌星)·문곡성(文曲星)·좌보성(左輔星)·우필성(右弼星)·천괴성(天魁星)·천월성(天鉞星)·녹존성(祿存星)이 하나 이상 함께 있을 때는 폐(肺)에 질병이 발생할 가능성이 많다.

(36)廉貞星 天府星〈辰宮·戌宮〉

<table>
<tr><td>巳 宮</td><td>午 宮</td><td>未 宮</td><td>申 宮</td></tr>
<tr><td>廉貞星
天府星
(疾厄宮)
辰 宮</td><td colspan="2" rowspan="2"></td><td>酉 宮</td></tr>
<tr><td>卯 宮</td><td>廉貞星
天府星
(疾厄宮)
戌 宮</td></tr>
<tr><td>寅 宮</td><td>丑 宮</td><td>子 宮</td><td>亥 宮</td></tr>
</table>

[해설]

① 염정성(廉貞星)과 천부성(天府星)이 십이지궁(十二支宮) 가운데 진궁(辰宮) 또는 술궁(戌宮)에 함께 위치하면서 질액궁(疾厄宮)이 될 때는 담(膽)이나 구강(口腔)의 기능이 약할 가능성이 있다.

② 염정성(廉貞星)과 천부성(天府星)이 십이지궁(十二支宮) 가운데 진궁(辰宮) 또는 술궁(戌宮)에 함께 위치하면서 질액궁(疾厄宮)이 되고, 이 때 만약 육살성(六煞星)인 경양성(擎羊星)·타라성(陀羅星)·화성(火星)·영성(鈴星)·지공성(地空星)·지겁성(地劫星)이 하나 이상 함께 있을 때는 ①항에서 나타나는 나쁜 현상들과 더불어 정신분열증(精神分裂症)이나 구강(口腔)또는 치아(齒牙)에 질병이 발생할 가능성이 많다.

③ 염정성(廉貞星)과 천부성(天府星)이 십이지궁(十二支宮) 가운데 진궁(辰宮) 또는 술궁(戌宮)에 함께 위치하면서 질액궁(疾厄宮)이 되고, 이 때 만약 육살성(六煞星)이 하나도 없고 칠길성(七吉星)인 문창성(文昌星)·문곡성(文曲星)·좌보성(左輔星)·우필성(右弼星)·천괴성(天魁星)·천월성(天鉞星)·녹존성(祿存星)이 하나 이상 함께 있을 때는 ①항에서 나타나는 나쁜 상태는 경미(輕微)하거나 발생하지 않을 가능성이 많다.

(37)廉貞星 貪狼星〈巳宮・亥宮〉

廉貞星 貪狼星 (疾厄宮) 巳　宮	午　宮	未　宮	申　宮
辰　宮			酉　宮
卯　宮			戌　宮
寅　宮	丑　宮	子　宮	廉貞星 貪狼星 (疾厄宮) 亥　宮

[해설]

① 염정성(廉貞星)과 탐랑성(貪狼星)이 십이지궁(十二支宮) 가운데 사궁(巳宮) 또는 해궁(亥宮)에 함께 위치하면서 질액궁(疾厄宮)이 될 때는 신장(腎臟)이나 성(性)기능이 약하거나 또는 눈이 어지럽거나 성병(性病)·부인병(婦人病)·눈병(病)이 발생할 가능성이 많다.

② 염정성(廉貞星)과 탐랑성(貪狼星)이 십이지궁(十二支宮) 가운데 사궁(巳宮) 또는 해궁(亥宮)에 함께 위치하면서 질액궁(疾厄宮)이 되고, 이 때 만약 육살성(六煞星)인 경양성(擎羊星)·타라성(陀羅星)·화성(火星)·영성(鈴星)·지공성(地空星)·지겁성(地劫星)이 하나 이상 함께 있을 때는 ①항에서 나타나는 나쁜 현상들과 더불어 특히 신장병(腎臟病)·성병(性病)·부인병(婦人病)·눈병(病)·치통(齒痛)이 발생할 가능성이 많으며 또한 암(癌)이 나타날 가능성도 있다.

③ 염정성(廉貞星)과 탐랑성(貪狼星)이 십이지궁(十二支宮) 가운데 사궁(巳宮) 또는 해궁(亥宮)에 함께 위치하면서 질액궁(疾厄宮)이 되고, 이 때 만약 육살성(六煞星)이 하나도 없고 칠길성(七吉星)인 문창성(文昌星)·문곡성(文曲星)·좌보성(左輔星)·우필성(右弼星)·천괴성(天魁星)·천월성(天鉞星)·녹존성(祿存星)이 하나 이상 함께 있을 때는 신장(腎臟)과 성(性)기능이 약할 가능성은 있으나 ①항에서 나타나는 다른 나쁜 상태는 경미(輕微)하거나 발생하지 않을 가능성이 많다.

⑶8) 天府星〈丑宮·卯宮·巳宮·未宮·酉宮·亥宮〉

天府星 (疾厄宮) 巳 宮	午 宮	天府星 (疾厄宮) 未 宮	申 宮
辰 宮			天府星 (疾厄宮) 酉 宮
天府星 (疾厄宮) 卯 宮			戌 宮
寅 宮	天府星 (疾厄宮) 丑 宮	子 宮	天府星 (疾厄宮) 亥 宮

[해설]

① 천부성(天府星)이 십이지궁(十二支宮) 가운데 축궁(丑宮)·묘궁(卯宮)·사궁(巳宮)·미궁(未宮)·유궁(酉宮)·해궁(亥宮)에 위치하면서 질액궁(疾厄宮)이 될 때는 담(膽)의 기능이 약할 가능성이 있다.

② 천부성(天府星)이 십이지궁(十二支宮) 가운데 축궁(丑宮)·묘궁(卯宮)·사궁(巳宮)·미궁(未宮)·유궁(酉宮)·해궁(亥宮)에 위치하면서 질액궁(疾厄宮)이 되고, 이 때 만약 육살성(六煞星)인 경양성(擎羊星)·타라성(陀羅星)·화성(火星)·영성(鈴星)·지공성(地空星)·지겁성(地劫星)이 하나 이상 함께 있을 때는 ①항에서 나타나는 나쁜 현상과 더불어 신경쇠약(神經衰弱)이나 정신신경계통(精神神經系統)에 이상이 생기거나 또는 담(膽)에 질병이 발생할 가능성이 많다.

③ 천부성(天府星)이 십이지궁(十二支宮) 가운데 축궁(丑宮)·묘궁(卯宮)·사궁(巳宮)·미궁(未宮)·유궁(酉宮)·해궁(亥宮)에 위치하면서 질액궁(疾厄宮)이 되고, 이 때 만약 육살성(六煞星)이 하나도 없고 칠길성(七吉星)인 문창성(文昌星)·문곡성(文曲星)·좌보성(左輔星)·우필성(右弼星)·천괴성(天魁星)·천월성(天鉞星)·녹존성(祿存星)이 하나 이상 함께 있을 때는 ①항에서 나타나는 나쁜 상태는 경미(輕微)하거나 발생하지 않을 가능성이 많다.

(39) 太陰星〈卯宮·辰宮·巳宮〉

太陰星 (疾厄宮) 巳宮	午宮	未宮	申宮
太陰星 (疾厄宮) 辰宮			酉宮
太陰星 (疾厄宮) 卯宮			戌宮
寅宮	丑宮	子宮	亥宮

[해설]

① 태음성(太陰星)이 십이지궁(十二支宮) 가운데 묘궁(卯宮)·진궁(辰宮)·사궁(巳宮)에 위치하면서 질액궁(疾厄宮)이 될 때는 기관지염(氣管支炎)·폐염(肺炎)·폐결핵(肺結核) 또는 교통 사고나 골절상(骨折傷)이 발생할 가능성이 많다.

② 태음성(太陰星)이 십이지궁(十二支宮) 가운데 묘궁(卯宮)·진궁(辰宮)·사궁(巳宮)에 위치하면서 질액궁(疾厄宮)이 되고, 이 때 만약 사살성(四煞星)인 경양성(擎羊星)·타라성(陀羅星)·화성(火星)·영성(鈴星)이 하나 이상 함께 있을 때는 ①항에서 나타나는 나쁜 현상들과 더불어 눈병(病)·신경쇠약(神經衰弱)·결핵(結核)·수인성 질병(水引性 疾病)·부인병(婦人病)이 발생할 가능성이 많으며 또한 간장(肝臟)에 암(癌)이 발생할 가능성도 있다.

③ 태음성(太陰星)이 십이지궁(十二支宮) 가운데 묘궁(卯宮)·진궁(辰宮)·사궁(巳宮)에 위치하면서 질액궁(疾厄宮)이 되고, 이 때 만약 지공성(地空星) 또는 지겁성(地劫星)이 함께 있을 때는 ①항에서 나타나는 나쁜 현상들과 더불어 정신분열증(精神分裂症)이 발생할 가능성이 많다.

④ 태음성(太陰星)이 십이지궁(十二支宮)가운데 묘궁(卯宮)·진궁(辰宮)·사궁(巳宮)에 위치하면서 질액궁(疾厄宮)이 되고, 이 때 만약 육살성(六煞星)이 하나도 없고 칠길성(七吉星)인 문창성(文昌星)·문곡성(文曲星)·좌보성(左輔星)·우필성(右弼星)·천괴성(天魁星)·천월성(天鉞星)·녹존성(祿存星)이 하나 이상 함께 있을 때는 ①항에서 나타나는 나쁜 상태는 경미(輕微)하거나 발생하지 않을 가능성이 많다.

⑷0) 太陰星〈酉宮 · 戌宮 · 亥宮〉

巳 宮	午 宮	未 宮	申 宮
辰 宮			太陰星 (疾厄宮) 酉 宮
卯 宮			太陰星 (疾厄宮) 戌 宮
寅 宮	丑 宮	子 宮	太陰星 (疾厄宮) 亥 宮

[해설]

① 태음성(太陰星)이 십이지궁(十二支宮) 가운데 유궁(酉宮)·술궁(戌宮)·해궁(亥宮)에 위치하면서 질액궁(疾厄宮)이 될 때는 간장(肝臟)기능이 약할 가능성이 있다.

② 태음성(太陰星)이 십이지궁(十二支宮) 가운데 유궁(酉宮)·술궁(戌宮)·해궁(亥宮)에 위치하면서 질액궁(疾厄宮)이 되고, 이 때 만약 육살성(六煞星)인 경양성(擎羊星)·타라성(陀羅星)·화성(火星)·영성(鈴星)·지공성(地空星)·지겁성(地劫星)이 하나 이상 함께 있을 때는 ①항에서 나타나는 나쁜 현상들과 더불어 눈이나 간장(肝臟)에 질병이 발생할 가능성이 많다.

③ 태음성(太陰星)이 십이지궁(十二支宮) 가운데 유궁(酉宮)·술궁(戌宮)·해궁(亥宮)에 위치하면서 질액궁(疾厄宮)이 되고, 이 때 만약 육살성(六煞星)이 하나도 없고 칠길성(七吉星)인 문창성(文昌星)·문곡성(文曲星)·좌보성(左輔星)·우필성(右弼星)·천괴성(天魁星)·천월성(天鉞星)·녹존성(祿存星)이 하나 이상 함께 있을 때는 ①항에서 나타나는 나쁜 상태는 경미(輕微)하거나 발생하지 않을 가능성이 많다.

(41) 貪狼星〈子宮·寅宮·辰宮·午宮·申宮·戌宮〉

巳 宮	貪狼星 (疾厄宮) 午 宮	未 宮	貪狼星 (疾厄宮) 申 宮
貪狼星 (疾厄宮) 辰 宮			酉 宮
卯 宮			貪狼星 (疾厄宮) 戌 宮
貪狼星 (疾厄宮) 寅 宮	丑 宮	貪狼星 (疾厄宮) 子 宮	亥 宮

[해설]

① 탐랑성(貪狼星)이 십이지궁(十二支宮) 가운데 자궁(子宮)·인궁(寅宮)·진궁(辰宮)·오궁(午宮)·신궁(申宮)·술궁(戌宮)에 위치하면서 질액궁(疾厄宮)이 될 때는 신장(腎臟)이 약하거나 또는 성신경쇠약(性神經衰弱)·관절통(關節痛)이 발생할 가능성이 많다.

② 탐랑성(貪狼星)이 십이지궁(十二支宮) 가운데 자궁(子宮)·인궁(寅宮)·진궁(辰宮)·오궁(午宮)·신궁(申宮)·술궁(戌宮)에 위치하면서 질액궁(疾厄宮)이 되고, 이 때 만약 육살성(六煞星)인 경양성(擎羊星)·타라성(陀羅星)·화성(火星)·영성(鈴星)·지공성(地空星)·지겁성(地劫星)이 하나 이상 함께 있을 때는 ①항에서 나타나는 나쁜 현상들과 더불어 특히 성신경쇠약(性神經衰弱)이나 또는 눈이 어지럽거나 신장(腎臟)에 질병이 발생할 가능성이 많다.

③ 탐랑성(貪狼星)이 십이지궁(十二支宮) 가운데 자궁(子宮)·인궁(寅宮)·진궁(辰宮)·오궁(午宮)·신궁(申宮)·술궁(戌宮)에 위치하면서 질액궁(疾厄宮)이 되고, 이 때 만약 육살성(六煞星)이 하나도 없고 칠길성(七吉星)인 문창성(文昌星)·문곡성(文曲星)·좌보성(左輔星)·우필성(右弼星)·천괴성(天魁星)·천월성(天鉞星)·녹존성(祿存星)이 하나 이상 함께 있을 때는 ①항에서 나타나는 나쁜 상태는 경미(輕微)하거나 발생하지 않을 가능성이 많다.

(42)巨門星〈子宮·巳宮·午宮·亥宮〉

巨門星 (疾厄宮) 巳　宮	巨門星 (疾厄宮) 午　宮	未　宮	申　宮
辰　宮			酉　宮
卯　宮			戌　宮
寅　宮	丑　宮	巨門星 (疾厄宮) 子　宮	巨門星 (疾厄宮) 亥　宮

[해설]

① 거문성(巨門星)이 십이지궁(十二支宮) 가운데 자궁(子宮)·사궁(巳宮)·오궁(午宮)·해궁(亥宮)에 위치하면서 질액궁(疾厄宮)이 될 때는 알레르기성 체질(體質)이 되거나 기관지(氣管支) 또는 소화기능이 좋지 않거나 위장(胃臟)에 질병이 발생할 가능성이 많다.

② 거문성(巨門星)이 십이지궁(十二支宮) 가운데 자궁(子宮)·사궁(巳宮)·오궁(午宮)·해궁(亥宮)에 위치하면서 질액궁(疾厄宮)이 되고, 이 때 만약 육살성(六煞星)인 경양성(擎羊星)·타라성(陀羅星)·화성(火星)·영성(鈴星)·지공성(地空星)·지겁성(地劫星)이 하나 이상 함께 있을 때는 ①항에서 나타나는 나쁜 현상들과 더불어 간장병(肝臟病)·성병(性病)·귀병(病) 및 비뇨기계통(泌尿器系統)에 질병이 발생할 가능성이 많다.

③ 거문성(巨門星)이 십이지궁(十二支宮) 가운데 자궁(子宮)·사궁(巳宮)·오궁(午宮)에 위치하면서 질액궁(疾厄宮)이 되고, 이 때 만약 육살성(六煞星)이 하나도 없고 칠길성(七吉星)인 문창성(文昌星)·문곡성(文曲星)·좌보성(左輔星)·우필성(右弼星)·천괴성(天魁星)·천월성(天鉞星)·녹존성(祿存星)이 하나 이상 함께 있을 때는 경미(輕微)한 위장병(胃臟病)이 발생할 가능성이 많으며 또한 ①항에서 나타나는 다른 나쁜 상태는 경미(輕微)하거나 발생하지 않을 가능성이 많다.

(43)巨門星〈丑宮·未宮〉

巳 宮	午 宮	巨門星 (疾厄宮) 未 宮	申 宮
辰 宮			酉 宮
卯 宮			戌 宮
寅 宮	巨門星 (疾厄宮) 丑 宮	子 宮	亥 宮

[해설]

① 거문성(巨門星)이 십이지궁(十二支宮) 가운데 축궁(丑宮) 또는 미궁(未宮)에 위치하면서 질액궁(疾厄宮)이 될 때는 위장(胃臟)·장(腸)·췌장(膵臟)·피부(皮膚)에 질병이 발생할 가능성이 많다.

② 거문성(巨門星)이 십이지궁(十二支宮) 가운데 축궁(丑宮) 또는 미궁(未宮)에 위치하면서 질액궁(疾厄宮)이 되고, 이 때 만약 육살성(六煞星)인 경양성(擎羊星)·타라성(陀羅星)·화성(火星)·영성(鈴星)·지공성(地空星)·지겁성(地劫星)이 하나 이상 함께 있을 때는 ①항에서 나타나는 나쁜 현상들과 더불어 지나친 욕구로 인하여 다른 질병도 얻을 가능성이 많다.

③ 거문성(巨門星)이 십이지궁(十二支宮) 가운데 축궁(丑宮) 또는 미궁(未宮)에 위치하면서 질액궁(疾厄宮)이 되고, 이 때 만약 육살성(六煞星)이 하나도 없고 칠길성(七吉星)인 문창성(文昌星)·문곡성(文曲星)·좌보성(左輔星)·우필성(右弼星)·천괴성(天魁星)·천월성(天鉞星)·녹존성(祿存星)이 하나 이상 함께 있을 때는 ①항에서 나타나는 나쁜 상태는 비교적 경미(輕微)할 가능성이 많다.

(44)巨門星〈辰宮·戌宮〉

巳　宮	午　宮	未　宮	申　宮
巨門星 (疾厄宮) 辰　宮			酉　宮
卯　宮			巨門星 (疾厄宮) 戌　宮
寅　宮	丑　宮	子　宮	亥　宮

[해설]

① 거문성(巨門星)이 십이지궁(十二支宮) 가운데 진궁(辰宮) 또는 술궁(戌宮)에 위치하면서 질액궁(疾厄宮)이 될 때는 알레르기성 체질(體質)이 되거나 기관지(氣管支) 또는 소화기능이 좋지 않거나 위장(胃臟)에 질병이 발생할 가능성이 많다.

② 거문성(巨門星)이 십이지궁(十二支宮) 가운데 진궁(辰宮) 또는 술궁(戌宮)에 위치하면서 질액궁(疾厄宮)이 되고, 이 때 만약 육살성(六煞星)인 경양성(擎羊星)·타라성(陀羅星)·화성(火星)·영성(鈴星)·지공성(地空星)·지겁성(地劫星)이 하나 이상 함께 있을 때는 ①항에서 나타나는 나쁜 현상들과 더불어 간장병(肝臟病)·성병(性病)·귀병(病) 및 비뇨기계통(泌尿器系統)에 질병이 발생할 가능성이 많으며 또한 위장(胃臟)이나 폐(肺)에 암(癌)이 발생할 가능성도 있으므로 조심해야 된다.

③ 거문성(巨門星)이 십이지궁(十二支宮) 가운데 진궁(辰宮) 또는 술궁(戌宮)에 위치하면서 질액궁(疾厄宮)이 되고, 이 때 만약 육살성(六煞星)이 하나도 없고 칠길성(七吉星)인 문창성(文昌星)·문곡성(文曲星)·좌보성(左輔星)·우필성(右弼星)·천괴성(天魁星)·천월성(天鉞星)·녹존성(祿存星)이 하나 이상 함께 있을 때는 경미(輕微)한 위장병(胃臟病)이 발생할 가능성이 많고, 또한 ①항에서 나타나는 다른 바쁜 상태는 경미(輕微)하거나 발생하지 않을 가능성이 많다.

(45) 天相星〈丑宮 · 巳宮 · 未宮 · 亥宮〉

天相星 (疾厄宮) 巳 宮	午 宮	天相星 (疾厄宮) 未 宮	申 宮
辰 宮			酉 宮
卯 宮			戌 宮
寅 宮	天相星 (疾厄宮) 丑 宮	子 宮	天相星 (疾厄宮) 亥 宮

[해설]

① 천상성(天相星)이 십이지궁(十二支宮) 가운데 축궁(丑宮)·사궁(巳宮)·미궁(未宮)·해궁(亥宮)에 위치하면서 질액궁(疾厄宮)이 될 때는 비장(脾臟)이나 신장(腎臟)의 기능이 약할 가능성이 있다.

② 천상성(天相星)이 십이지궁(十二支宮) 가운데 축궁(丑宮)·사궁(巳宮)·미궁(未宮)·해궁(亥宮)에 위치하면서 질액궁(疾厄宮)이 되고, 이 때 만약 화성(火星)또는 영성(鈴星)이 함께 있을 때는 ①항에서 나타나는 나쁜 현상들과 더불어 팔이나 다리를 크게 다칠 가능성이 많다.

③ 천상성(天相星)이 십이지궁(十二支宮) 가운데 축궁(丑宮)·사궁(巳宮)·미궁(未宮)·해궁(亥宮)에 위치하면서 질액궁(疾厄宮)이 되고, 이 때 만약 경양성(擎羊星) 또는 타라성(陀羅星)이 함께 있을 때는 ①항에서 나타나는 나쁜 현상들과 더불어 외상(外傷)을 쉽게 입거나 또는 위장(胃臟)에 질병이 발생할 가능성이 많다.

④ 천상성(天相星)이 십이지궁(十二支宮) 가운데 축궁(丑宮)·사궁(巳宮)·미궁(未宮)·해궁(亥宮)에 위치하면서 질액궁(疾厄宮)이 되고, 이 때 만약 육살성(六煞星)이 하나도 없고 칠길성(七吉星)인 문창성(文昌星)·문곡성(文曲星)·좌보성(左輔星)·우필성(右弼星)·천괴성(天魁星)·천월성(天鉞星)·녹존성(祿存星)이 하나 이상 함께 있을 때는 ①항에서 나타나는 나쁜 상태는 경미(輕微)하거나 발생하지 않을 가능성이 많다.

(46) 天相星〈卯宮・酉宮〉

巳 宮	午 宮	未 宮	申 宮
辰 宮			天相星 (疾厄宮) 酉 宮
天相星 (疾厄宮) 卯 宮			戌 宮
寅 宮	丑 宮	子 宮	亥 宮

[해설]

① 천상성(天相星)이 십이지궁(十二支宮) 가운데 묘궁(卯宮) 또는 유궁(酉宮)에 위치하면서 질액궁(疾厄宮)이 될 때는 비장(脾臟)이나 신장(腎臟)의 기능이 약하거나 또는 피부(皮膚)나 비뇨기계통(泌尿氣系統)에 질병이 발생할 가능성이 많다.

② 천상성(天相星)이 십이지궁(十二支宮) 가운데 묘궁(卯宮) 또는 유궁(酉宮)에 위치하면서 질액궁(疾厄宮)이 되고, 이 때 만약 육살성(六煞星)인 경양성(擎羊星)·타라성(陀羅星)·화성(火星)·영성(鈴星)·지공성(地空星)·지겁성(地劫星)이 하나 이상 함께 있을 때는 ①항에서 나타나는 나쁜 현상들과 더불어 팔이나 다리를 크게 다치거나 또는 위장(胃臟)이나 담(膽)에 질병이 발생할 가능성이 많다.

③ 천상성(天相星)이 십이지궁(十二支宮) 가운데 묘궁(卯宮) 또는 유궁(酉宮)에 위치하면서 질액궁(疾厄宮)이 되고, 이 때 만약 육살성(六煞星)이 하나도 없고 칠길성(七吉星)인 문창성(文昌星)·문곡성(文曲星)·좌보성(左輔星)·우필성(右弼星)·천괴성(天魁星)·천월성(天鉞星)·녹존성(祿存星)이 하나 이상 함께 있을 때는 ①항에서 나타나는 나쁜 상태는 경미(輕微)할 가능성이 많다.

⑷7) 天梁星〈子宮・丑宮・午宮・未宮〉

巳宮	天梁星 (疾厄宮) 午宮	天梁星 (疾厄宮) 未宮	申宮
辰宮			酉宮
卯宮			戌宮
寅宮	天梁星 (疾厄宮) 丑宮	天梁星 (疾厄宮) 子宮	亥宮

[해설]

① 천량성(天梁星)이 십이지궁(十二支宮) 가운데 자궁(子宮)·축궁(丑宮)·오궁(午宮)·미궁(未宮)에 위치하면서 질액궁(疾厄宮)이 될 때는 신장(心臟)의 기능이 약할 가능성이 있다.

② 천량성(天梁星)이 십이지궁(十二支宮) 가운데 자궁(子宮)·축궁(丑宮)·오궁(午宮)·미궁(未宮)에 위치하면서 질액궁(疾厄宮)이 되고, 이 때 만약 육살성(六煞星)인 경양성(擎羊星)·타라성(陀羅星)·화성(火星)·영성(鈴星)·지공성(地空星)·지겁성(地劫星)이 하나 이상 함께 있을 때는 ①항에서 나타나는 나쁜 현상과 더불어 심장(心臟)등에 질병이 발생할 가능성이 많다.

③ 천량성(天梁星)이 십이지궁(十二支宮) 가운데 자궁(子宮)·축궁(丑宮)·오궁(午宮)·미궁(未宮)에 위치하면서 질액궁(疾厄宮)이 되고, 이 때 만약 육살성(六煞星)이 하나도 없고 칠길성(七吉星)인 문창성(文昌星)·문곡성(文曲星)·좌보성(左輔星)·우필성(右弼星)·천괴성(天魁星)·천월성(天鉞星)·녹존성(祿存星)이 하나 이상 함께 있을 때는 ①항에서 나타나는 나쁜 상대는 경미(輕微)하거나 발생하지 않을 가능성이 많다.

(48) 天梁星〈巳宮 · 亥宮〉

天梁星 (疾厄宮) 巳 宮	午 宮	未 宮	申 宮
辰 宮			酉 宮
卯 宮			戌 宮
寅 宮	丑 宮	子 宮	天梁星 (疾厄宮) 亥 宮

[해설]

① 천량성(天梁星)이 십이지궁(十二支宮) 가운데 사궁(巳宮) 또는 해궁(亥宮)에 위치하면서 질액궁(疾厄宮)이 될 때는 심장(心臟)이 건강하지 못하거나 복부(腹部)가 허약할 가능성이 많다.

② 천량성(天梁星)이 십이지궁(十二支宮) 가운데 사궁(巳宮) 또는 해궁(亥宮)에 위치하면서 질액궁(疾厄宮)이 되고, 이 때 만약 육살성(六煞星)인 경양성(擎羊星)·타라성(陀羅星)·화성(火星)·영성(鈴星)·지공성(地空星)·지겁성(地劫星)이 하나 이상 함께 있을 때는 ①항에서 나타나는 나쁜 현상들과 더불어 심장(心臟)이나 복부(腹部)등에 질병이 발생할 가능성이 많다.

③ 천량성(天梁星)이 십이지궁(十二支宮) 가운데 사궁(巳宮) 또는 해궁(亥宮)에 위치하면서 질액궁(疾厄宮)이 되고, 이 때 만약 육살성(六煞星)이 하나도 없고 칠길성(七吉星)인 문창성(文昌星)·문곡성(文曲星)·좌보성(左輔星)·우필성(右弼星)·천괴성(天魁星)·천월성(天鉞星)·녹존성(祿存星)이 하나 이상 함께 있을 때는 ①항에서 나타나는 나쁜 상태는 경미(輕微)하거나 발생하지 않을 가능성이 많다.

(49) 七殺星〈子宮・寅宮・辰宮・午宮・申宮・戌宮〉

巳　宮	七殺星 (疾厄宮) 午　宮	未　宮	七殺星 (疾厄宮) 申　宮
七殺星 (疾厄宮) 辰　宮			酉　宮
卯　宮			七殺星 (疾厄宮) 戌　宮
七殺星 (疾厄宮) 寅　宮	丑　宮	七殺星 (疾厄宮) 子　宮	亥　宮

[해설]

① 칠살성(七殺星)이 십이지궁(十二支宮) 가운데 자궁(子宮)·인궁(寅宮)·진궁(辰宮)·오궁(午宮)·신궁(申宮)·술궁(戌宮)에 위치하면서 질액궁(疾厄宮)이 될 때는 장(腸) 질환 또는 치질(痔疾)이 발생할 가능성이 많다.

② 칠살성(七殺星)이 십이지궁(十二支宮) 가운데 자궁(子宮)·인궁(寅宮)·진궁(辰宮)·오궁(午宮)·신궁(申宮)·술궁(戌宮)에 위치하면서 질액궁(疾厄宮)이 되고, 이 때 만약 육살성(六煞星)인 경양성(擎羊星)·타라성(陀羅星)·화성(火星)·영성(鈴星)·지공성(地空星)·지겁성(地劫星)이 하나 이상 함께 있을 때는 ①항에서 나타나는 나쁜 현상들과 더불어 사고로 상처를 입거나 또는 다른 질병이 발생할 가능성이 많다.

③ 칠살성(七殺星)이 십이지궁(十二支宮) 가운데 자궁(子宮)·인궁(寅宮)·진궁(辰宮)·오궁(午宮)·신궁(申宮)·술궁(戌宮)에 위치하면서 질액궁(疾厄宮)이 되고, 이 때 만약 육살성(六煞星)이 하나도 없고 칠길성(七吉星)인 문창성(文昌星)·문곡성(文曲星)·좌보성(左輔星)·우필성(右弼星)·천괴성(天魁星)·천월성(天鉞星)·녹존성(祿存星)이 하나 이상 함께 있을 때는 ①항에서 나타나는 나쁜 상태는 경미(輕微)할 가능성이 많다.

⑸0)破軍星〈子宮·寅宮·辰宮·午宮·申宮·戌宮〉

巳　宮	破軍星 (疾厄宮) 午　宮	未　宮	破軍星 (疾厄宮) 申　宮
破軍星 (疾厄宮) 辰　宮			酉　宮
卯　宮			破軍星 (疾厄宮) 戌　宮
破軍星 (疾厄宮) 寅　宮	丑　宮	破軍星 (疾厄宮) 子　宮	亥　宮

[해설]

① 파군성(破軍星)이 십이지궁(十二支宮) 가운데 자궁(子宮)·인궁(寅宮)·진궁(辰宮)·오궁(午宮)·신궁(申宮)·술궁(戌宮)에 위치하면서 질액궁(疾厄宮)이 될 때는 호흡기계통(呼吸器系統)이 허약하거나 또는 피부(皮膚)나 내분비선계통(內分泌腺系統)에 질병이 발생할 가능성이 많다.

② 파군성(破軍星)이 십이지궁(十二支宮) 가운데 자궁(子宮)·인궁(寅宮)·진궁(辰宮)·오궁(午宮)·신궁(申宮)·술궁(戌宮)에 위치하면서 질액궁(疾厄宮)이 되고, 이 때 만약 육살성(六煞星)인 경양성(擎羊星)·타라성(陀羅星)·화성(火星)·영성(鈴星)·지공성(地空星)·지겁성(地劫星)이 하나 이상 함께 있을 때는 ①항에서 나타나는 나쁜 현상들과 더불어 팔이나 다리를 크게 다치거나 또는 얼굴이 누렇게 뜨면서 피부가 마르는 현상이 발생할 가능성이 많다.

③ 파군성(破軍星)이 십이지궁(十二支宮) 가운데 자궁(子宮)·인궁(寅宮)·진궁(辰宮)·오궁(午宮)·신궁(申宮)·술궁(戌宮)에 위치하면서 질액궁(疾厄宮)이 되고, 이 때 만약 육살성(六煞星)이 하나도 없고 칠길성(七吉星)인 문창성(文昌星)·문곡성(文曲星)·좌보성(左輔星)·우필성(右弼星)·천괴성(天魁星)·천월성(天鉞星)·녹존성(祿存星)이 하나 이상 함께 있을 때는 피부병(皮膚病)이 발생할 가능성이 많으며 또한 ①항에서 나타나는 다른 나쁜 상태는 경미(輕微)하거나 발생하지 않을 가능성이 많다.

2. 질액궁(疾厄宮)에 배열된 기타 성좌(星座) 분석 내용

文昌星 또는 文曲星 (疾厄宮) 巳　宮	文昌星 또는 文曲星 (疾厄宮) 午　宮	文昌星 또는 文曲星 (疾厄宮) 未　宮	文昌星 또는 文曲星 (疾厄宮) 申　宮
文昌星 또는 文曲星 (疾厄宮) 辰　宮			文昌星 또는 文曲星 (疾厄宮) 酉　宮
文昌星 또는 文曲星 (疾厄宮) 卯　宮			文昌星 또는 文曲星 (疾厄宮) 戌　宮
文昌星 또는 文曲星 (疾厄宮) 寅　宮	文昌星 또는 文曲星 (疾厄宮) 丑　宮	文昌星 또는 文曲星 (疾厄宮) 子　宮	文昌星 또는 文曲星 (疾厄宮) 亥　宮

⑴文昌星〈十二支宮 全部〉
⑵文曲星〈十二支宮 全部〉

[해설]

① 문창성(文昌星) 또는 문곡성(文曲星)이 십이지궁(十二支宮) 가운데 어느 궁(宮)에 위치하든지 상관없이 다만 12궁(宮)중 질액궁(疾厄宮)에 있을 때는 뇌신경(腦神經)혹은 성신경(性神經)이쇠약(衰弱)하거나 피로가 많이 쌓여 다른 질병이 발생할 가능성이 많다. 이 때 만약 십이지궁(十二支宮) 가운데 문창성(文昌星)은 인궁(寅宮)·오궁(午宮)·술궁(戌宮)에 위치하고 문곡성(文曲星)은 오궁(午宮) 술궁(戌宮)에 위치하게 되면 나쁜 상태는 더욱 좋지 않거나 질병이 발생할 가능성이 더욱 많다.

② 문창성(文昌星) 또는 문곡성(文曲星)이 십이지궁(十二支宮) 가운데 어느 궁(宮)에 위치하든지 상관없이 다만 12궁(宮)중 질액궁(疾厄宮)에 있고, 이 때 만약 육살성(六煞星)인 경양성(擎羊星)·타라성(陀羅星)·화성(火星)·영성(鈴星)·지공성(地空星)·지겁성(地劫星)이 하나 이상 함께 있을 때는 ①항에서 나타나는 나쁜 현상들과 더불어 외상(外傷)을 쉽게 입거나, 감기에 잘 걸리거나, 심장(心臟)이나 폐(肺)가 건강하지 못하거나, 신장(腎臟)이나 귀에 질병이 발생할 가능성이 많다.

③ 문창성(文昌星) 또는 문곡성(文曲星)이 십이지궁(十二支宮) 가운데 어느 궁(宮)에 위치하든지 상관없이 다만 12궁(宮)중 질액궁(疾厄宮)에 있고, 이 때 만약 육살성(六煞星)은 하나도 없고 길성(吉星)인 좌보성(左輔星)·우필성(右弼星)·천괴성(天魁星)·녹존성(祿存星)이 하나 이상 함께 있을 때는 ①항에서 나타나는 나쁜 상태는 경미(輕微)하거나 발생하지 않을 가능성이 많다.

(3) 左輔星〈十二支宮 全部〉

左輔星 (疾厄宮) 巳 宮	左輔星 (疾厄宮) 午 宮	左輔星 (疾厄宮) 未 宮	左輔星 (疾厄宮) 申 宮
左輔星 (疾厄宮) 辰 宮			左輔星 (疾厄宮) 酉 宮
左輔星 (疾厄宮) 卯 宮			左輔星 (疾厄宮) 戌 宮
左輔星 (疾厄宮) 寅 宮	左輔星 (疾厄宮) 丑 宮	左輔星 (疾厄宮) 子 宮	左輔星 (疾厄宮) 亥 宮

[해설]

① 좌보성(左輔星)이 십이지궁(十二支宮) 가운데 어느 궁(宮)에 위치하든지 상관없이 다만 12궁(宮)중 질액궁(疾厄宮)에 단독으로 있을 때는 대체로 큰 질병이 발생하지 않을 가능성이 많다.

② 좌보성(左輔星)이 십이지궁(十二支宮) 가운데 어느 궁(宮)에 위치하든지 상관없이 다만 12궁(宮)중 질액궁(疾厄宮)에 있고, 이 때 만약 육살성(六煞星)인 경양성(擎羊星)·타라성(陀羅星)·화성(火星)·영성(鈴星)·지공성(地空星)·지겁성(地劫星)이 하나 이상 함께 있을 때는 반대로 여러가지 질병이 발생할 가능성이 많다.

⑷ 右弼星〈十二支宮 全部〉

右弼星 (疾厄宮) 巳 宮	右弼星 (疾厄宮) 午 宮	右弼星 (疾厄宮) 未 宮	右弼星 (疾厄宮) 申 宮
右弼星 (疾厄宮) 辰 宮			右弼星 (疾厄宮) 酉 宮
右弼星 (疾厄宮) 卯 宮			右弼星 (疾厄宮) 戌 宮
右弼星 (疾厄宮) 寅 宮	右弼星 (疾厄宮) 丑 宮	右弼星 (疾厄宮) 子 宮	右弼星 (疾厄宮) 亥 宮

[해설]

① 우필성(右弼星)이 십이지궁(十二支宮) 가운데 자궁(子宮)·축궁(丑宮)·묘궁(卯宮)·진궁(辰宮)·오궁(午宮)·유궁(酉宮)·술궁(戌宮)에 위치하면서 질액궁(疾厄宮)이 될 때는 정신적인 피로가 심하거나, 성신경(性神經)이 쇠약하거나, 여자의 경우 월경(月經)이 불규칙한 현상이 발생할 가능성이 많다.

② 우필성(右弼星)이 십이지궁(十二支宮) 가운데 어느 궁(宮)에 위치하든지 상관없이 다만 12궁(宮)중 질액궁(疾厄宮)에 있고, 이 때 만약 육살성(六煞星)인 경양성(擎羊星)·타라성(陀羅星)·화성(火星)·영성(鈴星)·지공성(地空星)·지겁성(地劫星)이 하나 이상 함께 있을 때는 ①항에서 나타나는 나쁜 현상들과 더불어 다른 질병도 발생할 가능성이 많다.

⑸ 天魁星〈子宮·丑宮·卯宮·午宮·亥宮〉

巳　宮	天魁星 (疾厄宮) 午　宮	未　宮	申　宮
辰　宮			酉　宮
天魁星 (疾厄宮) 卯　宮			戌　宮
寅　宮	天魁星 (疾厄宮) 丑　宮	天魁星 (疾厄宮) 子　宮	天魁星 (疾厄宮) 亥　宮

[해설]

① 천괴성(天魁星)이 십이지궁(十二支宮) 가운데 자궁(子宮)·축궁(丑宮)·묘궁(卯宮)·오궁(午宮)·해궁(亥宮)에 위치하면서 질액궁(疾厄宮)이 될 때는 대체로 질병이 걸릴 가능성이 적다.

② 천괴성(天魁星)이 십이지궁(十二支宮) 가운데 자궁(子宮)·축궁(丑宮)·묘궁(卯宮)·오궁(午宮)·해궁(亥宮)에 위치하면서 질액궁(疾厄宮)이 되고, 이 때 만약 육살성(六煞星)인 경양성(警羊星)·타라성(陀羅星)·화성(火星)·영성(鈴星)·지공성(地空星)·지겁성(地劫星)이 하나 이상 함께 있을때는 경미(輕微)한 질병이 발생할 수 있다.

⑹ 天鉞星〈寅宮·巳宮·未宮·申宮·酉宮〉

天鉞星 (疾厄宮) 巳　宮	午　宮	天鉞星 (疾厄宮) 未　宮	天鉞星 (疾厄宮) 申　宮
辰　宮			天鉞星 (疾厄宮) 酉　宮
卯　宮			戌　宮
天鉞星 (疾厄宮) 寅　宮	丑　宮	子　宮	亥　宮

[해설]

① 천월성(天鉞星)이 십이지궁(十二支宮) 가운데 인궁(寅宮)·사궁(巳宮)·미궁(未宮)·신궁(申宮)·유궁(酉宮)에 위치하면서 질액궁(疾厄宮)이 될 때는 대체로 질병에 걸린 가능성이 적다.

② 천월성(天鉞星)이 십이지궁(十二支宮) 가운데 인궁(寅宮)·사궁(巳宮)·미궁(未宮)·신궁(申宮)·유궁(酉宮)에 위치하면서 질액궁(疾厄宮)이 되고, 이 때 만약 육살성(六煞星)인 경양성(擎羊星)·타라성(陀羅星)·화성(火星)·영성(鈴星)·지공성(地空星)·지겁성(地劫星)이 하나 이상 함께 있을 때는 경미(輕微)한 질병이 발생할 수 있다.

⑺ 祿存星〈子宮 · 寅宮 · 卯宮 · 巳宮 · 午宮 · 申宮 · 酉宮 · 亥宮〉

祿存星 (疾厄宮) 巳　宮	祿存星 (疾厄宮) 午　宮	未　宮	祿存星 (疾厄宮) 申　宮
辰　宮			祿存星 (疾厄宮) 酉　宮
祿存星 (疾厄宮) 卯　宮			戌　宮
祿存星 (疾厄宮) 寅　宮	丑　宮	祿存星 (疾厄宮) 子　宮	祿存星 (疾厄宮) 亥　宮

[해설]

① 녹존성(祿存星)이 십이지궁(十二支宮) 가운데 자궁(子宮)·인궁(寅宮)·묘궁(卯宮)·사궁(巳宮)·오궁(午宮)·신궁(申宮)·유궁(酉宮)·해궁(亥宮)에 위치하면서 질액궁(疾厄宮)이 될 때는 소년(少年)시절에 질병이 많이 발생할 수 있다.

② 녹존성(祿存星)이 십이지궁(十二支宮) 가운데 자궁(子宮)·인궁(寅宮)·묘궁(卯宮)·사궁(巳宮)·오궁(午宮)·신궁(申宮)·유궁(酉宮)·해궁(亥宮)에 위치하면서 질액궁(疾厄宮)이 되고, 이 때 만약 화성(火星) 또는 영성(鈴星)이 함께 있을 때는 암질(暗疾 : 숨은 질병)이 발생할 가능성이 많다.

⑻ 天馬星〈寅宮 · 巳宮 · 申宮 · 亥宮〉

天馬星 (疾厄宮) 巳 宮	午 宮	未 宮	天馬星 (疾厄宮) 申 宮
辰 宮			酉 宮
卯 宮			戌 宮
天馬星 (疾厄宮) 寅 宮	丑 宮	子 宮	天馬星 (疾厄宮) 亥 宮

[해설]

천마성(天馬星)이 십이지궁(十二支宮) 가운데 인궁(寅宮)·사궁(巳宮)·신궁(申宮)·해궁(亥宮)에 위치하면서 질액궁(疾厄宮)이 될 때는 자위행위가 심하거나, 몽유(夢遺)현상, 부인병(婦人病), 유행성질병이 발생할 가능성이 많다.

⑼擎羊星〈子宮・丑宮・卯宮・辰宮・午宮・未宮・酉宮・戌宮〉

巳　宮	擎羊星 (疾厄宮) 午　宮	擎羊星 (疾厄宮) 未　宮	申　宮
擎羊星 (疾厄宮) 辰　宮			擎羊星 (疾厄宮) 酉　宮
擎羊星 (疾厄宮) 卯　宮			擎羊星 (疾厄宮) 戌　宮
寅　宮	擎羊星 (疾厄宮) 丑　宮	擎羊星 (疾厄宮) 子　宮	亥　宮

[해설]

경양성(擎羊星)이 십이지궁(十二支宮) 가운데 자궁(子宮)·축궁(丑宮)·묘궁(卯宮)·진궁(辰宮)·오궁(午宮)·미궁(未宮)·유궁(酉宮)·술궁(戌宮)에 위치하면서 질액궁(疾厄宮)이 될 때는 몸을 다치거나, 신경쇠약(神經衰弱), 정신분열증(精神分裂症), 사지무력(四肢無力), 전신피로(全身疲勞), 만성두통(慢性頭痛), 간질병이 발생할 가능성이 많다.

만약 십이지궁(十二支宮) 가운데 자궁(子宮)·묘궁(卯宮)·오궁(午宮)·유궁(酉宮)에 경양성(擎羊星)이 위치하면 나쁜 상태는 더욱 좋지 않거나 또는 이러한 질병이 발생할 가능성이 더욱 크다. 특히 십이지궁(十二支宮) 가운데 묘궁(卯宮)·유궁(酉宮)에 경양성(擎羊星)이 위치할 때는 이상의 나쁜 현상과 더불어 폐경(肺經 : 폐에 딸린 경락)이나 장(腸)에 질병이 발생하거나 또는 입이나 눈이 비틀어지는 현상도 나타날 가능성이 있다.

(10) 陀羅星〈丑宮·寅宮·辰宮·巳宮·未宮·申宮·戌宮·亥宮〉

陀羅星 (疾厄宮) 巳　宮	午　宮	陀羅星 (疾厄宮) 未　宮	陀羅星 (疾厄宮) 申　宮
陀羅星 (疾厄宮) 辰　宮			酉　宮
卯　宮			陀羅星 (疾厄宮) 戌　宮
陀羅星 (疾厄宮) 寅　宮	陀羅星 (疾厄宮) 丑　宮	子　宮	陀羅星 (疾厄宮) 亥　宮

[해설]

타라성(陀羅星)이 십이지궁(十二支宮) 가운데 축궁(丑宮)·인궁(寅宮)·진궁(辰宮)·사궁(巳宮)·미궁(未宮)·신궁(申宮)·술궁(戌宮)·해궁(亥宮)에 위치하면서 질액궁(疾厄宮)이 될 때는 유년(幼年)시절에 질병이 많이 발생하거나, 몸을 다치거나, 치아(齒牙)가 일찍 나빠지거나, 만성두통(慢性頭痛), 정신분열증(精神分裂症), 전신피로(全身疲勞), 간질병이 발생할 가능성이 많다.

만약 십이지궁(十二支宮) 가운데 인궁(寅宮)·사궁(巳宮)·신궁(申宮)·해궁(亥宮)에 타라성(陀羅星)이 위치하면 상태는 더욱 좋지 않거나 또는 이러한 질병이 발생할 가능성이 더욱 크다.

(11) 火星〈十二支宮 全部〉
(12) 鈴星〈十二支宮 全部〉

火星 또는 鈴星 (疾厄宮) 巳 宮	火星 또는 鈴星 (疾厄宮) 午 宮	火星 또는 鈴星 (疾厄宮) 未 宮	火星 또는 鈴星 (疾厄宮) 申 宮
火星 또는 鈴星 (疾厄宮) 辰 宮			火星 또는 鈴星 (疾厄宮) 酉 宮
火星 또는 鈴星 (疾厄宮) 卯 宮			火星 또는 鈴星 (疾厄宮) 戌 宮
火星 또는 鈴星 (疾厄宮) 寅 宮	火星 또는 鈴星 (疾厄宮) 丑 宮	火星 또는 鈴星 (疾厄宮) 子 宮	火星 또는 鈴星 (疾厄宮) 亥 宮

[해설]

① 화성(火星) 또는 영성(鈴星)이 십이지궁(十二支宮) 가운데 어느 궁(宮)에 위치하든지 상관없이 다만 12궁(宮)중 질액궁(疾厄宮)에 있을 때는 피부병(皮膚病)이 발생할 가능성이 많다.

만약 십이지궁(十二支宮) 가운데 자궁(子宮)·진궁(辰宮)·신궁(申宮)에 화성(火星) 또는 영성(鈴星)이 위치하면 나쁜 상태는 더욱 좋지 않거나 또는 이러한 질병이 발생할 가능성이 더욱 크다.

② 화성(火星) 영성(鈴星)이 십이지궁(十二支宮) 가운데 어느 궁(宮)에 위치하든지 상관없이 다만 12궁(宮)중 질액궁(疾厄宮)에 있고, 이 때 만약 경양성(擎羊星) 타라성(陀羅星)이 함께 있을 때는 ①항에서 나타나는 나쁜 현상들과 더불어 외상(外傷)을 입을 가능성이 많다.

(13) 地空星〈十二支宮 全部〉

地空星 (疾厄宮) 巳　宮	地空星 (疾厄宮) 午　宮	地空星 (疾厄宮) 未　宮	地空星 (疾厄宮) 申　宮
地空星 (疾厄宮) 辰　宮			地空星 (疾厄宮) 酉　宮
地空星 (疾厄宮) 卯　宮			地空星 (疾厄宮) 戌　宮
地空星 (疾厄宮) 寅　宮	地空星 (疾厄宮) 丑　宮	地空星 (疾厄宮) 子　宮	地空星 (疾厄宮) 亥　宮

[해설]

지공성(地空星)이 십이지궁(十二支宮) 가운데 어느 궁(宮)에 위치하든지 상관없이 다만 12궁(宮)중 질액궁(疾厄宮)에 있을 때는 빈혈(貧血)이나 머리나 눈이 어지러운 현상이 일어날 가능성이 많다.

만약 십이지궁(十二支宮) 가운데 자궁(子宮)·묘궁(卯宮)·진궁(辰宮)·신궁(申宮)·미궁(未宮)·해궁(亥宮)에 지공성(地空星)이 위치하면 나쁜 상태는 더욱 좋지 않거나 또는 이러한 질병이 발생할 가능성이 더욱 크다.

(14) 地劫星〈十二支宮 全部〉

地劫星 (疾厄宮) 巳 宮	地劫星 (疾厄宮) 午 宮	地劫星 (疾厄宮) 未 宮	地劫星 (疾厄宮) 申 宮
地劫星 (疾厄宮) 辰 宮			地劫星 (疾厄宮) 酉 宮
地劫星 (疾厄宮) 卯 宮			地劫星 (疾厄宮) 戌 宮
地劫星 (疾厄宮) 寅 宮	地劫星 (疾厄宮) 丑 宮	地劫星 (疾厄宮) 子 宮	地劫星 (疾厄宮) 亥 宮

[해설]

지겁성(地劫星)이 십이지궁(十二支宮)가운데 어느 궁(宮)에 위치하든지 상관없이 다만 12궁(宮)중 질액궁(疾厄宮)에 있을 때는 사지(四肢)를 다칠 가능성이 많다.

만약 십이지궁(十二支宮) 가운데 진궁(辰宮)과 술궁(戌宮)을 제외한 나머지 10개 궁(宮)에 지겁성(地劫星)이 위치할 때는 나쁜 상태는 더욱 좋지 않거나 또는 이러한 현상이 발생할 가능성이 더욱 크다.

⒂紅鸞星〈十二支宮 全部〉

紅鸞星 (疾厄宮) 巳 宮	紅鸞星 (疾厄宮) 午 宮	紅鸞星 (疾厄宮) 未 宮	紅鸞星 (疾厄宮) 申 宮
紅鸞星 (疾厄宮) 辰 宮			紅鸞星 (疾厄宮) 酉 宮
紅鸞星 (疾厄宮) 卯 宮			紅鸞星 (疾厄宮) 戌 宮
紅鸞星 (疾厄宮) 寅 宮	紅鸞星 (疾厄宮) 丑 宮	紅鸞星 (疾厄宮) 子 宮	紅鸞星 (疾厄宮) 亥 宮

[해설]

홍란성(紅鸞星)이 십이지궁(十二支宮) 가운데 어느 궁(宮)에 위치하든지 상관없이 다만 12궁(宮)중 질액궁(疾厄宮)에 있을 때는 감기에 걸릴 확률이 높다. 그리고 여성의 경우 질액궁(疾厄宮) 맞은 편에 있는 부모궁(父母宮)에 육살성(六煞星)인 경양성(擎羊星)·타라성(陀羅星)·화성(火星)·영성(鈴星)·지공성(地空星)·지겁성(地劫星)이 하나 이상 있으면 난산(難產)이나 제왕절개 수술을 받을 가능성이 높다.

(16) 天喜星〈十二支宮 全部〉

天喜星 (疾厄宮) 巳 宮	天喜星 (疾厄宮) 午 宮	天喜星 (疾厄宮) 未 宮	天喜星 (疾厄宮) 申 宮
天喜星 (疾厄宮) 辰 宮			天喜星 (疾厄宮) 酉 宮
天喜星 (疾厄宮) 卯 宮			天喜星 (疾厄宮) 戌 宮
天喜星 (疾厄宮) 寅 宮	天喜星 (疾厄宮) 丑 宮	天喜星 (疾厄宮) 子 宮	天喜星 (疾厄宮) 亥 宮

[해설]

천희성(天喜星)이 십이지궁(十二支宮) 가운데 어느 궁(宮)에 위치하든지 상관없이 다만 12궁(宮)중 질액궁(疾厄宮)에 있을 때는 신경쇠약(神經衰弱)이 될 가능성이 많다. 그리고 여자의 경우 질액궁(疾厄宮) 맞은 편에 있는 부모궁(父母宮)에 육살성(六煞星)인 경양성(擎羊星)·타라성(陀羅星)·화성(火星)·영성(鈴星)·지공성(地空星)·지겁성(地劫星)이 하나 이상 있으면 난산(難産)이나 제왕절개수술을 받을 가능성이 높다.

(17) 三台星〈十二支宮 全部〉
(18) 八座星〈十二支宮 全部〉

三台星 또는 八座星 (疾厄宮) 巳 宮	三台星 또는 八座星 (疾厄宮) 午 宮	三台星 또는 八座星 (疾厄宮) 未 宮	三台星 또는 八座星 (疾厄宮) 申 宮
三台星 또는 八座星 (疾厄宮) 辰 宮			三台星 또는 八座星 (疾厄宮) 酉 宮
三台星 또는 八座星 (疾厄宮) 卯 宮			三台星 또는 八座星 (疾厄宮) 戌 宮
三台星 또는 八座星 (疾厄宮) 寅 宮	三台星 또는 八座星 (疾厄宮) 丑 宮	子 宮	三台星 또는 八座星 (疾厄宮) 亥 宮

[해설]

삼태성(三台星) 또는 팔좌성(八座星)이 십이지궁(十二支宮) 가운데 어느 궁(宮)에 위치하든지 상관없이 다만 12궁(宮)중 질액궁(疾厄宮)에 있을 때는 비장(脾臟) · 위장(胃臟) · 피부(皮膚)에 이상이 발생할 가능성이 높다.

(19) 天哭星〈十二支宮 全部〉
(20) 天虛星〈十二支宮 全部〉

天哭星 또는 天虛星 (疾厄宮) 巳 宮	天哭星 또는 天虛星 (疾厄宮) 午 宮	天哭星 또는 天虛星 (疾厄宮) 未 宮	天哭星 또는 天虛星 (疾厄宮) 申 宮
天哭星 또는 天虛星 (疾厄宮) 辰 宮			天哭星 또는 天虛星 (疾厄宮) 酉 宮
天哭星 또는 天虛星 (疾厄宮) 卯 宮			天哭星 또는 天虛星 (疾厄宮) 戌 宮
天哭星 또는 天虛星 (疾厄宮) 寅 宮	天哭星 또는 天虛星 (疾厄宮) 丑 宮	天哭星 또는 天虛星 (疾厄宮) 子 宮	天哭星 또는 天虛星 (疾厄宮) 亥 宮

[해설]

천곡성(天哭星) 또는 천허성(天虛星)이 십이지궁(十二支宮) 가운데 어느 궁(宮)에 위치하든지 상관없이 다만 12궁(宮)중 질액궁(疾厄宮)에 있을 때는 정신과 마음이 편안하지 못하거나 또는 정신에 이상이 발생할 가능성이 많다.

(21) 孤辰星〈寅宮·巳宮·申宮·亥宮〉

孤辰星 (疾厄宮) 巳　宮	午　宮	未　宮	孤辰星 (疾厄宮) 申　宮
辰　宮			酉　宮
卯　宮			戌　宮
孤辰星 (疾厄宮) 寅　宮	丑　宮	子　宮	孤辰星 (疾厄宮) 亥　宮

[해설]

고진성(孤辰星)이 십이지궁(十二支宮) 가운데 인궁(寅宮)・사궁(巳宮)・신궁(申宮)・해궁(亥宮)에 위치하면서 질액궁(疾厄宮)이 될 때는 근심 걱정을 지나치게 하여 몸을 상하게 하는 경향이 있다.

(22) 寡宿星〈丑宮 · 辰宮 · 未宮 · 戌宮〉

巳　宮	午　宮	寡宿星 (疾厄宮) 未　宮	申　宮
寡宿星 (疾厄宮) 辰　宮			酉　宮
卯　宮			寡宿星 (疾厄宮) 戌　宮
寅　宮	寡宿星 (疾厄宮) 丑　宮	子　宮	亥　宮

[해설]

과숙성(寡宿星)이 십이지궁(十二支宮) 가운데 축궁(丑宮)·진궁(辰宮)·미궁(未宮)·술궁(戌宮)에 위치하면서 질액궁(疾厄宮)이 될 때는 결핵(結核)이 발생할 가능성이 많다.

(23) 截空星〈子宮·丑宮·寅宮·卯宮·辰宮·巳宮·午宮·未宮·申宮·酉宮〉

截空星 (疾厄宮) 巳 宮	截空星 (疾厄宮) 午 宮	截空星 (疾厄宮) 未 宮	截空星 (疾厄宮) 申 宮
截空星 (疾厄宮) 辰 宮			截空星 (疾厄宮) 酉 宮
截空星 (疾厄宮) 卯 宮			戌 宮
截空星 (疾厄宮) 寅 宮	截空星 (疾厄宮) 丑 宮	截空星 (疾厄宮) 子 宮	亥 宮

[해설]

절공성(截空星)이 십이지궁(十二支宮) 가운데 술궁(戌宮)과 해궁(亥宮)을 제외한 나머지 10개궁(宮)에 위치하면서 질액궁(疾厄宮)이 될 때는 우울증(憂鬱症) 또는 근심 걱정으로 병을 얻을 가능성이 많다.

⑵4) 天刑星〈十二支宮 全部〉

天刑星 (疾厄宮) 巳 宮	天刑星 (疾厄宮) 午 宮	天刑星 (疾厄宮) 未 宮	天刑星 (疾厄宮) 申 宮
天刑星 (疾厄宮) 辰 宮			天刑星 (疾厄宮) 酉 宮
天刑星 (疾厄宮) 卯 宮			天刑星 (疾厄宮) 戌 宮
天刑星 (疾厄宮) 寅 宮	天刑星 (疾厄宮) 丑 宮	天刑星 (疾厄宮) 子 宮	天刑星 (疾厄宮) 亥 宮

[해설]

천형성(天刑星)이 십이지궁(十二支宮) 가운데 어느 궁(宮)에 위치하든지 상관없이 다만 12궁(宮)중 질액궁(疾厄宮)에 있을 때는 팔이나 다리에 힘이 없을 가능성이 많다. 특히 십이지궁(十二支宮) 가운데 축궁(丑宮) 또는 미궁(未宮)에 위치할 때는 상태가 더욱 나빠져서 소아마비(小兒痲痺)나 팔·다리에 마비(痲痺)현상이 발생할 가능성이 많은데, 이 때 만약 천형성(天刑星)과 천상성(天相星)이 함께 있을 때는 다리에 마비(痲痺)가 올 가능성이 많고, 천형성(天刑星)과 탐랑성(貪狼星)이 함께 있을 때는 팔에 마비(痲痺)가 올 가능성이 많다.

3. 명궁(命宮)에 배열된 성좌(星座) 분석 내용

紫微星 七殺星 陀羅星 (命宮) 巳 宮	午 宮	未 宮	紫微星 陀羅星 (命宮) 申 宮
辰 宮			酉 宮
卯 宮			戌 宮
七殺星 陀羅星 (命宮) 寅 宮	丑 宮	子 宮	紫微星 七殺星 陀羅星 (命宮) 亥 宮

⑴紫微星 七殺星 陀羅星〈巳宮 · 亥宮〉
⑵七殺星 陀羅星〈寅宮 · 申宮〉

[해설]

자미성(紫微星) · 칠살성(七殺星) · 타라성(陀羅星)이 십이지궁(十二支宮) 가운데 사궁(巳宮) 또는 해궁(亥宮)에 함께 위치하면서 명궁(命宮)이 되거나, 칠살성(七殺星)과 타라성(陀羅星)이 십이지궁(十二支宮)가운데 인궁(寅宮) 또는 신궁(申宮)에 함께 위치 하면서 명궁(命宮)이 될 때는 심신(心身)에 많을 피로를 느끼거나, 몸을 크게 다치거나, 당뇨병(糖尿病)이 발생할 가능성이 많다.

⑶ 七殺星(地空星 또는 地劫星)〈子宮 · 午宮〉

巳　宮	七殺星 (地空星) 또는 (地劫星) (命宮) 午　宮	未　宮	申　宮
辰　宮			酉　宮
卯　宮			戌　宮
寅　宮	丑　宮	七殺星 地空星 또는 地劫星 (命宮) 子　宮	亥　宮

[해설]

칠살성(七殺星)과 지공성(地空星) 또는 지겁성(地劫星)이 십이지궁(十二支宮) 가운데 자궁(子宮) 또는 오궁(午宮)에 함께 위치하면서 명궁(命宮)이 될 때는 눈이 잘 보이지 않거나 허리가 구부러지는 현상이 발생할 가능성이 많다.

⑷ 天機星〈丑宮·未宮·巳宮·亥宮〉

天機星 (六煞星) (命宮) 巳　宮	午　宮	天機星 (六煞星) (命宮) 未　宮	申　宮
辰　宮			酉　宮
卯　宮			戌　宮
寅　宮	天機星 (六煞星) (命宮) 丑　宮	子　宮	天機星 (六煞星) (命宮) 亥　宮

[해설]

천기성(天機星)이 십이지궁(十二支宮) 가운데 축궁(丑宮)·미궁(未宮)·사궁(巳宮)·해궁(亥宮)에 위치하면서 명궁(命宮)이 되거나, 또는 육살성(六煞星)인 경양성(擎羊星)·타라성(陀羅星)·화성(火星)·영성(鈴星)·지공성(地空星)·지겁성(地劫星) 이 하나 이상 함께 있으면 얼굴을 다치거나 우울증(憂鬱症)이 발생할 가능성이 많다.

⑸ 太陽星 巨門星〈申宮〉

巳 宮	午 宮	未 宮	太陽星 巨門星 六煞星 또는 化忌星 (命宮) 申 宮
辰 宮			酉 宮
卯 宮			戌 宮
寅 宮	丑 宮	子 宮	亥 宮

[해설]

태양성(太陽星)과 거문성(巨門星)이 십이지궁(十二支宮) 가운데 신궁(申宮)에 함께 위치하면서 명궁(命宮)이 되고, 이 때 만약 화기성(化忌星) 또는 육살성(六煞星)인 경양성(擎羊星)·타라성(陀羅星)·화성(火星)·영성(鈴星)·지공성(地空星)·지겁성(地劫星)이 하나 이상 함께 있을 때는 히스테리증상이 발생할 가능성이 많다.

⑹ 太陽星 · 太陰星 · (地空星 또는 地劫星) 〈丑宮 · 未宮〉

巳　宮	午　宮	太陽星 太陰星 (地空星) 또는 (地劫星) (命宮) 未　宮	申　宮
辰　宮			酉　宮
卯　宮			戌　宮
寅　宮	太陽星 太陰星 地空星 또는 地劫星 (命宮) 丑　宮	子　宮	亥　宮

[해설]

태양성(太陽星)과 태음성(太陰星)이 십이지궁(十二支宮) 가운데 축궁(丑宮) 또는 미궁(未宮)에 함께 위치하면서 명궁(命宮)이 되고, 이때 만약 지공성(地空星) 또는 지겁성(地劫星)이 함께 있을 때는 척추골(脊推骨)을 다치거나, 등이 구부러지거나, 눈이 잘 보이지 않는 현상이 발생할 가능성이 많다.

(7) 太陽星 · 太陰星 · 化忌星〈丑宮 · 未宮〉

巳 宮	午 宮	太陽星 太陰星 化忌星 (命宮) 未 宮	申 宮
辰 宮			酉 宮
卯 宮			戌 宮
寅 宮	太陽星 太陰星 化忌星 (命宮) 丑 宮	子 宮	亥 宮

[해설]

태양성(太陽星)·태음성(太陰星)·화기성(化忌星)이 십이지궁(十二支宮) 가운데 축궁(丑宮) 또는 미궁(未宮)에 함께 위치하면서 명궁(命宮)이 될 때는 눈에 질병이 발생할 가능성이 많다.

(8)廉貞星・貪狼星・(文昌星 또는 文曲星)〈巳宮・亥宮〉

廉貞星 貪狼星 (文昌星) 또는 (文曲星) (命宮) 巳 宮	午 宮	未 宮	申 宮
辰 宮			酉 宮
卯 宮			戌 宮
寅 宮	丑 宮	子 宮	廉貞星 貪狼星 (文昌星) 또는 (文曲星) (命宮) 亥 宮

[해설]

염정성(廉貞星)과 탐랑성(貪狼星)이 십이지궁(十二支宮) 가운데 사궁(巳宮) 또는 해궁(亥宮)에 함께 위치하면서 명궁(命宮)이 되고, 이때 만약 문창성(文昌星) 또는 문곡성(文曲星)이 함께 있을 때는 높은 곳에서 떨어지는 사고가 발생할 가능성이 많다.

(9)廉貞星・七殺星・鈴星〈丑宮〉

陀羅星 巳　宮	午　宮	擎羊星 未　宮	申　宮
辰　宮			酉　宮
卯　宮			戌　宮
寅　宮	廉貞星 七殺星 鈴星 (命宮) 丑　宮	子　宮	亥　宮

[해설]

염정성(廉貞星)·칠살성(七殺星)·영성(鈴星)이 십이지궁(十二支宮) 가운데 축궁(丑宮)에 함께 위치하면서 명궁(命宮)이 되고, 이 때 만약 미궁(未宮)에 경양성(擎羊星)이 있고 사궁(巳宮)에 타라성(陀羅星)이 있으면 소아마비(小兒痲痺)나 교통사고가 발생할 가능성이 많다.

(10) 太陰星〈卯宮·辰宮·巳宮〉
(11) 天同星 太陰星〈午宮〉

太陰星 (命宮) 巳　宮	天同星 太陰星 (命宮) 午　宮	未　宮	申　宮
太陰星 (命宮) 辰　宮			酉　宮
太陰星 (命宮) 卯　宮			戌　宮
寅　宮	丑　宮	子　宮	亥　宮

[해설]

태음성(太陰星)이 십이지궁(十二支宮)가운데 묘궁(卯宮)·진궁(辰宮)·사궁(巳宮)에 위치하면서 명궁(命宮)이 되거나, 천동성(天同星)과 태음성(太陰星)이 오궁(午宮)에 함께 위치하면서 명궁(命宮)이 될 때는 선천적(先天的)인 체질(體質)이 허약하거나 내분비선계통(內分泌腺系統)에 질병이 발생할 가능성이 많다.

武曲星 破軍星 陀羅星 (命宮) 巳　宮	破軍星 擎羊星 (命宮) 午　宮	紫微星 破軍星 (擎羊星) 또는 (陀羅星) (命宮) 未　宮	破軍星 陀羅星 (命宮) 申　宮
破軍星 (擎羊星) 또는 (陀羅星) (命宮) 辰　宮			廉貞星 破軍星 擎羊星 (命宮) 酉　宮
廉貞星 破軍星 擎羊星 (命宮) 卯　宮			破軍星 (擎羊星) 또는 (陀羅星) (命宮) 戌　宮
破軍星 陀羅星 (命宮) 寅　宮	紫微星 破軍星 (擎羊星) 또는 (陀羅星) (命宮) 丑　宮	破軍星 擎羊星 (命宮) 子　宮	武曲星 破軍星 陀羅星 (命宮) 亥　宮

(12) 破軍星 · 擎羊星〈子宮 · 午宮〉
(13) 紫微星 · 破軍星 · (擎羊星 또는 陀羅星)〈丑宮 · 未宮〉
(14) 破軍星 · 陀羅星〈寅宮 · 申宮〉
(15) 廉貞星 · 破軍星 · 擎羊星〈卯宮 · 酉宮〉
(16) 破軍星 · (擎羊星 또는 陀羅星)〈辰宮 · 戌宮〉
(17) 武曲星 · 破軍星 · 陀羅星〈巳宮 · 亥宮〉

[해설]

파군성(破軍星)과 경양성(擎羊星)이 십이지궁(十二支宮) 가운데 자궁(子宮) 또는 오궁(午宮)에 함께 위치하면서 명궁(命宮)이 되거나, 자미성(紫微星)과 파군성(破軍星)이 축궁(丑宮) 또는 미궁(未宮)에 위치하고 명궁(命宮)이 되면서 경양성(擎羊星) 또는 타라성(陀羅星)이 함께 있거나, 파군성(破軍星)과 타라성(陀羅星)이 인궁(寅宮) 또는 신궁(申宮)에 함께 위치하면서 명궁(命宮)이 되거나, 염정성(廉貞星) · 파군성(破軍星) · 경양성(擎羊星)이 묘궁(卯宮) 또는 유궁(酉宮)에 함께 위치하면서 명궁(命宮)이 되거나, 파군성(破軍星)과 경양성(擎羊星) 또는 타라성(陀羅星)이 진궁(辰宮) 또는 술궁(戌宮)에 함께 위치하면서 명궁(命宮)이 되거나, 무곡성(武曲星) · 파군성(破軍星) · 타라성(陀羅星)이 사궁(巳宮) 또는 해궁(亥宮)에 함께 위치하면서 명궁(命宮)이 될 때는 사지(四肢)를 크게 다치거나 소아마비(小兒痲痺)가 발생할 가능성이 있다.

(18) 天相星〈卯宮·酉宮〉

巳　宮	午　宮	未　宮	申　宮
辰　宮			天相星 六煞星 (命宮) 酉　宮
天相星 六煞星 (命宮) 卯　宮			戌　宮
寅　宮	丑　宮	子　宮	亥　宮

[해설]

천상성(天相星)이 십이지궁(十二支宮) 가운데 묘궁(卯宮) 또는 유궁(酉宮)에 위치하면서 명궁(命宮)이 되고, 이 때 만약 육살성(六煞星)인 경양성(擎羊星)·타라성(陀羅星)·화성(火星)·영성(鈴星)·지공성(地空星)·지겁성(地劫星)이 하나 이상 함께 있을 때는 부주의로 칼에 상처를 입을 가능성이 많다.

(19)擎羊星〈卯宮·酉宮〉

巳 宮	午 宮	未 宮	申 宮
辰 宮			擎羊星 (命宮) 酉 宮
擎羊星 (命宮) 卯 宮			戌 宮
寅 宮	丑 宮	子 宮	亥 宮

[해설]

경양성(擎羊星)이 십이지궁(十二支宮) 가운데 묘궁(卯宮) 또는 유궁(酉宮)에 위치하면서 명궁(命宮)이 될 때는 얼굴을 다치거나 한 쪽 눈이 잘 보이지 않는 현상이 발생할 가능성이 많다.

(20) 擎羊星〈卯宮〉·巨門星〈戌宮〉

巳　宮	午　宮	未　宮	申　宮
辰　宮			酉　宮
擎羊星 (命宮) 卯　宮			巨門星 戌　宮
寅　宮	丑　宮	子　宮	亥　宮

[해설]

경양성(擎羊星)이 십이지궁(十二支宮)가운데 묘궁(卯宮)에 위치하면서 명궁(命宮)이 되고, 이 때 만약 술궁(戌宮)에 거문성(巨門星)이 있는 여성은 석녀(石女)이거나 또는 질병으로 음호(陰戶)에 수술을 받을 가능성이 있다.

(21)陀羅星 龍池星〈亥宮〉

巳　宮	午　宮	未　宮	申　宮
辰　宮			酉　宮
卯　宮			戌　宮
寅　宮	丑　宮	子　宮	陀羅星 龍池星 (命宮) 亥　宮

[해설]

타라성(陀羅星)과 용지성(龍池星)이 십이지궁(十二支宮) 가운데 해궁(亥宮)에 위치하면서 명궁(命宮)이 될 때는 치아(齒牙)가 일찍 나 빠질 가능성이 많다.

(22) 地空星〈卯宮〉

巳 宮	午 宮	未 宮	申 宮
辰 宮			紫微星 貪狼星 擎羊星 酉 宮
地空星 (命宮) 卯 宮			戌 宮
寅 宮	廉貞星 七殺星 丑 宮	子 宮	亥 宮

[해설]

지공성(地空星)이 십이지궁(十二支宮) 가운데 묘궁(卯宮)에 위치하면서 명궁(命宮)이 되고, 이 때 만약 축궁(丑宮)에 염정성(廉貞星)과 칠살성(七殺星)이 함께 있고, 유궁(酉宮)에는 자미성(紫微星)·탐랑성(貪狼星)·경양성(擎羊星)이 함께 있으면 뇌(腦)를 다칠 가능성이 많다.

(23) 天刑星〈丑宮·未宮〉

巳 宮	午 宮	天刑星 (天哭星) (命宮) 未 宮	申 宮
辰 宮			酉 宮
卯 宮			戌 宮
寅 宮	天刑星 (天哭星) (命宮) 丑 宮	子 宮	亥 宮

⑵3 天刑星〈丑宮 · 未宮〉

[해설]

천형성(天刑星)이 십이지궁(十二支宮) 가운데 축궁(丑宮) 또는 미궁(未宮)에 위치하면서 명궁(命宮)이 될 때는 화상(火傷)을 입거나 또는 소아마비(小兒痲痺)나 뇌염후유증(腦炎後遺症)이 발생할 가능성이 많다. 이 때 천곡성(天哭星)도 함께 있으면 신체상에 어떤 결함이 나타날 가능성이 아주 많다.

⑷24)咸池星〈子宮·午宮·卯宮·酉宮〉

巳　宮	咸池星 (命宮) 午　宮	未　宮	申　宮
辰　宮			咸池星 (命宮) 酉　宮
咸池星 (命宮) 卯　宮			戌　宮
寅　宮	丑　宮	咸池星 (命宮) 子　宮	亥　宮

[해설]

함지성(咸池星)이 십이지궁(十二支宮) 가운데 자궁(子宮)·오궁(午宮)·묘궁(卯宮)·유궁(酉宮)에 위치하면서 명궁(命宮)이 될 때는 여러 가지 질병이 발생할 가능성이 많다.

4. 자녀궁(子女宮)에 배열된 성좌(星座) 분석 내용

太陰星 六煞星 (子女宮) 巳 宮	天同星 太陰星 六煞星 (子女宮) 午 宮	太陽星 太陰星 六煞星 (子女宮) 未 宮	天機星 太陰星 六煞星 (子女宮) 申 宮
太陰星 六煞星 (子女宮) 辰 宮			太陰星 六煞星 (子女宮) 酉 宮
太陰星 六煞星 (子女宮) 卯 宮			太陰星 六煞星 (子女宮) 戌 宮
天機星 太陰星 六煞星 (子女宮) 寅 宮	太陽星 太陰星 六煞星 (子女宮) 丑 宮	天同星 太陰星 六煞星 (子女宮) 子 宮	太陰星 六煞星 (子女宮) 亥 宮

(1) 天同星 太陰星〈子宮・午宮〉
(2) 太陽星 太陰星〈丑宮・未宮〉
(3) 天機星 太陰星〈寅宮・申宮〉
(4) 太陰星〈卯宮・辰宮・巳宮・酉宮・戌宮・亥宮〉

[해설]

천동성(天同星)과 태음성(太陰星)이 십이지궁(十二支宮) 가운데 자궁(子宮) 또는 오궁(午宮)에 함께 위치하면서 자녀궁(子女宮)이 되고, 이 때 만약 육살성(六煞星)인 경양성(擎羊星)・타라성(陀羅星)・화성(火星)・영성(鈴星)・지공성(地空星)・지겁성(地劫星)이 하나 이상 함께 있거나, 태양성(太陽星)과 태음성(太陰星)이 십이지궁(十二支宮) 가운데 축궁(丑宮) 또는 미궁(未宮)에 함께 위치하면서 자녀궁(子女宮)이 되고, 이 때 만약 육살성(六煞星)인 경양성(擎羊星)・타라성(陀羅星)・화성(火星)・영성(鈴星)・지공성(地空星)・지겁성(地劫星)이 하나 이상 함께 있거나, 천기성(天機星)과 태음성(太陰星)이 십이지궁(十二支宮) 가운데 인궁(寅宮) 또는 신궁(申宮)에 함께 위치하면서 자녀궁(子女宮)이 되고, 이 때 만약 육살성(六煞星)인 경양성(擎羊星)・타라성(陀羅星)・화성(火星)・영성(鈴星)・지공성(地空星)・지겁성(地劫星)이 하나 이상 함께 있거나, 태음성(太陰星)이 십이지궁(十二支宮) 가운데 묘궁(卯宮)・진궁(辰宮)・사궁(巳宮)・유궁(酉宮)・술궁(戌宮)・해궁(亥宮)에 위치하면서 자녀궁(子女宮)이 되고, 이 때 만약 육살성(六煞星)인 경양성(擎羊星)・타라성(陀羅星)・화성(火星)・영성(鈴星)・지공성(地空星)・지겁성(地劫星)이 하나 이상 함께 있을 때는 성생활(性生活)을 과도하게 하여 신장(腎臟)을 약하게 만들거나 간장(肝臟)에 질병이 발생할 가능성이 많다.

天相星 六煞星 (子女宮) 巳 宮	廉貞星 天相星 六煞星 (子女宮) 午 宮	廉貞星 六煞星 (子女宮) 未 宮	武曲星 天相星 六煞星 (子女宮) 申 宮
紫微星 天相星 六煞星 (子女宮) 辰 宮			天相星 六煞星 (子女宮) 酉 宮
天相星 六煞星 (子女宮) 卯 宮			紫微星 天相星 六煞星 (子女宮) 戌 宮
武曲星 天相星 六煞星 (子女宮) 寅 宮	天相星 六煞星 (子女宮) 丑 宮	廉貞星 天相星 六煞星 (子女宮) 子 宮	天相星 六煞星 (子女宮) 亥 宮

(5) 廉貞星 · 天相星〈子宮 · 午宮〉

(6) 天相星〈丑宮 · 卯宮 · 巳宮 · 未宮 · 酉宮 · 亥宮〉

(7) 武曲星 · 天相星〈寅宮 · 申宮〉

(8) 紫微星 · 天相星〈辰宮 · 戌宮〉

[해설]

염정성(廉貞星)과 천상성(天相星)이 십이지궁(十二支宮) 가운데 자궁(子宮) 또는 오궁(午宮)에 함께 위치하면서 자녀궁(子女宮)이 되고, 이 때 만약 육살성(六煞星)인 경양성(擎羊星)·타라성(陀羅星)·화성(火星)·영성(鈴星)·지공성(地空星)·지겁성(地劫星)이 하나 이상 함께 있거나, 천상성(天相星)이 십이지궁(十二支宮) 가운데 축궁(丑宮)·묘궁(卯宮)·사궁(巳宮)·미궁(未宮)·유궁(酉宮)·해궁(亥宮)에 위치하면서 자녀궁(子女宮)이 되고, 이 때 만약 육살성(六煞星)인 경양성(擎羊星)·타라성(陀羅星)·화성(火星)·영성(鈴星)·지공성(地空星)·지겁성(地劫星)이 하나 이상 함께 있거나, 무곡성(武曲星)과 천상성(天相星)이 십이지궁(十二支宮) 가운데 인궁(寅宮) 또는 신궁(申宮)에 함께 위치하면서 자녀궁(子女宮)이 되고, 이때 만약 육살성(六煞星)인 경양성(擎羊星)·타라성(陀羅星)·화성(火星)·영성(鈴星)·지공성(地空星)·지겁성(地劫星)이 하나 이상 함께 있거나, 자미성(紫微星)과 천상성(天相星)이 십이지궁(十二支宮) 가운데 진궁(辰宮) 또는 술궁(戌宮)에 함께 위치하면서 자녀궁(子女宮)이 되고, 이 때 만약 육살성(六煞星)인 경양성(擎羊星)·타라성(陀羅星)·화성(火星)·영성(鈴星)·지공성(地空星)·지겁성(地劫星)이 하나 이상 함께 있을 때는 성생활(性生活)을 과도하게 하여 신장(腎臟)을 좋지 않게 하거나 또는 조루(早漏)현상이 발생할 가능성이 많다.

巨門星 六煞星 (子女宮) 巳 宮	巨門星 六煞星 (子女宮) 午 宮	天同星 巨門星 六煞星 (子女宮) 未 宮	太陽星 巨門星 六煞星 (子女宮) 申 宮
巨門星 六煞星 (子女宮) 辰 宮			天機星 巨門星 六煞星 (子女宮) 酉 宮
天機星 巨門星 六煞星 (子女宮) 卯 宮			巨門星 六煞星 (子女宮) 戌 宮
太陽星 巨門星 六煞星 (子女宮) 寅 宮	天同星 巨門星 六煞星 (子女宮) 丑 宮	巨門星 六煞星 (子女宮) 子 宮	巨門星 六煞星 (子女宮) 亥 宮

(9) 巨門星〈子宮 · 辰宮 · 巳宮 · 午宮 · 戌宮 · 亥宮〉

(10) 天同星 · 巨門星〈丑宮 · 未宮〉

(11) 太陽星 · 巨門星〈寅宮 · 申宮〉

(12) 天機星 · 巨門星〈卯宮 · 酉宮〉

[해설]

거문성(巨門星)이 십이지궁(十二支宮) 가운데 자궁(子宮) · 진궁(辰宮) · 사궁(巳宮) · 오궁(午宮) · 술궁(戌宮) · 해궁(亥宮)에 위치하면서 자녀궁(子女宮)이 되고, 이 때 만약 육살성(六煞星)인 경양성(擎羊星) · 타라성(陀羅星) · 화성(火星) · 영성(鈴星) · 지공성(地空星) · 지겁성(地劫星)이 하나 이상 함께 있거나, 천동성(天同星)과 거문성(巨門星)이 십이지궁(十二支宮) 가운데 축궁(丑宮) 또는 미궁(未宮)에 함께 위치하면서 자녀궁(子女宮)이 되고, 이 때 만약 육살성(六煞星)인 경양성(擎羊星) · 타라성(陀羅星) · 화성(火星) · 영성(鈴星) · 지공성(地空星) · 지겁성(地劫星)이 하나 이상 함께 있거나, 태양성(太陽星)과 거문성(巨門星)이 십이지궁(十二支宮) 가운데 인궁(寅宮) 또는 신궁(申宮)에 함께 위치하면서 자녀궁(子女宮)이 되고, 이때 만약 육살성(六煞星)인 경양성(擎羊星) · 타라성(陀羅星) · 화성(火星) · 영성(鈴星) · 지공성(地空星) · 지겁성(地劫星)이 하나 이상 함께 있거나, 천기성(天機星)과 거문성(巨門星)이 십이지궁(十二支宮) 가운데 묘궁(卯宮) 또는 유궁(酉宮)에 함께 위치하면서 자녀궁(子女宮)이 되고, 이 때 만약 육살성(六煞星)인 경양성(擎羊星) · 타라성(陀羅星) · 화성(火星) · 영성(鈴星) · 지공성(地空星) · 지겁성(地劫星)이 하나 이상 함께 있을 때는 비정상적인 성생활(性生活)로 인하여 질병을 얻을 가능성이 있다.

(13) 天同星〈十二支宮 全部〉

天同星 六煞星 (子女宮) 巳 宮	天同星 六煞星 (子女宮) 午 宮	天同星 六煞星 (子女宮) 未 宮	天同星 六煞星 (子女宮) 申 宮
天同星 六煞星 (子女宮) 辰 宮			天同星 六煞星 (子女宮) 酉 宮
天同星 六煞星 (子女宮) 卯 宮			天同星 六煞星 (子女宮) 戌 宮
天同星 六煞星 (子女宮) 寅 宮	天同星 六煞星 (子女宮) 丑 宮	天同星 六煞星 (子女宮) 子 宮	天同星 六煞星 (子女宮) 亥 宮

[해설]

천동성(天同星)이 십이지궁(十二支宮) 가운데 어느 궁(宮)에 위치하든지 자녀궁(子女宮)이 되고, 이때 만약 육살성(六煞星)인 경양성(擎羊星)·타라성(陀羅星)·화성(火星)·영성(鈴星)·지공성(地空星)·지겁성(地劫星)이 하나 이상 함께 있을 때는 성신경쇠약(性神經衰弱)이 발생할 가능성이 많다.

(14)廉貞星〈十二支宮 全部〉

廉貞星 (子女宮) 巳 宮	廉貞星 (子女宮) 午 宮	廉貞星 (子女宮) 未 宮	廉貞星 (子女宮) 申 宮
廉貞星 (子女宮) 辰 宮			廉貞星 (子女宮) 酉 宮
廉貞星 (子女宮) 卯 宮			廉貞星 (子女宮) 戌 宮
廉貞星 (子女宮) 寅 宮	廉貞星 (子女宮) 丑 宮	廉貞星 (子女宮) 子 宮	廉貞星 (子女宮) 亥 宮

[해설]

염정성(廉貞星)이 십이지궁(十二支宮) 가운데 어느 궁(宮)에 위치하든지 자녀궁(子女宮)이 될 때는 자나친 욕구로 인하여 심신(心身)이 많이 피로해져서 중년(中年) 이후에는 여러 가지 질병이 발생할 가능성이 많다.

5. 십이지궁(十二支宮) 별로 배열된 성좌(星座) 분석 내용

太陽星 火星 巳　宮	太陽星 火星 午　宮	太陽星 太陰星 火星 未　宮	太陽星 巨門星 火星 申　宮
太陽星 火星 辰　宮			太陽星 天梁星 火星 酉　宮
太陽星 天梁星 火星 卯　宮			太陽星 火星 戌　宮
太陽星 巨門星 火星 寅　宮	太陽星 太陰星 火星 丑　宮	太陽星 火星 子　宮	太陽星 火星 亥　宮

(1)太陽星 火星〈子宮·辰宮·巳宮·午宮·戌宮·亥宮〉
(2)太陽星 太陰星 火星〈丑宮·未宮〉
(3)太陽星 巨門星 火星〈寅宮·申宮〉
(4)太陽星 天梁星 火星〈卯宮·酉宮·巳宮〉

[해설]

태양성(太陽星)과 화성(火星)이 명궁(命宮)부터 부모궁(父母宮)까지 12궁(宮)중 어느 궁(宮)에 있게 되든지 상관없이 다만 십이지궁(十二支宮) 가운데 자궁(子宮)·진궁(辰宮)·사궁(巳宮)·오궁(午宮)·술궁(戌宮)·해궁(亥宮)에 함께 위치하게 되거나, 태양성(太陽星)·태음성(太陰星)·화성(火星)이 십이지궁(十二支宮) 가운데 축궁(丑宮) 또는 미궁(未宮)에 함께 위치하게 되거나, 태양성(太陽星)·거문성(巨門星)·화성(火星)이 십이지궁(十二支宮) 가운데 인궁(寅宮) 또는 신궁(申宮)에 함께 위치하게 되거나, 태양성(太陽星)·천량성(天梁星)·화성(火星)이 십이지궁(十二支宮) 가운데 묘궁(卯宮) 또는 유궁(酉宮)에 함께 위치하게 될 때는 눈이 나쁘거나 눈에 상처를 입을 가능성이 많다.

이 때 만약 화기성(化忌星)이 각각 함께 있을 때는 상태는 더욱 나빠져 눈이 잘 보이지 않을 가능성도 있다.

天同星 陀羅星 巳　宮	天同星 太陰星 陀羅星 午　宮	天同星 巨門星 陀羅星 未　宮	天同星 天梁星 陀羅星 申　宮
天同星 陀羅星 辰　宮			天同星 陀羅星 酉　宮
天同星 陀羅星 卯　宮			天同星 陀羅星 戌　宮
天同星 天梁星 陀羅星 寅　宮	天同星 巨門星 陀羅星 丑　宮	天同星 太陰星 陀羅星 子　宮	天同星 陀羅星 亥　宮

⑸ 天同星 · 太陰星 · 陀羅星〈子宮 · 午宮〉
⑹ 天同星 · 巨門星 · 陀羅星〈丑宮 · 未宮〉
⑺ 天同星 · 天梁星 · 陀羅星〈寅宮 · 申宮〉
⑻ 天同星 · 陀羅星〈卯宮 · 辰宮 · 巳宮 · 酉宮 · 戌宮 · 亥宮〉

[해설]

천동성(天同星) · 태음성(太陰星) · 타라성(陀羅星)이 명궁(命宮)부터 부모궁(父母宮)까지 12궁(宮)중 어느 궁(宮)에 있게 되든지 상관없이 다만 십이지궁(十二支宮) 가운데 자궁(子宮) 오궁(午宮)에 함께 위치하게 되거나, 천동성(天同星) · 거문성(巨門星) · 타라성(陀羅星)이 십이지궁(十二支宮) 가운데 축궁(丑宮) 또는 미궁(未宮)에 함께 위치하게 되거나, 천동성(天同星) · 천량성(天梁星) · 타라성(陀羅星)이 십이지궁(十二支宮) 가운데 인궁(寅宮) 또는 신궁(申宮)에 함께 위치하게 되거나, 천동성(天同星)과 타라성(陀羅星)이 십이지궁(十二支宮) 가운데 묘궁(卯宮) · 진궁(辰宮) · 사궁(巳宮) · 유궁(酉宮) · 술궁(戌宮) · 해궁(亥宮)에 함께 위치하게 될 때는 몸이 뚱뚱해 지거나, 한 쪽 눈이 잘 보이지 않거나, 눈에 상처를 입을 가능성이 많다.

⑼ 天同星 · 擎羊星〈子宮 · 丑宮 · 卯宮 · 辰宮 · 午宮 · 未宮 · 酉宮 · 戌宮〉

巳　宮	天同星 擎羊星 午　宮	天同星 擎羊星 未　宮	申　宮
天同星 擎羊星 辰　宮			天同星 擎羊星 酉　宮
天同星 擎羊星 卯　宮			天同星 擎羊星 戌　宮
寅　宮	天同星 擎羊星 丑　宮	天同星 擎羊星 子　宮	亥　宮

[해설]

천동성(天同星)과 경양성(擎羊星)이 명궁(命宮)부터 부모궁(父母宮)까지 12궁(宮)중 어느 궁(宮)에 있게 되든지 상관없이 다만 십이지궁(十二支宮) 가운데 자궁(子宮)·축궁(丑宮)·묘궁(卯宮)·진궁(辰宮)·오궁(午宮)·미궁(未宮)·유궁(酉宮)·술궁(戌宮)에 함께 있을 때는 외상(外傷)을 입을 가능성이 많다.

⑽ 天同星 巨門星 擎羊星〈丑宮·未宮〉

巳　宮	午　宮	天同星 巨門星 擎羊星 未　宮	申　宮
辰　宮			酉　宮
卯　宮			戌　宮
寅　宮	天同星 巨門星 擎羊星 丑　宮	子　宮	亥　宮

[해설]

천동성(天同星)·거문성(巨門星)·경양성(擎羊星)이 명궁(命宮)부터 부모궁(父母宮)까지 12궁(宮)중 어느 궁(宮)에 있게 되든지 상관없이 다만 십이지궁(十二支宮) 가운데 축궁(丑宮) 또는 미궁(未宮)에 함께 위치하게 될 때는 외상(外傷)이 발생할 가능성이 많다.

(11)天相星·擎羊星〈丑宮·卯宮·未宮·酉宮〉

巳　宮	午　宮	天相星 擎羊星 未　宮	申　宮
辰　宮			天相星 擎羊星 酉　宮
天相星 擎羊星 卯　宮			戌　宮
寅　宮	天相星 擎羊星 丑　宮	子　宮	亥　宮

[해설]

천상성(天相星)과 경양성(擎羊星)이 명궁(命宮)부터 부모궁(父母宮)까지 12궁(宮)중 어느 궁(宮)에 있게 되든지 상관없이 다만 십이지궁(十二支宮) 가운데 축궁(丑宮)·묘궁(卯宮)·미궁(未宮)·유궁(酉宮)에 함께 위치하게 될 때는 복부(服部)에 도상(刀傷)이 발생할 가능성이 많다.

巳　宮	廉貞星　巨門星 天相星　擎羊星 擎羊星　火星 午　宮	未　宮	申　宮
巨門星 擎羊星 火星 辰　宮			酉　宮
卯　宮			巨門星 擎羊星 火星 戌　宮
寅　宮	丑　宮	廉貞星 天相星 擎羊星 子　宮	亥　宮

(12)廉貞星 天相星 擎羊星〈子宮・午宮〉
(13)巨門星 擎羊星 火星〈辰宮・午宮・戌宮〉

[해설]

염정성(廉貞星)・천상성(天相星)・경양성(擎羊星)이 명궁(命宮)부터 부모궁(父母宮)까지 12궁(宮)중 어느 궁(宮)에 있게 되든지 상관없이 다만 십이지궁(十二支宮) 가운데 자궁(子宮) 또는 오궁(午宮)에 함께 위치하게 되거나, 거문성(巨門星)・경양성(擎羊星)・화성(火星)이 십이지궁(十二支宮) 가운데 진궁(辰宮)・오궁(午宮)・술궁(戌宮)에 함께 위치하게 될 때는 암질(暗疾 : 숨은 질병)이나 머리・얼굴・팔・다리 등을 다칠 가능성이 많다.

(14)巨門星 · (擎羊星 또는 陀羅星)〈辰宮 · 巳宮 · 戌宮〉

巨門星 (擎羊星) 또는 (陀羅星) 巳　宮	午　宮	未　宮	申　宮
巨門星 (擎羊星) 또는 (陀羅星) 辰　宮			酉　宮
卯　宮			巨門星 (擎羊星) 또는 (陀羅星) 戌　宮
寅　宮	丑　宮	子　宮	亥　宮

[해설]

거문성(巨門星)과 경양성(擎羊星) 또는 타라성(陀羅星)이 명궁(命宮)부터 부모궁(父母宮)까지 12궁(宮)중 어느 궁(宮)에 있게 되든지 상관없이 다만 십이지궁(十二支宮) 가운데 진궁(辰宮)·사궁(巳宮)·술궁(戌宮)에 함께 위치하게 될 때는 신체(身體)가 허약하여 질병이 발생할 가능성이 많다.

(15)巨門星・(左輔星 또는 右弼星)〈子宮・辰宮・巳宮・午宮・戌宮・亥宮〉

巨門星 (左輔星) 또는 (右弼星) 巳　宮	巨門星 (左輔星) 또는 (右弼星) 午　宮	未　宮	申　宮
巨門星 (左輔星) 또는 (右弼星) 辰　宮			酉　宮
卯　宮			巨門星 (左輔星) 또는 (右弼星) 戌　宮
寅　宮	丑　宮	巨門星 (左輔星) 또는 (右弼星) 子　宮	巨門星 (左輔星) 또는 (右弼星) 亥　宮

[해설]

거문성(巨門星)과 좌보성(左輔星) 또는 우필성(右弼星)이 명궁(命宮)부터 부모궁(父母宮)까지 12궁(宮)중 어느 궁(宮)에 있게 되든지 상관없이 다만 십이지궁(十二支宮) 가운데 자궁(子宮)·진궁(辰宮)·사궁(巳宮)·오궁(午宮)·술궁(戌宮)·해궁(亥宮)에 함께 위치하게 될 때는 몸을 다쳐 불편할 가능성이 있다.

(16)廉貞星·七殺星〈丑宮·未宮〉

巳　宮	午　宮	廉貞星 七殺星 未　宮	申　宮
辰　宮			酉　宮
卯　宮			戌　宮
寅　宮	廉貞星 七殺星 丑　宮	子　宮	亥　宮

[해설]

염정성(廉貞星)과 칠살성(七殺星)이 명궁(命宮)부터 부모궁(父母宮)까지 12궁(宮)중 어느 궁(宮)에 있게 되든지 상관없이 다만 십이지궁(十二支宮) 가운데 축궁(丑宮) 또는 미궁(未宮)에 함께 위치하게 될 때는 결핵(結核)이 발생하거나 몸을 다쳐 불편할 가능성이 많다.

(17) 天機星·巨門星〈卯宮〉·擎羊星〈酉宮〉

巳 宮	午 宮	未 宮	申 宮
辰 宮			擎羊星 酉 宮
天機星 巨門星 卯 宮			戌 宮
寅 宮	丑 宮	子 宮	亥 宮

[해설]

천기성(天機星)과 거문성(巨門星)이 명궁(命宮)부터 부모궁(父母宮)까지 12궁(宮)중 어느 궁(宮)에 있게 되든지 상관없이 다만 십이지궁(十二支宮) 가운데 묘궁(卯宮)에 함께 위치하게 되고, 이 때 유궁(酉宮)에 경양성(擎羊星)이 있는 여성은 음호(陰戶) 또는 자궁(子宮)에 질병이나 이상이 있어 수술을 받을 가능성이 많다.

武曲星 破軍星 陀羅星 (左輔星) 또는 (右弼星) 巳　宮	破軍星 擎羊星 (左輔星) 또는 (右弼星) 午　宮	紫微星 破軍星 (擎羊星) 또는 (陀羅星) 未　宮	破軍星 陀羅星 (左輔星) 또는 (右弼星) 申　宮
破軍星 (左輔星) 또는 (右弼星) (擎羊星) 또는 (陀羅星) 辰　宮			廉貞星 破軍星 擎羊星 (左輔星) 또는 (右弼星) 酉　宮
廉貞星 破軍星 擎羊星 (左輔星) 또는 (右弼星) 卯　宮			破軍星 (左輔星) 또는 (右弼星) (擎羊星) 또는 (陀羅星) 戌　宮
破軍星 陀羅星 (左輔星) 또는 (右弼星) 寅　宮	紫微星 破軍星 (擎羊星) 또는 (陀羅星) 丑　宮	破軍星 擎羊星 (左輔星) 또는 (右弼星) 子　宮	武曲星 破軍星 陀羅星 (左輔星) 또는 (右弼星) 亥　宮

(18)破軍星 · 擎羊星(左輔星 또는 右弼星)〈子宮 또는 午宮〉
(19)紫微星 · 破軍星(擎羊星 또는 陀羅星)〈丑宮 또는 未宮〉
(20)破軍星 · 陀羅星(左輔星 또는 右弼星)〈寅宮 또는 申宮〉
(21)廉貞星 · 破軍星 擎羊星(左輔星 또는 右弼星)〈卯宮 또는 酉宮〉
(22)破軍星(左輔星 또는 右弼星)(擎羊星 또는 陀羅星)〈辰宮 또는 戌宮〉
(23)武曲星 · 破軍星 · 陀羅星(左輔星 또는 右弼星)〈巳宮 또는 亥宮〉

[해설]

파군성(破軍星) · 경양성(擎羊星)과 좌보성(左輔星) 또는 우필성(右弼星)이 명궁(命宮)부터 부모궁(父母宮)까지 12궁(宮)중 어느 궁(宮)에 있게 되든지 상관없이 다만 십이지궁(十二支宮) 가운데 자궁(子宮) 또는 오궁(午宮)에 함께 위치하게 되거나, 자미성(紫微星) · 파군성(破軍星)과 경양성(擎羊星) 또는 타라성(陀羅星)이 십이지궁(十二支宮) 가운데 축궁(丑宮) 또는 미궁(未宮)에 함께 위치하게 되거나, 파군성(破軍星) · 타라성(陀羅星)과 좌보성(左輔星) 또는 우필성(右弼星)이 십이지궁(十二支宮) 가운데 인궁(寅宮) 또는 신궁(申宮)에 함께 위치하게 되거나, 염정성(廉貞星) · 파군성(破軍星) · 경양성(擎羊星)과 좌보성(左輔星) 또는 우필성(右弼星)이 십이지궁(十二支宮) 가운데 묘궁(卯宮) 또는 유궁(酉宮)에 함께 위치하게 되거나, 파군성(破軍星)과 좌보성(左輔星) 또는 우필성(右弼星)과 경양성(擎羊星) 또는 타라성(陀羅星)이 십이지궁(十二支宮) 가운데 진궁(辰宮)·또는 술궁(戌宮)에 함께 위치하게 되거나, 무곡성(武曲星) · 파군성(破軍星) · 타라성(陀羅星)과 좌보성(左輔星) 또는 우필성(右弼星) 이 십이지중(十二支宮) 가운데 사궁(巳宮) 해궁(亥宮)에 함께 위치하게 될 때는 질병이나 또는 다쳐서 몸이 불편할 가능성이 많다.

鈴星 陀羅星 巳　宮	鈴星 擎羊星 午　宮	鈴星 (擎羊星) 또는 (陀羅星) 未　宮	鈴星 陀羅星 申　宮
鈴星 (擎羊星) 또는 (陀羅星) 辰　宮			鈴星 擎羊星 酉　宮
鈴星 擎羊星 卯　宮			鈴星 (擎羊星) 또는 (陀羅星) 戌　宮
鈴星 陀羅星 寅　宮	鈴星 (擎羊星) 또는 (陀羅星) 丑　宮	鈴星 擎羊星 子　宮	鈴星 陀羅星 亥　宮

(24)鈴星 懟羊星〈子宮·午宮·卯宮·酉宮〉
(25)鈴星(擎羊星 혹은 陀羅星)〈丑宮·辰宮·未宮·戌宮〉
(26)鈴星 陀羅星〈寅宮·巳宮·申宮·亥宮〉

[해설]

영성(鈴星)과 경양성(擎羊星)이 명궁(命宮)부터 부모궁(父母宮)까지 12궁(宮)중 어느 궁(宮)에 있게 되든지 상관없이 다만 십이지궁(十二支宮) 가운데 자궁(子宮)·오궁(午宮)·묘궁(卯宮)·유궁(酉宮)에 함께 위치하게 되거나, 영성(鈴星)과 경양성(擎羊星) 또는 타라성(陀羅星)이 십이지궁(十二支宮) 가운데 축궁(丑宮)·진궁(辰宮)·미궁(未宮)·술궁(戌宮)에 함께 위치하게 되거나, 영성(鈴星)과 타라성(陀羅星)이 십이지궁(十二支宮) 가운데 인궁(寅宮)·사궁(巳宮)·신궁(申宮)·해궁(亥宮)에 위치하게 될 때는 몸을 다쳐 불편할 가능성이 있다.

(27) 七殺星 六煞星〈子宮·寅宮·辰宮·午宮·申宮·戌宮〉

巳 宮	七殺星 六煞星 午 宮	未 宮	七殺星 六煞星 申 宮
七殺星 六煞星 辰 宮			酉 宮
卯 宮			七殺星 六煞星 戌 宮
七殺星 六煞星 寅 宮	丑 宮	七殺星 六煞星 子 宮	亥 宮

[해설]

칠살성(七殺星)이 명궁(命宮)부터 부모궁(父母宮)까지 12궁(宮) 중 어느 궁(宮)에 있게 되든지 상관없이 다만 십이지궁(十二支宮) 가운데 자궁(子宮)·인궁(寅宮)·진궁(辰宮)·오궁(午宮)·신궁(申宮)·술궁(戌宮)에 위치하게 되고, 이 때 만약 육살성(六殺星)인 경양성(擎羊星)·타라성(陀羅星)·화성(火星)·영성(鈴星)·지공성(地空星)·지겁성(地劫星)이 하나 이상 함께 있을 때는 의외(意外)의 사고를 당하거나 척추골(脊椎骨)을 다칠 가능성이 많다.

⑵8) 貪狼星(文昌星 또는 文曲星)〈十二支宮 全部〉

貪狼星 (文昌星) 또는 (文曲星) 巳　宮	貪狼星 (文昌星) 또는 (文曲星) 午　宮	貪狼星 (文昌星) 또는 (文曲星) 未　宮	貪狼星 (文昌星) 또는 (文曲星) 申　宮
貪狼星 (文昌星) 또는 (文曲星) 辰　宮			貪狼星 (文昌星) 또는 (文曲星) 酉　宮
貪狼星 (文昌星) 또는 (文曲星) 卯　宮			貪狼星 (文昌星) 또는 (文曲星) 戌　宮
貪狼星 (文昌星) 또는 (文曲星) 寅　宮	貪狼星 (文昌星) 또는 (文曲星) 丑　宮	貪狼星 (文昌星) 또는 (文曲星) 子　宮	貪狼星 (文昌星) 또는 (文曲星) 亥　宮

[해설]

탐랑성(貪狼星)과 문창성(文昌星) 또는 문곡성(文曲星)이 명궁(命宮)부터 부모궁(父母宮)까지 12궁(宮)중 어느 궁(宮)에 있게 되든지 상관없이 다만 십이지궁(十二支宮) 가운데 함께 있을 때는 골상(骨傷)을 입을 가능성이 많다.

(29) 貪狼星・擎羊星〈子宮〉

(30) 廉貞星・貪狼星・陀羅星〈亥宮〉

巳 宮	午 宮	未 宮	申 宮
辰 宮			酉 宮
卯 宮			戌 宮
寅 宮	丑 宮	貪狼星 擎羊星 子 宮	廉貞星 貪狼星 陀羅星 亥 宮

[해설]

탐랑성(貪狼星)과 경양성(擎羊星)이 명궁(命宮)부터 부모궁(父母宮)까지 12궁(宮)중 어느 궁(宮)에 있게 되든지 상관없이 다만 십이지궁(十二支宮) 가운데 자궁(子宮)에 함께 위치하게 되거나, 염정성(廉貞星)·탐랑성(貪狼星)·타라성(陀羅星)이 십이지궁(十二支宮) 가운데 해궁(亥宮)에 위치하게 될 때는 신장(腎臟)이 좋지 않을 가능성이 많다.

(31)廉貞星 貪狼星〈巳宮·亥宮〉

廉貞星 貪狼星 巳 宮	午 宮	未 宮	申 宮
辰 宮	酉 宮		
卯 宮			戌 宮
寅 宮	丑 宮	子 宮	廉貞星 貪狼星 亥 宮

[해설]

염정성(廉貞星)과 탐랑성(貪狼星)이 명궁(命宮)부터 부모궁(父母宮)까지 12궁(宮)중 어느 궁(宮)에 있게 되든지 상관없이 다만 십이지궁(十二支宮) 가운데 사궁(巳宮) 또는 해궁(亥宮)에 위치하게 될 때는 성병(性病)에 감염될 가능성이 많다.

(32) 紫微星〈子宮・午宮〉

巳　宮	紫微星 午　宮	未　宮	申　宮
辰　宮			酉　宮
卯　宮			戌　宮
寅　宮	丑　宮	紫微星 子　宮	亥　宮

[해설]

자미성(紫微星)이 명궁(命宮)부터 부모궁(父母宮)까지 12궁(宮) 중 어느 궁(宮)에 있게 되든지 상관없이 다만 십이지궁(十二支宮) 가운데 자궁(子宮) 또는 오궁(午宮)에 위치하게 될 때는 비장(脾臟)이 좋지 않을 가능성이 많다. 그래서 화를 잘 내는 경향이 있다.

⑶3) 太陰星 六煞星〈卯宮·巳宮·午宮〉

太陰星 六煞星 巳 宮	太陰星 六煞星 午 宮	未 宮	申 宮
辰 宮			酉 宮
太陰星 六煞星 卯 宮			戌 宮
寅 宮	丑 宮	子 宮	亥 宮

[해설]

태음성(太陰星)이 명궁(命宮)부터 부모궁(父母宮)까지 12궁(宮) 중 어느 궁(宮)에 있게 되든지 상관없이 다만 십이지궁(十二支宮) 가운데 묘궁(卯宮)·사궁(巳宮)·오궁(午宮)에 위치하게 되고, 이 때 만약 육살성(六殺星)인 경양성(擎羊星)·타라성(陀羅星)·화성(火星)·영성(鈴星)·지공성(地空星)·지겁성(地劫星)이 하나 이상 함께 있을 때는 사지(四肢)를 다칠 가능성이 많다.

제5장 기문둔갑(奇門遁甲)이란 무엇인가?

1. 서론
2. 기문둔갑(奇門遁甲)이란?
3. 기문둔갑(奇門遁甲)의 원류와 문헌(文獻)
4. 기문둔갑(奇門遁甲)의 활용과 효과
5. 현대사회와 기문둔갑(奇門遁甲)
6. 기문둔갑(奇門遁甲)의 구성과 내용
7. 결론

기문둔갑(奇門遁甲)이란 무엇인가

1. 서론

세상을 살아가는 동안에는 누구에게나 자기 자신의 의지대로 잘 되지 않는 일이 많다.

어떻게 보면 이 세상에 태어나서 경험한 크고 작은 모든 일들을 살펴볼 때 뜻대로 이루어진 일보다 그렇지 않은 경우가 더 많을 수도 있다. 이와 같이 자기 자신의 뜻과는 달리 나타난 좋지 않은 일 가운데 작고 경미한 것은 삶에 큰 영향을 주지 않기 때문에 아무런 생각없이 쉽게 잊어버릴 수 있지만, 사업이나 시험 등 인생의 방향을 결정짓는 중요한 문제에서 실패했을 때는 그 타격은 매우 심각하다. 이같은 좋지 않은 결과가 일어났을 때 사람마다, 또 상황에 따라 나타나는 반응도 여러가지다. 어떤 사람은 모든 책임을 자기 자신에게 돌릴 것이고, 또 어떤 사람은 모든 책임을 다른 사람이나 일 자체의 문제로 돌릴 수도 있으며 혹자는 모든 책임을 운명(運命) 탓으로 여기기도 한다.

우리는 흔히 최선을 다한 연후에 모든 것을 운명(運命)에 맡기자는 말을 쓰는데, 동양(東洋)의 명리학(命理學)에서 볼 때 운명(運命)이라는 것도 사전 분석이 가능하며, 그 분석을 통해 현실의 일들을 좋은 방향으로 이끌어갈 수도 있는 것이다. 사실 인간의 운명(運命)은 매우 복잡하고 신비스러운 것으로 고도로 발달된 현대과학으로도 아직 그 비밀을 풀지 못하고 있다. 그러나 옛부터 뜻있는 선인(先人)들은 현대과학과는 다른 차원에서 우주(宇宙)의 심오한 원리를 응용, 운명(運命)의 신비를 풀려고 노력해 왔고, 그 결과 인간의 운명(運命)을 정확하게 탐구 분석해서 이에 적절히 대처해 나갈 수 있는 방법을 창출해 내게 되었다. 그것이 바로 오늘날 동양오술(東洋五術)이란 이름하에 행해지고 있는 여러 가지 술수(術數)들이다.

이러한 여러 가지 술수(術數) 가운데 인간의 운명(運命)을 가장 높은 확률로 정확하게 탐구 분석할 수 있는 것이 명리학(命理學)에 속하는 자미두수(紫微斗數)와 사주학(四柱學)이라고 할 수 있다.

하지만 자미두수(紫微斗數)와 사주학(四柱學)은 인간의 운명(運命)을 탐구하고 분석할 수는 있지만 이것 자체로는 운명(運命)에 어떤 영향을 미칠 수가 없다. 바로 여기에서 운명(運命)을 분석한 결과를 보고 좋은 운명(運命)은 더욱 좋게하고 나쁜 운명(運命)은 최대한으로 제거시킬 수 있는 여러 가지 방법들이 나오게 되었다.

사실 인간의 운명(運命)을 후천적(後天的)으로 변화시킬 수 있는 것은 의지와 노력이 그 첫번째다. 그러나 인간의 능력은 한계가 있기 때문에 노력만으로 모든 것을 해결하기에는 부족한 점이 많다고 느껴 옛사람들은 여러 가지 새로운 방법들을 인간의 노력과 병행해서 사용했다.

이런 여러 가지 방법 가운데 비교적 좋은 효과가 있은 것으로 알려지는 것이 필자가 소개하고자 하는 기문둔갑(奇門遁甲)이다. 이 기문둔갑(奇門遁甲)은 우리나라에 일부 소개가 돼 있기도하나 정확한 실체와 활용법은 자세히 밝혀지지 않아 기문둔갑(奇門遁甲)의 간단한 실체와 더불어 실제 활용법을 살펴보기로 한다.

2. 기문둔갑(奇門遁甲)이란?

기문둔갑(奇門遁甲)은 동양오술(東洋五術)중에서 복(卜) 분야에 속하며 복(卜) 가운데도 선길(選吉)에 해당되는 것으로 팔문둔갑학(八門遁甲學), 둔갑학(遁甲學) 혹은 기문학(奇門學)이라고 부르기도 한다.

기문둔갑(奇門遁甲)이란 지구의 자전(自轉)과 공전(公轉) 및 태양계 행성(行星)들의 움직임에 따라 인간이 살고 있는 자연계에서 발생하는 자성(磁性)의 유동작용(流動作用)이 매년(每年)·매월(每月)·매일(每日),매시(每時)마다 각각 다르게 나타나는 현상에 비추어 인간이 움직이는 방향에 따라 어떠한 영향이 미치는가를 연구하는 학문이다.

구체적으로 살펴보면 9등분된 도판(圖板)에 갑(甲)·을(乙)·병(丙)·정(丁)·무(戊)·기(己)·경(庚)·신(辛)·임(壬)·계(癸)의 십천간(十天干)을 천간(天干)과 지간(地干)으로 나누어 적어넣고, 여기에 8문(門)과 9성(星), 8신(神), 그리고 9궁(宮) 등 여섯 종류의 구성요소를 배열해 그 배합과정을 보고 좋고 나쁜 방향을 판별하는 것이다.

기문둔갑(奇門遁甲)이란 말은 9등분된 도판(圖板)에 십천간(十天干)을 배치할 때 배치되지 않은 한개의 천간(天干), 즉 갑(甲)이 육의(六儀)가운데 은둔해 버린다고 하여 둔갑(遁甲)이라는 명칭이 붙었다.

기문둔갑(奇門遁甲)에 사용되는 용어로는 갑(甲)을 제외한 9개 천간(天干) 가운데 을(乙)·병(丙)·정(丁)을 삼기(三奇), 무(戊)·기(己)·경(庚)·신(辛)·임(壬)·계(癸)를 육의(六儀)라고 부른다.

삼기(三奇)는 팔문(八門), 즉 개문(開門)·휴문(休門)·생문(生門)·상문(傷門)·두문(杜門)·경문(景門)·사문(死門)·경문(驚門) 가운데 3개의 문(門)에 각각 배치되거나 혹은 두개의 기(奇)가 두개의 문(門)에 배치되고 하나의 기(奇)는 중궁(中宮)에 배치되기도 하는 것으로 이때 삼기(三奇)의 기(奇)와 팔문(八門)의 문(門)이 합쳐져서 기문(奇門)이란 명칭이 붙었다. 따라서 기문(奇門)과 둔갑(遁甲)이 합쳐져서 기문둔갑(奇門遁甲)이라고 부른다.

3. 기문둔갑(奇門遁甲)의 원류와 문헌(文獻)

기문둔갑(奇門遁甲)은 근대 이전에는 주로 정치투쟁과 군사전쟁에 사용돼 상당한 효과를 발휘한 술수(術數)로 알려지고 있다. 때문에 동양오술(東洋五術) 중에서도 가장 은밀하게 전해 내려왔다. 중국 당(唐)나라 때는 정치적 목적에 따라 관련서적들이 금서(禁書)로 정해지면서 특정한 사람을 제외하고는 누구든지 이것을 전수하거나 전수받거나 혹은 활용한 사실이 알려지면 목숨을 유지할 수가 없었다.

이에 따라 더욱 은밀한 가운데 구전(口傳)되었다가 오늘날에 와서 몇몇 뜻있는 사람들에 의해 여러가지 문헌(文獻)들과 사전(私傳)을 통해 전해진 이론들을 수집 연구한 결과 생활에 응용할 수 있는 기문둔갑도판(奇門遁甲圖板)을 작성하는 방법을 터득하게 되었다.

〈기문둔갑통종원류(奇門遁甲統宗源流)〉와 〈기문총서(奇門總序)〉에 보면 기문둔갑(奇門遁甲)이 중국 황제시대(黃帝時代)부터 시작 되었다는 기록이 있으나 누가 처음 만들었는지에 대해서는 밝혀져 있지 않다. 기문둔갑(奇門遁甲)은 중국 한대(漢代)에 와서 비교적 성행했는데 한(漢) 고조(高祖) 때 이상노인(地上老人) 황석공(黃石公)으로 부터 〈삼략(三略)〉을 전수받은 장량(張良)이 이것을 더욱 발전시켜 18국(局)으로 만들어 정치와 군사 목적에 사용해서 큰 공을 세운 것으로 알려진다. 이후 중국 삼국시대(三國時代)에 와서는 제갈공명(諸葛孔明)이 구록도인(龜鹿道人)으로 부터 이를 전수받아 연구한 끝에 '삼기(三奇)'를 창출, 비교적 완전한 형식을 갖추었고 역시 정치와 군사 부분에 사용해 큰 성과를 거두었다. 오늘날에도 전해지는 제갈공명(諸葛孔明) 문집(文集)중에 있는 팔진도(八陣圖)가 바로 기문둔갑(奇門遁甲)의 일부분이다.

중국 당대(唐代)에 와서는 재상(宰相) 방현령(房玄齡)과 두여회(杜如晦)가 이 분야에 정통했던 사람으로서 태종(太宗)에게 건의하여 기문둔갑(奇門遁甲) 관련서적들을 금서(禁書)로 정하기도 했다. 명대(明代)에는 유백온(劉伯温)이 이 분야에 정통했던 사람이었던바 〈기문둔갑통종대전(奇門遁甲統宗大全)〉의 총서(總序)를 쓴 것으로 전해지고 있다.

이 책은 기문둔갑(奇門遁甲) 서적중 오늘날 가장 가치있는 전적(典籍)으로 평가받고 있는 책으로 중국 한대(漢代)의 장량(張良)으로부터 전해진 것을 제갈공명(諸葛孔明)이 더욱 발전시켜 저작한 것으로 알려진다.

기문둔갑(奇門遁甲)에 대한 문헌(文獻)으로서 오늘날까지 전해내려오는 것은 〈기문둔갑통종대전(奇門遁甲統宗大田)〉과 〈연파조수가(煙波釣叟歌)〉를 비롯해서 얼마되지 않는 자료가 전해진다. 중국 사적(史籍)을 통해 문헌(文獻)들을 시대별로 살펴보면 다음과 같다.

(1) 수대(隋代)

〈수서경적지(隋書經籍誌)〉에 〈오자서둔갑문(伍子胥遁甲文)〉, 〈신도방둔갑경(信都芳遁甲經)〉, 〈갈비삼원둔갑도(葛秘三元遁甲圖)〉 등 13가(家)의 유문(遺文)이 있으나 오늘날까지 전해지는 것은 없고 책이름만 기록돼 있다.

(2) 당대(唐代)

이정(李靖)의 〈둔갑만일결(遁甲萬一訣)〉과 호건(胡乾)의 둔갑경(遁甲經)이 있으나 역시 책이름만 전해진다.

(3) 송대(宋代)

〈송서예문지(宋書藝文誌)〉에 〈주둔삼원찬예(周遁三元纂例)〉 1권, 〈음양둔팔국입성법(陰陽遁八局立成法)〉 1권, 〈음양이둔만일결(陰

陽二遁萬一訣)〉 4권, 〈둔갑요용가식(遁甲要用歌式)〉 2권, 〈양둔천원국법(陽遁天元局法)〉 1권, 〈음양둔갑경(陰陽遁甲經)〉 3권, 〈음양둔갑성립(陰陽遁甲成立)〉 3권, 〈천일둔갑병기요결(天一遁甲兵機要訣)〉 2권, 〈삼원둔갑경(三元遁甲經)〉 1권, 〈둔갑부응경(遁甲符應經)〉 3권이 있다.

(4) 명대(明代)

〈사고전서(四庫全書)〉에 정도생(程道生)이 수찬(手撰)한 〈둔갑연의(遁甲演義)〉 4권이 있다.

4. 기문둔갑(奇門遁甲)의 활용과 효과

〈손자병법(孫子兵法)〉에 상대를 알고 나를 알면 백번 싸워 백번 이길수 있다는 말이 있다. 이 말은 상대방과 자기 자신의 장점을 최대한으로 활용해서 상대방의 약점을 집중적으로 공략하면 쉽게 승리할 수 있다는 뜻으로 기문둔갑(奇門遁甲)과도 맥이 통한다.

기문둔갑(奇門遁甲)은 바로 천시(天時), 즉 좋은 시간을 선택해서 지리(地利), 즉 좋은 방향으로 움직임으로써 인화(人和), 인간의 좋은 화합(和合)을 일으켜 좋은 결과를 얻게 하는 비술(秘術)인바, 이를 잘 활용하면 운용하는 사람의 단점을 보완하고 장점을 더욱 크게 발휘시켜 목적한 바를 얻는데 좋은 효과를 거둘 수가 있다.

근대이전 중국사회에서 기문둔갑(奇門遁甲)은 주로 정치와 병법(兵法)에 활용돼 천하(天下)를 얻는데 지대한 효과를 발휘한 것으로 알려지고 있는데, 중국 한대(漢代)의 장량(張良)과 관련해 처음으로 기록이 나타난다. 즉 장량(張良)은 군대를 움직이고 전투를 하는데 기문둔갑(奇門遁甲)을 활용하여 고조(高祖)가 천하(天下)를 평정하고 한(漢)나라를 세우는데 큰 공을 세운 것으로 알려진다.

신출귀몰한 병법을 구사하여 후세에까지 이름을 크게 떨치고 있는 제갈공명(諸葛孔明) 역시 기문둔갑(奇門遁甲)을 응용한 포진법(布陣法)으로 연전연승했고, 당대(唐代)의 방현령(房玄齡)과 두여회(杜如晦)는 기문둔갑(奇門遁甲)을 병법과 정치에 활용, 태종(太宗)이 당(唐)나라를 세우는데 크게 기여했다.

한편 이 두 사람은 기문둔갑(奇門遁甲)을 군사와 정치에 활용하면 무서운 힘을 발휘한다는 것을 누구보다 잘알고 있었기 때문에 태종(太宗)에게 건의하여 이것을 가르치고 배우거나 사용하는 행위를 일체 금지시켰다.

이 때문에 기문둔갑(奇門遁甲)은 이후 제왕(帝王)들만 궁중 깊숙히 감추어 두고 활용하는 것이라 해서 제왕지학(帝王之學)이라고도 불렸다.

명대(明代)에 와서는 유백온(劉伯温)이란 사람이 기문둔갑(奇門遁甲)등을 정치와 병법에 이용하여 주원장(朱元璋)이 천하(天下)를 통일, 명(明)나라를 세우는데 큰 공을 세운바, 그는 동양오술(東洋五術) 모든 분야에 정통했을 뿐 아니라 당대(當代)에 이미 상당한 명성도 가지고 있었다.

5. 현대사회와 기문둔갑(奇門遁甲)

기문둔갑(奇門遁甲)은 근대사회 이전에는 병법(兵法)에 가장 많이 활용되었지만 현대의 전쟁에는 별 효용성이 없다. 즉 예전에는 칼과 창 등으로 몸과 몸이 부딪혀 벌이는 전투기 때문에 천시(天時)와 지리(地利)를 적절히 응용하는 것이 승패의 관건이었지만, 오늘날에는 전투기나 원거리 미사일 등이 전쟁의 주역으로 등장함에 따라 공중에서 이루어지는 일에는 기문둔갑(奇門遁甲)을 응용할 수 없기 때문이다. 그러나 현대는 생활영역이 세분화 다양화된 만큼 기문둔갑(奇門遁甲)은 여러면에서 활용가치를 찾을 수가 있다. 이것을 분야별로 몇개 살펴보면 다음과 같다.

(1) 선거운동

각종 선거도 하나의 치열한 전쟁과 같은 것으로 반드시 다른 사람보다 많은 표를 얻어야 당선이 가능하다. 선거에 당선되기 위해 무엇보다 중요한 것은 짧은 선거기간을 어떻게 유용하게 활용하느냐 하는 점인데, 기문둔갑(奇門遁甲)을 응용하면 좋은 효과를 얻을 수 있을 것으로 본다.

즉 선거기간이 정해지면 운동에 필요한 모든 기간을 기문둔갑도판(奇門遁甲圖板)으로 작성, 두 시간 단위로 변하는 도판(圖板)에 기초해 사안의 중요성에 따라 좋은 시간과 장소를 정해 가장 좋은 방향으로 나아가 유세를 하거나 사람을 접촉하는 등 선거운동을 하면 적은 선거운동원으로도 유권자들의 표를 얻는데 훨씬 유리하다는 것이다.

기문둔갑(奇門遁甲)의 도판(圖板)은 한 방향에 천간(天干)·지간(地干)·팔문(八門)·구성(九星)·팔신(八神)·구궁(九宮)이 각각 하나씩 배열되는데 먼저 팔문(八門) 하나만을 본다면 선거운동에서 유권자의 표를 얻기 위해서는 휴문(休門)의 방향으로 진행하면 가장 좋다.

⑵ 시험

여러 시험 중에서도 입학시험, 취직시험, 승진시험 등은 인생에서 한 사람의 장래를 결정짓는 중요한 관건이 되기도 하는데, 이러한 각종 시험에 기문둔갑(奇門遁甲)을 활용하면 맑은 정신에 좋은 컨디션을 유지하면서 자기 자신의 능력을 최대한으로 발휘할 수 있다. 방법은 비교적 간단하다. 즉 시험을 치는 시간과 장소가 정해지면 시험일정표에 따라 기문둔갑도판(奇門遁甲圖板)을 작성해서 시험에 가장 좋은 방향을 선택해 시험 장소에 도착하고, 과목마다 쉬는 시간에는 작성한 도판(圖板)의 좋은 방향에 따라 휴식을 취하다가 시험이 시작되면 다시 자기 자리에 앉아 시험을 계속 보면 된다. 기문둔갑(奇門遁甲) 도판(圖板)에 배열되는 여러 요소 가운데 팔문(八門) 하나만을 예을 들면 시험에는 경문(景門)의 방향으로 진행하면 좋다.

⑶ 사업

사업은 시험과 같이 좋은 점수를 얻기 위한 단순한 행위만이 아니라 여러 요소가 복합적으로 얽혀있다. 예를 들면 판매부에서 상품을 어떻게 잘 파느냐 하는 문제에서부터 자재부에서 원자재를 사들이는 행위, 금융 문제, 대외교섭 등이 그것이다. 그런데 이같은 여러 사항들이 어떤 때, 어떤 장소에서 누구와 만나 일을 해결해야 할 사항이라면 기문둔갑(奇門遁甲)을 활용해 담당자가 좋은 시간과 방향을 선택할 수가 있다. 만약 자금조달을 위해 돈을 빌리려고 교섭하는 일에는 기문둔갑(奇門遁甲) 도판(圖板) 가운데 팔문(八門)의 경우 생문(生門)의 방향으로 진행하면 가장 좋다.

(4) 운동경기

각종 운동경기는 개인의 능력도 상당히 중요하지만 이에 못지 않게 중요한 것이 시합 때의 컨디션이다. 예를 들면 민속씨름 같은 경우 4강이나 8강에 진입한 선수들은 자기 자신의 능력을 최대한으로 발휘한다면 대부분 우승할 수 있는 역량을 가지고 있으나 시합당일이나 시합시간 때의 컨디션이 나빠 우승을 놓치기도 한다. 이와 같이 씨름을 비롯해 야구, 축구, 권투 등 모든 운동경기에서도 선수들이 기문둔갑(奇門遁甲)을 적절히 활용하면 좋은 컨디션을 유지할 수가 있는데 원리는 매우 간단하다. 즉 시합 장소와 시간이 정해지면 그 시간에 맞는 기문둔갑도판(奇門遁甲圖板)을 작성, 경기에 가장 적합한 방향을 선택해 시합 장소에 도착하고, 시간에 따라 변하는 도판(圖板)에 맞춰 다시 가장 적합한 방향으로 진입해 경기에 임하면 된다. 기문둔갑(奇門遁甲) 도판(圖板)중 팔문(八門)에서는 개문(開門)의 방향으로 진행하는 것이 경기 승리에 도움이 된다.

한편 운동경기 가운데 단체경기에 속하는 야구, 축구, 배구 등에는 기문둔갑(奇門遁甲)과 함께 자미두수(紫微斗數)나 또는 사주학(四

柱學)으로 선수들의 경기 당일 시합운세를 분석해서 출전선수를 정하거나 중요한 위치에 기용하면 더 큰 효과가 있을 것으로 보인다.

⑸ 기타

이상에서 언급한 몇개 분야 외에 어떤 목적을 위해 나가서 일을 도모해야 되는 곳에는 모두 기문둔갑(奇門遁甲)을 활용할 수 있다. 예를 들면 남녀가 선을 보거나 누구를 만나는 일, 아파트 추첨에 응하는 일, 일반 외판원, 보험 외판원 등 다른 사람과 교섭하는 모든 일이 이에 해당한다. 밖에서 주로 일을 보는 외판사원들의 경우 시간대 별로 좋은 방향을 정해 하루에 방문해야 할 곳을 미리 계획할 수도 있을 것이다.

6. 기문둔갑(奇門遁甲)의 구성과 내용

기문둔갑(奇門遁甲)의 구성과 내용은 어떻게 되어 있는지 살표보면 기문둔갑(奇門遁甲)은 연판(年板)·월판(月板)·일판(一板)·시판(時板)으로 되어 있다. 이 가운데 주로 사용되는 것은 시판(時板)으로서 모두 1천80개나 된다. 나머지 판(板)들은 효용 가치가 크게 없어 별로 활용되지 않는데, 시판(時板)을 분석하는데 보조 자료로 사용하면 더욱 정확을 기할 수 있다.

연(年)·월(月)·일(日)·시판(時板)은 구성과 내용이 모두 같으나 연판(年板)은 일년마다 도판(圖板)이 바뀌고 월판(月板)은 한달마다, 일판(日板)은 하루마다, 그리고 시판(時板)은 두 시간마다 도판(圖板)이 변화한다.

이같은 모든 도판(圖板)은 〈도표 1〉과 같이 9개 궁(宮)으로 되어 있으며 이 9개 궁(宮)은 〈도표 2〉와 같이 각각 하나의 방향을 대표한다. 그리고 각 궁(宮)에는 〈도표 3〉과 같이 천간(天干), 지간(地干), 팔문(八門), 구성(九星), 팔신(八神), 구궁(九宮)이 복잡한 과정을 거쳐서 하나씩 배열되는 바, 그 내용을 간단히 살펴보면 다음과 같다.

〈도표 1〉

〈도표 2〉

東南	南	南西
東	中央	西
東北	北	北西

〈도표 3〉

丙合七 壬驚任	丁陳三 戊開輔	己雀五 庚休心
庚陰六 辛死柱	甲　八 甲　英	乙地一 丙生芮
戊蛇二 己景冲	壬符四 己社	辛天九 丁傷蓬

(1) 천간(天干)과 지간(地干)

천간(天干)과 지간(地干)은 삼기(三奇)와 육의(六義)로 이루어져 있다. 삼기(三奇)는 을(乙), 병(丙), 정(丁)으로 길(吉)한 것에 속하고 육의(六義)는 무(戊), 기(己), 경(庚), 신(辛), 임(壬), 계(癸)로서 흉(凶)한 것에 속한다.

그러나 천간(天干)과 지간(地干)이 도판(圖板)에 배열되었을 때 각각 단독으로 분리하여 길흉(吉凶)을 나타낼 수는 없고 반드시 천간(天干)은 위에 자리잡고 지간(地干)은 아래에 있으면서 한쌍을 이루어야 비로소 길흉(吉凶)을 판단할 수 있다. 이러한 천간(天干)과 지간(地干)의 배합은 은둔합 갑류(甲類)를 포함해서 모두 1백 쌍으로 이루어져 있다. 이것을 길흉(吉凶)으로만 간단히 구분하여 보면 아래의 표와 같다.

〈천간(天干)과 지간(地干)배합의 길흉(吉凶)표〉

天 干	甲									
地 干	甲	乙	丙	丁	戊	己	庚	辛	壬	癸
吉 凶	吉	吉	吉	凶	凶	凶	凶	凶	凶	吉

天 干	乙									
地 干	甲	乙	丙	丁	戊	己	庚	辛	壬	癸
吉 凶	凶	凶	吉	吉	凶	凶	凶	凶	凶	吉

天 干	丙									
地 干	甲	乙	丙	丁	戊	己	庚	辛	壬	癸
吉 凶	吉	吉	凶	吉	吉	吉	凶	吉	凶	凶

天 干	丁									
地 干	甲	乙	丙	丁	戊	己	庚	辛	壬	癸
吉 凶	吉	吉	凶	吉	吉	凶	吉	凶	吉	凶

天 干	戊									
地 干	甲	乙	丙	丁	戊	己	庚	辛	壬	癸
吉 凶	凶	吉	吉	吉	凶	凶	凶	凶	凶	凶

天 干	己									
地 干	甲	乙	丙	丁	戊	己	庚	辛	壬	癸
吉 凶	凶	吉	凶	凶	吉	凶	凶	凶	凶	凶

天 干	庚									
地 干	甲	乙	丙	丁	戊	己	庚	辛	壬	癸
吉 凶	凶	吉	凶	吉	凶	凶	凶	凶	凶	凶

天 干	辛									
地 干	甲	乙	丙	丁	戊	己	庚	辛	壬	癸
吉 凶	凶	凶	凶	凶	凶	凶	凶	凶	凶	凶

天 干	壬									
地 干	甲	乙	丙	丁	戊	己	庚	辛	壬	癸
吉 凶	凶	凶	凶	吉	吉	凶	凶	凶	凶	凶

天 干	癸									
地 干	甲	乙	丙	丁	戊	己	庚	辛	壬	癸
吉 凶	吉	凶	凶	凶	吉	凶	凶	凶	凶	凶

⑵ 팔문(八門)

팔문(八門)은 개문(開門), 휴문(休門), 생문(生門), 상문(傷門), 두문(杜門), 경문(景門), 사문(死門), 경문(驚門)으로 되어 있으며 이것을 간단히 개(開), 휴(休), 생(生), 상(傷), 두(杜), 경(景), 사(死), 경(驚)으로 표시하기도 한다.

팔문(八門) 가운데 개문(開門), 휴문(休門), 생문(生門), 경문(景門)은 길(吉)한 것에 속하고, 상문(傷門), 두문(杜門), 사문(死門), 경문(驚門)은 흉(凶)한 것에 속한다. 그러나 길한 문(門)이 반드시 모든 면에 좋은 것이 아니라, 도모하고자 하는 일의 성격에 따라 흉(凶)한 문(門)도 좋은 용도를 사용할 수 있으므로 일의 성격에 따라 각각 다르게 나타난다고 할 수 있다.

①개문(開門) : 운동경기, 명예를 구하는 일, 어려운 문제를 해결하는 일, 개업, 결혼 등에 활용하면 좋다.

②휴문(休門) : 선거운동, 명예를 구하는 일, 관청에 가서 일을 도모하는 일, 이사, 돈(자금)을 구하는 일, 상담, 치료 등에 활용하면 좋다.

③생문(生門) : 매매, 영업, 돈(자금)을 구하는 일, 입택(入宅), 치료, 결혼 등에 활용하면 좋다.

④상문(傷門) : 돈을 받아내는 일, 도둑이나 범인 체포, 사냥, 소송 등에 활용하면 좋다.

⑤두문(杜門) : 도망, 피신 등에 활용하면 좋다.

⑥경문(景門) : 시험, 연회, 선전, 광고, 오락 등에 활용하면 좋다.

⑦사문(死門) : 사냥, 장례 등에 활용하면 좋다.

⑧경문(驚門) : 도둑이나 범인 체포, 소송, 추첨 등에 활용하면 좋다.

(3) 구성(九星)

구성(九星)은 천봉(天蓬), 천예(天芮), 천충(天冲), 천보(天輔), 천금(天禽), 천심(天心), 천주(天柱), 천임(天任), 천영(天英)으로 되어있으며 이것을 간단히 봉(蓬), 예(芮), 충(冲), 보(輔), 금(禽), 심

(心), 주(柱), 임(任), 영(英)으로 표시하기도 한다. 구성(九星)을 길흉(吉凶)으로만 간단히 구별해 보면 다음과 같다.

① 대길(大吉) : 천보(天輔), 천금(天禽), 천심(天心)
② 소길(小吉) : 천충(天冲), 천임(天任)
③ 대흉(大凶) : 천봉(天蓬), 천예(天芮)
④ 소흉(小凶) : 천영(天英), 천주(天柱)

⑷ 팔신(八神)

팔신(八神)은 직부(直符), 구천(九天), 구지(九地), 주작(朱雀), 구진(句陳), 육합(六合), 등사(騰蛇), 태음(太陰)으로 되었있으며 이것을 간단히 부(符), 천(天), 지(地), 작(雀), 진(陳), 합(合), 사(蛇), 음(陰)으로 표시하기도 한다. 이러한 팔신(八神)을 길흉(吉凶)으로만 간단히 구별해 보면 다음과 같다.

① 대길(大吉) : 직부(直符)
② 길(吉) : 구천(九天), 구지(九地), 육합(六合), 태음(太陰)
③ 흉(凶) : 주작(朱雀), 구진(句陳), 등사(騰蛇)

⑸ 구궁(九宮)

구궁(九宮)은 한자 一, 二, 三, 四, 五, 六, 七, 八, 九로 간단히 표시하는 바, 一은 백색(白色), 二는 흑색(黑色), 三은 벽색(碧色), 四는 녹색(綠色), 五는 황색(黃色), 六은 백색(白色), 七은 적색(赤色), 八은 백색(白色), 九는 자색(紫色)이 된다. 이 구궁(九宮) 가운데 五가 있는 곳과 그 맞은 편 방향은 오황살(五黃煞)과 적살(的煞)이 됨으로 사용하지 않는다.

7. 결론

기문둔갑(奇門遁甲)은 후천적(後天的)으로 인간의 운명(運命)을 향상시켜주는 하나의 방법이지만 이것 자체가 모든 일을 좋게 해결해 주는 만능은 절대로 아니다. 다만 인간이 무엇을 해결하고자 하거나 또는 어떤 목적을 달성하고자 노력하는 행위 가운데 활력소를 더 불어 넣어 줌으로써 더 좋은 효과를 얻게 하는 것이다.

예를 들어 어떤 수험생이 시험 준비를 소홀히 하고서도 기문둔갑(奇門遁甲)을 활용해서 좋은 성적을 올리겠다는 것은 있을 수 없는 일이다. 왜냐하면 기문둔갑(奇門遁甲)은 시험을 잘 칠 수 있도록 좋은 컨디션을 유지하게 하는 역할만을 해주기 때문이다.

그러나 기문둔갑(奇門遁甲)을 여러 방면으로 활용하다 보면 어떤 때는 전혀 예상하지 못했던 좋은 효과가 나타나서 상당히 신비스럽게 느껴지는 경우도 적지 않다. 하지만 그것은 결코 신비스러운 일이 아니라 인간의 의지와 기문둔갑(奇門遁甲)의 활용으로 얻어진 활력소가 서로 조화를 잘 이루어 나타난 당연한 결과라고 생각하면 된다.

필자는 이 기문둔갑(奇門遁甲)을 많은 사람들에게 활용시켜 본 결과 상당히 좋은 효과를 거둔 것으로 나타났다. 따라서 이것을 사업이나 일상생활에 적절히 활용한다면 많은 도움을 받을 수 있을 것으로 생각한다.

부록

음양력(陰陽曆) 대조표(對照表)

서기 1903년 癸 卯 年

음	월									正													月								
력	일	一	二	三	四	五	六	七	八	九	十	十一	十二	十三	十四	十五	十六	十七	十八	十九	二十	二一	二二	二三	二四	二五	二六	二七	二八	二九	
양	월	1			2																										
력	일	29	30	31	1	2	3	4	5	6	7	8	9	10	11	12	13	14	15	16	17	18	19	20	21	22	23	24	25	26	
음	월									二													月								
력	일	一	二	三	四	五	六	七	八	九	十	十一	十二	十三	十四	十五	十六	十七	十八	十九	二十	二一	二二	二三	二四	二五	二六	二七	二八	二九	三十
양	월	2		3																											
력	일	27	28	1	2	3	4	5	6	7	8	9	10	11	12	13	14	15	16	17	18	19	20	21	22	23	24	25	26	27	28
음	월									三													月								
력	일	一	二	三	四	五	六	七	八	九	十	十一	十二	十三	十四	十五	十六	十七	十八	十九	二十	二一	二二	二三	二四	二五	二六	二七	二八	二九	
양	월	3			4																										
력	일	29	30	31	1	2	3	4	5	6	7	8	9	10	11	12	13	14	15	16	17	18	19	20	21	22	23	24	25	26	
음	월									四													月								
력	일	一	二	三	四	五	六	七	八	九	十	十一	十二	十三	十四	十五	十六	十七	十八	十九	二十	二一	二二	二三	二四	二五	二六	二七	二八	二九	三十
양	월	4				5																									
력	일	27	28	29	30	1	2	3	4	5	6	7	8	9	10	11	12	13	14	15	16	17	18	19	20	21	22	23	24	25	26
음	월									五													月								
력	일	一	二	三	四	五	六	七	八	九	十	十一	十二	十三	十四	十五	十六	十七	十八	十九	二十	二一	二二	二三	二四	二五	二六	二七	二八	二九	
양	월	5					6																								
력	일	27	28	29	30	31	1	2	3	4	5	6	7	8	9	10	11	12	13	14	15	16	17	18	19	20	21	22	23	24	
음	월									閏							五						月								
력	일	一	二	三	四	五	六	七	八	九	十	十一	十二	十三	十四	十五	十六	十七	十八	十九	二十	二一	二二	二三	二四	二五	二六	二七	二八	二九	
양	월	6																													
력	일	25	26	27	28	29	30	1	2	3	4	5	6	7	8	9	10	11	12	13	14	15	16	17	18	19	20	21	22	23	
음	월									六													月								
력	일	一	二	三	四	五	六	七	八	九	十	十一	十二	十三	十四	十五	十六	十七	十八	十九	二十	二一	二二	二三	二四	二五	二六	二七	二八	二九	三十
양	월	7								8																					
력	일	24	25	26	27	28	29	30	31	1	2	3	4	5	6	7	8	9	10	11	12	13	14	15	16	17	18	19	20	21	22
음	월									七													月								
력	일	一	二	三	四	五	六	七	八	九	十	十一	十二	十三	十四	十五	十六	十七	十八	十九	二十	二一	二二	二三	二四	二五	二六	二七	二八	二九	
양	월	8									9																				
력	일	23	24	25	26	27	28	29	30	31	1	2	3	4	5	6	7	8	9	10	11	12	13	14	15	16	17	18	19	20	
음	월									八													月								
력	일	一	二	三	四	五	六	七	八	九	十	十一	十二	十三	十四	十五	十六	十七	十八	十九	二十	二一	二二	二三	二四	二五	二六	二七	二八	二九	
양	월	9										10																			
력	일	21	22	23	24	25	26	27	28	29	30	1	2	3	4	5	6	7	8	9	10	11	12	13	14	15	16	17	18	19	
음	월									九													月								
력	일	一	二	三	四	五	六	七	八	九	十	十一	十二	十三	十四	十五	十六	十七	十八	十九	二十	二一	二二	二三	二四	二五	二六	二七	二八	二九	三十
양	월	10												11																	
력	일	20	21	22	23	24	25	26	27	28	29	30	31	1	2	3	4	5	6	7	8	9	10	11	12	13	14	15	16	17	18
음	월									十													月								
력	일	一	二	三	四	五	六	七	八	九	十	十一	十二	十三	十四	十五	十六	十七	十八	十九	二十	二一	二二	二三	二四	二五	二六	二七	二八	二九	三十
양	월	11												12																	
력	일	19	20	21	22	23	24	25	26	27	28	29	30	1	2	3	4	5	6	7	8	9	10	11	12	13	14	15	16	17	18
음	월									十							一						月								
력	일	一	二	三	四	五	六	七	八	九	十	十一	十二	十三	十四	十五	十六	十七	十八	十九	二十	二一	二二	二三	二四	二五	二六	二七	二八	二九	
양	월	12													1																
력	일	19	20	21	22	23	24	25	26	27	28	29	30	31	1	2	3	4	5	6	7	8	9	10	11	12	13	14	15	16	
음	월									十							二						月								
력	일	一	二	三	四	五	六	七	八	九	十	十一	十二	十三	十四	十五	十六	十七	十八	十九	二十	二一	二二	二三	二四	二五	二六	二七	二八	二九	三十
양	월	1															2														
력	일	17	18	19	20	21	22	23	24	25	26	27	28	29	30	31	1	2	3	4	5	6	7	8	9	10	11	12	13	14	15

서기 1904년 甲 辰 年

음	월									正													月								
력	일	一	二	三	四	五	六	七	八	九	十	十一	十二	十三	十四	十五	十六	十七	十八	十九	二十	二一	二二	二三	二四	二五	二六	二七	二八	二九	三十
양	월	2														3															
력	일	16	17	18	19	20	21	22	23	24	25	26	27	28	29	1	2	3	4	5	6	7	8	9	10	11	12	13	14	15	16
음	월									二													月								
력	일	一	二	三	四	五	六	七	八	九	十	十一	十二	十三	十四	十五	十六	十七	十八	十九	二十	二一	二二	二三	二四	二五	二六	二七	二八	二九	三十
양	월	3															4														
력	일	17	18	19	20	21	22	23	24	25	26	27	28	29	30	31	1	2	3	4	5	6	7	8	9	10	11	12	13	14	15
음	월									三													月								
력	일	一	二	三	四	五	六	七	八	九	十	十一	十二	十三	十四	十五	十六	十七	十八	十九	二十	二一	二二	二三	二四	二五	二六	二七	二八	二九	
양	월	4															5														
력	일	16	17	18	19	20	21	22	23	24	25	26	27	28	29	30	1	2	3	4	5	6	7	8	9	10	11	12	13	14	
음	월									四													月								
력	일	一	二	三	四	五	六	七	八	九	十	十一	十二	十三	十四	十五	十六	十七	十八	十九	二十	二一	二二	二三	二四	二五	二六	二七	二八	二九	三十
양	월	5																	6												
력	일	15	16	17	18	19	20	21	22	23	24	25	26	27	28	29	30	31	1	2	3	4	5	6	7	8	9	10	11	12	13
음	월									五													月								
력	일	一	二	三	四	五	六	七	八	九	十	十一	十二	十三	十四	十五	十六	十七	十八	十九	二十	二一	二二	二三	二四	二五	二六	二七	二八	二九	
양	월	6																	7												
력	일	14	15	16	17	18	19	20	21	22	23	24	25	26	27	28	29	30	1	2	3	4	5	6	7	8	9	10	11	12	
음	월									六													月								
력	일	一	二	三	四	五	六	七	八	九	十	十一	十二	十三	十四	十五	十六	十七	十八	十九	二十	二一	二二	二三	二四	二五	二六	二七	二八	二九	
양	월	7																			8										
력	일	13	14	15	16	17	18	19	20	21	22	23	24	25	26	27	28	29	30	31	1	2	3	4	5	6	7	8	9	10	
음	월									七													月								
력	일	一	二	三	四	五	六	七	八	九	十	十一	十二	十三	十四	十五	十六	十七	十八	十九	二十	二一	二二	二三	二四	二五	二六	二七	二八	二九	三十
양	월	8																					9								
력	일	11	12	13	14	15	16	17	18	19	20	21	22	23	24	25	26	27	28	29	30	31	1	2	3	4	5	6	7	8	9
음	월									八													月								
력	일	一	二	三	四	五	六	七	八	九	十	十一	十二	十三	十四	十五	十六	十七	十八	十九	二十	二一	二二	二三	二四	二五	二六	二七	二八	二九	
양	월	9																					10								
력	일	10	11	12	13	14	15	16	17	18	19	20	21	22	23	24	25	26	27	28	29	30	1	2	3	4	5	6	7	8	
음	월									九													月								
력	일	一	二	三	四	五	六	七	八	九	十	十一	十二	十三	十四	十五	十六	十七	十八	十九	二十	二一	二二	二三	二四	二五	二六	二七	二八	二九	
양	월	10																							11						
력	일	9	10	11	12	13	14	15	16	17	18	19	20	21	22	23	24	25	26	27	28	29	30	31	1	2	3	4	5	6	
음	월									十													月								
력	일	一	二	三	四	五	六	七	八	九	十	十一	十二	十三	十四	十五	十六	十七	十八	十九	二十	二一	二二	二三	二四	二五	二六	二七	二八	二九	三十
양	월	11																								12					
력	일	7	8	9	10	11	12	13	14	15	16	17	18	19	20	21	22	23	24	25	26	27	28	29	30	1	2	3	4	5	6
음	월									十						一							月								
력	일	一	二	三	四	五	六	七	八	九	十	十一	十二	十三	十四	十五	十六	十七	十八	十九	二十	二一	二二	二三	二四	二五	二六	二七	二八	二九	三十
양	월	12																									1				
력	일	7	8	9	10	11	12	13	14	15	16	17	18	19	20	21	22	23	24	25	26	27	28	29	30	31	1	2	3	4	5
음	월									十						二							月								
력	일	一	二	三	四	五	六	七	八	九	十	十一	十二	十三	十四	十五	十六	十七	十八	十九	二十	二一	二二	二三	二四	二五	二六	二七	二八	二九	
양	월	1																										2			
력	일	6	7	8	9	10	11	12	13	14	15	16	17	18	19	20	21	22	23	24	25	26	27	28	29	30	31	1	2	3	

서기 1905년 乙 巳 年

음	월	正月																													
력	일	一	二	三	四	五	六	七	八	九	十	十一	十二	十三	十四	十五	十六	十七	十八	十九	二十	二一	二二	二三	二四	二五	二六	二七	二八	二九	三十
양	월	2																									3				
력	일	4	5	6	7	8	9	10	11	12	13	14	15	16	17	18	19	20	21	22	23	24	25	26	27	28	1	2	3	4	5
음	월	二月																													
력	일	一	二	三	四	五	六	七	八	九	十	十一	十二	十三	十四	十五	十六	十七	十八	十九	二十	二一	二二	二三	二四	二五	二六	二七	二八	二九	三十
양	월	3																										4			
력	일	6	7	8	9	10	11	12	13	14	15	16	17	18	19	20	21	22	23	24	25	26	27	28	29	30	31	1	2	3	4
음	월	三月																													
력	일	一	二	三	四	五	六	七	八	九	十	十一	十二	十三	十四	十五	十六	十七	十八	十九	二十	二一	二二	二三	二四	二五	二六	二七	二八	二九	
양	월	4																										5			
력	일	5	6	7	8	9	10	11	12	13	14	15	16	17	18	19	20	21	22	23	24	25	26	27	28	29	30	1	2	3	
음	월	四月																													
력	일	一	二	三	四	五	六	七	八	九	十	十一	十二	十三	十四	十五	十六	十七	十八	十九	二十	二一	二二	二三	二四	二五	二六	二七	二八	二九	三十
양	월	5																												6	
력	일	4	5	6	7	8	9	10	11	12	13	14	15	16	17	18	19	20	21	22	23	24	25	26	27	28	29	30	31	1	2
음	월	五月																													
력	일	一	二	三	四	五	六	七	八	九	十	十一	十二	十三	十四	十五	十六	十七	十八	十九	二十	二一	二二	二三	二四	二五	二六	二七	二八	二九	三十
양	월	6																												7	
력	일	3	4	5	6	7	8	9	10	11	12	13	14	15	16	17	18	19	20	21	22	23	24	25	26	27	28	29	30	1	2
음	월	六月																													
력	일	一	二	三	四	五	六	七	八	九	十	十一	十二	十三	十四	十五	十六	十七	十八	十九	二十	二一	二二	二三	二四	二五	二六	二七	二八	二九	
양	월	7																													
력	일	3	4	5	6	7	8	9	10	11	12	13	14	15	16	17	18	19	20	21	22	23	24	25	26	27	28	29	30	31	
음	월	七月																													
력	일	一	二	三	四	五	六	七	八	九	十	十一	十二	十三	十四	十五	十六	十七	十八	十九	二十	二一	二二	二三	二四	二五	二六	二七	二八	二九	
양	월	8																													
력	일	1	2	3	4	5	6	7	8	9	10	11	12	13	14	15	16	17	18	19	20	21	22	23	24	25	26	27	28	29	
음	월	八月																													
력	일	一	二	三	四	五	六	七	八	九	十	十一	十二	十三	十四	十五	十六	十七	十八	十九	二十	二一	二二	二三	二四	二五	二六	二七	二八	二九	三十
양	월	8		9																											
력	일	30	31	1	2	3	4	5	6	7	8	9	10	11	12	13	14	15	16	17	18	19	20	21	22	23	24	25	26	27	28
음	월	九月																													
력	일	一	二	三	四	五	六	七	八	九	十	十一	十二	十三	十四	十五	十六	十七	十八	十九	二十	二一	二二	二三	二四	二五	二六	二七	二八	二九	
양	월	9		10																											
력	일	29	30	1	2	3	4	5	6	7	8	9	10	11	12	13	14	15	16	17	18	19	20	21	22	23	24	25	26	27	
음	월	十月																													
력	일	一	二	三	四	五	六	七	八	九	十	十一	十二	十三	十四	十五	十六	十七	十八	十九	二十	二一	二二	二三	二四	二五	二六	二七	二八	二九	三十
양	월	10				11																									
력	일	28	29	30	31	1	2	3	4	5	6	7	8	9	10	11	12	13	14	15	16	17	18	19	20	21	22	23	24	25	26
음	월	十一月																													
력	일	一	二	三	四	五	六	七	八	九	十	十一	十二	十三	十四	十五	十六	十七	十八	十九	二十	二一	二二	二三	二四	二五	二六	二七	二八	二九	
양	월	11				12																									
력	일	27	28	29	30	1	2	3	4	5	6	7	8	9	10	11	12	13	14	15	16	17	18	19	20	21	22	23	24	25	
음	월	十二月																													
력	일	一	二	三	四	五	六	七	八	九	十	十一	十二	十三	十四	十五	十六	十七	十八	十九	二十	二一	二二	二三	二四	二五	二六	二七	二八	二九	三十
양	월	12						1																							
력	일	26	27	28	29	30	31	1	2	3	4	5	6	7	8	9	10	11	12	13	14	15	16	17	18	19	20	21	22	23	24

서기 1906년 丙 午 年

음	월								正														月								
력	일	一	二	三	四	五	六	七	八	九	十	十一	十二	十三	十四	十五	十六	十七	十八	十九	二十	二一	二二	二三	二四	二五	二六	二七	二八	二九	
양	월	1							2																						
력	일	25	26	27	28	29	30	31	1	2	3	4	5	6	7	8	9	10	11	12	13	14	15	16	17	18	19	20	21	22	
음	월								二														月								
력	일	一	二	三	四	五	六	七	八	九	十	十一	十二	十三	十四	十五	十六	十七	十八	十九	二十	二一	二二	二三	二四	二五	二六	二七	二八	二九	三十
양	월	2						3																							
력	일	23	24	25	26	27	28	1	2	3	4	5	6	7	8	9	10	11	12	13	14	15	16	17	18	19	20	21	22	23	24
음	월								三														月								
력	일	一	二	三	四	五	六	七	八	九	十	十一	十二	十三	十四	十五	十六	十七	十八	十九	二十	二一	二二	二三	二四	二五	二六	二七	二八	二九	三十
양	월	3							4																						
력	일	25	26	27	28	29	30	31	1	2	3	4	5	6	7	8	9	10	11	12	13	14	15	16	17	18	19	20	21	22	23
음	월								四														月								
력	일	一	二	三	四	五	六	七	八	九	十	十一	十二	十三	十四	十五	十六	十七	十八	十九	二十	二一	二二	二三	二四	二五	二六	二七	二八	二九	
양	월	4							5																						
력	일	24	25	26	27	28	29	30	1	2	3	4	5	6	7	8	9	10	11	12	13	14	15	16	17	18	19	20	21	22	
음	월								閏							四							月								
력	일	一	二	三	四	五	六	七	八	九	十	十一	十二	十三	十四	十五	十六	十七	十八	十九	二十	二一	二二	二三	二四	二五	二六	二七	二八	二九	三十
양	월	5									6																				
력	일	23	24	25	26	27	28	29	30	31	1	2	3	4	5	6	7	8	9	10	11	12	13	14	15	16	17	18	19	20	21
음	월								五														月								
력	일	一	二	三	四	五	六	七	八	九	十	十一	十二	十三	十四	十五	十六	十七	十八	十九	二十	二一	二二	二三	二四	二五	二六	二七	二八	二九	
양	월	6									7																				
력	일	22	23	24	25	26	27	28	29	30	1	2	3	4	5	6	7	8	9	10	11	12	13	14	15	16	17	18	19	20	
음	월								六														月								
력	일	一	二	三	四	五	六	七	八	九	十	十一	十二	十三	十四	十五	十六	十七	十八	十九	二十	二一	二二	二三	二四	二五	二六	二七	二八	二九	三十
양	월	7											8																		
력	일	21	22	23	24	25	26	27	28	29	30	31	1	2	3	4	5	6	7	8	9	10	11	12	13	14	15	16	17	18	19
음	월								七														月								
력	일	一	二	三	四	五	六	七	八	九	十	十一	十二	十三	十四	十五	十六	十七	十八	十九	二十	二一	二二	二三	二四	二五	二六	二七	二八	二九	
양	월	8												9																	
력	일	20	21	22	23	24	25	26	27	28	29	30	31	1	2	3	4	5	6	7	8	9	10	11	12	13	14	15	16	17	
음	월								八														月								
력	일	一	二	三	四	五	六	七	八	九	十	十一	十二	十三	十四	十五	十六	十七	十八	十九	二十	二一	二二	二三	二四	二五	二六	二七	二八	二九	三十
양	월	9													10																
력	일	18	19	20	21	22	23	24	25	26	27	28	29	30	1	2	3	4	5	6	7	8	9	10	11	12	13	14	15	16	17
음	월								九														月								
력	일	一	二	三	四	五	六	七	八	九	十	十一	十二	十三	十四	十五	十六	十七	十八	十九	二十	二一	二二	二三	二四	二五	二六	二七	二八	二九	
양	월	10														11															
력	일	18	19	20	21	22	23	24	25	26	27	28	29	30	31	1	2	3	4	5	6	7	8	9	10	11	12	13	14	15	
음	월								十														月								
력	일	一	二	三	四	五	六	七	八	九	十	十一	十二	十三	十四	十五	十六	十七	十八	十九	二十	二一	二二	二三	二四	二五	二六	二七	二八	二九	三十
양	월	11															12														
력	일	16	17	18	19	20	21	22	23	24	25	26	27	28	29	30	1	2	3	4	5	6	7	8	9	10	11	12	13	14	15
음	월								十							一							月								
력	일	一	二	三	四	五	六	七	八	九	十	十一	十二	十三	十四	十五	十六	十七	十八	十九	二十	二一	二二	二三	二四	二五	二六	二七	二八	二九	
양	월	12																1													
력	일	16	17	18	19	20	21	22	23	24	25	26	27	28	29	30	31	1	2	3	4	5	6	7	8	9	10	11	12	13	
음	월								十							二							月								
력	일	一	二	三	四	五	六	七	八	九	十	十一	十二	十三	十四	十五	十六	十七	十八	十九	二十	二一	二二	二三	二四	二五	二六	二七	二八	二九	三十
양	월	1																		2											
력	일	14	15	16	17	18	19	20	21	22	23	24	25	26	27	28	29	30	31	1	2	3	4	5	6	7	8	9	10	11	12

서기 1907년 丁 未 年

음	월	正 月																													
력	일	一	二	三	四	五	六	七	八	九	十	十一	十二	十三	十四	十五	十六	十七	十八	十九	二十	二一	二二	二三	二四	二五	二六	二七	二八	二九	
양	월	2																3													
력	일	13	14	15	16	17	18	19	20	21	22	23	24	25	26	27	28	1	2	3	4	5	6	7	8	9	10	11	12	13	
음	월	二 月																													
력	일	一	二	三	四	五	六	七	八	九	十	十一	十二	十三	十四	十五	十六	十七	十八	十九	二十	二一	二二	二三	二四	二五	二六	二七	二八	二九	三十
양	월	3																		4											
력	일	14	15	16	17	18	19	20	21	22	23	24	25	26	27	28	29	30	31	1	2	3	4	5	6	7	8	9	10	11	12
음	월	三 月																													
력	일	一	二	三	四	五	六	七	八	九	十	十一	十二	十三	十四	十五	十六	十七	十八	十九	二十	二一	二二	二三	二四	二五	二六	二七	二八	二九	
양	월	4																		5											
력	일	13	14	15	16	17	18	19	20	21	22	23	24	25	26	27	28	29	30	1	2	3	4	5	6	7	8	9	10	11	
음	월	四 月																													
력	일	一	二	三	四	五	六	七	八	九	十	十一	十二	十三	十四	十五	十六	十七	十八	十九	二十	二一	二二	二三	二四	二五	二六	二七	二八	二九	三十
양	월	5																				6									
력	일	12	13	14	15	16	17	18	19	20	21	22	23	24	25	26	27	28	29	30	31	1	2	3	4	5	6	7	8	9	10
음	월	五 月																													
력	일	一	二	三	四	五	六	七	八	九	十	十一	十二	十三	十四	十五	十六	十七	十八	十九	二十	二一	二二	二三	二四	二五	二六	二七	二八	二九	
양	월	6																				7									
력	일	11	12	13	14	15	16	17	18	19	20	21	22	23	24	25	26	27	28	29	30	1	2	3	4	5	6	7	8	9	
음	월	六 月																													
력	일	一	二	三	四	五	六	七	八	九	十	十一	十二	十三	十四	十五	十六	十七	十八	十九	二十	二一	二二	二三	二四	二五	二六	二七	二八	二九	三十
양	월	7																					9								
력	일	10	11	12	13	14	15	16	17	18	19	20	21	22	23	24	25	26	27	28	29	30	31	1	2	3	4	5	6	7	8
음	월	七 月																													
력	일	一	二	三	四	五	六	七	八	九	十	十一	十二	十三	十四	十五	十六	十七	十八	十九	二十	二一	二二	二三	二四	二五	二六	二七	二八	二九	三十
양	월	8																								9					
력	일	9	10	11	12	13	14	15	16	17	18	19	20	21	22	23	24	25	26	27	28	29	30	31	1	2	3	4	5	6	7
음	월	八 月																													
력	일	一	二	三	四	五	六	七	八	九	十	十一	十二	十三	十四	十五	十六	十七	十八	十九	二十	二一	二二	二三	二四	二五	二六	二七	二八	二九	
양	월	9																							10						
력	일	8	9	10	11	12	13	14	15	16	17	18	19	20	21	22	23	24	25	26	27	28	29	30	1	2	3	4	5	6	
음	월	九 月																													
력	일	一	二	三	四	五	六	七	八	九	十	十一	十二	十三	十四	十五	十六	十七	十八	十九	二十	二一	二二	二三	二四	二五	二六	二七	二八	二九	三十
양	월	10																									11				
력	일	7	8	9	10	11	12	13	14	15	16	17	18	19	20	21	22	23	24	25	26	27	28	29	30	31	1	2	3	4	5
음	월	十 月																													
력	일	一	二	三	四	五	六	七	八	九	十	十一	十二	十三	十四	十五	十六	十七	十八	十九	二十	二一	二二	二三	二四	二五	二六	二七	二八	二九	
양	월	11																									12				
력	일	6	7	8	9	10	11	12	13	14	15	16	17	18	19	20	21	22	23	24	25	26	27	28	29	30	1	2	3	4	
음	월	十 一 月																													
력	일	一	二	三	四	五	六	七	八	九	十	十一	十二	十三	十四	十五	十六	十七	十八	十九	二十	二一	二二	二三	二四	二五	二六	二七	二八	二九	三十
양	월	12																											1		
력	일	5	6	7	8	9	10	11	12	13	14	15	16	17	18	19	20	21	22	23	24	25	26	27	28	29	30	31	1	2	3
음	월	十 二 月																													
력	일	一	二	三	四	五	六	七	八	九	十	十一	十二	十三	十四	十五	十六	十七	十八	十九	二十	二一	二二	二三	二四	二五	二六	二七	二八	二九	
양	월	1																												2	
력	일	4	5	6	7	8	9	10	11	12	13	14	15	16	17	18	19	20	21	22	23	24	25	26	27	28	29	30	31	1	

서기 1908년 戊 申 年

음	월								正														月								
력	일	一	二	三	四	五	六	七	八	九	十	十一	十二	十三	十四	十五	十六	十七	十八	十九	二十	二一	二二	二三	二四	二五	二六	二七	二八	二九	三十
양	월	2																												3	
력	일	2	3	4	5	6	7	8	9	10	11	12	13	14	15	16	17	18	19	20	21	22	23	24	25	26	27	28	29	1	2
음	월								二														月								
력	일	一	二	三	四	五	六	七	八	九	十	十一	十二	十三	十四	十五	十六	十七	十八	十九	二十	二一	二二	二三	二四	二五	二六	二七	二八	二九	
양	월	3																													
력	일	3	4	5	6	7	8	9	10	11	12	13	14	15	16	17	18	19	20	21	22	23	24	25	26	27	28	29	30	31	
음	월								三														月								
력	일	一	二	三	四	五	六	七	八	九	十	十一	十二	十三	十四	十五	十六	十七	十八	十九	二十	二一	二二	二三	二四	二五	二六	二七	二八	二九	
양	월	4																													
력	일	1	2	3	4	5	6	7	8	9	10	11	12	13	14	15	16	17	18	19	20	21	22	23	24	25	26	27	28	29	
음	월								四														月								
력	일	一	二	三	四	五	六	七	八	九	十	十一	十二	十三	十四	十五	十六	十七	十八	十九	二十	二一	二二	二三	二四	二五	二六	二七	二八	二九	三十
양	월	4	5																												
력	일	30	1	2	3	4	5	6	7	8	9	10	11	12	13	14	15	16	17	18	19	20	21	22	23	24	25	26	27	28	29
음	월								五														月								
력	일	一	二	三	四	五	六	七	八	九	十	十一	十二	十三	十四	十五	十六	十七	十八	十九	二十	二一	二二	二三	二四	二五	二六	二七	二八	二九	三十
양	월	6		5																											
력	일	30	31	1	2	3	4	5	6	7	8	9	10	11	12	13	14	15	16	17	18	19	20	21	22	23	24	25	26	27	28
음	월								六														月								
력	일	一	二	三	四	五	六	七	八	九	十	十一	十二	十三	十四	十五	十六	十七	十八	十九	二十	二一	二二	二三	二四	二五	二六	二七	二八	二九	
양	월	6		7																											
력	일	29	30	1	2	3	4	5	6	7	8	9	10	11	12	13	14	15	16	17	18	19	20	21	22	23	24	25	26	27	
음	월								七														月								
력	일	一	二	三	四	五	六	七	八	九	十	十一	十二	十三	十四	十五	十六	十七	十八	十九	二十	二一	二二	二三	二四	二五	二六	二七	二八	二九	三十
양	월	7				8																									
력	일	28	29	30	31	1	2	3	4	5	6	7	8	9	10	11	12	13	14	15	16	17	18	19	20	21	22	23	24	25	26
음	월								八														月								
력	일	一	二	三	四	五	六	七	八	九	十	十一	十二	十三	十四	十五	十六	十七	十八	十九	二十	二一	二二	二三	二四	二五	二六	二七	二八	二九	
양	월	8					9																								
력	일	27	28	29	30	31	1	2	3	4	5	6	7	8	9	10	11	12	13	14	15	16	17	18	19	20	21	22	23	24	
음	월								九														月								
력	일	一	二	三	四	五	六	七	八	九	十	十一	十二	十三	十四	十五	十六	十七	十八	十九	二十	二一	二二	二三	二四	二五	二六	二七	二八	二九	三十
양	월	9						10																							
력	일	25	26	27	28	29	30	1	2	3	4	5	6	7	8	9	10	11	12	13	14	15	16	17	18	19	20	21	22	23	24
음	월								十														月								
력	일	一	二	三	四	五	六	七	八	九	十	十一	十二	十三	十四	十五	十六	十七	十八	十九	二十	二一	二二	二三	二四	二五	二六	二七	二八	二九	三十
양	월	10							11																						
력	일	25	26	27	28	29	30	31	1	2	3	4	5	6	7	8	9	10	11	12	13	14	15	16	17	18	19	20	21	22	23
음	월								十							一							月								
력	일	一	二	三	四	五	六	七	八	九	十	十一	十二	十三	十四	十五	十六	十七	十八	十九	二十	二一	二二	二三	二四	二五	二六	二七	二八	二九	
양	월	11							12																						
력	일	24	25	26	27	28	29	30	1	2	3	4	5	6	7	8	9	10	11	12	13	14	15	16	17	18	19	20	21	22	
음	월								十							二							月								
력	일	一	二	三	四	五	六	七	八	九	十	十一	十二	十三	十四	十五	十六	十七	十八	十九	二十	二一	二二	二三	二四	二五	二六	二七	二八	二九	三十
양	월	12									1																				
력	일	23	24	25	26	27	28	29	30	31	1	2	3	4	5	6	7	8	9	10	11	12	13	14	15	16	17	18	19	20	21

서기 1909년 己 酉 年																															
음	월									正													月								
력	일	一	二	三	四	五	六	七	八	九	十	十一	十二	十三	十四	十五	十六	十七	十八	十九	二十	二一	二二	二三	二四	二五	二六	二七	二八	二九	
양	월	1										2																			
력	일	22	23	24	25	26	27	28	29	30	31	1	2	3	4	5	6	7	8	9	10	11	12	13	14	15	16	17	18	19	
음	월									二													月								
력	일	一	二	三	四	五	六	七	八	九	十	十一	十二	十三	十四	十五	十六	十七	十八	十九	二十	二一	二二	二三	二四	二五	二六	二七	二八	二九	三十
양	월	2									3																				
력	일	20	21	22	23	24	25	26	27	28	1	2	3	4	5	6	7	8	9	10	11	12	13	14	15	16	17	18	19	20	21
음	월									閏							二						月								
력	일	一	二	三	四	五	六	七	八	九	十	十一	十二	十三	十四	十五	十六	十七	十八	十九	二十	二一	二二	二三	二四	二五	二六	二七	二八	二九	
양	월	3										4																			
력	일	22	23	24	25	26	27	28	29	30	31	1	2	3	4	5	6	7	8	9	10	11	12	13	14	15	16	17	18	19	
음	월									三													月								
력	일	一	二	三	四	五	六	七	八	九	十	十一	十二	十三	十四	十五	十六	十七	十八	十九	二十	二一	二二	二三	二四	二五	二六	二七	二八	二九	
양	월	4											5																		
력	일	20	21	22	23	24	25	26	27	28	29	30	1	2	3	4	5	6	7	8	9	10	11	12	13	14	15	16	17	18	
음	월									四													月								
력	일	一	二	三	四	五	六	七	八	九	十	十一	十二	十三	十四	十五	十六	十七	十八	十九	二十	二一	二二	二三	二四	二五	二六	二七	二八	二九	三十
양	월	5													6																
력	일	19	20	21	22	23	24	25	26	27	28	29	30	31	1	2	3	4	5	6	7	8	9	10	11	12	13	14	15	16	17
음	월									五													月								
력	일	一	二	三	四	五	六	七	八	九	十	十一	十二	十三	十四	十五	十六	十七	十八	十九	二十	二一	二二	二三	二四	二五	二六	二七	二八	二九	
양	월	6													7																
력	일	18	19	20	21	22	23	24	25	26	27	28	29	30	1	2	3	4	5	6	7	8	9	10	11	12	13	14	15	16	
음	월									六													月								
력	일	一	二	三	四	五	六	七	八	九	十	十一	十二	十三	十四	十五	十六	十七	十八	十九	二十	二一	二二	二三	二四	二五	二六	二七	二八	二九	三十
양	월	7															8														
력	일	17	18	19	20	21	22	23	24	25	26	27	28	29	30	31	1	2	3	4	5	6	7	8	9	10	11	12	13	14	15
음	월									七													月								
력	일	一	二	三	四	五	六	七	八	九	十	十一	十二	十三	十四	十五	十六	十七	十八	十九	二十	二一	二二	二三	二四	二五	二六	二七	二八	二九	
양	월	8																9													
력	일	16	17	18	19	20	21	22	23	24	25	26	27	28	29	30	31	1	2	3	4	5	6	7	8	9	10	11	12	13	
음	월									八													月								
력	일	一	二	三	四	五	六	七	八	九	十	十一	十二	十三	十四	十五	十六	十七	十八	十九	二十	二一	二二	二三	二四	二五	二六	二七	二八	二九	三十
양	월	9																	10												
력	일	14	15	16	17	18	19	20	21	22	23	24	25	26	27	28	29	30	1	2	3	4	5	6	7	8	9	10	11	12	13
음	월									九													月								
력	일	一	二	三	四	五	六	七	八	九	十	十一	十二	十三	十四	十五	十六	十七	十八	十九	二十	二一	二二	二三	二四	二五	二六	二七	二八	二九	三十
양	월	10																		11											
력	일	14	15	16	17	18	19	20	21	22	23	24	25	26	27	28	29	30	31	1	2	3	4	5	6	7	8	9	10	11	12
음	월									十													月								
력	일	一	二	三	四	五	六	七	八	九	十	十一	十二	十三	十四	十五	十六	十七	十八	十九	二十	二一	二二	二三	二四	二五	二六	二七	二八	二九	三十
양	월	11																		12											
력	일	13	14	15	16	17	18	19	20	21	22	23	24	25	26	27	28	29	30	1	2	3	4	5	6	7	8	9	10	11	12
음	월									十							一						月								
력	일	一	二	三	四	五	六	七	八	九	十	十一	十二	十三	十四	十五	十六	十七	十八	十九	二十	二一	二二	二三	二四	二五	二六	二七	二八	二九	
양	월	12																			1										
력	일	13	14	15	16	17	18	19	20	21	22	23	24	25	26	27	28	29	30	31	1	2	3	4	5	6	7	8	9	10	
음	월									十							二						月								
력	일	一	二	三	四	五	六	七	八	九	十	十一	十二	十三	十四	十五	十六	十七	十八	十九	二十	二一	二二	二三	二四	二五	二六	二七	二八	二九	三十
양	월	1																					2								
력	일	11	12	13	14	15	16	17	18	19	20	21	22	23	24	25	26	27	28	29	30	31	1	2	3	4	5	6	7	8	9

서기 1910년 庚 戌 年

음	월	正月																													
력	일	一	二	三	四	五	六	七	八	九	十	十一	十二	十三	十四	十五	十六	十七	十八	十九	二十	二一	二二	二三	二四	二五	二六	二七	二八	二九	
양	월	2																			3										
력	일	10	11	12	13	14	15	16	17	18	19	20	21	22	23	24	25	26	27	28	1	2	3	4	5	6	7	8	9	10	
음	월	二月																													
력	일	一	二	三	四	五	六	七	八	九	十	十一	十二	十三	十四	十五	十六	十七	十八	十九	二十	二一	二二	二三	二四	二五	二六	二七	二八	二九	三十
양	월	3																					4								
력	일	11	12	13	14	15	16	17	18	19	20	21	22	23	24	25	26	27	28	29	30	31	1	2	3	4	5	6	7	8	9
음	월	三月																													
력	일	一	二	三	四	五	六	七	八	九	十	十一	十二	十三	十四	十五	十六	十七	十八	十九	二十	二一	二二	二三	二四	二五	二六	二七	二八	二九	
양	월	4																					5								
력	일	10	11	12	13	14	15	16	17	18	19	20	21	22	23	24	25	26	27	28	29	30	1	2	3	4	5	6	7	8	
음	월	四月																													
력	일	一	二	三	四	五	六	七	八	九	十	十一	十二	十三	十四	十五	十六	十七	十八	十九	二十	二一	二二	二三	二四	二五	二六	二七	二八	二九	
양	월	5																							6						
력	일	9	10	11	12	13	14	15	16	17	18	19	20	21	22	23	24	25	26	27	28	29	30	31	1	2	3	4	5	6	
음	월	五月																													
력	일	一	二	三	四	五	六	七	八	九	十	十一	十二	十三	十四	十五	十六	十七	十八	十九	二十	二一	二二	二三	二四	二五	二六	二七	二八	二九	三十
양	월	6																								7					
력	일	7	8	9	10	11	12	13	14	15	16	17	18	19	20	21	22	23	24	25	26	27	28	29	30	1	2	3	4	5	6
음	월	六月																													
력	일	一	二	三	四	五	六	七	八	九	十	十一	十二	十三	十四	十五	十六	十七	十八	十九	二十	二一	二二	二三	二四	二五	二六	二七	二八	二九	
양	월	7																									8				
력	일	7	8	9	10	11	12	13	14	15	16	17	18	19	20	21	22	23	24	25	26	27	28	29	30	31	1	2	3	4	
음	월	七月																													
력	일	一	二	三	四	五	六	七	八	九	十	十一	十二	十三	十四	十五	十六	十七	十八	十九	二十	二一	二二	二三	二四	二五	二六	二七	二八	二九	三十
양	월	8																											9		
력	일	5	6	7	8	9	10	11	12	13	14	15	16	17	18	19	20	21	22	23	24	25	26	27	28	29	30	31	1	2	3
음	월	八月																													
력	일	一	二	三	四	五	六	七	八	九	十	十一	十二	十三	十四	十五	十六	十七	十八	十九	二十	二一	二二	二三	二四	二五	二六	二七	二八	二九	
양	월	9																											10		
력	일	4	5	6	7	8	9	10	11	12	13	14	15	16	17	18	19	20	21	22	23	24	25	26	27	28	29	30	1	2	
음	월	九月																													
력	일	一	二	三	四	五	六	七	八	九	十	十一	十二	十三	十四	十五	十六	十七	十八	十九	二十	二一	二二	二三	二四	二五	二六	二七	二八	二九	三十
양	월	10																													11
력	일	3	4	5	6	7	8	9	10	11	12	13	14	15	16	17	18	19	20	21	22	23	24	25	26	27	28	29	30	31	1
음	월	十月																													
력	일	一	二	三	四	五	六	七	八	九	十	十一	十二	十三	十四	十五	十六	十七	十八	十九	二十	二一	二二	二三	二四	二五	二六	二七	二八	二九	三十
양	월	11																													12
력	일	2	3	4	5	6	7	8	9	10	11	12	13	14	15	16	17	18	19	20	21	22	23	24	25	26	27	28	29	30	1
음	월	十一月																													
력	일	一	二	三	四	五	六	七	八	九	十	十一	十二	十三	十四	十五	十六	十七	十八	十九	二十	二一	二二	二三	二四	二五	二六	二七	二八	二九	三十
양	월	12																													
력	일	2	3	4	5	6	7	8	9	10	11	12	13	14	15	16	17	18	19	20	21	22	23	24	25	26	27	28	29	30	31
음	월	十二月																													
력	일	一	二	三	四	五	六	七	八	九	十	十一	十二	十三	十四	十五	十六	十七	十八	十九	二十	二一	二二	二三	二四	二五	二六	二七	二八	二九	
양	월	1																													
력	일	1	2	3	4	5	6	7	8	9	10	11	12	13	14	15	16	17	18	19	20	21	22	23	24	25	26	27	28	29	

서기 1911년 辛 亥 年

음	월									正													月								
력	일	一	二	三	四	五	六	七	八	九	十	十一	十二	十三	十四	十五	十六	十七	十八	十九	二十	二一	二二	二三	二四	二五	二六	二七	二八	二九	三十
양	월	1		2																											
력	일	30	31	1	2	3	4	5	6	7	8	9	10	11	12	13	14	15	16	17	18	19	20	21	22	23	24	25	26	27	28
음	월									二													月								
력	일	一	二	三	四	五	六	七	八	九	十	十一	十二	十三	十四	十五	十六	十七	十八	十九	二十	二一	二二	二三	二四	二五	二六	二七	二八	二九	
양	월	3																													
력	일	1	2	3	4	5	6	7	8	9	10	11	12	13	14	15	16	17	18	19	20	21	22	23	24	25	26	27	28	29	
음	월									三													月								
력	일	一	二	三	四	五	六	七	八	九	十	十一	十二	十三	十四	十五	十六	十七	十八	十九	二十	二一	二二	二三	二四	二五	二六	二七	二八	二九	三十
양	월	3		4																											
력	일	30	31	1	2	3	4	5	6	7	8	9	10	11	12	13	14	15	16	17	18	19	20	21	22	23	24	25	26	27	28
음	월									四													月								
력	일	一	二	三	四	五	六	七	八	九	十	十一	十二	十三	十四	十五	十六	十七	十八	十九	二十	二一	二二	二三	二四	二五	二六	二七	二八	二九	
양	월	4		5																											
력	일	29	30	1	2	3	4	5	6	7	8	9	10	11	12	13	14	15	16	17	18	19	20	21	22	23	24	25	26	27	
음	월									五													月								
력	일	一	二	三	四	五	六	七	八	九	十	十一	十二	十三	十四	十五	十六	十七	十八	十九	二十	二一	二二	二三	二四	二五	二六	二七	二八	二九	
양	월	5				6																									
력	일	28	29	30	31	1	2	3	4	5	6	7	8	9	10	11	12	13	14	15	16	17	18	19	20	21	22	23	24	25	
음	월									六													月								
력	일	一	二	三	四	五	六	七	八	九	十	十一	十二	十三	十四	十五	十六	十七	十八	十九	二十	二一	二二	二三	二四	二五	二六	二七	二八	二九	三十
양	월	6					7																								
력	일	26	27	28	29	30	1	2	3	4	5	6	7	8	9	10	11	12	13	14	15	16	17	18	19	20	21	22	23	24	25
음	월									閏							六						月								
력	일	一	二	三	四	五	六	七	八	九	十	十一	十二	十三	十四	十五	十六	十七	十八	十九	二十	二一	二二	二三	二四	二五	二六	二七	二八	二九	
양	월	7						8																							
력	일	26	27	28	29	30	31	1	2	3	4	5	6	7	8	9	10	11	12	13	14	15	16	17	18	19	20	21	22	23	
음	월									七													月								
력	일	一	二	三	四	五	六	七	八	九	十	十一	十二	十三	十四	十五	十六	十七	十八	十九	二十	二一	二二	二三	二四	二五	二六	二七	二八	二九	
양	월	8								9																					
력	일	24	25	26	27	28	29	30	31	1	2	3	4	5	6	7	8	9	10	11	12	13	14	15	16	17	18	19	20	21	
음	월									八													月								
력	일	一	二	三	四	五	六	七	八	九	十	十一	十二	十三	十四	十五	十六	十七	十八	十九	二十	二一	二二	二三	二四	二五	二六	二七	二八	二九	三十
양	월	9									10																				
력	일	22	23	24	25	26	27	28	29	30	1	2	3	4	5	6	7	8	9	10	11	12	13	14	15	16	17	18	19	20	21
음	월									九													月								
력	일	一	二	三	四	五	六	七	八	九	十	十一	十二	十三	十四	十五	十六	十七	十八	十九	二十	二一	二二	二三	二四	二五	二六	二七	二八	二九	三十
양	월	10										11																			
력	일	22	23	24	25	26	27	28	29	30	31	1	2	3	4	5	6	7	8	9	10	11	12	13	14	15	16	17	18	19	20
음	월									十													月								
력	일	一	二	三	四	五	六	七	八	九	十	十一	十二	十三	十四	十五	十六	十七	十八	十九	二十	二一	二二	二三	二四	二五	二六	二七	二八	二九	
양	월	11										12																			
력	일	21	22	23	24	25	26	27	28	29	30	1	2	3	4	5	6	7	8	9	10	11	12	13	14	15	16	17	18	19	
음	월									十							一						月								
력	일	一	二	三	四	五	六	七	八	九	十	十一	十二	十三	十四	十五	十六	十七	十八	十九	二十	二一	二二	二三	二四	二五	二六	二七	二八	二九	三十
양	월	12												1																	
력	일	20	21	22	23	24	25	26	27	28	29	30	31	1	2	3	4	5	6	7	8	9	10	11	12	13	14	15	16	17	18
음	월									十							二						月								
력	일	一	二	三	四	五	六	七	八	九	十	十一	十二	十三	十四	十五	十六	十七	十八	十九	二十	二一	二二	二三	二四	二五	二六	二七	二八	二九	三十
양	월	1													2																
력	일	19	20	21	22	23	24	25	26	27	28	29	30	31	1	2	3	4	5	6	7	8	9	10	11	12	13	14	15	16	17

서기 1912년 壬 子 年

음	월									正														月							
력	일	一	二	三	四	五	六	七	八	九	十	十一	十二	十三	十四	十五	十六	十七	十八	十九	二十	二一	二二	二三	二四	二五	二六	二七	二八	二九	三十
양	월	2												3																	
력	일	18	19	20	21	22	23	24	25	26	27	28	29	1	2	3	4	5	6	7	8	9	10	11	12	13	14	15	16	17	18
음	월									二														月							
력	일	一	二	三	四	五	六	七	八	九	十	十一	十二	十三	十四	十五	十六	十七	十八	十九	二十	二一	二二	二三	二四	二五	二六	二七	二八	二九	
양	월	3													4																
력	일	19	20	21	22	23	24	25	26	27	28	29	30	31	1	2	3	4	5	6	7	8	9	10	11	12	13	14	15	16	
음	월									三														月							
력	일	一	二	三	四	五	六	七	八	九	十	十一	十二	十三	十四	十五	十六	十七	十八	十九	二十	二一	二二	二三	二四	二五	二六	二七	二八	二九	三十
양	월	4														5															
력	일	17	18	19	20	21	22	23	24	25	26	27	28	29	30	1	2	3	4	5	6	7	8	9	10	11	12	13	14	15	16
음	월									四														月							
력	일	一	二	三	四	五	六	七	八	九	十	十一	十二	十三	十四	十五	十六	十七	十八	十九	二十	二一	二二	二三	二四	二五	二六	二七	二八	二九	
양	월	5															6														
력	일	17	18	19	20	21	22	23	24	25	26	27	28	29	30	31	1	2	3	4	5	6	7	8	9	10	11	12	13	14	
음	월									五														月							
력	일	一	二	三	四	五	六	七	八	九	十	十一	十二	十三	十四	十五	十六	十七	十八	十九	二十	二一	二二	二三	二四	二五	二六	二七	二八	二九	
양	월	6																7													
력	일	15	16	17	18	19	20	21	22	23	24	25	26	27	28	29	30	1	2	3	4	5	6	7	8	9	10	11	12	13	
음	월									六														月							
력	일	一	二	三	四	五	六	七	八	九	十	十一	十二	十三	十四	十五	十六	十七	十八	十九	二十	二一	二二	二三	二四	二五	二六	二七	二八	二九	三十
양	월	7																		8											
력	일	14	15	16	17	18	19	20	21	22	23	24	25	26	27	28	29	30	31	1	2	3	4	5	6	7	8	9	10	11	12
음	월									七														月							
력	일	一	二	三	四	五	六	七	八	九	十	十一	十二	十三	十四	十五	十六	十七	十八	十九	二十	二一	二二	二三	二四	二五	二六	二七	二八	二九	
양	월	8																			9										
력	일	13	14	15	16	17	18	19	20	21	22	23	24	25	26	27	28	29	30	31	1	2	3	4	5	6	7	8	9	10	
음	월									八														月							
력	일	一	二	三	四	五	六	七	八	九	十	十一	十二	十三	十四	十五	十六	十七	十八	十九	二十	二一	二二	二三	二四	二五	二六	二七	二八	二九	
양	월	9																				10									
력	일	11	12	13	14	15	16	17	18	19	20	21	22	23	24	25	26	27	28	29	30	1	2	3	4	5	6	7	8	9	
음	월									九														月							
력	일	一	二	三	四	五	六	七	八	九	十	十一	十二	十三	十四	十五	十六	十七	十八	十九	二十	二一	二二	二三	二四	二五	二六	二七	二八	二九	三十
양	월	10																						11							
력	일	10	11	12	13	14	15	16	17	18	19	20	21	22	23	24	25	26	27	28	29	30	31	1	2	3	4	5	6	7	8
음	월									十														月							
력	일	一	二	三	四	五	六	七	八	九	十	十一	十二	十三	十四	十五	十六	十七	十八	十九	二十	二一	二二	二三	二四	二五	二六	二七	二八	二九	三十
양	월	11																						12							
력	일	9	10	11	12	13	14	15	16	17	18	19	20	21	22	23	24	25	26	27	28	29	30	1	2	3	4	5	6	7	8
음	월									十							一							月							
력	일	一	二	三	四	五	六	七	八	九	十	十一	十二	十三	十四	十五	十六	十七	十八	十九	二十	二一	二二	二三	二四	二五	二六	二七	二八	二九	
양	월	12																							1						
력	일	9	10	11	12	13	14	15	16	17	18	19	20	21	22	23	24	25	26	27	28	29	30	31	1	2	3	4	5	6	
음	월									十							二							月							
력	일	一	二	三	四	五	六	七	八	九	十	十一	十二	十三	十四	十五	十六	十七	十八	十九	二十	二一	二二	二三	二四	二五	二六	二七	二八	二九	三十
양	월	1																									2				
력	일	7	8	9	10	11	12	13	14	15	16	17	18	19	20	21	22	23	24	25	26	27	28	29	30	31	1	2	3	4	5

서기 1913년 癸 丑 年

음	월									正														月							
력	일	一	二	三	四	五	六	七	八	九	十	十一	十二	十三	十四	十五	十六	十七	十八	十九	二十	二一	二二	二三	二四	二五	二六	二七	二八	二九	三十
양	월	2																							3						
력	일	6	7	8	9	10	11	12	13	14	15	16	17	18	19	20	21	22	23	24	25	26	27	28	1	2	3	4	5	6	7
음	월									二														月							
력	일	一	二	三	四	五	六	七	八	九	十	十一	十二	十三	十四	十五	十六	十七	十八	十九	二十	二一	二二	二三	二四	二五	二六	二七	二八	二九	三十
양	월	3																								4					
력	일	8	9	10	11	12	13	14	15	16	17	18	19	20	21	22	23	24	25	26	27	28	29	30	31	1	2	3	4	5	6
음	월									三														月							
력	일	一	二	三	四	五	六	七	八	九	十	十一	十二	十三	十四	十五	十六	十七	十八	十九	二十	二一	二二	二三	二四	二五	二六	二七	二八	二九	
양	월	4																								5					
력	일	7	8	9	10	11	12	13	14	15	16	17	18	19	20	21	22	23	24	25	26	27	28	29	30	1	2	3	4	5	
음	월									四														月							
력	일	一	二	三	四	五	六	七	八	九	十	十一	十二	十三	十四	十五	十六	十七	十八	十九	二十	二一	二二	二三	二四	二五	二六	二七	二八	二九	三十
양	월	5																										6			
력	일	6	7	8	9	10	11	12	13	14	15	16	17	18	19	20	21	22	23	24	25	26	27	28	29	30	31	1	2	3	4
음	월									五														月							
력	일	一	二	三	四	五	六	七	八	九	十	十一	十二	十三	十四	十五	十六	十七	十八	十九	二十	二一	二二	二三	二四	二五	二六	二七	二八	二九	
양	월	6																										7			
력	일	5	6	7	8	9	10	11	12	13	14	15	16	17	18	19	20	21	22	23	24	25	26	27	28	29	30	1	2	3	
음	월									六														月							
력	일	一	二	三	四	五	六	七	八	九	十	十一	十二	十三	十四	十五	十六	十七	十八	十九	二十	二一	二二	二三	二四	二五	二六	二七	二八	二九	
양	월	7																												8	
력	일	4	5	6	7	8	9	10	11	12	13	14	15	16	17	18	19	20	21	22	23	24	25	26	27	28	29	30	31	1	
음	월									七														月							
력	일	一	二	三	四	五	六	七	八	九	十	十一	十二	十三	十四	十五	十六	十七	十八	十九	二十	二一	二二	二三	二四	二五	二六	二七	二八	二九	三十
양	월	8																													
력	일	2	3	4	5	6	7	8	9	10	11	12	13	14	15	16	17	18	19	20	21	22	23	24	25	26	27	28	29	30	31
음	월									八														月							
력	일	一	二	三	四	五	六	七	八	九	十	十一	十二	十三	十四	十五	十六	十七	十八	十九	二十	二一	二二	二三	二四	二五	二六	二七	二八	二九	
양	월	9																													
력	일	1	2	3	4	5	6	7	8	9	10	11	12	13	14	15	16	17	18	19	20	21	22	23	24	25	26	27	28	29	
음	월									九														月							
력	일	一	二	三	四	五	六	七	八	九	十	十一	十二	十三	十四	十五	十六	十七	十八	十九	二十	二一	二二	二三	二四	二五	二六	二七	二八	二九	
양	월	10	9																												
력	일	30	1	2	3	4	5	6	7	8	9	10	11	12	13	14	15	16	17	18	19	20	21	22	23	24	25	26	27	28	
음	월									十														月							
력	일	一	二	三	四	五	六	七	八	九	十	十一	十二	十三	十四	十五	十六	十七	十八	十九	二十	二一	二二	二三	二四	二五	二六	二七	二八	二九	三十
양	월	10			11																										
력	일	29	30	31	1	2	3	4	5	6	7	8	9	10	11	12	13	14	15	16	17	18	19	20	21	22	23	24	25	26	27
음	월									十							一							月							
력	일	一	二	三	四	五	六	七	八	九	十	十一	十二	十三	十四	十五	十六	十七	十八	十九	二十	二一	二二	二三	二四	二五	二六	二七	二八	二九	
양	월	11			12																										
력	일	28	29	30	1	2	3	4	5	6	7	8	9	10	11	12	13	14	15	16	17	18	19	20	21	22	23	24	25	26	
음	월									十							二							月							
력	일	一	二	三	四	五	六	七	八	九	十	十一	十二	十三	十四	十五	十六	十七	十八	十九	二十	二一	二二	二三	二四	二五	二六	二七	二八	二九	三十
양	월	12					1																								
력	일	27	28	29	30	31	1	2	3	4	5	6	7	8	9	10	11	12	13	14	15	16	17	18	19	20	21	22	23	24	25

서기 1914년 甲 寅 年

음	월	正月																													
력	일	一	二	三	四	五	六	七	八	九	十	十一	十二	十三	十四	十五	十六	十七	十八	十九	二十	二一	二二	二三	二四	二五	二六	二七	二八	二九	三十
양	월	1						2																							
력	일	26	27	28	29	30	31	1	2	3	4	5	6	7	8	9	10	11	12	13	14	15	16	17	18	19	20	21	22	23	24
음	월	二月																													
력	일	一	二	三	四	五	六	七	八	九	十	十一	十二	十三	十四	十五	十六	十七	十八	十九	二十	二一	二二	二三	二四	二五	二六	二七	二八	二九	三十
양	월	2				3																									
력	일	25	26	27	28	1	2	3	4	5	6	7	8	9	10	11	12	13	14	15	16	17	18	19	20	21	22	23	24	25	26
음	월	三月																													
력	일	一	二	三	四	五	六	七	八	九	十	十一	十二	十三	十四	十五	十六	十七	十八	十九	二十	二一	二二	二三	二四	二五	二六	二七	二八	二九	
양	월	3					4																								
력	일	27	28	29	30	31	1	2	3	4	5	6	7	8	9	10	11	12	13	14	15	16	17	18	19	20	21	22	23	24	
음	월	四月																													
력	일	一	二	三	四	五	六	七	八	九	十	十一	十二	十三	十四	十五	十六	十七	十八	十九	二十	二一	二二	二三	二四	二五	二六	二七	二八	二九	三十
양	월	4						5																							
력	일	25	26	27	28	29	30	1	2	3	4	5	6	7	8	9	10	11	12	13	14	15	16	17	18	19	20	21	22	23	24
음	월	五月																													
력	일	一	二	三	四	五	六	七	八	九	十	十一	十二	十三	十四	十五	十六	十七	十八	十九	二十	二一	二二	二三	二四	二五	二六	二七	二八	二九	三十
양	월	5							6																						
력	일	25	26	27	28	29	30	31	1	2	3	4	5	6	7	8	9	10	11	12	13	14	15	16	17	18	19	20	21	22	23
음	월	閏五月																													
력	일	一	二	三	四	五	六	七	八	九	十	十一	十二	十三	十四	十五	十六	十七	十八	十九	二十	二一	二二	二三	二四	二五	二六	二七	二八	二九	
양	월	6							7																						
력	일	24	25	26	27	28	29	30	1	2	3	4	5	6	7	8	9	10	11	12	13	14	15	16	17	18	19	20	21	22	
음	월	六月																													
력	일	一	二	三	四	五	六	七	八	九	十	十一	十二	十三	十四	十五	十六	十七	十八	十九	二十	二一	二二	二三	二四	二五	二六	二七	二八	二九	
양	월	7									8																				
력	일	23	24	25	26	27	28	29	30	31	1	2	3	4	5	6	7	8	9	10	11	12	13	14	15	16	17	18	19	20	
음	월	七月																													
력	일	一	二	三	四	五	六	七	八	九	十	十一	十二	十三	十四	十五	十六	十七	十八	十九	二十	二一	二二	二三	二四	二五	二六	二七	二八	二九	三十
양	월	8											9																		
력	일	21	22	23	24	25	26	27	28	29	30	31	1	2	3	4	5	6	7	8	9	10	11	12	13	14	15	16	17	18	19
음	월	八月																													
력	일	一	二	三	四	五	六	七	八	九	十	十一	十二	十三	十四	十五	十六	十七	十八	十九	二十	二一	二二	二三	二四	二五	二六	二七	二八	二九	
양	월	9											10																		
력	일	20	21	22	23	24	25	26	27	28	29	30	1	2	3	4	5	6	7	8	9	10	11	12	13	14	15	16	17	18	
음	월	九月																													
력	일	一	二	三	四	五	六	七	八	九	十	十一	十二	十三	十四	十五	十六	十七	十八	十九	二十	二一	二二	二三	二四	二五	二六	二七	二八	二九	三十
양	월	10													11																
력	일	19	20	21	22	23	24	25	26	27	28	29	30	31	1	2	3	4	5	6	7	8	9	10	11	12	13	14	15	16	17
음	월	十月																													
력	일	一	二	三	四	五	六	七	八	九	十	十一	十二	十三	十四	十五	十六	十七	十八	十九	二十	二一	二二	二三	二四	二五	二六	二七	二八	二九	
양	월	11													12																
력	일	18	19	20	21	22	23	24	25	26	27	28	29	30	1	2	3	4	5	6	7	8	9	10	11	12	13	14	15	16	
음	월	十一月																													
력	일	一	二	三	四	五	六	七	八	九	十	十一	十二	十三	十四	十五	十六	十七	十八	十九	二十	二一	二二	二三	二四	二五	二六	二七	二八	二九	
양	월	12															1														
력	일	17	18	19	20	21	22	23	24	25	26	27	28	29	30	31	1	2	3	4	5	6	7	8	9	10	11	12	13	14	
음	월	十二月																													
력	일	一	二	三	四	五	六	七	八	九	十	十一	十二	十三	十四	十五	十六	十七	十八	十九	二十	二一	二二	二三	二四	二五	二六	二七	二八	二九	三十
양	월	1																	2												
력	일	15	16	17	18	19	20	21	22	23	24	25	26	27	28	29	30	31	1	2	3	4	5	6	7	8	9	10	11	12	13

서기 1915년 乙 卯 年

음	월	正 月																													
력	일	一	二	三	四	五	六	七	八	九	十	十一	十二	十三	十四	十五	十六	十七	十八	十九	二十	二一	二二	二三	二四	二五	二六	二七	二八	二九	三十
양	월	2															3										3				
력	일	14	15	16	17	18	19	20	21	22	23	24	25	26	27	28	1	2	3	4	5	6	7	8	9	10	11	12	13	14	15
음	월	二 月																													
력	일	一	二	三	四	五	六	七	八	九	十	十一	十二	十三	十四	十五	十六	十七	十八	十九	二十	二一	二二	二三	二四	二五	二六	二七	二八	二九	
양	월	3																4													
력	일	16	17	18	19	20	21	22	23	24	25	26	27	28	29	30	31	1	2	3	4	5	6	7	8	9	10	11	12	13	
음	월	三 月																													
력	일	一	二	三	四	五	六	七	八	九	十	十一	十二	十三	十四	十五	十六	十七	十八	十九	二十	二一	二二	二三	二四	二五	二六	二七	二八	二九	三十
양	월	4																	5												
력	일	14	15	16	17	18	19	20	21	22	23	24	25	26	27	28	29	30	1	2	3	4	5	6	7	8	9	10	11	12	13
음	월	四 月																													
력	일	一	二	三	四	五	六	七	八	九	十	十一	十二	十三	十四	十五	十六	十七	十八	十九	二十	二一	二二	二三	二四	二五	二六	二七	二八	二九	三十
양	월	5																		6											
력	일	14	15	16	17	18	19	20	21	22	23	24	25	26	27	28	29	30	31	1	2	3	4	5	6	7	8	9	10	11	12
음	월	五 月																													
력	일	一	二	三	四	五	六	七	八	九	十	十一	十二	十三	十四	十五	十六	十七	十八	十九	二十	二一	二二	二三	二四	二五	二六	二七	二八	二九	
양	월	6																		7											
력	일	13	14	15	16	17	18	19	20	21	22	23	24	25	26	27	28	29	30	1	2	3	4	5	6	7	8	9	10	11	
음	월	六 月																													
력	일	一	二	三	四	五	六	七	八	九	十	十一	十二	十三	十四	十五	十六	十七	十八	十九	二十	二一	二二	二三	二四	二五	二六	二七	二八	二九	三十
양	월	7																				8									
력	일	12	13	14	15	16	17	18	19	20	21	22	23	24	25	26	27	28	29	30	31	1	2	3	4	5	6	7	8	9	10
음	월	七 月																													
력	일	一	二	三	四	五	六	七	八	九	十	十一	十二	十三	十四	十五	十六	十七	十八	十九	二十	二一	二二	二三	二四	二五	二六	二七	二八	二九	
양	월	8																					9								
력	일	11	12	13	14	15	16	17	18	19	20	21	22	23	24	25	26	27	28	29	30	31	1	2	3	4	5	6	7	8	
음	월	八 月																													
력	일	一	二	三	四	五	六	七	八	九	十	十一	十二	十三	十四	十五	十六	十七	十八	十九	二十	二一	二二	二三	二四	二五	二六	二七	二八	二九	三十
양	월	9																						9							
력	일	9	10	11	12	13	14	15	16	17	18	19	20	21	22	23	24	25	26	27	28	29	30	1	2	3	4	5	6	7	8
음	월	九 月																													
력	일	一	二	三	四	五	六	七	八	九	十	十一	十二	十三	十四	十五	十六	十七	十八	十九	二十	二一	二二	二三	二四	二五	二六	二七	二八	二九	
양	월	10																								11					
력	일	9	10	11	12	13	14	15	16	17	18	19	20	21	22	23	24	25	26	27	28	29	30	31	1	2	3	4	5	6	
음	월	十 月																													
력	일	一	二	三	四	五	六	七	八	九	十	十一	十二	十三	十四	十五	十六	十七	十八	十九	二十	二一	二二	二三	二四	二五	二六	二七	二八	二九	三十
양	월	11																								12					
력	일	7	8	9	10	11	12	13	14	15	16	17	18	19	20	21	22	23	24	25	26	27	28	29	30	1	2	3	4	5	6
음	월	十 一 月																													
력	일	一	二	三	四	五	六	七	八	九	十	十一	十二	十三	十四	十五	十六	十七	十八	十九	二十	二一	二二	二三	二四	二五	二六	二七	二八	二九	
양	월	12																									1				
력	일	7	8	9	10	11	12	13	14	15	16	17	18	19	20	21	22	23	24	25	26	27	28	29	30	31	1	2	3	4	
음	월	十 二 月																													
력	일	一	二	三	四	五	六	七	八	九	十	十一	十二	十三	十四	十五	十六	十七	十八	十九	二十	二一	二二	二三	二四	二五	二六	二七	二八	二九	三十
양	월	1																											2		
력	일	5	6	7	8	9	10	11	12	13	14	15	16	17	18	19	20	21	22	23	24	25	26	27	28	29	30	31	1	2	3

서기 1916년 丙 辰 年

음	월								正														月								
력	일	一	二	三	四	五	六	七	八	九	十	十一	十二	十三	十四	十五	十六	十七	十八	十九	二十	二一	二二	二三	二四	二五	二六	二七	二八	二九	
양	월	2																										3			
력	일	4	5	6	7	8	9	10	11	12	13	14	15	16	17	18	19	20	21	22	23	24	25	26	27	28	29	1	2	3	
음	월								二														月								
력	일	一	二	三	四	五	六	七	八	九	十	十一	十二	十三	十四	十五	十六	十七	十八	十九	二十	二一	二二	二三	二四	二五	二六	二七	二八	二九	三十
양	월	3																												4	
력	일	4	5	6	7	8	9	10	11	12	13	14	15	16	17	18	19	20	21	22	23	24	25	26	27	28	29	30	31	1	2
음	월								三														月								
력	일	一	二	三	四	五	六	七	八	九	十	十一	十二	十三	十四	十五	十六	十七	十八	十九	二十	二一	二二	二三	二四	二五	二六	二七	二八	二九	
양	월	4																												5	
력	일	3	4	5	6	7	8	9	10	11	12	13	14	15	16	17	18	19	20	21	22	23	24	25	26	27	28	29	30	1	
음	월								四														月								
력	일	一	二	三	四	五	六	七	八	九	十	十一	十二	十三	十四	十五	十六	十七	十八	十九	二十	二一	二二	二三	二四	二五	二六	二七	二八	二九	三十
양	월	5																													
력	일	2	3	4	5	6	7	8	9	10	11	12	13	14	15	16	17	18	19	20	21	22	23	24	25	26	27	28	29	30	31
음	월								五														月								
력	일	一	二	三	四	五	六	七	八	九	十	十一	十二	十三	十四	十五	十六	十七	十八	十九	二十	二一	二二	二三	二四	二五	二六	二七	二八	二九	
양	월	6																													
력	일	1	2	3	4	5	6	7	8	9	10	11	12	13	14	15	16	17	18	19	20	21	22	23	24	25	26	27	28	29	
음	월								六														月								
력	일	一	二	三	四	五	六	七	八	九	十	十一	十二	十三	十四	十五	十六	十七	十八	十九	二十	二一	二二	二三	二四	二五	二六	二七	二八	二九	三十
양	월	6	7																												
력	일	30	1	2	3	4	5	6	7	8	9	10	11	12	13	14	15	16	17	18	19	20	21	22	23	24	25	26	27	28	29
음	월								七														月								
력	일	一	二	三	四	五	六	七	八	九	十	十一	十二	十三	十四	十五	十六	十七	十八	十九	二十	二一	二二	二三	二四	二五	二六	二七	二八	二九	三十
양	월	7		8																											
력	일	30	31	1	2	3	4	5	6	7	8	9	10	11	12	13	14	15	16	17	18	19	20	21	22	23	24	25	26	27	28
음	월								八														月								
력	일	一	二	三	四	五	六	七	八	九	十	十一	十二	十三	十四	十五	十六	十七	十八	十九	二十	二一	二二	二三	二四	二五	二六	二七	二八	二九	
양	월	8			9																										
력	일	29	30	31	1	2	3	4	5	6	7	8	9	10	11	12	13	14	15	16	17	18	19	20	21	22	23	24	25	26	
음	월								九														月								
력	일	一	二	三	四	五	六	七	八	九	十	十一	十二	十三	十四	十五	十六	十七	十八	十九	二十	二一	二二	二三	二四	二五	二六	二七	二八	二九	三十
양	월	9				10																									
력	일	27	28	29	30	1	2	3	4	5	6	7	8	9	10	11	12	13	14	15	16	17	18	19	20	21	22	23	24	25	26
음	월								十														月								
력	일	一	二	三	四	五	六	七	八	九	十	十一	十二	十三	十四	十五	十六	十七	十八	十九	二十	二一	二二	二三	二四	二五	二六	二七	二八	二九	
양	월	10					11																								
력	일	27	28	29	30	31	1	2	3	4	5	6	7	8	9	10	11	12	13	14	15	16	17	18	19	20	21	22	23	24	
음	월								十							一							月								
력	일	一	二	三	四	五	六	七	八	九	十	十一	十二	十三	十四	十五	十六	十七	十八	十九	二十	二一	二二	二三	二四	二五	二六	二七	二八	二九	三十
양	월	11						12																							
력	일	25	26	27	28	29	30	1	2	3	4	5	6	7	8	9	10	11	12	13	14	15	16	17	18	19	20	21	22	23	24
음	월								十							二							月								
력	일	一	二	三	四	五	六	七	八	九	十	十一	十二	十三	十四	十五	十六	十七	十八	十九	二十	二一	二二	二三	二四	二五	二六	二七	二八	二九	
양	월	12							1																						
력	일	25	26	27	28	29	30	31	1	2	3	4	5	6	7	8	9	10	11	12	13	14	15	16	17	18	19	20	21	22	

서기 1917년 丁 巳 年

음	월								正														月								
력	일	一	二	三	四	五	六	七	八	九	十	十一	十二	十三	十四	十五	十六	十七	十八	十九	二十	二十一	二十二	二十三	二十四	二十五	二十六	二十七	二十八	二十九	三十
양	월	1									2																				
력	일	23	24	25	26	27	28	29	30	31	1	2	3	4	5	6	7	8	9	10	11	12	13	14	15	16	17	18	19	20	21
음	월								二														月								
력	일	一	二	三	四	五	六	七	八	九	十	十一	十二	十三	十四	十五	十六	十七	十八	十九	二十	二十一	二十二	二十三	二十四	二十五	二十六	二十七	二十八	二十九	
양	월	2							3																						
력	일	22	23	24	25	26	27	28	1	2	3	4	5	6	7	8	9	10	11	12	13	14	15	16	17	18	19	20	21	22	
음	월								閏							二							月								
력	일	一	二	三	四	五	六	七	八	九	十	十一	十二	十三	十四	十五	十六	十七	十八	十九	二十	二十一	二十二	二十三	二十四	二十五	二十六	二十七	二十八	二十九	
양	월	3									4																				
력	일	23	24	25	26	27	28	29	30	31	1	2	3	4	5	6	7	8	9	10	11	12	13	14	15	16	17	18	19	20	
음	월								三														月								
력	일	一	二	三	四	五	六	七	八	九	十	十一	十二	十三	十四	十五	十六	十七	十八	十九	二十	二十一	二十二	二十三	二十四	二十五	二十六	二十七	二十八	二十九	三十
양	월	4										5																			
력	일	21	22	23	24	25	26	27	28	29	30	1	2	3	4	5	6	7	8	9	10	11	12	13	14	15	16	17	18	19	20
음	월								四														月								
력	일	一	二	三	四	五	六	七	八	九	十	十一	十二	十三	十四	十五	十六	十七	十八	十九	二十	二十一	二十二	二十三	二十四	二十五	二十六	二十七	二十八	二十九	
양	월	5											6																		
력	일	21	22	23	24	25	26	27	28	29	30	31	1	2	3	4	5	6	7	8	9	10	11	12	13	14	15	16	17	18	
음	월								五														月								
력	일	一	二	三	四	五	六	七	八	九	十	十一	十二	十三	十四	十五	十六	十七	十八	十九	二十	二十一	二十二	二十三	二十四	二十五	二十六	二十七	二十八	二十九	三十
양	월	6												7																	
력	일	19	20	21	22	23	24	25	26	27	28	29	30	1	2	3	4	5	6	7	8	9	10	11	12	13	14	15	16	17	18
음	월								六														月								
력	일	一	二	三	四	五	六	七	八	九	十	十一	十二	十三	十四	十五	十六	十七	十八	十九	二十	二十一	二十二	二十三	二十四	二十五	二十六	二十七	二十八	二十九	三十
양	월	7													8																
력	일	19	20	21	22	23	24	25	26	27	28	29	30	31	1	2	3	4	5	6	7	8	9	10	11	12	13	14	15	16	17
음	월								七														月								
력	일	一	二	三	四	五	六	七	八	九	十	十一	十二	十三	十四	十五	十六	十七	十八	十九	二十	二十一	二十二	二十三	二十四	二十五	二十六	二十七	二十八	二十九	
양	월	8														9															
력	일	18	19	20	21	22	23	24	25	26	27	28	29	30	31	1	2	3	4	5	6	7	8	9	10	11	12	13	14	15	
음	월								八														月								
력	일	一	二	三	四	五	六	七	八	九	十	十一	十二	十三	十四	十五	十六	十七	十八	十九	二十	二十一	二十二	二十三	二十四	二十五	二十六	二十七	二十八	二十九	三十
양	월	9															9														
력	일	16	17	18	19	20	21	22	23	24	25	26	27	28	29	30	1	2	3	4	5	6	7	8	9	10	11	12	13	14	15
음	월								九														月								
력	일	一	二	三	四	五	六	七	八	九	十	十一	十二	十三	十四	十五	十六	十七	十八	十九	二十	二十一	二十二	二十三	二十四	二十五	二十六	二十七	二十八	二十九	三十
양	월	10																11													
력	일	16	17	18	19	20	21	22	23	24	25	26	27	28	29	30	31	1	2	3	4	5	6	7	8	9	10	11	12	13	14
음	월								十														月								
력	일	一	二	三	四	五	六	七	八	九	十	十一	十二	十三	十四	十五	十六	十七	十八	十九	二十	二十一	二十二	二十三	二十四	二十五	二十六	二十七	二十八	二十九	
양	월	11																12													
력	일	15	16	17	18	19	20	21	22	23	24	25	26	27	28	29	30	1	2	3	4	5	6	7	8	9	10	11	12	13	
음	월								十							一							月								
력	일	一	二	三	四	五	六	七	八	九	十	十一	十二	十三	十四	十五	十六	十七	十八	十九	二十	二十一	二十二	二十三	二十四	二十五	二十六	二十七	二十八	二十九	三十
양	월	12																		1											
력	일	14	15	16	17	18	19	20	21	22	23	24	25	26	27	28	29	30	31	1	2	3	4	5	6	7	8	9	10	11	12
음	월								十							二							月								
력	일	一	二	三	四	五	六	七	八	九	十	十一	十二	十三	十四	十五	十六	十七	十八	十九	二十	二十一	二十二	二十三	二十四	二十五	二十六	二十七	二十八	二十九	
양	월	1																			2										
력	일	13	14	15	16	17	18	19	20	21	22	23	24	25	26	27	28	29	30	31	1	2	3	4	5	6	7	8	9	10	

서기 1918년 戊 午 年

음	월	正月																													
력	일	一	二	三	四	五	六	七	八	九	十	十一	十二	十三	十四	十五	十六	十七	十八	十九	二十	二一	二二	二三	二四	二五	二六	二七	二八	二九	三十
양	월	2																		3											
력	일	11	12	13	14	15	16	17	18	19	20	21	22	23	24	25	26	27	28	1	2	3	4	5	6	7	8	9	10	11	12
음	월	二月																													
력	일	一	二	三	四	五	六	七	八	九	十	十一	十二	十三	十四	十五	十六	十七	十八	十九	二十	二一	二二	二三	二四	二五	二六	二七	二八	二九	
양	월	3																			4										
력	일	13	14	15	16	17	18	19	20	21	22	23	24	25	26	27	28	29	30	31	1	2	3	4	5	6	7	8	9	10	
음	월	三月																													
력	일	一	二	三	四	五	六	七	八	九	十	十一	十二	十三	十四	十五	十六	十七	十八	十九	二十	二一	二二	二三	二四	二五	二六	二七	二八	二九	
양	월	4																				5									
력	일	11	12	13	14	15	16	17	18	19	20	21	22	23	24	25	26	27	28	29	30	1	2	3	4	5	6	7	8	9	
음	월	四月																													
력	일	一	二	三	四	五	六	七	八	九	十	十一	十二	十三	十四	十五	十六	十七	十八	十九	二十	二一	二二	二三	二四	二五	二六	二七	二八	二九	三十
양	월	5																						6							
력	일	10	11	12	13	14	15	16	17	18	19	20	21	22	23	24	25	26	27	28	29	30	31	1	2	3	4	5	6	7	8
음	월	五月																													
력	일	一	二	三	四	五	六	七	八	九	十	十一	十二	十三	十四	十五	十六	十七	十八	十九	二十	二一	二二	二三	二四	二五	二六	二七	二八	二九	
양	월	6																						7							
력	일	9	10	11	12	13	14	15	16	17	18	19	20	21	22	23	24	25	26	27	28	29	30	1	2	3	4	5	6	7	
음	월	六月																													
력	일	一	二	三	四	五	六	七	八	九	十	十一	十二	十三	十四	十五	十六	十七	十八	十九	二十	二一	二二	二三	二四	二五	二六	二七	二八	二九	三十
양	월	7																								8					
력	일	8	9	10	11	12	13	14	15	16	17	18	19	20	21	22	23	24	25	26	27	28	29	30	31	1	2	3	4	5	6
음	월	七月																													
력	일	一	二	三	四	五	六	七	八	九	十	十一	十二	十三	十四	十五	十六	十七	十八	十九	二十	二一	二二	二三	二四	二五	二六	二七	二八	二九	
양	월	8																									9				
력	일	7	8	9	10	11	12	13	14	15	16	17	18	19	20	21	22	23	24	25	26	27	28	29	30	31	1	2	3	4	
음	월	八月																													
력	일	一	二	三	四	五	六	七	八	九	十	十一	十二	十三	十四	十五	十六	十七	十八	十九	二十	二一	二二	二三	二四	二五	二六	二七	二八	二九	三十
양	월	9																										10			
력	일	5	6	7	8	9	10	11	12	13	14	15	16	17	18	19	20	21	22	23	24	25	26	27	28	29	30	1	2	3	4
음	월	九月																													
력	일	一	二	三	四	五	六	七	八	九	十	十一	十二	十三	十四	十五	十六	十七	十八	十九	二十	二一	二二	二三	二四	二五	二六	二七	二八	二九	三十
양	월	10																											11		
력	일	5	6	7	8	9	10	11	12	13	14	15	16	17	18	19	20	21	22	23	24	25	26	27	28	29	30	31	1	2	3
음	월	十月																													
력	일	一	二	三	四	五	六	七	八	九	十	十一	十二	十三	十四	十五	十六	十七	十八	十九	二十	二一	二二	二三	二四	二五	二六	二七	二八	二九	三十
양	월	11																											12		
력	일	4	5	6	7	8	9	10	11	12	13	14	15	16	17	18	19	20	21	22	23	24	25	26	27	28	29	30	1	2	3
음	월	十一月																													
력	일	一	二	三	四	五	六	七	八	九	十	十一	十二	十三	十四	十五	十六	十七	十八	十九	二十	二一	二二	二三	二四	二五	二六	二七	二八	二九	
양	월	12																												1	
력	일	4	5	6	7	8	9	10	11	12	13	14	15	16	17	18	19	20	21	22	23	24	25	26	27	28	29	30	31	1	
음	월	十二月																													
력	일	一	二	三	四	五	六	七	八	九	十	十一	十二	十三	十四	十五	十六	十七	十八	十九	二十	二一	二二	二三	二四	二五	二六	二七	二八	二九	三十
양	월	1																													
력	일	2	3	4	5	6	7	8	9	10	11	12	13	14	15	16	17	18	19	20	21	22	23	24	25	26	27	28	29	30	31

서기 1919년 己 未 年																															
음	월	正 月																													
력	일	一	二	三	四	五	六	七	八	九	十	十一	十二	十三	十四	十五	十六	十七	十八	十九	二十	二一	二二	二三	二四	二五	二六	二七	二八	二九	
양	월	2																												3	
력	일	1	2	3	4	5	6	7	8	9	10	11	12	13	14	15	16	17	18	19	20	21	22	23	24	25	26	27	28	1	
음	월	二 月																													
력	일	一	二	三	四	五	六	七	八	九	十	十一	十二	十三	十四	十五	十六	十七	十八	十九	二十	二一	二二	二三	二四	二五	二六	二七	二八	二九	三十
양	월	3																													
력	일	2	3	4	5	6	7	8	9	10	11	12	13	14	15	16	17	18	19	20	21	22	23	24	25	26	27	28	29	30	31
음	월	三 月																													
력	일	一	二	三	四	五	六	七	八	九	十	十一	十二	十三	十四	十五	十六	十七	十八	十九	二十	二一	二二	二三	二四	二五	二六	二七	二八	二九	
양	월	4																													
력	일	1	2	3	4	5	6	7	8	9	10	11	12	13	14	15	16	17	18	19	20	21	22	23	24	25	26	27	28	29	
음	월	四 月																													
력	일	一	二	三	四	五	六	七	八	九	十	十一	十二	十三	十四	十五	十六	十七	十八	十九	二十	二一	二二	二三	二四	二五	二六	二七	二八	二九	
양	월	4	5																												
력	일	30	1	2	3	4	5	6	7	8	9	10	11	12	13	14	15	16	17	18	19	20	21	22	23	24	25	26	27	28	
음	월	五 月																													
력	일	一	二	三	四	五	六	七	八	九	十	十一	十二	十三	十四	十五	十六	十七	十八	十九	二十	二一	二二	二三	二四	二五	二六	二七	二八	二九	三十
양	월	5			6																										
력	일	29	30	31	1	2	3	4	5	6	7	8	9	10	11	12	13	14	15	16	17	18	19	20	21	22	23	24	25	26	27
음	월	六 月																													
력	일	一	二	三	四	五	六	七	八	九	十	十一	十二	十三	十四	十五	十六	十七	十八	十九	二十	二一	二二	二三	二四	二五	二六	二七	二八	二九	
양	월	6			7																										
력	일	28	29	30	1	2	3	4	5	6	7	8	9	10	11	12	13	14	15	16	17	18	19	20	21	22	23	24	25	26	
음	월	七 月																													
력	일	一	二	三	四	五	六	七	八	九	十	十一	十二	十三	十四	十五	十六	十七	十八	十九	二十	二一	二二	二三	二四	二五	二六	二七	二八	二九	三十
양	월	7					8																								
력	일	27	28	29	30	31	1	2	3	4	5	6	7	8	9	10	11	12	13	14	15	16	17	18	19	20	21	22	23	24	25
음	월	閏 七 月																													
력	일	一	二	三	四	五	六	七	八	九	十	十一	十二	十三	十四	十五	十六	十七	十八	十九	二十	二一	二二	二三	二四	二五	二六	二七	二八	二九	
양	월	8						9																							
력	일	26	27	28	29	30	31	1	2	3	4	5	6	7	8	9	10	11	12	13	14	15	16	17	18	19	20	21	22	23	
음	월	八 月																													
력	일	一	二	三	四	五	六	七	八	九	十	十一	十二	十三	十四	十五	十六	十七	十八	十九	二十	二一	二二	二三	二四	二五	二六	二七	二八	二九	三十
양	월	9							10																						
력	일	24	25	26	27	28	29	30	1	2	3	4	5	6	7	8	9	10	11	12	13	14	15	16	17	18	19	20	21	22	23
음	월	九 月																													
력	일	一	二	三	四	五	六	七	八	九	十	十一	十二	十三	十四	十五	十六	十七	十八	十九	二十	二一	二二	二三	二四	二五	二六	二七	二八	二九	三十
양	월	10									11																				
력	일	24	25	26	27	28	29	30	31	1	2	3	4	5	6	7	8	9	10	11	12	13	14	15	16	17	18	19	20	21	22
음	월	十 月																													
력	일	一	二	三	四	五	六	七	八	九	十	十一	十二	十三	十四	十五	十六	十七	十八	十九	二十	二一	二二	二三	二四	二五	二六	二七	二八	二九	
양	월	11								12																					
력	일	23	24	25	26	27	28	29	30	1	2	3	4	5	6	7	8	9	10	11	12	13	14	15	16	17	18	19	20	21	
음	월	十 一 月																													
력	일	一	二	三	四	五	六	七	八	九	十	十一	十二	十三	十四	十五	十六	十七	十八	十九	二十	二一	二二	二三	二四	二五	二六	二七	二八	二九	三十
양	월	12										1																			
력	일	22	23	24	25	26	27	28	29	30	31	1	2	3	4	5	6	7	8	9	10	11	12	13	14	15	16	17	18	19	20
음	월	十 二 月																													
력	일	一	二	三	四	五	六	七	八	九	十	十一	十二	十三	十四	十五	十六	十七	十八	十九	二十	二一	二二	二三	二四	二五	二六	二七	二八	二九	三十
양	월	1											2																		
력	일	21	22	23	24	25	26	27	28	29	30	31	1	2	3	4	5	6	7	8	9	10	11	12	13	14	15	16	17	18	19

서기 1920년 庚 申 年

음	월									正													月								
력	일	一	二	三	四	五	六	七	八	九	十	十一	十二	十三	十四	十五	十六	十七	十八	十九	二十	二一	二二	二三	二四	二五	二六	二七	二八	二九	
양	월	2										3																			
력	일	20	21	22	23	24	25	26	27	28	29	1	2	3	4	5	6	7	8	9	10	11	12	13	14	15	16	17	18	19	
음	월									二													月								
력	일	一	二	三	四	五	六	七	八	九	十	十一	十二	十三	十四	十五	十六	十七	十八	十九	二十	二一	二二	二三	二四	二五	二六	二七	二八	二九	三十
양	월	3												4																	
력	일	20	21	22	23	24	25	26	27	28	29	30	31	1	2	3	4	5	6	7	8	9	10	11	12	13	14	15	16	17	18
음	월									三													月								
력	일	一	二	三	四	五	六	七	八	九	十	十一	十二	十三	十四	十五	十六	十七	十八	十九	二十	二一	二二	二三	二四	二五	二六	二七	二八	二九	
양	월	4												5																	
력	일	19	20	21	22	23	24	25	26	27	28	29	30	1	2	3	4	5	6	7	8	9	10	11	12	13	14	15	16	17	
음	월									四													月								
력	일	一	二	三	四	五	六	七	八	九	十	十一	十二	十三	十四	十五	十六	十七	十八	十九	二十	二一	二二	二三	二四	二五	二六	二七	二八	二九	
양	월	5														6															
력	일	18	19	20	21	22	23	24	25	26	27	28	29	30	31	1	2	3	4	5	6	7	8	9	10	11	12	13	14	15	
음	월									五													月								
력	일	一	二	三	四	五	六	七	八	九	十	十一	十二	十三	十四	十五	十六	十七	十八	十九	二十	二一	二二	二三	二四	二五	二六	二七	二八	二九	三十
양	월	6															7														
력	일	16	17	18	19	20	21	22	23	24	25	26	27	28	29	30	1	2	3	4	5	6	7	8	9	10	11	12	13	14	15
음	월									六													月								
력	일	一	二	三	四	五	六	七	八	九	十	十一	十二	十三	十四	十五	十六	十七	十八	十九	二十	二一	二二	二三	二四	二五	二六	二七	二八	二九	
양	월	7																8													
력	일	16	17	18	19	20	21	22	23	24	25	26	27	28	29	30	31	1	2	3	4	5	6	7	8	9	10	11	12	13	
음	월									七													月								
력	일	一	二	三	四	五	六	七	八	九	十	十一	十二	十三	十四	十五	十六	十七	十八	十九	二十	二一	二二	二三	二四	二五	二六	二七	二八	二九	
양	월	8																		9											
력	일	14	15	16	17	18	19	20	21	22	23	24	25	26	27	28	29	30	31	1	2	3	4	5	6	7	8	9	10	11	
음	월									八													月								
력	일	一	二	三	四	五	六	七	八	九	十	十一	十二	十三	十四	十五	十六	十七	十八	十九	二十	二一	二二	二三	二四	二五	二六	二七	二八	二九	三十
양	월	8																			10										
력	일	12	13	14	15	16	17	18	19	20	21	22	23	24	25	26	27	28	29	30	1	2	3	4	5	6	7	8	9	10	11
음	월									九													月								
력	일	一	二	三	四	五	六	七	八	九	十	十一	十二	十三	十四	十五	十六	十七	十八	十九	二十	二一	二二	二三	二四	二五	二六	二七	二八	二九	三十
양	월	10																				11									
력	일	12	13	14	15	16	17	18	19	20	21	22	23	24	25	26	27	28	29	30	31	1	2	3	4	5	6	7	8	9	10
음	월									十													月								
력	일	一	二	三	四	五	六	七	八	九	十	十一	十二	十三	十四	十五	十六	十七	十八	十九	二十	二一	二二	二三	二四	二五	二六	二七	二八	二九	
양	월	11																				12									
력	일	11	12	13	14	15	16	17	18	19	20	21	22	23	24	25	26	27	28	29	30	1	2	3	4	5	6	7	8	9	
음	월									十							一						月								
력	일	一	二	三	四	五	六	七	八	九	十	十一	十二	十三	十四	十五	十六	十七	十八	十九	二十	二一	二二	二三	二四	二五	二六	二七	二八	二九	三十
양	월	12																						1							
력	일	10	11	12	13	14	15	16	17	18	19	20	21	22	23	24	25	26	27	28	29	30	31	1	2	3	4	5	6	7	8
음	월									十							二						月								
력	일	一	二	三	四	五	六	七	八	九	十	十一	十二	十三	十四	十五	十六	十七	十八	十九	二十	二一	二二	二三	二四	二五	二六	二七	二八	二九	三十
양	월	1																							2						
력	일	9	10	11	12	13	14	15	16	17	18	19	20	21	22	23	24	25	26	27	28	29	30	31	1	2	3	4	5	6	7

서기 1921년 辛 酉 年

음	월									正														月							
력	일	一	二	三	四	五	六	七	八	九	十	十一	十二	十三	十四	十五	十六	十七	十八	十九	二十	二一	二二	二三	二四	二五	二六	二七	二八	二九	三十
양	월	2																					3								
력	일	8	9	10	11	12	13	14	15	16	17	18	19	20	21	22	23	24	25	26	27	28	1	2	3	4	5	6	7	8	9
음	월									二														月							
력	일	一	二	三	四	五	六	七	八	九	十	十一	十二	十三	十四	十五	十六	十七	十八	十九	二十	二一	二二	二三	二四	二五	二六	二七	二八	二九	
양	월	3																						4							
력	일	10	11	12	13	14	15	16	17	18	19	20	21	22	23	24	25	26	27	28	29	30	31	1	2	3	4	5	6	7	
음	월									三														月							
력	일	一	二	三	四	五	六	七	八	九	十	十一	十二	十三	十四	十五	十六	十七	十八	十九	二十	二一	二二	二三	二四	二五	二六	二七	二八	二九	三十
양	월	4																							5						
력	일	8	9	10	11	12	13	14	15	16	17	18	19	20	21	22	23	24	25	26	27	28	29	30	1	2	3	4	5	6	7
음	월									四														月							
력	일	一	二	三	四	五	六	七	八	九	十	十一	十二	十三	十四	十五	十六	十七	十八	十九	二十	二一	二二	二三	二四	二五	二六	二七	二八	二九	
양	월	5																								6					
력	일	8	9	10	11	12	13	14	15	16	17	18	19	20	21	22	23	24	25	26	27	28	29	30	31	1	2	3	4	5	
음	월									五														月							
력	일	一	二	三	四	五	六	七	八	九	十	十一	十二	十三	十四	十五	十六	十七	十八	十九	二十	二一	二二	二三	二四	二五	二六	二七	二八	二九	
양	월	6																									7				
력	일	6	7	8	9	10	11	12	13	14	15	16	17	18	19	20	21	22	23	24	25	26	27	28	29	30	1	2	3	4	
음	월									六														月							
력	일	一	二	三	四	五	六	七	八	九	十	十一	十二	十三	十四	十五	十六	十七	十八	十九	二十	二一	二二	二三	二四	二五	二六	二七	二八	二九	三十
양	월	7																											8		
력	일	5	6	7	8	9	10	11	12	13	14	15	16	17	18	19	20	21	22	23	24	25	26	27	28	29	30	31	1	2	3
음	월									七														月							
력	일	一	二	三	四	五	六	七	八	九	十	十一	十二	十三	十四	十五	十六	十七	十八	十九	二十	二一	二二	二三	二四	二五	二六	二七	二八	二九	
양	월	8																												9	
력	일	4	5	6	7	8	9	10	11	12	13	14	15	16	17	18	19	20	21	22	23	24	25	26	27	28	29	30	31	1	
음	월									八														月							
력	일	一	二	三	四	五	六	七	八	九	十	十一	十二	十三	十四	十五	十六	十七	十八	十九	二十	二一	二二	二三	二四	二五	二六	二七	二八	二九	
양	월	9																													
력	일	2	3	4	5	6	7	8	9	10	11	12	13	14	15	16	17	18	19	20	21	22	23	24	25	26	27	28	29	30	
음	월									九														月							
력	일	一	二	三	四	五	六	七	八	九	十	十一	十二	十三	十四	十五	十六	十七	十八	十九	二十	二一	二二	二三	二四	二五	二六	二七	二八	二九	三十
양	월	10																													
력	일	1	2	3	4	5	6	7	8	9	10	11	12	13	14	15	16	17	18	19	20	21	22	23	24	25	26	27	28	29	30
음	월									十														月							
력	일	一	二	三	四	五	六	七	八	九	十	十一	十二	十三	十四	十五	十六	十七	十八	十九	二十	二一	二二	二三	二四	二五	二六	二七	二八	二九	
양	월	10	11																												
력	일	31	1	2	3	4	5	6	7	8	9	10	11	12	13	14	15	16	17	18	19	20	21	22	23	24	25	26	27	28	
음	월									十						一								月							
력	일	一	二	三	四	五	六	七	八	九	十	十一	十二	十三	十四	十五	十六	十七	十八	十九	二十	二一	二二	二三	二四	二五	二六	二七	二八	二九	三十
양	월	11		12																											
력	일	29	30	1	2	3	4	5	6	7	8	9	10	11	12	13	14	15	16	17	18	19	20	21	22	23	24	25	26	27	28
음	월									十						二								月							
력	일	一	二	三	四	五	六	七	八	九	十	十一	十二	十三	十四	十五	十六	十七	十八	十九	二十	二一	二二	二三	二四	二五	二六	二七	二八	二九	三十
양	월	12			1																										
력	일	29	30	31	1	2	3	4	5	6	7	8	9	10	11	12	13	14	15	16	17	18	19	20	21	22	23	24	25	26	27

서기 1922년 壬 戌 年

음	월	正月																													
력	일	一	二	三	四	五	六	七	八	九	十	十一	十二	十三	十四	十五	十六	十七	十八	十九	二十	二一	二二	二三	二四	二五	二六	二七	二八	二九	三十
양	월	1				2																									
력	일	28	29	30	31	1	2	3	4	5	6	7	8	9	10	11	12	13	14	15	16	17	18	19	20	21	22	23	24	25	26
음	월	二月																													
력	일	一	二	三	四	五	六	七	八	九	十	十一	十二	十三	十四	十五	十六	十七	十八	十九	二十	二一	二二	二三	二四	二五	二六	二七	二八	二九	
양	월	2		3																											
력	일	27	28	1	2	3	4	5	6	7	8	9	10	11	12	13	14	15	16	17	18	19	20	21	22	23	24	25	26	27	
음	월	三月																													
력	일	一	二	三	四	五	六	七	八	九	十	十一	十二	十三	十四	十五	十六	十七	十八	十九	二十	二一	二二	二三	二四	二五	二六	二七	二八	二九	三十
양	월	3				4																									
력	일	28	29	30	31	1	2	3	4	5	6	7	8	9	10	11	12	13	14	15	16	17	18	19	20	21	22	23	24	25	26
음	월	四月																													
력	일	一	二	三	四	五	六	七	八	九	十	十一	十二	十三	十四	十五	十六	十七	十八	十九	二十	二一	二二	二三	二四	二五	二六	二七	二八	二九	三十
양	월	4				5																									
력	일	27	28	29	30	1	2	3	4	5	6	7	8	9	10	11	12	13	14	15	16	17	18	19	20	21	22	23	24	25	26
음	월	五月																													
력	일	一	二	三	四	五	六	七	八	九	十	十一	十二	十三	十四	十五	十六	十七	十八	十九	二十	二一	二二	二三	二四	二五	二六	二七	二八	二九	
양	월	5					6																								
력	일	27	28	29	30	31	1	2	3	4	5	6	7	8	9	10	11	12	13	14	15	16	17	18	19	20	21	22	23	24	
음	월	閏五月																													
력	일	一	二	三	四	五	六	七	八	九	十	十一	十二	十三	十四	十五	十六	十七	十八	十九	二十	二一	二二	二三	二四	二五	二六	二七	二八	二九	
양	월	6						7																							
력	일	25	26	27	28	29	30	1	2	3	4	5	6	7	8	9	10	11	12	13	14	15	16	17	18	19	20	21	22	23	
음	월	六月																													
력	일	一	二	三	四	五	六	七	八	九	十	十一	十二	十三	十四	十五	十六	十七	十八	十九	二十	二一	二二	二三	二四	二五	二六	二七	二八	二九	三十
양	월	7								8																					
력	일	24	25	26	27	28	29	30	31	1	2	3	4	5	6	7	8	9	10	11	12	13	14	15	16	17	18	19	20	21	22
음	월	七月																													
력	일	一	二	三	四	五	六	七	八	九	十	十一	十二	十三	十四	十五	十六	十七	十八	十九	二十	二一	二二	二三	二四	二五	二六	二七	二八	二九	
양	월	8									9																				
력	일	23	24	25	26	27	28	29	30	31	1	2	3	4	5	6	7	8	9	10	11	12	13	14	15	16	17	18	19	20	
음	월	八月																													
력	일	一	二	三	四	五	六	七	八	九	十	十一	十二	十三	十四	十五	十六	十七	十八	十九	二十	二一	二二	二三	二四	二五	二六	二七	二八	二九	
양	월	9										10																			
력	일	21	22	23	24	25	26	27	28	29	30	1	2	3	4	5	6	7	8	9	10	11	12	13	14	15	16	17	18	19	
음	월	九月																													
력	일	一	二	三	四	五	六	七	八	九	十	十一	十二	十三	十四	十五	十六	十七	十八	十九	二十	二一	二二	二三	二四	二五	二六	二七	二八	二九	三十
양	월	10												11																	
력	일	20	21	22	23	24	25	26	27	28	29	30	31	1	2	3	4	5	6	7	8	9	10	11	12	13	14	15	16	17	18
음	월	十月																													
력	일	一	二	三	四	五	六	七	八	九	十	十一	十二	十三	十四	十五	十六	十七	十八	十九	二十	二一	二二	二三	二四	二五	二六	二七	二八	二九	
양	월	11												12																	
력	일	19	20	21	22	23	24	25	26	27	28	29	30	1	2	3	4	5	6	7	8	9	10	11	12	13	14	15	16	17	
음	월	十一月																													
력	일	一	二	三	四	五	六	七	八	九	十	十一	十二	十三	十四	十五	十六	十七	十八	十九	二十	二一	二二	二三	二四	二五	二六	二七	二八	二九	三十
양	월	12														1															
력	일	18	19	20	21	22	23	24	25	26	27	28	29	30	31	1	2	3	4	5	6	7	8	9	10	11	12	13	14	15	16
음	월	十二月																													
력	일	一	二	三	四	五	六	七	八	九	十	十一	十二	十三	十四	十五	十六	十七	十八	十九	二十	二一	二二	二三	二四	二五	二六	二七	二八	二九	三十
양	월	1															2														
력	일	17	18	19	20	21	22	23	24	25	26	27	28	29	30	31	1	2	3	4	5	6	7	8	9	10	11	12	13	14	15

서기 1923년 癸 亥 年

음	월									正													月								
력	일	一	二	三	四	五	六	七	八	九	十	十一	十二	十三	十四·	十五	十六	十七	十八	十九	二十	二一	二二	二三	二四	二五	二六	二七	二八	二九	
양	월	2													3																
력	일	16	17	18	19	20	21	22	23	24	25	26	27	28	1	2	3	4	5	6	7	8	9	10	11	12	13	14	15	16	
음	월									二													月								
력	일	一	二	三	四	五	六	七	八	九	十	十一	十二	十三	十四	十五	十六	十七	十八	十九	二十	二一	二二	二三	二四	二五	二六	二七	二八	二九	三十
양	월	3															4											4			
력	일	17	18	19	20	21	22	23	24	25	26	27	28	29	30	31	1	2	3	4	5	6	7	8	9	10	11	12	13	14	15
음	월									三													月								
력	일	一	二	三	四	五	六	七	八	九	十	十一	十二	十三	十四	十五	十六	十七	十八	十九	二十	二一	二二	二三	二四	二五	二六	二七	二八	二九	三十
양	월	4															5														
력	일	16	17	18	19	20	21	22	23	24	25	26	27	28	29	30	1	2	3	4	5	6	7	8	9	10	11	12	13	14	15
음	월									四													月								
력	일	一	二	三	四	五	六	七	八	九	十	十一	十二	十三	十四	十五	十六	十七	十八	十九	二十	二一	二二	二三	二四	二五	二六	二七	二八	二九	
양	월	5																6													
력	일	16	17	18	19	20	21	22	23	24	25	26	27	28	29	30	31	1	2	3	4	5	6	7	8	9	10	11	12	13	
음	월									五													月								
력	일	一	二	三	四	五	六	七	八	九	十	十一	十二	十三	十四	十五	十六	十七	十八	十九	二十	二一	二二	二三	二四	二五	二六	二七	二八	二九	三十
양	월	6																	7												
력	일	14	15	16	17	18	19	20	21	22	23	24	25	26	27	28	29	30	1	2	3	4	5	6	7	8	9	10	11	12	13
음	월									六													月								
력	일	一	二	三	四	五	六	七	八	九	十	十一	十二	十三	十四	十五	十六	十七	十八	十九	二十	二一	二二	二三	二四	二五	二六	二七	二八	二九	
양	월	7																		8											
력	일	14	15	16	17	18	19	20	21	22	23	24	25	26	27	28	29	30	31	1	2	3	4	5	6	7	8	9	10	11	
음	월									七													月								
력	일	一	二	三	四	五	六	七	八	九	十	十一	十二	十三	十四	十五	十六	十七	十八	十九	二十	二一	二二	二三	二四	二五	二六	二七	二八	二九	三十
양	월	8																				9									
력	일	12	13	14	15	16	17	18	19	20	21	22	23	24	25	26	27	28	29	30	31	1	2	3	4	5	6	7	8	9	10
음	월									八													月								
력	일	一	二	三	四	五	六	七	八	九	十	十一	十二	十三	十四	十五	十六	十七	十八	十九	二十	二一	二二	二三	二四	二五	二六	二七	二八	二九	
양	월	8																				10									
력	일	11	12	13	14	15	16	17	18	19	20	21	22	23	24	25	26	27	28	29	30	1	2	3	4	5	6	7	8	9	
음	월									九													月								
력	일	一	二	三	四	五	六	七	八	九	十	十一	十二	十三	十四	十五	十六	十七	十八	十九	二十	二一	二二	二三	二四	二五	二六	二七	二八	二九	三十
양	월	10																						11							
력	일	10	11	12	13	14	15	16	17	18	19	20	21	22	23	24	25	26	27	28	29	30	31	1	2	3	4	5	6	7	8
음	월									十													月								
력	일	一	二	三	四	五	六	七	八	九	十	十一	十二	十三	十四	十五	十六	十七	十八	十九	二十	二一	二二	二三	二四	二五	二六	二七	二八	二九	
양	월	11																						12							
력	일	9	10	11	12	13	14	15	16	17	18	19	20	21	22	23	24	25	26	27	28	29	30	1	2	3	4	5	6	7	
음	월									十						一							月								
력	일	一	二	三	四	五	六	七	八	九	十	十一	十二	十三	十四	十五	十六	十七	十八	十九	二十	二一	二二	二三	二四	二五	二六	二七	二八	二九	
양	월	12																								1					
력	일	8	9	10	11	12	13	14	15	16	17	18	19	20	21	22	23	24	25	26	27	28	29	30	31	1	2	3	4	5	
음	월									十						二							月								
력	일	一	二	三	四	五	六	七	八	九	十	十一	十二	十三	十四	十五	十六	十七	十八	十九	二十	二一	二二	二三	二四	二五	二六	二七	二八	二九	三十
양	월	1																										2			
력	일	6	7	8	9	10	11	12	13	14	15	16	17	18	19	20	21	22	23	24	25	26	27	28	29	30	31	1	2	3	4

서기 1924년 甲 子 年

음	월								正															月							
력	일	一	二	三	四	五	六	七	八	九	十	十一	十二	十三	十四	十五	十六	十七	十八	十九	二十	二一	二二	二三	二四	二五	二六	二七	二八	二九	三十
양	월	2																									3				
력	일	5	6	7	8	9	10	11	12	13	14	15	16	17	18	19	20	21	22	23	24	25	26	27	28	29	1	2	3	4	5
음	월								二															月							
력	일	一	二	三	四	五	六	七	八	九	十	十一	十二	十三	十四	十五	十六	十七	十八	十九	二十	二一	二二	二三	二四	二五	二六	二七	二八	二九	
양	월	3																										4			
력	일	6	7	8	9	10	11	12	13	14	15	16	17	18	19	20	21	22	23	24	25	26	27	28	29	30	31	1	2	3	
음	월								三															月							
력	일	一	二	三	四	五	六	七	八	九	十	十一	十二	十三	十四	十五	十六	十七	十八	十九	二十	二一	二二	二三	二四	二五	二六	二七	二八	二九	三十
양	월	4																											5		
력	일	4	5	6	7	8	9	10	11	12	13	14	15	16	17	18	19	20	21	22	23	24	25	26	27	28	29	30	1	2	3
음	월								四															月							
력	일	一	二	三	四	五	六	七	八	九	十	十一	十二	十三	十四	十五	十六	十七	十八	十九	二十	二一	二二	二三	二四	二五	二六	二七	二八	二九	
양	월	5																												6	
력	일	4	5	6	7	8	9	10	11	12	13	14	15	16	17	18	19	20	21	22	23	24	25	26	27	28	29	30	31	1	
음	월								五															月							
력	일	一	二	三	四	五	六	七	八	九	十	十一	十二	十三	十四	十五	十六	十七	十八	十九	二十	二一	二二	二三	二四	二五	二六	二七	二八	二九	三十
양	월	6																													7
력	일	2	3	4	5	6	7	8	9	10	11	12	13	14	15	16	17	18	19	20	21	22	23	24	25	26	27	28	29	30	1
음	월								六															月							
력	일	一	二	三	四	五	六	七	八	九	十	十一	十二	十三	十四	十五	十六	十七	十八	十九	二十	二一	二二	二三	二四	二五	二六	二七	二八	二九	三十
양	월	7																													
력	일	2	3	4	5	6	7	8	9	10	11	12	13	14	15	16	17	18	19	20	21	22	23	24	25	26	27	28	29	30	31
음	월								七															月							
력	일	一	二	三	四	五	六	七	八	九	十	十一	十二	十三	十四	十五	十六	十七	十八	十九	二十	二一	二二	二三	二四	二五	二六	二七	二八	二九	
양	월	8																													
력	일	1	2	3	4	5	6	7	8	9	10	11	12	13	14	15	16	17	18	19	20	21	22	23	24	25	26	27	28	29	
음	월								八															月							
력	일	一	二	三	四	五	六	七	八	九	十	十一	十二	十三	十四	十五	十六	十七	十八	十九	二十	二一	二二	二三	二四	二五	二六	二七	二八	二九	三十
양	월	8		9																											
력	일	30	31	1	2	3	4	5	6	7	8	9	10	11	12	13	14	15	16	17	18	19	20	21	22	23	24	25	26	27	28
음	월								九															月							
력	일	一	二	三	四	五	六	七	八	九	十	十一	十二	十三	十四	十五	十六	十七	十八	十九	二十	二一	二二	二三	二四	二五	二六	二七	二八	二九	
양	월	9		10																											
력	일	29	30	1	2	3	4	5	6	7	8	9	10	11	12	13	14	15	16	17	18	19	20	21	22	23	24	25	26	27	
음	월								十															月							
력	일	一	二	三	四	五	六	七	八	九	十	十一	十二	十三	十四	十五	十六	十七	十八	十九	二十	二一	二二	二三	二四	二五	二六	二七	二八	二九	三十
양	월	10				11																									
력	일	28	29	30	31	1	2	3	4	5	6	7	8	9	10	11	12	13	14	15	16	17	18	19	20	21	22	23	24	25	26
음	월								十							一								月							
력	일	一	二	三	四	五	六	七	八	九	十	十一	十二	十三	十四	十五	十六	十七	十八	十九	二十	二一	二二	二三	二四	二五	二六	二七	二八	二九	
양	월	11				12																									
력	일	27	28	29	30	1	2	3	4	5	6	7	8	9	10	11	12	13	14	15	16	17	18	19	20	21	22	23	24	25	
음	월								十							二								月							
력	일	一	二	三	四	五	六	七	八	九	十	十一	十二	十三	十四	十五	十六	十七	十八	十九	二十	二一	二二	二三	二四	二五	二六	二七	二八	二九	
양	월	12						1																							
력	일	26	27	28	29	30	31	1	2	3	4	5	6	7	8	9	10	11	12	13	14	15	16	17	18	19	20	21	22	23	

서기 1925년 乙 丑 年

음	월									正														月							
력	일	一	二	三	四	五	六	七	八	九	十	十一	十二	十三	十四	十五	十六	十七	十八	十九	二十	二十一	二十二	二十三	二十四	二十五	二十六	二十七	二十八	二十九	三十
양	월	1								2																					
력	일	24	25	26	27	28	29	30	31	1	2	3	4	5	6	7	8	9	10	11	12	13	14	15	16	17	18	19	20	21	22
음	월									二														月							
력	일	一	二	三	四	五	六	七	八	九	十	十一	十二	十三	十四	十五	十六	十七	十八	十九	二十	二十一	二十二	二十三	二十四	二十五	二十六	二十七	二十八	二十九	
양	월	2						3																							
력	일	23	24	25	26	27	28	1	2	3	4	5	6	7	8	9	10	11	12	13	14	15	16	17	18	19	20	21	22	23	
음	월									三														月							
력	일	一	二	三	四	五	六	七	八	九	十	十一	十二	十三	十四	十五	十六	十七	十八	十九	二十	二十一	二十二	二十三	二十四	二十五	二十六	二十七	二十八	二十九	三十
양	월	3								4																					
력	일	24	25	26	27	28	29	30	31	1	2	3	4	5	6	7	8	9	10	11	12	13	14	15	16	17	18	19	20	21	22
음	월									四														月							
력	일	一	二	三	四	五	六	七	八	九	十	十一	十二	十三	十四	十五	十六	十七	十八	十九	二十	二十一	二十二	二十三	二十四	二十五	二十六	二十七	二十八	二十九	三十
양	월	4								5																					
력	일	23	24	25	26	27	28	29	30	1	2	3	4	5	6	7	8	9	10	11	12	13	14	15	16	17	18	19	20	21	22
음	월									閏							四							月							
력	일	一	二	三	四	五	六	七	八	九	十	十一	十二	十三	十四	十五	十六	十七	十八	十九	二十	二十一	二十二	二十三	二十四	二十五	二十六	二十七	二十八	二十九	
양	월	5								6																					
력	일	23	24	25	26	27	28	29	30	31	1	2	3	4	5	6	7	8	9	10	11	12	13	14	15	16	17	18	19	20	
음	월									五														月							
력	일	一	二	三	四	五	六	七	八	九	十	十一	十二	十三	十四	十五	十六	十七	十八	十九	二十	二十一	二十二	二十三	二十四	二十五	二十六	二十七	二十八	二十九	三十
양	월	6										7																			
력	일	21	22	23	24	25	26	27	28	29	30	1	2	3	4	5	6	7	8	9	10	11	12	13	14	15	16	17	18	19	20
음	월									六														月							
력	일	一	二	三	四	五	六	七	八	九	十	十一	十二	十三	十四	十五	十六	十七	十八	十九	二十	二十一	二十二	二十三	二十四	二十五	二十六	二十七	二十八	二十九	
양	월	7											8																		
력	일	21	22	23	24	25	26	27	28	29	30	31	1	2	3	4	5	6	7	8	9	10	11	12	13	14	15	16	17	18	
음	월									七														月							
력	일	一	二	三	四	五	六	七	八	九	十	十一	十二	十三	十四	十五	十六	十七	十八	十九	二十	二十一	二十二	二十三	二十四	二十五	二十六	二十七	二十八	二十九	三十
양	월	8													9																
력	일	19	20	21	22	23	24	25	26	27	28	29	30	31	1	2	3	4	5	6	7	8	9	10	11	12	13	14	15	16	17
음	월									八														月							
력	일	一	二	三	四	五	六	七	八	九	十	十一	十二	十三	十四	十五	十六	十七	十八	十九	二十	二十一	二十二	二十三	二十四	二十五	二十六	二十七	二十八	二十九	三十
양	월	9													10																
력	일	18	19	20	21	22	23	24	25	26	27	28	29	30	1	2	3	4	5	6	7	8	9	10	11	12	13	14	15	16	17
음	월									九														月							
력	일	一	二	三	四	五	六	七	八	九	十	十一	十二	十三	十四	十五	十六	十七	十八	十九	二十	二十一	二十二	二十三	二十四	二十五	二十六	二十七	二十八	二十九	
양	월	10														11															
력	일	18	19	20	21	22	23	24	25	26	27	28	29	30	31	1	2	3	4	5	6	7	8	9	10	11	12	13	14	15	
음	월									十														月							
력	일	一	二	三	四	五	六	七	八	九	十	十一	十二	十三	十四	十五	十六	十七	十八	十九	二十	二十一	二十二	二十三	二十四	二十五	二十六	二十七	二十八	二十九	三十
양	월	11															12														
력	일	16	17	18	19	20	21	22	23	24	25	26	27	28	29	30	1	2	3	4	5	6	7	8	9	10	11	12	13	14	15
음	월									十							一							月							
력	일	一	二	三	四	五	六	七	八	九	十	十一	十二	十三	十四	十五	十六	十七	十八	十九	二十	二十一	二十二	二十三	二十四	二十五	二十六	二十七	二十八	二十九	
양	월	12																1													
력	일	16	17	18	19	20	21	22	23	24	25	26	27	28	29	30	31	1	2	3	4	5	6	7	8	9	10	11	12	13	
음	월									十							二							月							
력	일	一	二	三	四	五	六	七	八	九	十	十一	十二	十三	十四	十五	十六	十七	十八	十九	二十	二十一	二十二	二十三	二十四	二十五	二十六	二十七	二十八	二十九	三十
양	월	1																		2											
력	일	14	15	16	17	18	19	20	21	22	23	24	25	26	27	28	29	30	31	1	2	3	4	5	6	7	8	9	10	11	12

서기 1926년 丙 寅 年

음	월									正														月							
력	일	一	二	三	四	五	六	七	八	九	十	十一	十二	十三	十四	十五	十六	十七	十八	十九	二十	二一	二二	二三	二四	二五	二六	二七	二八	二九	
양	월	2																3													
력	일	13	14	15	16	17	18	19	20	21	22	23	24	25	26	27	28	1	2	3	4	5	6	7	8	9	10	11	12	13	
음	월									二														月							
력	일	一	二	三	四	五	六	七	八	九	十	十一	十二	十三	十四	十五	十六	十七	十八	十九	二十	二一	二二	二三	二四	二五	二六	二七	二八	二九	
양	월	3																		4											
력	일	14	15	16	17	18	19	20	21	22	23	24	25	26	27	28	29	30	31	1	2	3	4	5	6	7	8	9	10	11	
음	월									三														月							
력	일	一	二	三	四	五	六	七	八	九	十	十一	十二	十三	十四	十五	十六	十七	十八	十九	二十	二一	二二	二三	二四	二五	二六	二七	二八	二九	三十
양	월	4																			5										
력	일	12	13	14	15	16	17	18	19	20	21	22	23	24	25	26	27	28	29	30	1	2	3	4	5	6	7	8	9	10	11
음	월									四														月							
력	일	一	二	三	四	五	六	七	八	九	十	十一	十二	十三	十四	十五	十六	十七	十八	十九	二十	二一	二二	二三	二四	二五	二六	二七	二八	二九	
양	월	5																						6							
력	일	12	13	14	15	16	17	18	19	20	21	22	23	24	25	26	27	28	29	30	31	1	2	3	4	5	6	7	8	9	
음	월									五														月							
력	일	一	二	三	四	五	六	七	八	九	十	十一	十二	十三	十四	十五	十六	十七	十八	十九	二十	二一	二二	二三	二四	二五	二六	二七	二八	二九	三十
양	월	6																			7										
력	일	10	11	12	13	14	15	16	17	18	19	20	21	22	23	24	25	26	27	28	29	30	1	2	3	4	5	6	7	8	9
음	월									六														月							
력	일	一	二	三	四	五	六	七	八	九	十	十一	十二	十三	十四	十五	十六	十七	十八	十九	二十	二一	二二	二三	二四	二五	二六	二七	二八	二九	
양	월	7																						8							
력	일	10	11	12	13	14	15	16	17	18	19	20	21	22	23	24	25	26	27	28	29	30	31	1	2	3	4	5	6	7	
음	월									七														月							
력	일	一	二	三	四	五	六	七	八	九	十	十一	十二	十三	十四	十五	十六	十七	十八	十九	二十	二一	二二	二三	二四	二五	二六	二七	二八	二九	三十
양	월	8																								9					
력	일	8	9	10	11	12	13	14	15	16	17	18	19	20	21	22	23	24	25	26	27	28	29	30	31	1	2	3	4	5	6
음	월									八														月							
력	일	一	二	三	四	五	六	七	八	九	十	十一	十二	十三	十四	十五	十六	十七	十八	十九	二十	二一	二二	二三	二四	二五	二六	二七	二八	二九	三十
양	월	9																								10					
력	일	7	8	9	10	11	12	13	14	15	16	17	18	19	20	21	22	23	24	25	26	27	28	29	30	1	2	3	4	5	6
음	월									九														月							
력	일	一	二	三	四	五	六	七	八	九	十	十一	十二	十三	十四	十五	十六	十七	十八	十九	二十	二一	二二	二三	二四	二五	二六	二七	二八	二九	
양	월	10																									11				
력	일	7	8	9	10	11	12	13	14	15	16	17	18	19	20	21	22	23	24	25	26	27	28	29	30	31	1	2	3	4	
음	월									十														月							
력	일	一	二	三	四	五	六	七	八	九	十	十一	十二	十三	十四	十五	十六	十七	十八	十九	二十	二一	二二	二三	二四	二五	二六	二七	二八	二九	三十
양	월	11																										12			
력	일	5	6	7	8	9	10	11	12	13	14	15	16	17	18	19	20	21	22	23	24	25	26	27	28	29	30	1	2	3	4
음	월									十							一							月							
력	일	一	二	三	四	五	六	七	八	九	十	十一	十二	十三	十四	十五	十六	十七	十八	十九	二十	二一	二二	二三	二四	二五	二六	二七	二八	二九	三十
양	월	12																											1		
력	일	5	6	7	8	9	10	11	12	13	14	15	16	17	18	19	20	21	22	23	24	25	26	27	28	29	30	31	1	2	3
음	월									十							二							月							
력	일	一	二	三	四	五	六	七	八	九	十	十一	十二	十三	十四	十五	十六	十七	十八	十九	二十	二一	二二	二三	二四	二五	二六	二七	二八	二九	
양	월	1																												2	
력	일	4	5	6	7	8	9	10	11	12	13	14	15	16	17	18	19	20	21	22	23	24	25	26	27	28	29	30	31	1	

서기 1927년 丁 卯 年

음	월									正													月								
력	일	一	二	三	四	五	六	七	八	九	十	十一	十二	十三	十四	十五	十六	十七	十八	十九	二十	二一	二二	二三	二四	二五	二六	二七	二八	二九	三十
양	월	2																											3		
력	일	2	3	4	5	6	7	8	9	10	11	12	13	14	15	16	17	18	19	20	21	22	23	24	25	26	27	28	1	2	3
음	월									二													月								
력	일	一	二	三	四	五	六	七	八	九	十	十一	十二	十三	十四	十五	十六	十七	十八	十九	二十	二一	二二	二三	二四	二五	二六	二七	二八	二九	
양	월	3																												4	
력	일	4	5	6	7	8	9	10	11	12	13	14	15	16	17	18	19	20	21	22	23	24	25	26	27	28	29	30	31	1	
음	월									三													月								
력	일	一	二	三	四	五	六	七	八	九	十	十一	十二	十三	十四	十五	十六	十七	十八	十九	二十	二一	二二	二三	二四	二五	二六	二七	二八	二九	
양	월	4																													
력	일	2	3	4	5	6	7	8	9	10	11	12	13	14	15	16	17	18	19	20	21	22	23	24	25	26	27	28	29	30	
음	월									四													月								
력	일	一	二	三	四	五	六	七	八	九	十	十一	十二	十三	十四	十五	十六	十七	十八	十九	二十	二一	二二	二三	二四	二五	二六	二七	二八	二九	三十
양	월	5																													
력	일	1	2	3	4	5	6	7	8	9	10	11	12	13	14	15	16	17	18	19	20	21	22	23	24	25	26	27	28	29	30
음	월									五													月								
력	일	一	二	三	四	五	六	七	八	九	十	十一	十二	十三	十四	十五	十六	十七	十八	十九	二十	二一	二二	二三	二四	二五	二六	二七	二八	二九	
양	월	5	6																												
력	일	31	1	2	3	4	5	6	7	8	9	10	11	12	13	14	15	16	17	18	19	20	21	22	23	24	25	26	27	28	
음	월									六													月								
력	일	一	二	三	四	五	六	七	八	九	十	十一	十二	十三	十四	十五	十六	十七	十八	十九	二十	二一	二二	二三	二四	二五	二六	二七	二八	二九	三十
양	월	6		7																											
력	일	29	30	1	2	3	4	5	6	7	8	9	10	11	12	13	14	15	16	17	18	19	20	21	22	23	24	25	26	27	28
음	월									七													月								
력	일	一	二	三	四	五	六	七	八	九	十	十一	十二	十三	十四	十五	十六	十七	十八	十九	二十	二一	二二	二三	二四	二五	二六	二七	二八	二九	
양	월	7			8																										
력	일	29	30	31	1	2	3	4	5	6	7	8	9	10	11	12	13	14	15	16	17	18	19	20	21	22	23	24	25	26	
음	월									八													月								
력	일	一	二	三	四	五	六	七	八	九	十	十一	十二	十三	十四	十五	十六	十七	十八	十九	二十	二一	二二	二三	二四	二五	二六	二七	二八	二九	三十
양	월	8					9																								
력	일	27	28	29	30	31	1	2	3	4	5	6	7	8	9	10	11	12	13	14	15	16	17	18	19	20	21	22	23	24	25
음	월									九													月								
력	일	一	二	三	四	五	六	七	八	九	十	十一	十二	十三	十四	十五	十六	十七	十八	十九	二十	二一	二二	二三	二四	二五	二六	二七	二八	二九	三十
양	월	9					10																								
력	일	26	27	28	29	30	1	2	3	4	5	6	7	8	9	10	11	12	13	14	15	16	17	18	19	20	21	22	23	24	25
음	월									十													月								
력	일	一	二	三	四	五	六	七	八	九	十	十一	十二	十三	十四	十五	十六	十七	十八	十九	二十	二一	二二	二三	二四	二五	二六	二七	二八	二九	
양	월	10						11																							
력	일	26	27	28	29	30	31	1	2	3	4	5	6	7	8	9	10	11	12	13	14	15	16	17	18	19	20	21	22	23	
음	월									十							一						月								
력	일	一	二	三	四	五	六	七	八	九	十	十一	十二	十三	十四	十五	十六	十七	十八	十九	二十	二一	二二	二三	二四	二五	二六	二七	二八	二九	三十
양	월	11							12																						
력	일	24	25	26	27	28	29	30	1	2	3	4	5	6	7	8	9	10	11	12	13	14	15	16	17	18	19	20	21	22	23
음	월									十							二						月								
력	일	一	二	三	四	五	六	七	八	九	十	十一	十二	十三	十四	十五	十六	十七	十八	十九	二十	二一	二二	二三	二四	二五	二六	二七	二八	二九	三十
양	월	12								1																					
력	일	24	25	26	27	28	29	30	31	1	2	3	4	5	6	7	8	9	10	11	12	13	14	15	16	17	18	19	20	21	22

서기 1928년 戊 辰 年

음	월	正月																													
력	일	一	二	三	四	五	六	七	八	九	十	十一	十二	十三	十四	十五	十六	十七	十八	十九	二十	二一	二二	二三	二四	二五	二六	二七	二八	二九	
양	월	1									2																				
력	일	23	24	25	26	27	28	29	30	31	1	2	3	4	5	6	7	8	9	10	11	12	13	14	15	16	17	18	19	20	
음	월	二月																													
력	일	一	二	三	四	五	六	七	八	九	十	十一	十二	十三	十四	十五	十六	十七	十八	十九	二十	二一	二二	二三	二四	二五	二六	二七	二八	二九	三十
양	월	2									3																				
력	일	21	22	23	24	25	26	27	28	29	1	2	3	4	5	6	7	8	9	10	11	12	13	14	15	16	17	18	19	20	21
음	월	閏二月																													
력	일	一	二	三	四	五	六	七	八	九	十	十一	十二	十三	十四	十五	十六	十七	十八	十九	二十	二一	二二	二三	二四	二五	二六	二七	二八	二九	
양	월	3										4																			
력	일	22	23	24	25	26	27	28	29	30	31	1	2	3	4	5	6	7	8	9	10	11	12	13	14	15	16	17	18	19	
음	월	三月																													
력	일	一	二	三	四	五	六	七	八	九	十	十一	十二	十三	十四	十五	十六	十七	十八	十九	二十	二一	二二	二三	二四	二五	二六	二七	二八	二九	
양	월	4											5																		
력	일	20	21	22	23	24	25	26	27	28	29	30	1	2	3	4	5	6	7	8	9	10	11	12	13	14	15	16	17	18	
음	월	四月																													
력	일	一	二	三	四	五	六	七	八	九	十	十一	十二	十三	十四	十五	十六	十七	十八	十九	二十	二一	二二	二三	二四	二五	二六	二七	二八	二九	三十
양	월	5													6																
력	일	19	20	21	22	23	24	25	26	27	28	29	30	31	1	2	3	4	5	6	7	8	9	10	11	12	13	14	15	16	17
음	월	五月																													
력	일	一	二	三	四	五	六	七	八	九	十	十一	十二	十三	十四	十五	十六	十七	十八	十九	二十	二一	二二	二三	二四	二五	二六	二七	二八	二九	
양	월	6													7																
력	일	18	19	20	21	22	23	24	25	26	27	28	29	30	1	2	3	4	5	6	7	8	9	10	11	12	13	14	15	16	
음	월	六月																													
력	일	一	二	三	四	五	六	七	八	九	十	十一	十二	十三	十四	十五	十六	十七	十八	十九	二十	二一	二二	二三	二四	二五	二六	二七	二八	二九	
양	월	8															8														
력	일	17	18	19	20	21	22	23	24	25	26	27	28	29	30	31	1	2	3	4	5	6	7	8	9	10	11	12	13	14	
음	월	七月																													
력	일	一	二	三	四	五	六	七	八	九	十	十一	十二	十三	十四	十五	十六	十七	十八	十九	二十	二一	二二	二三	二四	二五	二六	二七	二八	二九	三十
양	월	8																	9												
력	일	15	16	17	18	19	20	21	22	23	24	25	26	27	28	29	30	31	1	2	3	4	5	6	7	8	9	10	11	12	13
음	월	八月																													
력	일	一	二	三	四	五	六	七	八	九	十	十一	十二	十三	十四	十五	十六	十七	十八	十九	二十	二一	二二	二三	二四	二五	二六	二七	二八	二九	三十
양	월	9																	10												
력	일	14	15	16	17	18	19	20	21	22	23	24	25	26	27	28	29	30	1	2	3	4	5	6	7	8	9	10	11	12	13
음	월	九月																													
력	일	一	二	三	四	五	六	七	八	九	十	十一	十二	十三	十四	十五	十六	十七	十八	十九	二十	二一	二二	二三	二四	二五	二六	二七	二八	二九	
양	월	10																		11											
력	일	14	15	16	17	18	19	20	21	22	23	24	25	26	27	28	29	30	31	1	2	3	4	5	6	7	8	9	10	11	
음	월	十月																													
력	일	一	二	三	四	五	六	七	八	九	十	十一	十二	十三	十四	十五	十六	十七	十八	十九	二十	二一	二二	二三	二四	二五	二六	二七	二八	二九	三十
양	월	11																			12										
력	일	12	13	14	15	16	17	18	19	20	21	22	23	24	25	26	27	28	29	30	1	2	3	4	5	6	7	8	9	10	11
음	월	十一月																													
력	일	一	二	三	四	五	六	七	八	九	十	十一	十二	十三	十四	十五	十六	十七	十八	十九	二十	二一	二二	二三	二四	二五	二六	二七	二八	二九	三十
양	월	12																				1									
력	일	12	13	14	15	16	17	18	19	20	21	22	23	24	25	26	27	28	29	30	31	1	2	3	4	5	6	7	8	9	10
음	월	十二月																													
력	일	一	二	三	四	五	六	七	八	九	十	十一	十二	十三	十四	十五	十六	十七	十八	十九	二十	二一	二二	二三	二四	二五	二六	二七	二八	二九	三十
양	월	1																					2								
력	일	11	12	13	14	15	16	17	18	19	20	21	22	23	24	25	26	27	28	29	30	31	1	2	3	4	5	6	7	8	9

서기 1929년 근 巳 年

음	월	正 月																													
력	일	一	二	三	四	五	六	七	八	九	十	十一	十二	十三	十四	十五	十六	十七	十八	十九	二十	二一	二二	二三	二四	二五	二六	二七	二八	二九	
양	월	2																			3										
력	일	10	11	12	13	14	15	16	17	18	19	20	21	22	23	24	25	26	27	28	1	2	3	4	5	6	7	8	9	10	
음	월	二 月																													
력	일	一	二	三	四	五	六	七	八	九	十	十一	十二	十三	十四	十五	十六	十七	十八	十九	二十	二一	二二	二三	二四	二五	二六	二七	二八	二九	三十
양	월	3																					4								
력	일	11	12	13	14	15	16	17	18	19	20	21	22	23	24	25	26	27	28	29	30	31	1	2	3	4	5	6	7	8	9
음	월	三 月																													
력	일	一	二	三	四	五	六	七	八	九	十	十一	十二	十三	十四	十五	十六	十七	十八	十九	二十	二一	二二	二三	二四	二五	二六	二七	二八	二九	
양	월	4																					5								
력	일	10	11	12	13	14	15	16	17	18	19	20	21	22	23	24	25	26	27	28	29	30	1	2	3	4	5	6	7	8	
음	월	四 月																													
력	일	一	二	三	四	五	六	七	八	九	十	十一	十二	十三	十四	十五	十六	十七	十八	十九	二十	二一	二二	二三	二四	二五	二六	二七	二八	二九	
양	월	5																							6						
력	일	9	10	11	12	13	14	15	16	17	18	19	20	21	22	23	24	25	26	27	28	29	30	31	1	2	3	4	5	6	
음	월	五 月																													
력	일	一	二	三	四	五	六	七	八	九	十	十一	十二	十三	十四	十五	十六	十七	十八	十九	二十	二一	二二	二三	二四	二五	二六	二七	二八	二九	三十
양	월	6																									7				
력	일	7	8	9	10	11	12	13	14	15	16	17	18	19	20	21	22	23	24	25	26	27	28	29	30	1	2	3	4	5	6
음	월	六 月																													
력	일	一	二	三	四	五	六	七	八	九	十	十一	十二	十三	十四	十五	十六	十七	十八	十九	二十	二一	二二	二三	二四	二五	二六	二七	二八	二九	
양	월	7																									8				
력	일	7	8	9	10	11	12	13	14	15	16	17	18	19	20	21	22	23	24	25	26	27	28	29	30	31	1	2	3	4	
음	월	七 月																													
력	일	一	二	三	四	五	六	七	八	九	十	十一	十二	十三	十四	十五	十六	十七	十八	十九	二十	二一	二二	二三	二四	二五	二六	二七	二八	二九	
양	월	8																											9		
력	일	5	6	7	8	9	10	11	12	13	14	15	16	17	18	19	20	21	22	23	24	25	26	27	28	29	30	31	1	2	
음	월	八 月																													
력	일	一	二	三	四	五	六	七	八	九	十	十一	十二	十三	十四	十五	十六	十七	十八	十九	二十	二一	二二	二三	二四	二五	二六	二七	二八	二九	三十
양	월	9																												10	
력	일	3	4	5	6	7	8	9	10	11	12	13	14	15	16	17	18	19	20	21	22	23	24	25	26	27	28	29	30	1	2
음	월	九 月																													
력	일	一	二	三	四	五	六	七	八	九	十	十一	十二	十三	十四	十五	十六	十七	十八	十九	二十	二一	二二	二三	二四	二五	二六	二七	二八	二九	
양	월	10																													
력	일	3	4	5	6	7	8	9	10	11	12	13	14	15	16	17	18	19	20	21	22	23	24	25	26	27	28	29	30	31	
음	월	十 月																													
력	일	一	二	三	四	五	六	七	八	九	十	十一	十二	十三	十四	十五	十六	十七	十八	十九	二十	二一	二二	二三	二四	二五	二六	二七	二八	二九	三十
양	월	11																													
력	일	1	2	3	4	5	6	7	8	9	10	11	12	13	14	15	16	17	18	19	20	21	22	23	24	25	26	27	28	29	30
음	월	十 一 月																													
력	일	一	二	三	四	五	六	七	八	九	十	十一	十二	十三	十四	十五	十六	十七	十八	十九	二十	二一	二二	二三	二四	二五	二六	二七	二八	二九	三十
양	월	12																													
력	일	1	2	3	4	5	6	7	8	9	10	11	12	13	14	15	16	17	18	19	20	21	22	23	24	25	26	27	28	29	30
음	월	十 二 月																													
력	일	一	二	三	四	五	六	七	八	九	十	十一	十二	十三	十四	十五	十六	十七	十八	十九	二十	二一	二二	二三	二四	二五	二六	二七	二八	二九	三十
양	월	12	1																												
력	일	31	1	2	3	4	5	6	7	8	9	10	11	12	13	14	15	16	17	18	19	20	21	22	23	24	25	26	27	28	29

서기 1930년 庚 午 年

음	월									正													月								
력	일	一	二	三	四	五	六	七	八	九	十	十一	十二	十三	十四	十五	十六	十七	十八	十九	二十	二一	二二	二三	二四	二五	二六	二七	二八	二九	
양	월	1		2																											
력	일	30	31	1	2	3	4	5	6	7	8	9	10	11	12	13	14	15	16	17	18	19	20	21	22	23	24	25	26	27	
음	월									二													月								
력	일	一	二	三	四	五	六	七	八	九	十	十一	十二	十三	十四	十五	十六	十七	十八	十九	二十	二一	二二	二三	二四	二五	二六	二七	二八	二九	三十
양	월	2	3																												
력	일	28	1	2	3	4	5	6	7	8	9	10	11	12	13	14	15	16	17	18	19	20	21	22	23	24	25	26	27	28	29
음	월									三													月								
력	일	一	二	三	四	五	六	七	八	九	十	十一	十二	十三	十四	十五	十六	十七	十八	十九	二十	二一	二二	二三	二四	二五	二六	二七	二八	二九	三十
양	월	3			4																										
력	일	30	31	1	2	3	4	5	6	7	8	9	10	11	12	13	14	15	16	17	18	19	20	21	22	23	24	25	26	27	28
음	월									四													月								
력	일	一	二	三	四	五	六	七	八	九	十	十一	十二	十三	十四	十五	十六	十七	十八	十九	二十	二一	二二	二三	二四	二五	二六	二七	二八	二九	
양	월	4																													
력	일	29	30	1	2	3	4	5	6	7	8	9	10	11	12	13	14	15	16	17	18	19	20	21	22	23	24	25	26	27	
음	월									五													月								
력	일	一	二	三	四	五	六	七	八	九	十	十一	十二	十三	十四	十五	十六	十七	十八	十九	二十	二一	二二	二三	二四	二五	二六	二七	二八	二九	
양	월	5				6																									
력	일	28	29	30	31	1	2	3	4	5	6	7	8	9	10	11	12	13	14	15	16	17	18	19	20	21	22	23	24	25	
음	월									六													月								
력	일	一	二	三	四	五	六	七	八	九	十	十一	十二	十三	十四	十五	十六	十七	十八	十九	二十	二一	二二	二三	二四	二五	二六	二七	二八	二九	三十
양	월	6					7																								
력	일	26	27	28	29	30	1	2	3	4	5	6	7	8	9	10	11	12	13	14	15	16	17	18	19	20	21	22	23	24	25
음	월									閏						六							月								
력	일	一	二	三	四	五	六	七	八	九	十	十一	十二	十三	十四	十五	十六	十七	十八	十九	二十	二一	二二	二三	二四	二五	二六	二七	二八	二九	
양	월	7						8																							
력	일	26	27	28	29	30	31	1	2	3	4	5	6	7	8	9	10	11	12	13	14	15	16	17	18	19	20	21	22	23	
음	월									七													月								
력	일	一	二	三	四	五	六	七	八	九	十	十一	十二	十三	十四	十五	十六	十七	十八	十九	二十	二一	二二	二三	二四	二五	二六	二七	二八	二九	
양	월	8								9																					
력	일	24	25	26	27	28	29	30	31	1	2	3	4	5	6	7	8	9	10	11	12	13	14	15	16	17	18	19	20	21	
음	월									八													月								
력	일	一	二	三	四	五	六	七	八	九	十	十一	十二	十三	十四	十五	十六	十七	十八	十九	二十	二一	二二	二三	二四	二五	二六	二七	二八	二九	三十
양	월	9									10																				
력	일	22	23	24	25	26	27	28	29	30	1	2	3	4	5	6	7	8	9	10	11	12	13	14	15	16	17	18	19	20	21
음	월									九													月								
력	일	一	二	三	四	五	六	七	八	九	十	十一	十二	十三	十四	十五	十六	十七	十八	十九	二十	二一	二二	二三	二四	二五	二六	二七	二八	二九	
양	월	10									11																				
력	일	22	23	24	25	26	27	28	29	30	31	1	2	3	4	5	6	7	8	9	10	11	12	13	14	15	16	17	18	19	
음	월									十													月								
력	일	一	二	三	四	五	六	七	八	九	十	十一	十二	十三	十四	十五	十六	十七	十八	十九	二十	二一	二二	二三	二四	二五	二六	二七	二八	二九	三十
양	월	11											12																		
력	일	20	21	22	23	24	25	26	27	28	29	30	1	2	3	4	5	6	7	8	9	10	11	12	13	14	15	16	17	18	19
음	월									十						一							月								
력	일	一	二	三	四	五	六	七	八	九	十	十一	十二	十三	十四	十五	十六	十七	十八	十九	二十	二一	二二	二三	二四	二五	二六	二七	二八	二九	三十
양	월	12												1																	
력	일	20	21	22	23	24	25	26	27	28	29	30	31	1	2	3	4	5	6	7	8	9	10	11	12	13	14	15	16	17	18
음	월									十						二							月								
력	일	一	二	三	四	五	六	七	八	九	十	十一	十二	十三	十四	十五	十六	十七	十八	十九	二十	二一	二二	二三	二四	二五	二六	二七	二八	二九	
양	월	1													2																
력	일	19	20	21	22	23	24	25	26	27	28	29	30	31	1	2	3	4	5	6	7	8	9	10	11	12	13	14	15	16	

서기 1931년 辛 未 年

음	월	正月																													
력	일	一	二	三	四	五	六	七	八	九	十	十一	十二	十三	十四	十五	十六	十七	十八	十九	二十	二一	二二	二三	二四	二五	二六	二七	二八	二九	三十
양	월	2												3																	
력	일	17	18	19	20	21	22	23	24	25	26	27	28	1	2	3	4	5	6	7	8	9	10	11	12	13	14	15	16	17	18
음	월	二月																													
력	일	一	二	三	四	五	六	七	八	九	十	十一	十二	十三	十四	十五	十六	十七	十八	十九	二十	二一	二二	二三	二四	二五	二六	二七	二八	二九	三十
양	월	3													4																
력	일	19	20	21	22	23	24	25	26	27	28	29	30	31	1	2	3	4	5	6	7	8	9	10	11	12	13	14	15	16	17
음	월	三月																													
력	일	一	二	三	四	五	六	七	八	九	十	十一	十二	十三	十四	十五	十六	十七	十八	十九	二十	二一	二二	二三	二四	二五	二六	二七	二八	二九	三十
양	월	4													5																
력	일	18	19	20	21	22	23	24	25	26	27	28	29	30	1	2	3	4	5	6	7	8	9	10	11	12	13	14	15	16	17
음	월	四月																													
력	일	一	二	三	四	五	六	七	八	九	十	十一	十二	十三	十四	十五	十六	十七	十八	十九	二十	二一	二二	二三	二四	二五	二六	二七	二八	二九	
양	월	5														6															
력	일	18	19	20	21	22	23	24	25	26	27	28	29	30	31	1	2	3	4	5	6	7	8	9	10	11	12	13	14	15	
음	월	五月																													
력	일	一	二	三	四	五	六	七	八	九	十	十一	十二	十三	十四	十五	十六	十七	十八	十九	二十	二一	二二	二三	二四	二五	二六	二七	二八	二九	
양	월	6															7														
력	일	16	17	18	19	20	21	22	23	24	25	26	27	28	29	30	1	2	3	4	5	6	7	8	9	10	11	12	13	14	
음	월	六月																													
력	일	一	二	三	四	五	六	七	八	九	十	十一	十二	十三	十四	十五	十六	十七	十八	十九	二十	二一	二二	二三	二四	二五	二六	二七	二八	二九	三十
양	월	7																	8												
력	일	15	16	17	18	19	20	21	22	23	24	25	26	27	28	29	30	31	1	2	3	4	5	6	7	8	9	10	11	12	13
음	월	七月																													
력	일	一	二	三	四	五	六	七	八	九	十	十一	十二	十三	十四	十五	十六	十七	十八	十九	二十	二一	二二	二三	二四	二五	二六	二七	二八	二九	
양	월	8																		9											
력	일	14	15	16	17	18	19	20	21	22	23	24	25	26	27	28	29	30	31	1	2	3	4	5	6	7	8	9	10	11	
음	월	八月																													
력	일	一	二	三	四	五	六	七	八	九	十	十一	十二	十三	十四	十五	十六	十七	十八	十九	二十	二一	二二	二三	二四	二五	二六	二七	二八	二九	
양	월	9																			10										
력	일	12	13	14	15	16	17	18	19	20	21	22	23	24	25	26	27	28	29	30	1	2	3	4	5	6	7	8	9	10	
음	월	九月																													
력	일	一	二	三	四	五	六	七	八	九	十	十一	十二	十三	十四	十五	十六	十七	十八	十九	二十	二一	二二	二三	二四	二五	二六	二七	二八	二九	三十
양	월	10																					11								
력	일	11	12	13	14	15	16	17	18	19	20	21	22	23	24	25	26	27	28	29	30	31	1	2	3	4	5	6	7	8	9
음	월	十月																													
력	일	一	二	三	四	五	六	七	八	九	十	十一	十二	十三	十四	十五	十六	十七	十八	十九	二十	二一	二二	二三	二四	二五	二六	二七	二八	二九	
양	월	11																					12								
력	일	10	11	12	13	14	15	16	17	18	19	20	21	22	23	24	25	26	27	28	29	30	1	2	3	4	5	6	7	8	
음	월	十一月																													
력	일	一	二	三	四	五	六	七	八	九	十	十一	十二	十三	十四	十五	十六	十七	十八	十九	二十	二一	二二	二三	二四	二五	二六	二七	二八	二九	三十
양	월	12																							1						
력	일	9	10	11	12	13	14	15	16	17	18	19	20	21	22	23	24	25	26	27	28	29	30	31	1	2	3	4	5	6	7
음	월	十二月																													
력	일	一	二	三	四	五	六	七	八	九	十	十一	十二	十三	十四	十五	十六	十七	十八	十九	二十	二一	二二	二三	二四	二五	二六	二七	二八	二九	
양	월	1																								2					
력	일	8	9	10	11	12	13	14	15	16	17	18	19	20	21	22	23	24	25	26	27	28	29	30	31	1	2	3	4	5	

서기 1932년 壬 申 年

음	월	正月																													
력	일	一	二	三	四	五	六	七	八	九	十	十一	十二	十三	十四	十五	十六	十七	十八	十九	二十	二一	二二	二三	二四	二五	二六	二七	二八	二九	三十
양	월	2																								3					
력	일	6	7	8	9	10	11	12	13	14	15	16	17	18	19	20	21	22	23	24	25	26	27	28	29	1	2	3	4	5	6
음	월	二月																													
력	일	一	二	三	四	五	六	七	八	九	十	十一	十二	十三	十四	十五	十六	十七	十八	十九	二十	二一	二二	二三	二四	二五	二六	二七	二八	二九	三十
양	월	3																									4				
력	일	7	8	9	10	11	12	13	14	15	16	17	18	19	20	21	22	23	24	25	26	27	28	29	30	31	1	2	3	4	5
음	월	三月																													
력	일	一	二	三	四	五	六	七	八	九	十	十一	十二	十三	十四	十五	十六	十七	十八	十九	二十	二一	二二	二三	二四	二五	二六	二七	二八	二九	三十
양	월	4																									5				
력	일	6	7	8	9	10	11	12	13	14	15	16	17	18	19	20	21	22	23	24	25	26	27	28	29	30	1	2	3	4	5
음	월	四月																													
력	일	一	二	三	四	五	六	七	八	九	十	十一	十二	十三	十四	十五	十六	十七	十八	十九	二十	二一	二二	二三	二四	二五	二六	二七	二八	二九	
양	월	5																										6			
력	일	6	7	8	9	10	11	12	13	14	15	16	17	18	19	20	21	22	23	24	25	26	27	28	29	30	31	1	2	3	
음	월	五月																													
력	일	一	二	三	四	五	六	七	八	九	十	十一	十二	十三	十四	十五	十六	十七	十八	十九	二十	二一	二二	二三	二四	二五	二六	二七	二八	二九	三十
양	월	6																											7		
력	일	4	5	6	7	8	9	10	11	12	13	14	15	16	17	18	19	20	21	22	23	24	25	26	27	28	29	30	1	2	3
음	월	六月																													
력	일	一	二	三	四	五	六	七	八	九	十	十一	十二	十三	十四	十五	十六	十七	十八	十九	二十	二一	二二	二三	二四	二五	二六	二七	二八	二九	
양	월	7																												8	
력	일	4	5	6	7	8	9	10	11	12	13	14	15	16	17	18	19	20	21	22	23	24	25	26	27	28	29	30	31	1	
음	월	七月																													
력	일	一	二	三	四	五	六	七	八	九	十	十一	十二	十三	十四	十五	十六	十七	十八	十九	二十	二一	二二	二三	二四	二五	二六	二七	二八	二九	三十
양	월	8																													
력	일	2	3	4	5	6	7	8	9	10	11	12	13	14	15	16	17	18	19	20	21	22	23	24	25	26	27	28	29	30	31
음	월	八月																													
력	일	一	二	三	四	五	六	七	八	九	十	十一	十二	十三	十四	十五	十六	十七	十八	十九	二十	二一	二二	二三	二四	二五	二六	二七	二八	二九	
양	월	9																													
력	일	1	2	3	4	5	6	7	8	9	10	11	12	13	14	15	16	17	18	19	20	21	22	23	24	25	26	27	28	29	
음	월	九月																													
력	일	一	二	三	四	五	六	七	八	九	十	十一	十二	十三	十四	十五	十六	十七	十八	十九	二十	二一	二二	二三	二四	二五	二六	二七	二八	二九	
양	월	9	10																												
력	일	30	1	2	3	4	5	6	7	8	9	10	11	12	13	14	15	16	17	18	19	20	21	22	23	24	25	26	27	28	
음	월	十月																													
력	일	一	二	三	四	五	六	七	八	九	十	十一	十二	十三	十四	十五	十六	十七	十八	十九	二十	二一	二二	二三	二四	二五	二六	二七	二八	二九	三十
양	월	10			11																										
력	일	29	30	31	1	2	3	4	5	6	7	8	9	10	11	12	13	14	15	16	17	18	19	20	21	22	23	24	25	26	27
음	월	十一月																													
력	일	一	二	三	四	五	六	七	八	九	十	十一	十二	十三	十四	十五	十六	十七	十八	十九	二十	二一	二二	二三	二四	二五	二六	二七	二八	二九	
양	월	11			12																										
력	일	28	29	30	1	2	3	4	5	6	7	8	9	10	11	12	13	14	15	16	17	18	19	20	21	22	23	24	25	26	
음	월	十二月																													
력	일	一	二	三	四	五	六	七	八	九	十	十一	十二	十三	十四	十五	十六	十七	十八	十九	二十	二一	二二	二三	二四	二五	二六	二七	二八	二九	三十
양	월	12					1																								
력	일	27	28	29	30	31	1	2	3	4	5	6	7	8	9	10	11	12	13	14	15	16	17	18	19	20	21	22	23	24	25

서기 1933년 癸酉年

음	월	正月																													
력	일	一	二	三	四	五	六	七	八	九	十	十一	十二	十三	十四	十五	十六	十七	十八	十九	二十	二一	二二	二三	二四	二五	二六	二七	二八	二九	
양	월	1						2																							
력	일	26	27	28	29	30	31	1	2	3	4	5	6	7	8	9	10	11	12	13	14	15	16	17	18	19	20	21	22	23	
음	월	二月																													
력	일	一	二	三	四	五	六	七	八	九	十	十一	十二	十三	十四	十五	十六	十七	十八	十九	二十	二一	二二	二三	二四	二五	二六	二七	二八	二九	三十
양	월	2					3																								
력	일	24	25	26	27	28	1	2	3	4	5	6	7	8	9	10	11	12	13	14	15	16	17	18	19	20	21	22	23	24	25
음	월	三月																													
력	일	一	二	三	四	五	六	七	八	九	十	十一	十二	十三	十四	十五	十六	十七	十八	十九	二十	二一	二二	二三	二四	二五	二六	二七	二八	二九	三十
양	월	3						4																							
력	일	26	27	28	29	30	31	1	2	3	4	5	6	7	8	9	10	11	12	13	14	15	16	17	18	19	20	21	22	23	24
음	월	四月																													
력	일	一	二	三	四	五	六	七	八	九	十	十一	十二	十三	十四	十五	十六	十七	十八	十九	二十	二一	二二	二三	二四	二五	二六	二七	二八	二九	
양	월	4						5																							
력	일	25	26	27	28	29	30	1	2	3	4	5	6	7	8	9	10	11	12	13	14	15	16	17	18	19	20	21	22	23	
음	월	五月																													
력	일	一	二	三	四	五	六	七	八	九	十	十一	十二	十三	十四	十五	十六	十七	十八	十九	二十	二一	二二	二三	二四	二五	二六	二七	二八	二九	三十
양	월	5								6																					
력	일	24	25	26	27	28	29	30	31	1	2	3	4	5	6	7	8	9	10	11	12	13	14	15	16	17	18	19	20	21	22
음	월	閏五月																													
력	일	一	二	三	四	五	六	七	八	九	十	十一	十二	十三	十四	十五	十六	十七	十八	十九	二十	二一	二二	二三	二四	二五	二六	二七	二八	二九	三十
양	월	6								7																					
력	일	23	24	25	26	27	28	29	30	1	2	3	4	5	6	7	8	9	10	11	12	13	14	15	16	17	18	19	20	21	22
음	월	六月																													
력	일	一	二	三	四	五	六	七	八	九	十	十一	十二	十三	十四	十五	十六	十七	十八	十九	二十	二一	二二	二三	二四	二五	二六	二七	二八	二九	
양	월	7									8																				
력	일	23	24	25	26	27	28	29	30	31	1	2	3	4	5	6	7	8	9	10	11	12	13	14	15	16	17	18	19	20	
음	월	七月																													
력	일	一	二	三	四	五	六	七	八	九	十	十一	十二	十三	十四	十五	十六	十七	十八	十九	二十	二一	二二	二三	二四	二五	二六	二七	二八	二九	三十
양	월	8											9																		
력	일	21	22	23	24	25	26	27	28	29	30	31	1	2	3	4	5	6	7	8	9	10	11	12	13	14	15	16	17	18	19
음	월	八月																													
력	일	一	二	三	四	五	六	七	八	九	十	十一	十二	十三	十四	十五	十六	十七	十八	十九	二十	二一	二二	二三	二四	二五	二六	二七	二八	二九	
양	월	9											10																		
력	일	20	21	22	23	24	25	26	27	28	29	30	1	2	3	4	5	6	7	8	9	10	11	12	13	14	15	16	17	18	
음	월	九月																													
력	일	一	二	三	四	五	六	七	八	九	十	十一	十二	十三	十四	十五	十六	十七	十八	十九	二十	二一	二二	二三	二四	二五	二六	二七	二八	二九	三十
양	월	10													11																
력	일	19	20	21	22	23	24	25	26	27	28	29	30	31	1	2	3	4	5	6	7	8	9	10	11	12	13	14	15	16	17
음	월	十月																													
력	일	一	二	三	四	五	六	七	八	九	十	十一	十二	十三	十四	十五	十六	十七	十八	十九	二十	二一	二二	二三	二四	二五	二六	二七	二八	二九	
양	월	11													12																
력	일	18	19	20	21	22	23	24	25	26	27	28	29	30	1	2	3	4	5	6	7	8	9	10	11	12	13	14	15	16	
음	월	十一月																													
력	일	一	二	三	四	五	六	七	八	九	十	十一	十二	十三	十四	十五	十六	十七	十八	十九	二十	二一	二二	二三	二四	二五	二六	二七	二八	二九	
양	월	12															1														
력	일	17	18	19	20	21	22	23	24	25	26	27	28	29	30	31	1	2	3	4	5	6	7	8	9	10	11	12	13	14	
음	월	十二月																													
력	일	一	二	三	四	五	六	七	八	九	十	十一	十二	十三	十四	十五	十六	十七	十八	十九	二十	二一	二二	二三	二四	二五	二六	二七	二八	二九	三十
양	월	1																	2												
력	일	15	16	17	18	19	20	21	22	23	24	25	26	27	28	29	30	31	1	2	3	4	5	6	7	8	9	10	11	12	13

서기 1934년 甲戌年

음	월	正月																													
력	일	一	二	三	四	五	六	七	八	九	十	十一	十二	十三	十四	十五	十六	十七	十八	十九	二十	二一	二二	二三	二四	二五	二六	二七	二八	二九	
양	월	2															3														
력	일	14	15	16	17	18	19	20	21	22	23	24	25	26	27	28	1	2	3	4	5	6	7	8	9	10	11	12	13	14	
음	월	二月																													
력	일	一	二	三	四	五	六	七	八	九	十	十一	十二	十三	十四	十五	十六	十七	十八	十九	二十	二一	二二	二三	二四	二五	二六	二七	二八	二九	三十
양	월	3																	4												
력	일	15	16	17	18	19	20	21	22	23	24	25	26	27	28	29	30	31	1	2	3	4	5	6	7	8	9	10	11	12	13
음	월	三月																													
력	일	一	二	三	四	五	六	七	八	九	十	十一	十二	十三	十四	十五	十六	十七	十八	十九	二十	二一	二二	二三	二四	二五	二六	二七	二八	二九	
양	월	4																	5												
력	일	14	15	16	17	18	19	20	21	22	23	24	25	26	27	28	29	30	1	2	3	4	5	6	7	8	9	10	11	12	
음	월	四月																													
력	일	一	二	三	四	五	六	七	八	九	十	十一	十二	十三	十四	十五	十六	十七	十八	十九	二十	二一	二二	二三	二四	二五	二六	二七	二八	二九	三十
양	월	5																			6										
력	일	13	14	15	16	17	18	19	20	21	22	23	24	25	26	27	28	29	30	31	1	2	3	4	5	6	7	8	9	10	11
음	월	五月																													
력	일	一	二	三	四	五	六	七	八	九	十	十一	十二	十三	十四	十五	十六	十七	十八	十九	二十	二一	二二	二三	二四	二五	二六	二七	二八	二九	三十
양	월	6																			7										
력	일	12	13	14	15	16	17	18	19	20	21	22	23	24	25	26	27	28	29	30	1	2	3	4	5	6	7	8	9	10	11
음	월	六月																													
력	일	一	二	三	四	五	六	七	八	九	十	十一	十二	十三	十四	十五	十六	十七	十八	十九	二十	二一	二二	二三	二四	二五	二六	二七	二八	二九	
양	월	7																				8									
력	일	12	13	14	15	16	17	18	19	20	21	22	23	24	25	26	27	28	29	30	31	1	2	3	4	5	6	7	8	9	
음	월	七月																													
력	일	一	二	三	四	五	六	七	八	九	十	十一	十二	十三	十四	十五	十六	十七	十八	十九	二十	二一	二二	二三	二四	二五	二六	二七	二八	二九	三十
양	월	8																						9							
력	일	10	11	12	13	14	15	16	17	18	19	20	21	22	23	24	25	26	27	28	29	30	31	1	2	3	4	5	6	7	8
음	월	八月																													
력	일	一	二	三	四	五	六	七	八	九	十	十一	十二	十三	十四	十五	十六	十七	十八	十九	二十	二一	二二	二三	二四	二五	二六	二七	二八	二九	三十
양	월	9																						10							
력	일	9	10	11	12	13	14	15	16	17	18	19	20	21	22	23	24	25	26	27	28	29	30	1	2	3	4	5	6	7	8
음	월	九月																													
력	일	一	二	三	四	五	六	七	八	九	十	十一	十二	十三	十四	十五	十六	十七	十八	十九	二十	二一	二二	二三	二四	二五	二六	二七	二八	二九	
양	월	10																							11						
력	일	9	10	11	12	13	14	15	16	17	18	19	20	21	22	23	24	25	26	27	28	29	30	31	1	2	3	4	5	6	
음	월	十月																													
력	일	一	二	三	四	五	六	七	八	九	十	十一	十二	十三	十四	十五	十六	十七	十八	十九	二十	二一	二二	二三	二四	二五	二六	二七	二八	二九	三十
양	월	11																								12					
력	일	7	8	9	10	11	12	13	14	15	16	17	18	19	20	21	22	23	24	25	26	27	28	29	30	1	2	3	4	5	6
음	월	十一月																													
력	일	一	二	三	四	五	六	七	八	九	十	十一	十二	十三	十四	十五	十六	十七	十八	十九	二十	二一	二二	二三	二四	二五	二六	二七	二八	二九	
양	월	12																									1				
력	일	7	8	9	10	11	12	13	14	15	16	17	18	19	20	21	22	23	24	25	26	27	28	29	30	31	1	2	3	4	
음	월	十二月																													
력	일	一	二	三	四	五	六	七	八	九	十	十一	十二	十三	十四	十五	十六	十七	十八	十九	二十	二一	二二	二三	二四	二五	二六	二七	二八	二九	三十
양	월	1																											2		
력	일	5	6	7	8	9	10	11	12	13	14	15	16	17	18	19	20	21	22	23	24	25	26	27	28	29	30	31	1	2	3

서기 1935년 乙 亥 年

음	월	正月																													
력	일	一	二	三	四	五	六	七	八	九	十	十一	十二	十三	十四	十五	十六	十七	十八	十九	二十	二一	二二	二三	二四	二五	二六	二七	二八	二九	
양	월	2																									3				
력	일	4	5	6	7	8	9	10	11	12	13	14	15	16	17	18	19	20	21	22	23	24	25	26	27	28	1	2	3	4	
음	월	二月																													
력	일	一	二	三	四	五	六	七	八	九	十	十一	十二	十三	十四	十五	十六	十七	十八	十九	二十	二一	二二	二三	二四	二五	二六	二七	二八	二九	
양	월	3																											4		
력	일	5	6	7	8	9	10	11	12	13	14	15	16	17	18	19	20	21	22	23	24	25	26	27	28	29	30	31	1	2	
음	월	三月																													
력	일	一	二	三	四	五	六	七	八	九	十	十一	十二	十三	十四	十五	十六	十七	十八	十九	二十	二一	二二	二三	二四	二五	二六	二七	二八	二九	三十
양	월	4																												5	
력	일	3	4	5	6	7	8	9	10	11	12	13	14	15	16	17	18	19	20	21	22	23	24	25	26	27	28	29	30	1	2
음	월	四月																													
력	일	一	二	三	四	五	六	七	八	九	十	十一	十二	十三	十四	十五	十六	十七	十八	十九	二十	二一	二二	二三	二四	二五	二六	二七	二八	二九	
양	월	5																													
력	일	3	4	5	6	7	8	9	10	11	12	13	14	15	16	17	18	19	20	21	22	23	24	25	26	27	28	29	30	31	
음	월	五月																													
력	일	一	二	三	四	五	六	七	八	九	十	十一	十二	十三	十四	十五	十六	十七	十八	十九	二十	二一	二二	二三	二四	二五	二六	二七	二八	二九	三十
양	월	6																													
력	일	1	2	3	4	5	6	7	8	9	10	11	12	13	14	15	16	17	18	19	20	21	22	23	24	25	26	27	28	29	30
음	월	六月																													
력	일	一	二	三	四	五	六	七	八	九	十	十一	十二	十三	十四	十五	十六	十七	十八	十九	二十	二一	二二	二三	二四	二五	二六	二七	二八	二九	
양	월	7																													
력	일	1	2	3	4	5	6	7	8	9	10	11	12	13	14	15	16	17	18	19	20	21	22	23	24	25	26	27	28	29	
음	월	七月																													
력	일	一	二	三	四	五	六	七	八	九	十	十一	十二	十三	十四	十五	十六	十七	十八	十九	二十	二一	二二	二三	二四	二五	二六	二七	二八	二九	三十
양	월	7		8																											
력	일	30	31	1	2	3	4	5	6	7	8	9	10	11	12	13	14	15	16	17	18	19	20	21	22	23	24	25	26	27	28
음	월	八月																													
력	일	一	二	三	四	五	六	七	八	九	十	十一	十二	十三	十四	十五	十六	十七	十八	十九	二十	二一	二二	二三	二四	二五	二六	二七	二八	二九	三十
양	월	8			9																										
력	일	29	30	31	1	2	3	4	5	6	7	8	9	10	11	12	13	14	15	16	17	18	19	20	21	22	23	24	25	26	27
음	월	九月																													
력	일	一	二	三	四	五	六	七	八	九	十	十一	十二	十三	十四	十五	十六	十七	十八	十九	二十	二一	二二	二三	二四	二五	二六	二七	二八	二九	
양	월	9			10																										
력	일	28	29	30	1	2	3	4	5	6	7	8	9	10	11	12	13	14	15	16	17	18	19	20	21	22	23	24	25	26	
음	월	十月																													
력	일	一	二	三	四	五	六	七	八	九	十	十一	十二	十三	十四	十五	十六	十七	十八	十九	二十	二一	二二	二三	二四	二五	二六	二七	二八	二九	三十
양	월	10					11																								
력	일	27	28	29	30	31	1	2	3	4	5	6	7	8	9	10	11	12	13	14	15	16	17	18	19	20	21	22	23	24	25
음	월	十一月																													
력	일	一	二	三	四	五	六	七	八	九	十	十一	十二	十三	十四	十五	十六	十七	十八	十九	二十	二一	二二	二三	二四	二五	二六	二七	二八	二九	三十
양	월	11					12																								
력	일	26	27	28	29	30	1	2	3	4	5	6	7	8	9	10	11	12	13	14	15	16	17	18	19	20	21	22	23	24	25
음	월	十二月																													
력	일	一	二	三	四	五	六	七	八	九	十	十一	十二	十三	十四	十五	十六	十七	十八	十九	二十	二一	二二	二三	二四	二五	二六	二七	二八	二九	
양	월	12						1																							
력	일	26	27	28	29	30	31	1	2	3	4	5	6	7	8	9	10	11	12	13	14	15	16	17	18	19	20	21	22	23	

서기 1936년 丙 子 年

음	월	正月																													
력	일	一	二	三	四	五	六	七	八	九	十	十一	十二	十三	十四	十五	十六	十七	十八	十九	二十	二一	二二	二三	二四	二五	二六	二七	二八	二九	三十
양	월	1								2																					
력	일	24	25	26	27	28	29	30	31	1	2	3	4	5	6	7	8	9	10	11	12	13	14	15	16	17	18	19	20	21	22
음	월	二月																													
력	일	一	二	三	四	五	六	七	八	九	十	十一	十二	十三	十四	十五	十六	十七	十八	十九	二十	二一	二二	二三	二四	二五	二六	二七	二八	二九	
양	월	2							3																						
력	일	23	24	25	26	27	28	29	1	2	3	4	5	6	7	8	9	10	11	12	13	14	15	16	17	18	19	20	21	22	
음	월	三月																													
력	일	一	二	三	四	五	六	七	八	九	十	十一	十二	十三	十四	十五	十六	十七	十八	十九	二十	二一	二二	二三	二四	二五	二六	二七	二八	二九	
양	월	3									4																				
력	일	23	24	25	26	27	28	29	30	31	1	2	3	4	5	6	7	8	9	10	11	12	13	14	15	16	17	18	19	20	
음	월	閏三月																													
력	일	一	二	三	四	五	六	七	八	九	十	十一	十二	十三	十四	十五	十六	十七	十八	十九	二十	二一	二二	二三	二四	二五	二六	二七	二八	二九	三十
양	월	4										5																			
력	일	21	22	23	24	25	26	27	28	29	30	1	2	3	4	5	6	7	8	9	10	11	12	13	14	15	16	17	18	19	20
음	월	四月																													
력	일	一	二	三	四	五	六	七	八	九	十	十一	十二	十三	十四	十五	十六	十七	十八	十九	二十	二一	二二	二三	二四	二五	二六	二七	二八	二九	
양	월	5											6																		
력	일	21	22	23	24	25	26	27	28	29	30	31	1	2	3	4	5	6	7	8	9	10	11	12	13	14	15	16	17	18	
음	월	五月																													
력	일	一	二	三	四	五	六	七	八	九	十	十一	十二	十三	十四	十五	十六	十七	十八	十九	二十	二一	二二	二三	二四	二五	二六	二七	二八	二九	三十
양	월	6												7																	
력	일	19	20	21	22	23	24	25	26	27	28	29	30	1	2	3	4	5	6	7	8	9	10	11	12	13	14	15	16	17	18
음	월	六月																													
력	일	一	二	三	四	五	六	七	八	九	十	十一	十二	十三	十四	十五	十六	十七	十八	十九	二十	二一	二二	二三	二四	二五	二六	二七	二八	二九	
양	월	6													8																
력	일	19	20	21	22	23	24	25	26	27	28	29	30	31	1	2	3	4	5	6	7	8	9	10	11	12	13	14	15	16	
음	월	七月																													
력	일	一	二	三	四	五	六	七	八	九	十	十一	十二	十三	十四	十五	十六	十七	十八	十九	二十	二一	二二	二三	二四	二五	二六	二七	二八	二九	三十
양	월	8															9														
력	일	17	18	19	20	21	22	23	24	25	26	27	28	29	30	31	1	2	3	4	5	6	7	8	9	10	11	12	13	14	15
음	월	八月																													
력	일	一	二	三	四	五	六	七	八	九	十	十一	十二	十三	十四	十五	十六	十七	十八	十九	二十	二一	二二	二三	二四	二五	二六	二七	二八	二九	
양	월	9															10														
력	일	16	17	18	19	20	21	22	23	24	25	26	27	28	29	30	1	2	3	4	5	6	7	8	9	10	11	12	13	14	
음	월	九月																													
력	일	一	二	三	四	五	六	七	八	九	十	十一	十二	十三	十四	十五	十六	十七	十八	十九	二十	二一	二二	二三	二四	二五	二六	二七	二八	二九	三十
양	월	10																	11												
력	일	15	16	17	18	19	20	21	22	23	24	25	26	27	28	29	30	31	1	2	3	4	5	6	7	8	9	10	11	12	13
음	월	十月																													
력	일	一	二	三	四	五	六	七	八	九	十	十一	十二	十三	十四	十五	十六	十七	十八	十九	二十	二一	二二	二三	二四	二五	二六	二七	二八	二九	三十
양	월	11																	12												
력	일	14	15	16	17	18	19	20	21	22	23	24	25	26	27	28	29	30	1	2	3	4	5	6	7	8	9	10	11	12	13
음	월	十一月																													
력	일	一	二	三	四	五	六	七	八	九	十	十一	十二	十三	十四	十五	十六	十七	十八	十九	二十	二一	二二	二三	二四	二五	二六	二七	二八	二九	三十
양	월	12																		1											
력	일	14	15	16	17	18	19	20	21	22	23	24	25	26	27	28	29	30	31	1	2	3	4	5	6	7	8	9	10	11	12
음	월	十二月																													
력	일	一	二	三	四	五	六	七	八	九	十	十一	十二	十三	十四	十五	十六	十七	十八	十九	二十	二一	二二	二三	二四	二五	二六	二七	二八	二九	
양	월	1																			2										
력	일	13	14	15	16	17	18	19	20	21	22	23	24	25	26	27	28	29	30	31	1	2	3	4	5	6	7	8	9	10	

서기 1937년 丁 卯 年

음	월	正月																													
력	일	一	二	三	四	五	六	七	八	九	十	十一	十二	十三	十四	十五	十六	十七	十八	十九	二十	二一	二二	二三	二四	二五	二六	二七	二八	二九	三十
양	월	2																		3											
력	일	11	12	13	14	15	16	17	18	19	20	21	22	23	24	25	26	27	28	1	2	3	4	5	6	7	8	9	10	11	12
음	월	二月																													
력	일	一	二	三	四	五	六	七	八	九	十	十一	十二	十三	十四	十五	十六	十七	十八	十九	二十	二一	二二	二三	二四	二五	二六	二七	二八	二九	
양	월	3																			4										
력	일	13	14	15	16	17	18	19	20	21	22	23	24	25	26	27	28	29	30	31	1	2	3	4	5	6	7	8	9	10	
음	월	三月																													
력	일	一	二	三	四	五	六	七	八	九	十	十一	十二	十三	十四	十五	十六	十七	十八	十九	二十	二一	二二	二三	二四	二五	二六	二七	二八	二九	
양	월	4																				5									
력	일	11	12	13	14	15	16	17	18	19	20	21	22	23	24	25	26	27	28	29	30	1	2	3	4	5	6	7	8	9	
음	월	四月																													
력	일	一	二	三	四	五	六	七	八	九	十	十一	十二	十三	十四	十五	十六	十七	十八	十九	二十	二一	二二	二三	二四	二五	二六	二七	二八	二九	三十
양	월	5																						6							
력	일	10	11	12	13	14	15	16	17	18	19	20	21	22	23	24	25	26	27	28	29	30	31	1	2	3	4	5	6	7	8
음	월	五月																													
력	일	一	二	三	四	五	六	七	八	九	十	十一	十二	十三	十四	十五	十六	十七	十八	十九	二十	二一	二二	二三	二四	二五	二六	二七	二八	二九	
양	월	6																						7							
력	일	9	10	11	12	13	14	15	16	17	18	19	20	21	22	23	24	25	26	27	28	29	30	1	2	3	4	5	6	7	
음	월	六月																													
력	일	一	二	三	四	五	六	七	八	九	十	十一	十二	十三	十四	十五	十六	十七	十八	十九	二十	二一	二二	二三	二四	二五	二六	二七	二八	二九	
양	월	7																								8					
력	일	8	9	10	11	12	13	14	15	16	17	18	19	20	21	22	23	24	25	26	27	28	29	30	31	1	2	3	4	5	
음	월	七月																													
력	일	一	二	三	四	五	六	七	八	九	十	十一	十二	十三	十四	十五	十六	十七	十八	十九	二十	二一	二二	二三	二四	二五	二六	二七	二八	二九	三十
양	월	8																										9			
력	일	6	7	8	9	10	11	12	13	14	15	16	17	18	19	20	21	22	23	24	25	26	27	28	29	30	31	1	2	3	4
음	월	八月																													
력	일	一	二	三	四	五	六	七	八	九	十	十一	十二	十三	十四	十五	十六	十七	十八	十九	二十	二一	二二	二三	二四	二五	二六	二七	二八	二九	
양	월	9																										10			
력	일	5	6	7	8	9	10	11	12	13	14	15	16	17	18	19	20	21	22	23	24	25	26	27	28	29	30	1	2	3	
음	월	九月																													
력	일	一	二	三	四	五	六	七	八	九	十	十一	十二	十三	十四	十五	十六	十七	十八	十九	二十	二一	二二	二三	二四	二五	二六	二七	二八	二九	三十
양	월	10																												11	
력	일	4	5	6	7	8	9	10	11	12	13	14	15	16	17	18	19	20	21	22	23	24	25	26	27	28	29	30	31	1	2
음	월	十月																													
력	일	一	二	三	四	五	六	七	八	九	十	十一	十二	十三	十四	十五	十六	十七	十八	十九	二十	二一	二二	二三	二四	二五	二六	二七	二八	二九	三十
양	월	11																												12	
력	일	3	4	5	6	7	8	9	10	11	12	13	14	15	16	17	18	19	20	21	22	23	24	25	26	27	28	29	30	1	2
음	월	十一月																													
력	일	一	二	三	四	五	六	七	八	九	十	十一	十二	十三	十四	十五	十六	十七	十八	十九	二十	二一	二二	二三	二四	二五	二六	二七	二八	二九	三十
양	월	12																													1
력	일	3	4	5	6	7	8	9	10	11	12	13	14	15	16	17	18	19	20	21	22	23	24	25	26	27	28	29	30	31	1
음	월	十二月																													
력	일	一	二	三	四	五	六	七	八	九	十	十一	十二	十三	十四	十五	十六	十七	十八	十九	二十	二一	二二	二三	二四	二五	二六	二七	二八	二九	
양	월	1																													
력	일	2	3	4	5	6	7	8	9	10	11	12	13	14	15	16	17	18	19	20	21	22	23	24	25	26	27	28	29	30	

서기 1938년 戊 寅 年

음	월	正月																													
력	일	一	二	三	四	五	六	七	八	九	十	十一	十二	十三	十四	十五	十六	十七	十八	十九	二十	二十一	二十二	二十三	二十四	二十五	二十六	二十七	二十八	二十九	三十
양	월	1	2																												3
력	일	31	1	2	3	4	5	6	7	8	9	10	11	12	13	14	15	16	17	18	19	20	21	22	23	24	25	26	27	28	1
음	월	二月																													
력	일	一	二	三	四	五	六	七	八	九	十	十一	十二	十三	十四	十五	十六	十七	十八	十九	二十	二十一	二十二	二十三	二十四	二十五	二十六	二十七	二十八	二十九	三十
양	월	3																													
력	일	2	3	4	5	6	7	8	9	10	11	12	13	14	15	16	17	18	19	20	21	22	23	24	25	26	27	28	29	30	31
음	월	三月																													
력	일	一	二	三	四	五	六	七	八	九	十	十一	十二	十三	十四	十五	十六	十七	十八	十九	二十	二十一	二十二	二十三	二十四	二十五	二十六	二十七	二十八	二十九	
양	월	4																													
력	일	1	2	3	4	5	6	7	8	9	10	11	12	13	14	15	16	17	18	19	20	21	22	23	24	25	26	27	28	29	
음	월	四月																													
력	일	一	二	三	四	五	六	七	八	九	十	十一	十二	十三	十四	十五	十六	十七	十八	十九	二十	二十一	二十二	二十三	二十四	二十五	二十六	二十七	二十八	二十九	
양	월	4	5																												
력	일	30	1	2	3	4	5	6	7	8	9	10	11	12	13	14	15	16	17	18	19	20	21	22	23	24	25	26	27	28	
음	월	五月																													
력	일	一	二	三	四	五	六	七	八	九	十	十一	十二	十三	十四	十五	十六	十七	十八	十九	二十	二十一	二十二	二十三	二十四	二十五	二十六	二十七	二十八	二十九	三十
양	월	5			6																										
력	일	29	30	31	1	2	3	4	5	6	7	8	9	10	11	12	13	14	15	16	17	18	19	20	21	22	23	24	25	26	27
음	월	六月																													
력	일	一	二	三	四	五	六	七	八	九	十	十一	十二	十三	十四	十五	十六	十七	十八	十九	二十	二十一	二十二	二十三	二十四	二十五	二十六	二十七	二十八	二十九	
양	월	6			7																										
력	일	28	29	30	1	2	3	4	5	6	7	8	9	10	11	12	13	14	15	16	17	18	19	20	21	22	23	24	25	26	
음	월	七月																													
력	일	一	二	三	四	五	六	七	八	九	十	十一	十二	十三	十四	十五	十六	十七	十八	十九	二十	二十一	二十二	二十三	二十四	二十五	二十六	二十七	二十八	二十九	
양	월	7					9																								
력	일	27	28	29	30	31	1	2	3	4	5	6	7	8	9	10	11	12	13	14	15	16	17	18	19	20	21	22	23	24	
음	월	閏七月																													
력	일	一	二	三	四	五	六	七	八	九	十	十一	十二	十三	十四	十五	十六	十七	十八	十九	二十	二十一	二十二	二十三	二十四	二十五	二十六	二十七	二十八	二十九	三十
양	월	8							9																						
력	일	25	26	27	28	29	30	31	1	2	3	4	5	6	7	8	9	10	11	12	13	14	15	16	17	18	19	20	21	22	23
음	월	八月																													
력	일	一	二	三	四	五	六	七	八	九	十	十一	十二	十三	十四	十五	十六	十七	十八	十九	二十	二十一	二十二	二十三	二十四	二十五	二十六	二十七	二十八	二十九	
양	월	9							10																						
력	일	24	25	26	27	28	29	30	1	2	3	4	5	6	7	8	9	10	11	12	13	14	15	16	17	18	19	20	21	22	
음	월	九月																													
력	일	一	二	三	四	五	六	七	八	九	十	十一	十二	十三	十四	十五	十六	十七	十八	十九	二十	二十一	二十二	二十三	二十四	二十五	二十六	二十七	二十八	二十九	三十
양	월	10									11																				
력	일	23	24	25	26	27	28	29	30	31	1	2	3	4	5	6	7	8	9	10	11	12	13	14	15	16	17	18	19	20	21
음	월	十月																													
력	일	一	二	三	四	五	六	七	八	九	十	十一	十二	十三	十四	十五	十六	十七	十八	十九	二十	二十一	二十二	二十三	二十四	二十五	二十六	二十七	二十八	二十九	三十
양	월	11									12																				
력	일	22	23	24	25	26	27	28	29	30	1	2	3	4	5	6	7	8	9	10	11	12	13	14	15	16	17	18	19	20	21
음	월	十一月																													
력	일	一	二	三	四	五	六	七	八	九	十	十一	十二	十三	十四	十五	十六	十七	十八	十九	二十	二十一	二十二	二十三	二十四	二十五	二十六	二十七	二十八	二十九	
양	월	12										1																			
력	일	22	23	24	25	26	27	28	29	30	31	1	2	3	4	5	6	7	8	9	10	11	12	13	14	15	16	17	18	19	
음	월	十二月																													
력	일	一	二	三	四	五	六	七	八	九	十	十一	十二	十三	十四	十五	十六	十七	十八	十九	二十	二十一	二十二	二十三	二十四	二十五	二十六	二十七	二十八	二十九	三十
양	월	1												2										2							
력	일	20	21	22	23	24	25	26	27	28	29	30	31	1	2	3	4	5	6	7	8	9	10	11	12	13	14	15	16	17	18

서기 1939년 己 卯 年

음	월	正月																													
력	일	一	二	三	四	五	六	七	八	九	十	十一	十二	十三	十四	十五	十六	十七	十八	十九	二十	二十一	二十二	二十三	二十四	二十五	二十六	二十七	二十八	二十九	三十
양	월	2										3																			
력	일	19	20	21	22	23	24	25	26	27	28	1	2	3	4	5	6	7	8	9	10	11	12	13	14	15	16	17	18	19	20
음	월	二月																													
력	일	一	二	三	四	五	六	七	八	九	十	十一	十二	十三	十四	十五	十六	十七	十八	十九	二十	二十一	二十二	二十三	二十四	二十五	二十六	二十七	二十八	二十九	三十
양	월	3											4																		
력	일	21	22	23	24	25	26	27	28	29	30	31	1	2	3	4	5	6	7	8	9	10	11	12	13	14	15	16	17	18	19
음	월	三月																													
력	일	一	二	三	四	五	六	七	八	九	十	十一	十二	十三	十四	十五	十六	十七	十八	十九	二十	二十一	二十二	二十三	二十四	二十五	二十六	二十七	二十八	二十九	
양	월	4											5																		
력	일	20	21	22	23	24	25	26	27	28	29	30	1	2	3	4	5	6	7	8	9	10	11	12	13	14	15	16	17	18	
음	월	四月																													
력	일	一	二	三	四	五	六	七	八	九	十	十一	十二	十三	十四	十五	十六	十七	十八	十九	二十	二十一	二十二	二十三	二十四	二十五	二十六	二十七	二十八	二十九	
양	월	5													6																
력	일	19	20	21	22	23	24	25	26	27	28	29	30	31	1	2	3	4	5	6	7	8	9	10	11	12	13	14	15	16	
음	월	五月																													
력	일	一	二	三	四	五	六	七	八	九	十	十一	十二	十三	十四	十五	十六	十七	十八	十九	二十	二十一	二十二	二十三	二十四	二十五	二十六	二十七	二十八	二十九	三十
양	월	6														7															
력	일	17	18	19	20	21	22	23	24	25	26	27	28	29	30	1	2	3	4	5	6	7	8	9	10	11	12	13	14	15	16
음	월	六月																													
력	일	一	二	三	四	五	六	七	八	九	十	十一	十二	十三	十四	十五	十六	十七	十八	十九	二十	二十一	二十二	二十三	二十四	二十五	二十六	二十七	二十八	二十九	
양	월	7															8														
력	일	17	18	19	20	21	22	23	24	25	26	27	28	29	30	31	1	2	3	4	5	6	7	8	9	10	11	12	13	14	
음	월	七月																													
력	일	一	二	三	四	五	六	七	八	九	十	十一	十二	十三	十四	十五	十六	十七	十八	十九	二十	二十一	二十二	二十三	二十四	二十五	二十六	二十七	二十八	二十九	
양	월	8																	9												
력	일	15	16	17	18	19	20	21	22	23	24	25	26	27	28	29	30	31	1	2	3	4	5	6	7	8	9	10	11	12	
음	월	八月																													
력	일	一	二	三	四	五	六	七	八	九	十	十一	十二	十三	十四	十五	十六	十七	十八	十九	二十	二十一	二十二	二十三	二十四	二十五	二十六	二十七	二十八	二十九	三十
양	월	9																		10											
력	일	13	14	15	16	17	18	19	20	21	22	23	24	25	26	27	28	29	30	1	2	3	4	5	6	7	8	9	10	11	12
음	월	九月																													
력	일	一	二	三	四	五	六	七	八	九	十	十一	十二	十三	十四	十五	十六	十七	十八	十九	二十	二十一	二十二	二十三	二十四	二十五	二十六	二十七	二十八	二十九	
양	월	10																			11										
력	일	13	14	15	16	17	18	19	20	21	22	23	24	25	26	27	28	29	30	31	1	2	3	4	5	6	7	8	9	10	
음	월	十月																													
력	일	一	二	三	四	五	六	七	八	九	十	十一	十二	十三	十四	十五	十六	十七	十八	十九	二十	二十一	二十二	二十三	二十四	二十五	二十六	二十七	二十八	二十九	三十
양	월	11																				12									
력	일	11	12	13	14	15	16	17	18	19	20	21	22	23	24	25	26	27	28	29	30	1	2	3	4	5	6	7	8	9	10
음	월	十一月																													
력	일	一	二	三	四	五	六	七	八	九	十	十一	十二	十三	十四	十五	十六	十七	十八	十九	二十	二十一	二十二	二十三	二十四	二十五	二十六	二十七	二十八	二十九	
양	월	12																						1							
력	일	11	12	13	14	15	16	17	18	19	20	21	22	23	24	25	26	27	28	29	30	31	1	2	3	4	5	6	7	8	
음	월	十二月																													
력	일	一	二	三	四	五	六	七	八	九	十	十一	十二	十三	十四	十五	十六	十七	十八	十九	二十	二十一	二十二	二十三	二十四	二十五	二十六	二十七	二十八	二十九	三十
양	월	1																							2						
력	일	9	10	11	12	13	14	15	16	17	18	19	20	21	22	23	24	25	26	27	28	29	30	31	1	2	3	4	5	6	7

서기 1940년 庚 辰 年

음	월	正月																													
력	일	一	二	三	四	五	六	七	八	九	十	十一	十二	十三	十四	十五	十六	十七	十八	十九	二十	二十一	二十二	二十三	二十四	二十五	二十六	二十七	二十八	二十九	三十
양	월	2																						3							
력	일	8	9	10	11	12	13	14	15	16	17	18	19	20	21	22	23	24	25	26	27	28	29	1	2	3	4	5	6	7	8
음	월	二月																													
력	일	一	二	三	四	五	六	七	八	九	十	十一	十二	十三	十四	十五	十六	十七	十八	十九	二十	二十一	二十二	二十三	二十四	二十五	二十六	二十七	二十八	二十九	三十
양	월	3																							4						
력	일	9	10	11	12	13	14	15	16	17	18	19	20	21	22	23	24	25	26	27	28	29	30	31	1	2	3	4	5	6	7
음	월	三月																													
력	일	一	二	三	四	五	六	七	八	九	十	十一	十二	十三	十四	十五	十六	十七	十八	十九	二十	二十一	二十二	二十三	二十四	二十五	二十六	二十七	二十八	二十九	
양	월	4																							5						
력	일	8	9	10	11	12	13	14	15	16	17	18	19	20	21	22	23	24	25	26	27	28	29	30	1	2	3	4	5	6	
음	월	四月																													
력	일	一	二	三	四	五	六	七	八	九	十	十一	十二	十三	十四	十五	十六	十七	十八	十九	二十	二十一	二十二	二十三	二十四	二十五	二十六	二十七	二十八	二十九	三十
양	월	5																									6				
력	일	7	8	9	10	11	12	13	14	15	16	17	18	19	20	21	22	23	24	25	26	27	28	29	30	31	1	2	3	4	5
음	월	五月																													
력	일	一	二	三	四	五	六	七	八	九	十	十一	十二	十三	十四	十五	十六	十七	十八	十九	二十	二十一	二十二	二十三	二十四	二十五	二十六	二十七	二十八	二十九	
양	월	6																									7				
력	일	6	7	8	9	10	11	12	13	14	15	16	17	18	19	20	21	22	23	24	25	26	27	28	29	30	1	2	3	4	
음	월	六月																													
력	일	一	二	三	四	五	六	七	八	九	十	十一	十二	十三	十四	十五	十六	十七	十八	十九	二十	二十一	二十二	二十三	二十四	二十五	二十六	二十七	二十八	二十九	三十
양	월	7																											8		
력	일	5	6	7	8	9	10	11	12	13	14	15	16	17	18	19	20	21	22	23	24	25	26	27	28	29	30	31	1	2	3
음	월	七月																													
력	일	一	二	三	四	五	六	七	八	九	十	十一	十二	十三	十四	十五	十六	十七	十八	十九	二十	二十一	二十二	二十三	二十四	二十五	二十六	二十七	二十八	二十九	
양	월	8																												9	
력	일	4	5	6	7	8	9	10	11	12	13	14	15	16	17	18	19	20	21	22	23	24	25	26	27	28	29	30	31	1	
음	월	八月																													
력	일	一	二	三	四	五	六	七	八	九	十	十一	十二	十三	十四	十五	十六	十七	十八	十九	二十	二十一	二十二	二十三	二十四	二十五	二十六	二十七	二十八	二十九	
양	월	9																													
력	일	2	3	4	5	6	7	8	9	10	11	12	13	14	15	16	17	18	19	20	21	22	23	24	25	26	27	28	29	30	
음	월	九月																													
력	일	一	二	三	四	五	六	七	八	九	十	十一	十二	十三	十四	十五	十六	十七	十八	十九	二十	二十一	二十二	二十三	二十四	二十五	二十六	二十七	二十八	二十九	三十
양	월	10																													
력	일	1	2	3	4	5	6	7	8	9	10	11	12	13	14	15	16	17	18	19	20	21	22	23	24	25	26	27	28	29	30
음	월	十月																													
력	일	一	二	三	四	五	六	七	八	九	十	十一	十二	十三	十四	十五	十六	十七	十八	十九	二十	二十一	二十二	二十三	二十四	二十五	二十六	二十七	二十八	二十九	
양	월	10	11																												
력	일	31	1	2	3	4	5	6	7	8	9	10	11	12	13	14	15	16	17	18	19	20	21	22	23	24	25	26	27	28	
음	월	十一月																													
력	일	一	二	三	四	五	六	七	八	九	十	十一	十二	十三	十四	十五	十六	十七	十八	十九	二十	二十一	二十二	二十三	二十四	二十五	二十六	二十七	二十八	二十九	三十
양	월	11		12																											
력	일	29	30	1	2	3	4	5	6	7	8	9	10	11	12	13	14	15	16	17	18	19	20	21	22	23	24	25	26	27	28
음	월	十二月																													
력	일	一	二	三	四	五	六	七	八	九	十	十一	十二	十三	十四	十五	十六	十七	十八	十九	二十	二十一	二十二	二十三	二十四	二十五	二十六	二十七	二十八	二十九	
양	월	12			1																										
력	일	29	30	31	1	2	3	4	5	6	7	8	9	10	11	12	13	14	15	16	17	18	19	20	21	22	23	24	25	26	

서기 1941년 辛 巳 年

음	월									正														月							
력	일	一	二	三	四	五	六	七	八	九	十	十一	十二	十三	十四	十五	十六	十七	十八	十九	二十	二一	二二	二三	二四	二五	二六	二七	二八	二九	三十
양	월	1					2																								
력	일	27	28	29	30	31	1	2	3	4	5	6	7	8	9	10	11	12	13	14	15	16	17	18	19	20	21	22	23	24	25
음	월									二														月							
력	일	一	二	三	四	五	六	七	八	九	十	十一	十二	十三	十四	十五	十六	十七	十八	十九	二十	二一	二二	二三	二四	二五	二六	二七	二八	二九	三十
양	월	2			3																										
력	일	26	27	28	1	2	3	4	5	6	7	8	9	10	11	12	13	14	15	16	17	18	19	20	21	22	23	24	25	26	27
음	월									三														月							
력	일	一	二	三	四	五	六	七	八	九	十	十一	十二	十三	十四	十五	十六	十七	十八	十九	二十	二一	二二	二三	二四	二五	二六	二七	二八	二九	
양	월	3				4																									
력	일	28	29	30	31	1	2	3	4	5	6	7	8	9	10	11	12	13	14	15	16	17	18	19	20	21	22	23	24	25	
음	월									四														月							
력	일	一	二	三	四	五	六	七	八	九	十	十一	十二	十三	十四	十五	十六	十七	十八	十九	二十	二一	二二	二三	二四	二五	二六	二七	二八	二九	三十
양	월	4					5																								
력	일	26	27	28	29	30	1	2	3	4	5	6	7	8	9	10	11	12	13	14	15	16	17	18	19	20	21	22	23	24	25
음	월									五														月							
력	일	一	二	三	四	五	六	七	八	九	十	十一	十二	十三	十四	十五	十六	十七	十八	十九	二十	二一	二二	二三	二四	二五	二六	二七	二八	二九	三十
양	월	5						6																							
력	일	26	27	28	29	30	31	1	2	3	4	5	6	7	8	9	10	11	12	13	14	15	16	17	18	19	20	21	22	23	24
음	월									六														月							
력	일	一	二	三	四	五	六	七	八	九	十	十一	十二	十三	十四	十五	十六	十七	十八	十九	二十	二一	二二	二三	二四	二五	二六	二七	二八	二九	
양	월	6						7																							
력	일	25	26	27	28	29	30	1	2	3	4	5	6	7	8	9	10	11	12	13	14	15	16	17	18	19	20	21	22	23	
음	월									閏							六							月							
력	일	一	二	三	四	五	六	七	八	九	十	十一	十二	十三	十四	十五	十六	十七	十八	十九	二十	二一	二二	二三	二四	二五	二六	二七	二八	二九	三十
양	월	7								8																					
력	일	24	25	26	27	28	29	30	31	1	2	3	4	5	6	7	8	9	10	11	12	13	14	15	16	17	18	19	20	21	22
음	월									七														月							
력	일	一	二	三	四	五	六	七	八	九	十	十一	十二	十三	十四	十五	十六	十七	十八	十九	二十	二一	二二	二三	二四	二五	二六	二七	二八	二九	
양	월	8									9																				
력	일	23	24	25	26	27	28	29	30	31	1	2	3	4	5	6	7	8	9	10	11	12	13	14	15	16	17	18	19	20	
음	월									八														月							
력	일	一	二	三	四	五	六	七	八	九	十	十一	十二	十三	十四	十五	十六	十七	十八	十九	二十	二一	二二	二三	二四	二五	二六	二七	二八	二九	
양	월	9										10																			
력	일	21	22	23	24	25	26	27	28	29	30	1	2	3	4	5	6	7	8	9	10	11	12	13	14	15	16	17	18	19	
음	월									九														月							
력	일	一	二	三	四	五	六	七	八	九	十	十一	十二	十三	十四	十五	十六	十七	十八	十九	二十	二一	二二	二三	二四	二五	二六	二七	二八	二九	三十
양	월	10												11																	
력	일	20	21	22	23	24	25	26	27	28	29	30	31	1	2	3	4	5	6	7	8	9	10	11	12	13	14	15	16	17	18
음	월									十														月							
력	일	一	二	三	四	五	六	七	八	九	十	十一	十二	十三	十四	十五	十六	十七	十八	十九	二十	二一	二二	二三	二四	二五	二六	二七	二八	二九	
양	월	11												12																	
력	일	19	20	21	22	23	24	25	26	27	28	29	30	1	2	3	4	5	6	7	8	9	10	11	12	13	14	15	16	17	
음	월									十							一							月							
력	일	一	二	三	四	五	六	七	八	九	十	十一	十二	十三	十四	十五	十六	十七	十八	十九	二十	二一	二二	二三	二四	二五	二六	二七	二八	二九	三十
양	월	12														1															
력	일	18	19	20	21	22	23	24	25	26	27	28	29	30	31	1	2	3	4	5	6	7	8	9	10	11	12	13	14	15	16
음	월									十							二							月							
력	일	一	二	三	四	五	六	七	八	九	十	十一	十二	十三	十四	十五	十六	十七	十八	十九	二十	二一	二二	二三	二四	二五	二六	二七	二八	二九	
양	월	1															2														
력	일	17	18	19	20	21	22	23	24	25	26	27	28	29	30	31	1	2	3	4	5	6	7	8	9	10	11	12	13	14	

서기 1942년 壬 午 年

음력	월	正月																													
	일	一	二	三	四	五	六	七	八	九	十	十一	十二	十三	十四	十五	十六	十七	十八	十九	二十	二一	二二	二三	二四	二五	二六	二七	二八	二九	三十
양력	월	2														3															
	일	15	16	17	18	19	20	21	22	23	24	25	26	27	28	1	2	3	4	5	6	7	8	9	10	11	12	13	14	15	16
음력	월	二月																													
	일	一	二	三	四	五	六	七	八	九	十	十一	十二	十三	十四	十五	十六	十七	十八	十九	二十	二一	二二	二三	二四	二五	二六	二七	二八	二九	
양력	월	3															4														
	일	17	18	19	20	21	22	23	24	25	26	27	28	29	30	31	1	2	3	4	5	6	7	8	9	10	11	12	13	14	
음력	월	三月																													
	일	一	二	三	四	五	六	七	八	九	十	十一	十二	十三	十四	十五	十六	十七	十八	十九	二十	二一	二二	二三	二四	二五	二六	二七	二八	二九	三十
양력	월	4																5													
	일	15	16	17	18	19	20	21	22	23	24	25	26	27	28	29	30	1	2	3	4	5	6	7	8	9	10	11	12	13	14
음력	월	四月																													
	일	一	二	三	四	五	六	七	八	九	十	十一	十二	十三	十四	十五	十六	十七	十八	十九	二十	二一	二二	二三	二四	二五	二六	二七	二八	二九	三十
양력	월	5																	6												
	일	15	16	17	18	19	20	21	22	23	24	25	26	27	28	29	30	31	1	2	3	4	5	6	7	8	9	10	11	12	13
음력	월	五月																													
	일	一	二	三	四	五	六	七	八	九	十	十一	十二	十三	十四	十五	十六	十七	十八	十九	二十	二一	二二	二三	二四	二五	二六	二七	二八	二九	
양력	월	6																	7												
	일	14	15	16	17	18	19	20	21	22	23	24	25	26	27	28	29	30	1	2	3	4	5	6	7	8	9	10	11	12	
음력	월	六月																													
	일	一	二	三	四	五	六	七	八	九	十	十一	十二	十三	十四	十五	十六	十七	十八	十九	二十	二一	二二	二三	二四	二五	二六	二七	二八	二九	三十
양력	월	7																			8										
	일	13	14	15	16	17	18	19	20	21	22	23	24	25	26	27	28	29	30	31	1	2	3	4	5	6	7	8	9	10	11
음력	월	七月																													
	일	一	二	三	四	五	六	七	八	九	十	十一	十二	十三	十四	十五	十六	十七	十八	十九	二十	二一	二二	二三	二四	二五	二六	二七	二八	二九	三十
양력	월	8																				9									
	일	12	13	14	15	16	17	18	19	20	21	22	23	24	25	26	27	28	29	30	31	1	2	3	4	5	6	7	8	9	10
음력	월	八月																													
	일	一	二	三	四	五	六	七	八	九	十	十一	十二	十三	十四	十五	十六	十七	十八	十九	二十	二一	二二	二三	二四	二五	二六	二七	二八	二九	
양력	월	9																				10									
	일	11	12	13	14	15	16	17	18	19	20	21	22	23	24	25	26	27	28	29	30	1	2	3	4	5	6	7	8	9	
음력	월	九月																													
	일	一	二	三	四	五	六	七	八	九	十	十一	十二	十三	十四	十五	十六	十七	十八	十九	二十	二一	二二	二三	二四	二五	二六	二七	二八	二九	三十
양력	월	10																						11							
	일	10	11	12	13	14	15	16	17	18	19	20	21	22	23	24	25	26	27	28	29	30	31	1	2	3	4	5	6	7	8
음력	월	十月																													
	일	一	二	三	四	五	六	七	八	九	十	十一	十二	十三	十四	十五	十六	十七	十八	十九	二十	二一	二二	二三	二四	二五	二六	二七	二八	二九	
양력	월	11																						12							
	일	9	10	11	12	13	14	15	16	17	18	19	20	21	22	23	24	25	26	27	28	29	30	1	2	3	4	5	6	7	
음력	월	十一月																													
	일	一	二	三	四	五	六	七	八	九	十	十一	十二	十三	十四	十五	十六	十七	十八	十九	二十	二一	二二	二三	二四	二五	二六	二七	二八	二九	
양력	월	12																								1					
	일	8	9	10	11	12	13	14	15	16	17	18	19	20	21	22	23	24	25	26	27	28	29	30	31	1	2	3	4	5	
음력	월	十二月																													
	일	一	二	三	四	五	六	七	八	九	十	十一	十二	十三	十四	十五	十六	十七	十八	十九	二十	二一	二二	二三	二四	二五	二六	二七	二八	二九	三十
양력	월	1																										2			
	일	6	7	8	9	10	11	12	13	14	15	16	17	18	19	20	21	22	23	24	25	26	27	28	29	30	31	1	2	3	4

서기 1943년 癸 未 年

음	월	正月																													
력	일	一	二	三	四	五	六	七	八	九	十	十一	十二	十三	十四	十五	十六	十七	十八	十九	二十	二一	二二	二三	二四	二五	二六	二七	二八	二九	
양	월	2																								3					
력	일	5	6	7	8	9	10	11	12	13	14	15	16	17	18	19	20	21	22	23	24	25	26	27	28	1	2	3	4	5	
음	월	二月																													
력	일	一	二	三	四	五	六	七	八	九	十	十一	十二	十三	十四	十五	十六	十七	十八	十九	二十	二一	二二	二三	二四	二五	二六	二七	二八	二九	三十
양	월	3																										4			
력	일	6	7	8	9	10	11	12	13	14	15	16	17	18	19	20	21	22	23	24	25	26	27	28	29	30	31	1	2	3	4
음	월	三月																													
력	일	一	二	三	四	五	六	七	八	九	十	十一	十二	十三	十四	十五	十六	十七	十八	十九	二十	二一	二二	二三	二四	二五	二六	二七	二八	二九	
양	월	4																										4			
력	일	5	6	7	8	9	10	11	12	13	14	15	16	17	18	19	20	21	22	23	24	25	26	27	28	29	30	1	2	3	
음	월	四月																													
력	일	一	二	三	四	五	六	七	八	九	十	十一	十二	十三	十四	十五	十六	十七	十八	十九	二十	二一	二二	二三	二四	二五	二六	二七	二八	二九	三十
양	월	5																												6	
력	일	4	5	6	7	8	9	10	11	12	13	14	15	16	17	18	19	20	21	22	23	24	25	26	27	28	29	30	31	1	2
음	월	五月																													
력	일	一	二	三	四	五	六	七	八	九	十	十一	十二	十三	十四	十五	十六	十七	十八	十九	二十	二一	二二	二三	二四	二五	二六	二七	二八	二九	
양	월	6																												7	
력	일	3	4	5	6	7	8	9	10	11	12	13	14	15	16	17	18	19	20	21	22	23	24	25	26	27	28	29	30	1	
음	월	六月																													
력	일	一	二	三	四	五	六	七	八	九	十	十一	十二	十三	十四	十五	十六	十七	十八	十九	二十	二一	二二	二三	二四	二五	二六	二七	二八	二九	三十
양	월	7																													
력	일	2	3	4	5	6	7	8	9	10	11	12	13	14	15	16	17	18	19	20	21	22	23	24	25	26	27	28	29	30	31
음	월	七月																													
력	일	一	二	三	四	五	六	七	八	九	十	十一	十二	十三	十四	十五	十六	十七	十八	十九	二十	二一	二二	二三	二四	二五	二六	二七	二八	二九	三十
양	월	8																													
력	일	1	2	3	4	5	6	7	8	9	10	11	12	13	14	15	16	17	18	19	20	21	22	23	24	25	26	27	28	29	30
음	월	八月																													
력	일	一	二	三	四	五	六	七	八	九	十	十一	十二	十三	十四	十五	十六	十七	十八	十九	二十	二一	二二	二三	二四	二五	二六	二七	二八	二九	
양	월	8	9																												
력	일	31	1	2	3	4	5	6	7	8	9	10	11	12	13	14	15	16	17	18	19	20	21	22	23	24	25	26	27	28	
음	월	九月																													
력	일	一	二	三	四	五	六	七	八	九	十	十一	十二	十三	十四	十五	十六	十七	十八	十九	二十	二一	二二	二三	二四	二五	二六	二七	二八	二九	三十
양	월	9		10																											
력	일	29	30	1	2	3	4	5	6	7	8	9	10	11	12	13	14	15	16	17	18	19	20	21	22	23	24	25	26	27	28
음	월	十月																													
력	일	一	二	三	四	五	六	七	八	九	十	十一	十二	十三	十四	十五	十六	十七	十八	十九	二十	二一	二二	二三	二四	二五	二六	二七	二八	二九	三十
양	월	10			11																										
력	일	29	30	31	1	2	3	4	5	6	7	8	9	10	11	12	13	14	15	16	17	18	19	20	21	22	23	24	25	26	27
음	월	十一月																													
력	일	一	二	三	四	五	六	七	八	九	十	十一	十二	十三	十四	十五	十六	十七	十八	十九	二十	二一	二二	二三	二四	二五	二六	二七	二八	二九	
양	월	11			12																										
력	일	28	29	30	1	2	3	4	5	6	7	8	9	10	11	12	13	14	15	16	17	18	19	20	21	22	23	24	25	26	
음	월	十二月																													
력	일	一	二	三	四	五	六	七	八	九	十	十一	十二	十三	十四	十五	十六	十七	十八	十九	二十	二一	二二	二三	二四	二五	二六	二七	二八	二九	三十
양	월	12					1																								
력	일	27	28	29	30	31	1	2	3	4	5	6	7	8	9	10	11	12	13	14	15	16	17	18	19	20	21	22	23	24	25

서기 1944년 甲 申 年

음	월	正 月																													
력	일	一	二	三	四	五	六	七	八	九	十	十一	十二	十三	十四	十五	十六	十七	十八	十九	二十	二一	二二	二三	二四	二五	二六	二七	二八	二九	
양	월	1						2																							
력	일	26	27	28	29	30	31	1	2	3	4	5	6	7	8	9	10	11	12	13	14	15	16	17	18	19	20	21	22	23	
음	월	二 月																													
력	일	一	二	三	四	五	六	七	八	九	十	十一	十二	十三	十四	十五	十六	十七	十八	十九	二十	二一	二二	二三	二四	二五	二六	二七	二八	二九	
양	월	2						3																							
력	일	24	25	26	27	28	29	1	2	3	4	5	6	7	8	9	10	11	12	13	14	15	16	17	18	19	20	21	22	23	
음	월	三 月																													
력	일	一	二	三	四	五	六	七	八	九	十	十一	十二	十三	十四	十五	十六	十七	十八	十九	二十	二一	二二	二三	二四	二五	二六	二七	二八	二九	三十
양	월	3								4																					
력	일	24	25	26	27	28	29	30	31	1	2	3	4	5	6	7	8	9	10	11	12	13	14	15	16	17	18	19	20	21	22
음	월	四 月																													
력	일	一	二	三	四	五	六	七	八	九	十	十一	十二	十三	十四	十五	十六	十七	十八	十九	二十	二一	二二	二三	二四	二五	二六	二七	二八	二九	
양	월	4								5																					
력	일	23	24	25	26	27	28	29	30	1	2	3	4	5	6	7	8	9	10	11	12	13	14	15	16	17	18	19	20	21	
음	월	閏 四 月																													
력	일	一	二	三	四	五	六	七	八	九	十	十一	十二	十三	十四	十五	十六	十七	十八	十九	二十	二一	二二	二三	二四	二五	二六	二七	二八	二九	三十
양	월	5										6																			
력	일	22	23	24	25	26	27	28	29	30	31	1	2	3	4	5	6	7	8	9	10	11	12	13	14	15	16	17	18	19	20
음	월	五 月																													
력	일	一	二	三	四	五	六	七	八	九	十	十一	十二	十三	十四	十五	十六	十七	十八	十九	二十	二一	二二	二三	二四	二五	二六	二七	二八	二九	
양	월	6										7																			
력	일	21	22	23	24	25	26	27	28	29	30	1	2	3	4	5	6	7	8	9	10	11	12	13	14	15	16	17	18	19	
음	월	六 月																													
력	일	一	二	三	四	五	六	七	八	九	十	十一	十二	十三	十四	十五	十六	十七	十八	十九	二十	二一	二二	二三	二四	二五	二六	二七	二八	二九	三十
양	월	7												8																	
력	일	20	21	22	23	24	25	26	27	28	29	30	31	1	2	3	4	5	6	7	8	9	10	11	12	13	14	15	16	17	18
음	월	七 月																													
력	일	一	二	三	四	五	六	七	八	九	十	十一	十二	十三	十四	十五	十六	十七	十八	十九	二十	二一	二二	二三	二四	二五	二六	二七	二八	二九	
양	월	8													9																
력	일	19	20	21	22	23	24	25	26	27	28	29	30	31	1	2	3	4	5	6	7	8	9	10	11	12	13	14	15	16	
음	월	八 月																													
력	일	一	二	三	四	五	六	七	八	九	十	十一	十二	十三	十四	十五	十六	十七	十八	十九	二十	二一	二二	二三	二四	二五	二六	二七	二八	二九	三十
양	월	9														10															
력	일	17	18	19	20	21	22	23	24	25	26	27	28	29	30	1	2	3	4	5	6	7	8	9	10	11	12	13	14	15	16
음	월	九 月																													
력	일	一	二	三	四	五	六	七	八	九	十	十一	十二	十三	十四	十五	十六	十七	十八	十九	二十	二一	二二	二三	二四	二五	二六	二七	二八	二九	三十
양	월	10															11														
력	일	17	18	19	20	21	22	23	24	25	26	27	28	29	30	31	1	2	3	4	5	6	7	8	9	10	11	12	13	14	15
음	월	十 月																													
력	일	一	二	三	四	五	六	七	八	九	十	十一	十二	十三	十四	十五	十六	十七	十八	十九	二十	二一	二二	二三	二四	二五	二六	二七	二八	二九	
양	월	11															12														
력	일	16	17	18	19	20	21	22	23	24	25	26	27	28	29	30	1	2	3	4	5	6	7	8	9	10	11	12	13	14	
음	월	十 一 月																													
력	일	一	二	三	四	五	六	七	八	九	十	十一	十二	十三	十四	十五	十六	十七	十八	十九	二十	二一	二二	二三	二四	二五	二六	二七	二八	二九	三十
양	월	12																	1												
력	일	15	16	17	18	19	20	21	22	23	24	25	26	27	28	29	30	31	1	2	3	4	5	6	7	8	9	10	11	12	13
음	월	十 二 月																													
력	일	一	二	三	四	五	六	七	八	九	十	十一	十二	十三	十四	十五	十六	十七	十八	十九	二十	二一	二二	二三	二四	二五	二六	二七	二八	二九	三十
양	월	1																		2											
력	일	14	15	16	17	18	19	20	21	22	23	24	25	26	27	28	29	30	31	1	2	3	4	5	6	7	8	9	10	11	12

서기 1945년 乙 酉 年

음	월									正														月							
력	일	一	二	三	四	五	六	七	八	九	十	十一	十二	十三	十四	十五	十六	十七	十八	十九	二十	二一	二二	二三	二四	二五	二六	二七	二八	二九	
양	월	2																3													
력	일	13	14	15	16	17	18	19	20	21	22	23	24	25	26	27	28	1	2	3	4	5	6	7	8	9	10	11	12	13	
음	월									二														月							
력	일	一	二	三	四	五	六	七	八	九	十	十一	十二	十三	十四	十五	十六	十七	十八	十九	二十	二一	二二	二三	二四	二五	二六	二七	二八	二九	
양	월	3																		4											
력	일	14	15	16	17	18	19	20	21	22	23	24	25	26	27	28	29	30	31	1	2	3	4	5	6	7	8	9	10	11	
음	월									三														月							
력	일	一	二	三	四	五	六	七	八	九	十	十一	十二	十三	十四	十五	十六	十七	十八	十九	二十	二一	二二	二三	二四	二五	二六	二七	二八	二九	三十
양	월	4																			5										
력	일	12	13	14	15	16	17	18	19	20	21	22	23	24	25	26	27	28	29	30	1	2	3	4	5	6	7	8	9	10	11
음	월									四														月							
력	일	一	二	三	四	五	六	七	八	九	十	十一	十二	十三	十四	十五	十六	十七	十八	十九	二十	二一	二二	二三	二四	二五	二六	二七	二八	二九	
양	월	5																				6									
력	일	12	13	14	15	16	17	18	19	20	21	22	23	24	25	26	27	28	29	30	31	1	2	3	4	5	6	7	8	9	
음	월									五														月							
력	일	一	二	三	四	五	六	七	八	九	十	十一	十二	十三	十四	十五	十六	十七	十八	十九	二十	二一	二二	二三	二四	二五	二六	二七	二八	二九	
양	월	6																					7								
력	일	10	11	12	13	14	15	16	17	18	19	20	21	22	23	24	25	26	27	28	29	30	1	2	3	4	5	6	7	8	
음	월									六														月							
력	일	一	二	三	四	五	六	七	八	九	十	十一	十二	十三	十四	十五	十六	十七	十八	十九	二十	二一	二二	二三	二四	二五	二六	二七	二八	二九	三十
양	월	7																							8						
력	일	9	10	11	12	13	14	15	16	17	18	19	20	21	22	23	24	25	26	27	28	29	30	31	1	2	3	4	5	6	7
음	월									七														月							
력	일	一	二	三	四	五	六	七	八	九	十	十一	十二	十三	十四	十五	十六	十七	十八	十九	二十	二一	二二	二三	二四	二五	二六	二七	二八	二九	
양	월	8																								9					
력	일	8	9	10	11	12	13	14	15	16	17	18	19	20	21	22	23	24	25	26	27	28	29	30	31	1	2	3	4	5	
음	월									八														月							
력	일	一	二	三	四	五	六	七	八	九	十	十一	十二	十三	十四	十五	十六	十七	十八	十九	二十	二一	二二	二三	二四	二五	二六	二七	二八	二九	三十
양	월	9																									10				
력	일	6	7	8	9	10	11	12	13	14	15	16	17	18	19	20	21	22	23	24	25	26	27	28	29	30	1	2	3	4	5
음	월									九														月							
력	일	一	二	三	四	五	六	七	八	九	十	十一	十二	十三	十四	十五	十六	十七	十八	十九	二十	二一	二二	二三	二四	二五	二六	二七	二八	二九	三十
양	월	10																										11			
력	일	6	7	8	9	10	11	12	13	14	15	16	17	18	19	20	21	22	23	24	25	26	27	28	29	30	31	1	2	3	4
음	월									十														月							
력	일	一	二	三	四	五	六	七	八	九	十	十一	十二	十三	十四	十五	十六	十七	十八	十九	二十	二一	二二	二三	二四	二五	二六	二七	二八	二九	三十
양	월	11																										12			
력	일	5	6	7	8	9	10	11	12	13	14	15	16	17	18	19	20	21	22	23	24	25	26	27	28	29	30	1	2	3	4
음	월									十							一							月							
력	일	一	二	三	四	五	六	七	八	九	十	十一	十二	十三	十四	十五	十六	十七	十八	十九	二十	二一	二二	二三	二四	二五	二六	二七	二八	二九	
양	월	12																											1		
력	일	5	6	7	8	9	10	11	12	13	14	15	16	17	18	19	20	21	22	23	24	25	26	27	28	29	30	31	1	2	
음	월									十							二							月							
력	일	一	二	三	四	五	六	七	八	九	十	十一	十二	十三	十四	十五	十六	十七	十八	十九	二十	二一	二二	二三	二四	二五	二六	二七	二八	二九	三十
양	월	1																													2
력	일	3	4	5	6	7	8	9	10	11	12	13	14	15	16	17	18	19	20	21	22	23	24	25	26	27	28	29	30	31	1

서기 1946년 丙 戌 年																															
음	월	正月																													
력	일	一	二	三	四	五	六	七	八	九	十	十一	十二	十三	十四	十五	十六	十七	十八	十九	二十	二一	二二	二三	二四	二五	二六	二七	二八	二九	三十
양	월	2																											3		
력	일	2	3	4	5	6	7	8	9	10	11	12	13	14	15	16	17	18	19	20	21	22	23	24	25	26	27	28	1	2	3
음	월	二月																													
력	일	一	二	三	四	五	六	七	八	九	十	十一	十二	十三	十四	十五	十六	十七	十八	十九	二十	二一	二二	二三	二四	二五	二六	二七	二八	二九	
양	월	3																												4	
력	일	4	5	6	7	8	9	10	11	12	13	14	15	16	17	18	19	20	21	22	23	24	25	26	27	28	29	30	31	1	
음	월	三月																													
력	일	一	二	三	四	五	六	七	八	九	十	十一	十二	十三	十四	十五	十六	十七	十八	十九	二十	二一	二二	二三	二四	二五	二六	二七	二八	二九	
양	월	4																													
력	일	2	3	4	5	6	7	8	9	10	11	12	13	14	15	16	17	18	19	20	21	22	23	24	25	26	27	28	29	30	
음	월	四月																													
력	일	一	二	三	四	五	六	七	八	九	十	十一	十二	十三	十四	十五	十六	十七	十八	十九	二十	二一	二二	二三	二四	二五	二六	二七	二八	二九	三十
양	월	5																													
력	일	1	2	3	4	5	6	7	8	9	10	11	12	13	14	15	16	17	18	19	20	21	22	23	24	25	26	27	28	29	30
음	월	五月																													
력	일	一	二	三	四	五	六	七	八	九	十	十一	十二	十三	十四	十五	十六	十七	十八	十九	二十	二一	二二	二三	二四	二五	二六	二七	二八	二九	
양	월	5	6																												
력	일	31	1	2	3	4	5	6	7	8	9	10	11	12	13	14	15	16	17	18	19	20	21	22	23	24	25	26	27	28	
음	월	六月																													
력	일	一	二	三	四	五	六	七	八	九	十	十一	十二	十三	十四	十五	十六	十七	十八	十九	二十	二一	二二	二三	二四	二五	二六	二七	二八	二九	
양	월	6		7																											
력	일	29	30	1	2	3	4	5	6	7	8	9	10	11	12	13	14	15	16	17	18	19	20	21	22	23	24	25	26	27	
음	월	七月																													
력	일	一	二	三	四	五	六	七	八	九	十	十一	十二	十三	十四	十五	十六	十七	十八	十九	二十	二一	二二	二三	二四	二五	二六	二七	二八	二九	三十
양	월	7				8																									
력	일	28	29	30	31	1	2	3	4	5	6	7	8	9	10	11	12	13	14	15	16	17	18	19	20	21	22	23	24	25	26
음	월	八月																													
력	일	一	二	三	四	五	六	七	八	九	十	十一	十二	十三	十四	十五	十六	十七	十八	十九	二十	二一	二二	二三	二四	二五	二六	二七	二八	二九	
양	월	8					9																								
력	일	27	28	29	30	31	1	2	3	4	5	6	7	8	9	10	11	12	13	14	15	16	17	18	19	20	21	22	23	24	
음	월	九月																													
력	일	一	二	三	四	五	六	七	八	九	十	十一	十二	十三	十四	十五	十六	十七	十八	十九	二十	二一	二二	二三	二四	二五	二六	二七	二八	二九	三十
양	월	9						10																							
력	일	25	26	27	28	29	30	1	2	3	4	5	6	7	8	9	10	11	12	13	14	15	16	17	18	19	20	21	22	23	24
음	월	十月																													
력	일	一	二	三	四	五	六	七	八	九	十	十一	十二	十三	十四	十五	十六	十七	十八	十九	二十	二一	二二	二三	二四	二五	二六	二七	二八	二九	三十
양	월	10							11																						
력	일	25	26	27	28	29	30	31	1	2	3	4	5	6	7	8	9	10	11	12	13	14	15	16	17	18	19	20	21	22	23
음	월	十一月																													
력	일	一	二	三	四	五	六	七	八	九	十	十一	十二	十三	十四	十五	十六	十七	十八	十九	二十	二一	二二	二三	二四	二五	二六	二七	二八	二九	
양	월	11							12																						
력	일	24	25	26	27	28	29	30	1	2	3	4	5	6	7	8	9	10	11	12	13	14	15	16	17	18	19	20	21	22	
음	월	十二月																													
력	일	一	二	三	四	五	六	七	八	九	十	十一	十二	十三	十四	十五	十六	十七	十八	十九	二十	二一	二二	二三	二四	二五	二六	二七	二八	二九	三十
양	월	12									1																				
력	일	23	24	25	26	27	28	29	30	31	1	2	3	4	5	6	7	8	9	10	11	12	13	14	15	16	17	18	19	20	21

서기 1947년 丁 亥 年

음	월	正 月																													
력	일	一	二	三	四	五	六	七	八	九	十	十一	十二	十三	十四	十五	十六	十七	十八	十九	二十	二一	二二	二三	二四	二五	二六	二七	二八	二九	三十
양	월	1										2																			
력	일	22	23	24	25	26	27	28	29	30	31	1	2	3	4	5	6	7	8	9	10	11	12	13	14	15	16	17	18	19	20
음	월	二 月																													
력	일	一	二	三	四	五	六	七	八	九	十	十一	十二	十三	十四	十五	十六	十七	十八	十九	二十	二一	二二	二三	二四	二五	二六	二七	二八	二九	三十
양	월	2								3																					
력	일	21	22	23	24	25	26	27	28	1	2	3	4	5	6	7	8	9	10	11	12	13	14	15	16	17	18	19	20	21	22
음	월	閏 二 月																													
력	일	一	二	三	四	五	六	七	八	九	十	十一	十二	十三	十四	十五	十六	十七	十八	十九	二十	二一	二二	二三	二四	二五	二六	二七	二八	二九	
양	월	3									4																				
력	일	23	24	25	26	27	28	29	30	31	1	2	3	4	5	6	7	8	9	10	11	12	13	14	15	16	17	18	19	20	
음	월	三 月																													
력	일	一	二	三	四	五	六	七	八	九	十	十一	十二	十三	十四	十五	十六	十七	十八	十九	二十	二一	二二	二三	二四	二五	二六	二七	二八	二九	
양	월	4										5																			
력	일	21	22	23	24	25	26	27	28	29	30	1	2	3	4	5	6	7	8	9	10	11	12	13	14	15	16	17	18	19	
음	월	四 月																													
력	일	一	二	三	四	五	六	七	八	九	十	十一	十二	十三	十四	十五	十六	十七	十八	十九	二十	二一	二二	二三	二四	二五	二六	二七	二八	二九	三十
양	월	5												6																	
력	일	20	21	22	23	24	25	26	27	28	29	30	31	1	2	3	4	5	6	7	8	9	10	11	12	13	14	15	16	17	18
음	월	五 月																													
력	일	一	二	三	四	五	六	七	八	九	十	十一	十二	十三	十四	十五	十六	十七	十八	十九	二十	二一	二二	二三	二四	二五	二六	二七	二八	二九	
양	월	6												7																	
력	일	19	20	21	22	23	24	25	26	27	28	29	30	1	2	3	4	5	6	7	8	9	10	11	12	13	14	15	16	17	
음	월	六 月																													
력	일	一	二	三	四	五	六	七	八	九	十	十一	十二	十三	十四	十五	十六	十七	十八	十九	二十	二一	二二	二三	二四	二五	二六	二七	二八	二九	
양	월	7														8															
력	일	18	19	20	21	22	23	24	25	26	27	28	29	30	31	1	2	3	4	5	6	7	8	9	10	11	12	13	14	15	
음	월	七 月																													
력	일	一	二	三	四	五	六	七	八	九	十	十一	十二	十三	十四	十五	十六	十七	十八	十九	二十	二一	二二	二三	二四	二五	二六	二七	二八	二九	三十
양	월	8																9													
력	일	16	17	18	19	20	21	22	23	24	25	26	27	28	29	30	31	1	2	3	4	5	6	7	8	9	10	11	12	13	14
음	월	八 月																													
력	일	一	二	三	四	五	六	七	八	九	十	十一	十二	十三	十四	十五	十六	十七	十八	十九	二十	二一	二二	二三	二四	二五	二六	二七	二八	二九	
양	월	9																10													
력	일	15	16	17	18	19	20	21	22	23	24	25	26	27	28	29	30	1	2	3	4	5	6	7	8	9	10	11	12	13	
음	월	九 月																													
력	일	一	二	三	四	五	六	七	八	九	十	十一	十二	十三	十四	十五	十六	十七	十八	十九	二十	二一	二二	二三	二四	二五	二六	二七	二八	二九	三十
양	월	10																		11											
력	일	14	15	16	17	18	19	20	21	22	23	24	25	26	27	28	29	30	31	1	2	3	4	5	6	7	8	9	10	11	12
음	월	十 月																													
력	일	一	二	三	四	五	六	七	八	九	十	十一	十二	十三	十四	十五	十六	十七	十八	十九	二十	二一	二二	二三	二四	二五	二六	二七	二八	二九	
양	월	11																		12											
력	일	13	14	15	16	17	18	19	20	21	22	23	24	25	26	27	28	29	30	1	2	3	4	5	6	7	8	9	10	11	
음	월	十 一 月																													
력	일	一	二	三	四	五	六	七	八	九	十	十一	十二	十三	十四	十五	十六	十七	十八	十九	二十	二一	二二	二三	二四	二五	二六	二七	二八	二九	三十
양	월	12																				1									
력	일	12	13	14	15	16	17	18	19	20	21	22	23	24	25	26	27	28	29	30	31	1	2	3	4	5	6	7	8	9	10
음	월	十 二 月																													
력	일	一	二	三	四	五	六	七	八	九	十	十一	十二	十三	十四	十五	十六	十七	十八	十九	二十	二一	二二	二三	二四	二五	二六	二七	二八	二九	三十
양	월	1																					2								
력	일	11	12	13	14	15	16	17	18	19	20	21	22	23	24	25	26	27	28	29	30	31	1	2	3	4	5	6	7	8	9

서기 1948년 戊子年

음	월	正月																													
력	일	一	二	三	四	五	六	七	八	九	十	十一	十二	十三	十四	十五	十六	十七	十八	十九	二十	二一	二二	二三	二四	二五	二六	二七	二八	二九	三十
양	월	2																				3									
력	일	10	11	12	13	14	15	16	17	18	19	20	21	22	23	24	25	26	27	28	29	1	2	3	4	5	6	7	8	9	10
음	월	二月																													
력	일	一	二	三	四	五	六	七	八	九	十	十一	十二	十三	十四	十五	十六	十七	十八	十九	二十	二一	二二	二三	二四	二五	二六	二七	二八	二九	
양	월	3																					4								
력	일	11	12	13	14	15	16	17	18	19	20	21	22	23	24	25	26	27	28	29	30	31	1	2	3	4	5	6	7	8	
음	월	三月																													
력	일	一	二	三	四	五	六	七	八	九	十	十一	十二	十三	十四	十五	十六	十七	十八	十九	二十	二一	二二	二三	二四	二五	二六	二七	二八	二九	三十
양	월	4																						5							
력	일	9	10	11	12	13	14	15	16	17	18	19	20	21	22	23	24	25	26	27	28	29	30	1	2	3	4	5	6	7	8
음	월	四月																													
력	일	一	二	三	四	五	六	七	八	九	十	十一	十二	十三	十四	十五	十六	十七	十八	十九	二十	二一	二二	二三	二四	二五	二六	二七	二八	二九	
양	월	5																							6						
력	일	9	10	11	12	13	14	15	16	17	18	19	20	21	22	23	24	25	26	27	28	29	30	31	1	2	3	4	5	6	
음	월	五月																													
력	일	一	二	三	四	五	六	七	八	九	十	十一	十二	十三	十四	十五	十六	十七	十八	十九	二十	二一	二二	二三	二四	二五	二六	二七	二八	二九	三十
양	월	6																								7					
력	일	7	8	9	10	11	12	13	14	15	16	17	18	19	20	21	22	23	24	25	26	27	28	29	30	1	2	3	4	5	6
음	월	六月																													
력	일	一	二	三	四	五	六	七	八	九	十	十一	十二	十三	十四	十五	十六	十七	十八	十九	二十	二一	二二	二三	二四	二五	二六	二七	二八	二九	
양	월	7																									8				
력	일	7	8	9	10	11	12	13	14	15	16	17	18	19	20	21	22	23	24	25	26	27	28	29	30	31	1	2	3	4	
음	월	七月																													
력	일	一	二	三	四	五	六	七	八	九	十	十一	十二	十三	十四	十五	十六	十七	十八	十九	二十	二一	二二	二三	二四	二五	二六	二七	二八	二九	
양	월	8																											9		
력	일	5	6	7	8	9	10	11	12	13	14	15	16	17	18	19	20	21	22	23	24	25	26	27	28	29	30	31	1	2	
음	월	八月																													
력	일	一	二	三	四	五	六	七	八	九	十	十一	十二	十三	十四	十五	十六	十七	十八	十九	二十	二一	二二	二三	二四	二五	二六	二七	二八	二九	三十
양	월	9																												10	
력	일	3	4	5	6	7	8	9	10	11	12	13	14	15	16	17	18	19	20	21	22	23	24	25	26	27	28	29	30	1	2
음	월	九月																													
력	일	一	二	三	四	五	六	七	八	九	十	十一	十二	十三	十四	十五	十六	十七	十八	十九	二十	二一	二二	二三	二四	二五	二六	二七	二八	二九	
양	월	10																													
력	일	3	4	5	6	7	8	9	10	11	12	13	14	15	16	17	18	19	20	21	22	23	24	25	26	27	28	29	30	31	
음	월	十月																													
력	일	一	二	三	四	五	六	七	八	九	十	十一	十二	十三	十四	十五	十六	十七	十八	十九	二十	二一	二二	二三	二四	二五	二六	二七	二八	二九	三十
양	월	11																													
력	일	1	2	3	4	5	6	7	8	9	10	11	12	13	14	15	16	17	18	19	20	21	22	23	24	25	26	27	28	29	30
음	월	十一月																													
력	일	一	二	三	四	五	六	七	八	九	十	十一	十二	十三	十四	十五	十六	十七	十八	十九	二十	二一	二二	二三	二四	二五	二六	二七	二八	二九	
양	월	12																													
력	일	1	2	3	4	5	6	7	8	9	10	11	12	13	14	15	16	17	18	19	20	21	22	23	24	25	26	27	28	29	
음	월	十二月																													
력	일	一	二	三	四	五	六	七	八	九	十	十一	十二	十三	十四	十五	十六	十七	十八	十九	二十	二一	二二	二三	二四	二五	二六	二七	二八	二九	三十
양	월	12		1																											
력	일	30	31	1	2	3	4	5	6	7	8	9	10	11	12	13	14	15	16	17	18	19	20	21	22	23	24	25	26	27	28

서기 1949년 己 丑 年

음	월	正月																													
력	일	一	二	三	四	五	六	七	八	九	十	十一	十二	十三	十四	十五	十六	十七	十八	十九	二十	二一	二二	二三	二四	二五	二六	二七	二八	二九	三十
양	월	1			2																										
력	일	29	30	31	1	2	3	4	5	6	7	8	9	10	11	12	13	14	15	16	17	18	19	20	21	22	23	24	25	26	27
음	월	二月																													
력	일	一	二	三	四	五	六	七	八	九	十	十一	十二	十三	十四	十五	十六	十七	十八	十九	二十	二一	二二	二三	二四	二五	二六	二七	二八	二九	三十
양	월	2	3																												
력	일	28	1	2	3	4	5	6	7	8	9	10	11	12	13	14	15	16	17	18	19	20	21	22	23	24	25	26	27	28	29
음	월	三月																													
력	일	一	二	三	四	五	六	七	八	九	十	十一	十二	十三	十四	十五	十六	十七	十八	十九	二十	二一	二二	二三	二四	二五	二六	二七	二八	二九	
양	월	3		4																											
력	일	30	31	1	2	3	4	5	6	7	8	9	10	11	12	13	14	15	16	17	18	19	20	21	22	23	24	25	26	27	
음	월	四月																													
력	일	一	二	三	四	五	六	七	八	九	十	十一	十二	十三	十四	十五	十六	十七	十八	十九	二十	二一	二二	二三	二四	二五	二六	二七	二八	二九	三十
양	월	4			5																										
력	일	28	29	30	1	2	3	4	5	6	7	8	9	10	11	12	13	14	15	16	17	18	19	20	21	22	23	24	25	26	27
음	월	五月																													
력	일	一	二	三	四	五	六	七	八	九	十	十一	十二	十三	十四	十五	十六	十七	十八	十九	二十	二一	二二	二三	二四	二五	二六	二七	二八	二九	
양	월	5				6																									
력	일	28	29	30	31	1	2	3	4	5	6	7	8	9	10	11	12	13	14	15	16	17	18	19	20	21	22	23	24	25	
음	월	六月																													
력	일	一	二	三	四	五	六	七	八	九	十	十一	十二	十三	十四	十五	十六	十七	十八	十九	二十	二一	二二	二三	二四	二五	二六	二七	二八	二九	三十
양	월	6					7																								
력	일	26	27	28	29	30	1	2	3	4	5	6	7	8	9	10	11	12	13	14	15	16	17	18	19	20	21	22	23	24	25
음	월	七月																													
력	일	一	二	三	四	五	六	七	八	九	十	十一	十二	十三	十四	十五	十六	十七	十八	十九	二十	二一	二二	二三	二四	二五	二六	二七	二八	二九	
양	월	7						8																							
력	일	26	27	28	29	30	31	1	2	3	4	5	6	7	8	9	10	11	12	13	14	15	16	17	18	19	20	21	22	23	
음	월	閏七月																													
력	일	一	二	三	四	五	六	七	八	九	十	十一	十二	十三	十四	十五	十六	十七	十八	十九	二十	二一	二二	二三	二四	二五	二六	二七	二八	二九	
양	월	8								9																					
력	일	24	25	26	27	28	29	30	31	1	2	3	4	5	6	7	8	9	10	11	12	13	14	15	16	17	18	19	20	21	
음	월	八月																													
력	일	一	二	三	四	五	六	七	八	九	十	十一	十二	十三	十四	十五	十六	十七	十八	十九	二十	二一	二二	二三	二四	二五	二六	二七	二八	二九	三十
양	월	9									10																				
력	일	22	23	24	25	26	27	28	29	30	1	2	3	4	5	6	7	8	9	10	11	12	13	14	15	16	17	18	19	20	21
음	월	九月																													
력	일	一	二	三	四	五	六	七	八	九	十	十一	十二	十三	十四	十五	十六	十七	十八	十九	二十	二一	二二	二三	二四	二五	二六	二七	二八	二九	
양	월	10										11																			
력	일	22	23	24	25	26	27	28	29	30	31	1	2	3	4	5	6	7	8	9	10	11	12	13	14	15	16	17	18	19	
음	월	十月																													
력	일	一	二	三	四	五	六	七	八	九	十	十一	十二	十三	十四	十五	十六	十七	十八	十九	二十	二一	二二	二三	二四	二五	二六	二七	二八	二九	三十
양	월	11											12																		
력	일	20	21	22	23	24	25	26	27	28	29	30	1	2	3	4	5	6	7	8	9	10	11	12	13	14	15	16	17	18	19
음	월	十一月																													
력	일	一	二	三	四	五	六	七	八	九	十	十一	十二	十三	十四	十五	十六	十七	十八	十九	二十	二一	二二	二三	二四	二五	二六	二七	二八	二九	
양	월	12												1																	
력	일	20	21	22	23	24	25	26	27	28	29	30	31	1	2	3	4	5	6	7	8	9	10	11	12	13	14	15	16	17	
음	월	十二月																													
력	일	一	二	三	四	五	六	七	八	九	十	十一	十二	十三	十四	十五	十六	十七	十八	十九	二十	二一	二二	二三	二四	二五	二六	二七	二八	二九	三十
양	월	1														2															
력	일	18	19	20	21	22	23	24	25	26	27	28	29	30	31	1	2	3	4	5	6	7	8	9	10	11	12	13	14	15	16

서기 1950년 庚 寅 年

음	월	正月																													
력	일	一	二	三	四	五	六	七	八	九	十	十一	十二	十三	十四	十五	十六	十七	十八	十九	二十	二一	二二	二三	二四	二五	二六	二七	二八	二九	三十
양	월	2												3																	
력	일	17	18	19	20	21	22	23	24	25	26	27	28	1	2	3	4	5	6	7	8	9	10	11	12	13	14	15	16	17	18
음	월	二月																													
력	일	一	二	三	四	五	六	七	八	九	十	十一	十二	十三	十四	十五	十六	十七	十八	十九	二十	二一	二二	二三	二四	二五	二六	二七	二八	二九	
양	월	3													4																
력	일	19	20	21	22	23	24	25	26	27	28	29	30	31	1	2	3	4	5	6	7	8	9	10	11	12	13	14	15	16	
음	월	三月																													
력	일	一	二	三	四	五	六	七	八	九	十	十一	十二	十三	十四	十五	十六	十七	十八	十九	二十	二一	二二	二三	二四	二五	二六	二七	二八	二九	三十
양	월	4														5															
력	일	17	18	19	20	21	22	23	24	25	26	27	28	29	30	1	2	3	4	5	6	7	8	9	10	11	12	13	14	15	16
음	월	四月																													
력	일	一	二	三	四	五	六	七	八	九	十	十一	十二	十三	十四	十五	十六	十七	十八	十九	二十	二一	二二	二三	二四	二五	二六	二七	二八	二九	三十
양	월	5															6														
력	일	17	18	19	20	21	22	23	24	25	26	27	28	29	30	31	1	2	3	4	5	6	7	8	9	10	11	12	13	14	15
음	월	五月																													
력	일	一	二	三	四	五	六	七	八	九	十	十一	十二	十三	十四	十五	十六	十七	十八	十九	二十	二一	二二	二三	二四	二五	二六	二七	二八	二九	
양	월	6															7														
력	일	16	17	18	19	20	21	22	23	24	25	26	27	28	29	30	1	2	3	4	5	6	7	8	9	10	11	12	13	14	
음	월	六月																													
력	일	一	二	三	四	五	六	七	八	九	十	十一	十二	十三	十四	十五	十六	十七	十八	十九	二十	二一	二二	二三	二四	二五	二六	二七	二八	二九	三十
양	월	7																	8												
력	일	15	16	17	18	19	20	21	22	23	24	25	26	27	28	29	30	31	1	2	3	4	5	6	7	8	9	10	11	12	13
음	월	七月																													
력	일	一	二	三	四	五	六	七	八	九	十	十一	十二	十三	十四	十五	十六	十七	十八	十九	二十	二一	二二	二三	二四	二五	二六	二七	二八	二九	
양	월	8																		9											
력	일	14	15	16	17	18	19	20	21	22	23	24	25	26	27	28	29	30	31	1	2	3	4	5	6	7	8	9	10	11	
음	월	八月																													
력	일	一	二	三	四	五	六	七	八	九	十	十一	十二	十三	十四	十五	十六	十七	十八	十九	二十	二一	二二	二三	二四	二五	二六	二七	二八	二九	
양	월	9																			10										
력	일	12	13	14	15	16	17	18	19	20	21	22	23	24	25	26	27	28	29	30	1	2	3	4	5	6	7	8	9	10	
음	월	九月																													
력	일	一	二	三	四	五	六	七	八	九	十	十一	十二	十三	十四	十五	十六	十七	十八	十九	二十	二一	二二	二三	二四	二五	二六	二七	二八	二九	三十
양	월	10																					11								
력	일	11	12	13	14	15	16	17	18	19	20	21	22	23	24	25	26	27	28	29	30	31	1	2	3	4	5	6	7	8	9
음	월	十月																													
력	일	一	二	三	四	五	六	七	八	九	十	十一	十二	十三	十四	十五	十六	十七	十八	十九	二十	二一	二二	二三	二四	二五	二六	二七	二八	二九	
양	월	11																					12								
력	일	10	11	12	13	14	15	16	17	18	19	20	21	22	23	24	25	26	27	28	29	30	1	2	3	4	5	6	7	8	
음	월	十一月																													
력	일	一	二	三	四	五	六	七	八	九	十	十一	十二	十三	十四	十五	十六	十七	十八	十九	二十	二一	二二	二三	二四	二五	二六	二七	二八	二九	三十
양	월	12																							1						
력	일	9	10	11	12	13	14	15	16	17	18	19	20	21	22	23	24	25	26	27	28	29	30	31	1	2	3	4	5	6	7
음	월	十二月																													
력	일	一	二	三	四	五	六	七	八	九	十	十一	十二	十三	十四	十五	十六	十七	十八	十九	二十	二一	二二	二三	二四	二五	二六	二七	二八	二九	
양	월	1																								2					
력	일	8	9	10	11	12	13	14	15	16	17	18	19	20	21	22	23	24	25	26	27	28	29	30	31	1	2	3	4	5	

서기 1951년 辛卯年

음	월	正月																													
력	일	一	二	三	四	五	六	七	八	九	十	十一	十二	十三	十四	十五	十六	十七	十八	十九	二十	二一	二二	二三	二四	二五	二六	二七	二八	二九	三十
양	월	2																							3						
력	일	6	7	8	9	10	11	12	13	14	15	16	17	18	19	20	21	22	23	24	25	26	27	28	1	2	3	4	5	6	7
음	월	二月																													
력	일	一	二	三	四	五	六	七	八	九	十	十一	十二	十三	十四	十五	十六	十七	十八	十九	二十	二一	二二	二三	二四	二五	二六	二七	二八	二九	
양	월	3																								4					
력	일	8	9	10	11	12	13	14	15	16	17	18	19	20	21	22	23	24	25	26	27	28	29	30	31	1	2	3	4	5	
음	월	三月																													
력	일	一	二	三	四	五	六	七	八	九	十	十一	十二	十三	十四	十五	十六	十七	十八	十九	二十	二一	二二	二三	二四	二五	二六	二七	二八	二九	三十
양	월	4																									5				
력	일	6	7	8	9	10	11	12	13	14	15	16	17	18	19	20	21	22	23	24	25	26	27	28	29	30	1	2	3	4	5
음	월	四月																													
력	일	一	二	三	四	五	六	七	八	九	十	十一	十二	十三	十四	十五	十六	十七	十八	十九	二十	二一	二二	二三	二四	二五	二六	二七	二八	二九	三十
양	월	5																										6			
력	일	6	7	8	9	10	11	12	13	14	15	16	17	18	19	20	21	22	23	24	25	26	27	28	29	30	31	1	2	3	4
음	월	五月																													
력	일	一	二	三	四	五	六	七	八	九	十	十一	十二	十三	十四	十五	十六	十七	十八	十九	二十	二一	二二	二三	二四	二五	二六	二七	二八	二九	
양	월	6																										7			
력	일	5	6	7	8	9	10	11	12	13	14	15	16	17	18	19	20	21	22	23	24	25	26	27	28	29	30	1	2	3	
음	월	六月																													
력	일	一	二	三	四	五	六	七	八	九	十	十一	十二	十三	十四	十五	十六	十七	十八	十九	二十	二一	二二	二三	二四	二五	二六	二七	二八	二九	三十
양	월	7																												8	
력	일	4	5	6	7	8	9	10	11	12	13	14	15	16	17	18	19	20	21	22	23	24	25	26	27	28	29	30	31	1	2
음	월	七月																													
력	일	一	二	三	四	五	六	七	八	九	十	十一	十二	十三	十四	十五	十六	十七	十八	十九	二十	二一	二二	二三	二四	二五	二六	二七	二八	二九	
양	월	8																													
력	일	3	4	5	6	7	8	9	10	11	12	13	14	15	16	17	18	19	20	21	22	23	24	25	26	27	28	29	30	31	
음	월	八月																													
력	일	一	二	三	四	五	六	七	八	九	十	十一	十二	十三	十四	十五	十六	十七	十八	十九	二十	二一	二二	二三	二四	二五	二六	二七	二八	二九	三十
양	월	9																													
력	일	1	2	3	4	5	6	7	8	9	10	11	12	13	14	15	16	17	18	19	20	21	22	23	24	25	26	27	28	29	30
음	월	九月																													
력	일	一	二	三	四	五	六	七	八	九	十	十一	十二	十三	十四	十五	十六	十七	十八	十九	二十	二一	二二	二三	二四	二五	二六	二七	二八	二九	
양	월	10																													
력	일	1	2	3	4	5	6	7	8	9	10	11	12	13	14	15	16	17	18	19	20	21	22	23	24	25	26	27	28	29	
음	월	十月																													
력	일	一	二	三	四	五	六	七	八	九	十	十一	十二	十三	十四	十五	十六	十七	十八	十九	二十	二一	二二	二三	二四	二五	二六	二七	二八	二九	三十
양	월	10		11																											
력	일	30	31	1	2	3	4	5	6	7	8	9	10	11	12	13	14	15	16	17	18	19	20	21	22	23	24	25	26	27	28
음	월	十一月																													
력	일	一	二	三	四	五	六	七	八	九	十	十一	十二	十三	十四	十五	十六	十七	十八	十九	二十	二一	二二	二三	二四	二五	二六	二七	二八	二九	
양	월	11		12																											
력	일	29	30	1	2	3	4	5	6	7	8	9	10	11	12	13	14	15	16	17	18	19	20	21	22	23	24	25	26	27	
음	월	十二月																													
력	일	一	二	三	四	五	六	七	八	九	十	十一	十二	十三	十四	十五	十六	十七	十八	十九	二十	二一	二二	二三	二四	二五	二六	二七	二八	二九	三十
양	월	12				1																									
력	일	28	29	30	31	1	2	3	4	5	6	7	8	9	10	11	12	13	14	15	16	17	18	19	20	21	22	23	24	25	26

서기 1952년 壬 辰 年

음	월									正														月							
력	일	一	二	三	四	五	六	七	八	九	十	十一	十二	十三	十四	十五	十六	十七	十八	十九	二十	二一	二二	二三	二四	二五	二六	二七	二八	二九	
양	월	1					2																								
력	일	27	28	29	30	31	1	2	3	4	5	6	7	8	9	10	11	12	13	14	15	16	17	18	19	20	21	22	23	24	
음	월									二														月							
력	일	一	二	三	四	五	六	七	八	九	十	十一	十二	十三	十四	十五	十六	十七	十八	十九	二十	二一	二二	二三	二四	二五	二六	二七	二八	二九	三十
양	월	2					3																								
력	일	25	26	27	28	29	1	2	3	4	5	6	7	8	9	10	11	12	13	14	15	16	17	18	19	20	21	22	23	24	25
음	월									三														月							
력	일	一	二	三	四	五	六	七	八	九	十	十一	十二	十三	十四	十五	十六	十七	十八	十九	二十	二一	二二	二三	二四	二五	二六	二七	二八	二九	
양	월	3						4																							
력	일	26	27	28	29	30	31	1	2	3	4	5	6	7	8	9	10	11	12	13	14	15	16	17	18	19	20	21	22	23	
음	월									四														月							
력	일	一	二	三	四	五	六	七	八	九	十	十一	十二	十三	十四	十五	十六	十七	十八	十九	二十	二一	二二	二三	二四	二五	二六	二七	二八	二九	三十
양	월	4							5																						
력	일	24	25	26	27	28	29	30	1	2	3	4	5	6	7	8	9	10	11	12	13	14	15	16	17	18	19	20	21	22	23
음	월									五														月							
력	일	一	二	三	四	五	六	七	八	九	十	十一	十二	十三	十四	十五	十六	十七	十八	十九	二十	二一	二二	二三	二四	二五	二六	二七	二八	二九	
양	월	5								6																					
력	일	24	25	26	27	28	29	30	31	1	2	3	4	5	6	7	8	9	10	11	12	13	14	15	16	17	18	19	20	21	
음	월									閏							五							月							
력	일	一	二	三	四	五	六	七	八	九	十	十一	十二	十三	十四	十五	十六	十七	十八	十九	二十	二一	二二	二三	二四	二五	二六	二七	二八	二九	三十
양	월	6									7																				
력	일	22	23	24	25	26	27	28	29	30	1	2	3	4	5	6	7	8	9	10	11	12	13	14	15	16	17	18	19	20	21
음	월									六														月							
력	일	一	二	三	四	五	六	七	八	九	十	十一	十二	十三	十四	十五	十六	十七	十八	十九	二十	二一	二二	二三	二四	二五	二六	二七	二八	二九	三十
양	월	7										8																			
력	일	22	23	24	25	26	27	28	29	30	31	1	2	3	4	5	6	7	8	9	10	11	12	13	14	15	16	17	18	19	20
음	월									七														月							
력	일	一	二	三	四	五	六	七	八	九	十	十一	十二	十三	十四	十五	十六	十七	十八	十九	二十	二一	二二	二三	二四	二五	二六	二七	二八	二九	
양	월	8											9																		
력	일	21	22	23	24	25	26	27	28	29	30	31	1	2	3	4	5	6	7	8	9	10	11	12	13	14	15	16	17	18	
음	월									八														月							
력	일	一	二	三	四	五	六	七	八	九	十	十一	十二	十三	十四	十五	十六	十七	十八	十九	二十	二一	二二	二三	二四	二五	二六	二七	二八	二九	三十
양	월	9												10																	
력	일	19	20	21	22	23	24	25	26	27	28	29	30	1	2	3	4	5	6	7	8	9	10	11	12	13	14	15	16	17	18
음	월									九														月							
력	일	一	二	三	四	五	六	七	八	九	十	十一	十二	十三	十四	十五	十六	十七	十八	十九	二十	二一	二二	二三	二四	二五	二六	二七	二八	二九	
양	월	10													11																
력	일	19	20	21	22	23	24	25	26	27	28	29	30	31	1	2	3	4	5	6	7	8	9	10	11	12	13	14	15	16	
음	월									十														月							
력	일	一	二	三	四	五	六	七	八	九	十	十一	十二	十三	十四	十五	十六	十七	十八	十九	二十	二一	二二	二三	二四	二五	二六	二七	二八	二九	三十
양	월	11														12															
력	일	17	18	19	20	21	22	23	24	25	26	27	28	29	30	1	2	3	4	5	6	7	8	9	10	11	12	13	14	15	16
음	월									十							一							月							
력	일	一	二	三	四	五	六	七	八	九	十	十一	十二	十三	十四	十五	十六	十七	十八	十九	二十	二一	二二	二三	二四	二五	二六	二七	二八	二九	
양	월	12															1														
력	일	17	18	19	20	21	22	23	24	25	26	27	28	29	30	31	1	2	3	4	5	6	7	8	9	10	11	12	13	14	
음	월									十							二							月							
력	일	一	二	三	四	五	六	七	八	九	十	十一	十二	十三	十四	十五	十六	十七	十八	十九	二十	二一	二二	二三	二四	二五	二六	二七	二八	二九	三十
양	월	1																	2												
력	일	15	16	17	18	19	20	21	22	23	24	25	26	27	28	29	30	31	1	2	3	4	5	6	7	8	9	10	11	12	13

서기 1953년 癸 巳 年

음	월	正 月																												
력	일	一	二	三	四	五	六	七	八	九	十	十一	十二	十三	十四	十五	十六	十七	十八	十九	二十	二一	二二	二三	二四	二五	二六	二七	二八	二九	
양	월	2															3														
력	일	14	15	16	17	18	19	20	21	22	23	24	25	26	27	28	1	2	3	4	5	6	7	8	9	10	11	12	13	14	
음	월	二 月																												
력	일	一	二	三	四	五	六	七	八	九	十	十一	十二	十三	十四	十五	十六	十七	十八	十九	二十	二一	二二	二三	二四	二五	二六	二七	二八	二九	三十
양	월	3																	4												
력	일	15	16	17	18	19	20	21	22	23	24	25	26	27	28	29	30	31	1	2	3	4	5	6	7	8	9	10	11	12	13
음	월	三 月																												
력	일	一	二	三	四	五	六	七	八	九	十	十一	十二	十三	十四	十五	十六	十七	十八	十九	二十	二一	二二	二三	二四	二五	二六	二七	二八	二九	
양	월	4																	5												
력	일	14	15	16	17	18	19	20	21	22	23	24	25	26	27	28	29	30	1	2	3	4	5	6	7	8	9	10	11	12	
음	월	四 月																												
력	일	一	二	三	四	五	六	七	八	九	十	十一	十二	十三	十四	十五	十六	十七	十八	十九	二十	二一	二二	二三	二四	二五	二六	二七	二八	二九	
양	월	5																			6										
력	일	13	14	15	16	17	18	19	20	21	22	23	24	25	26	27	28	29	30	31	1	2	3	4	5	6	7	8	9	10	
음	월	五 月																												
력	일	一	二	三	四	五	六	七	八	九	十	十一	十二	十三	十四	十五	十六	十七	十八	十九	二十	二一	二二	二三	二四	二五	二六	二七	二八	二九	三十
양	월	6																				7									
력	일	11	12	13	14	15	16	17	18	19	20	21	22	23	24	25	26	27	28	29	30	1	2	3	4	5	6	7	8	9	10
음	월	六 月																												
력	일	一	二	三	四	五	六	七	八	九	十	十一	十二	十三	十四	十五	十六	十七	十八	十九	二十	二一	二二	二三	二四	二五	二六	二七	二八	二九	三十
양	월	7																					8								
력	일	11	12	13	14	15	16	17	18	19	20	21	22	23	24	25	26	27	28	29	30	31	1	2	3	4	5	6	7	8	9
음	월	七 月																												
력	일	一	二	三	四	五	六	七	八	九	十	十一	十二	十三	十四	十五	十六	十七	十八	十九	二十	二一	二二	二三	二四	二五	二六	二七	二八	二九	
양	월	8																						9							
력	일	10	11	12	13	14	15	16	17	18	19	20	21	22	23	24	25	26	27	28	29	30	31	1	2	3	4	5	6	7	
음	월	八 月																												
력	일	一	二	三	四	五	六	七	八	九	十	十一	十二	十三	十四	十五	十六	十七	十八	十九	二十	二一	二二	二三	二四	二五	二六	二七	二八	二九	三十
양	월	9																							10						
력	일	8	9	10	11	12	13	14	15	16	17	18	19	20	21	22	23	24	25	26	27	28	29	30	1	2	3	4	5	6	7
음	월	九 月																												
력	일	一	二	三	四	五	六	七	八	九	十	十一	十二	十三	十四	十五	十六	十七	十八	十九	二十	二一	二二	二三	二四	二五	二六	二七	二八	二九	三十
양	월	10																								11					
력	일	8	9	10	11	12	13	14	15	16	17	18	19	20	21	22	23	24	25	26	27	28	29	30	31	1	2	3	4	5	6
음	월	十 月																												
력	일	一	二	三	四	五	六	七	八	九	十	十一	十二	十三	十四	十五	十六	十七	十八	十九	二十	二一	二二	二三	二四	二五	二六	二七	二八	二九	
양	월	11																								12					
력	일	7	8	9	10	11	12	13	14	15	16	17	18	19	204	21	22	23	24	25	26	27	28	29	30	1	2	3	4	5	
음	월	十 一 月																												
력	일	一	二	三	四	五	六	七	八	九	十	十一	十二	十三	十四	十五	十六	十七	十八	十九	二十	二一	二二	二三	二四	二五	二六	二七	二八	二九	三十
양	월	12																										1			
력	일	6	7	8	9	10	11	12	13	14	15	16	17	18	19	20	21	22	23	24	25	26	27	28	29	30	31	1	2	3	4
음	월	十 二 月																												
력	일	一	二	三	四	五	六	七	八	九	十	十一	十二	十三	十四	十五	十六	十七	十八	十九	二十	二一	二二	二三	二四	二五	二六	二七	二八	二九	三十
양	월	1																											2		
력	일	5	6	7	8	9	10	11	12	13	14	15	16	17	18	19	20	21	22	23	24	25	26	27	28	29	30	31	1	2	3

서기 1954년 甲 午 年

음	월								正														月								
력	일	一	二	三	四	五	六	七	八	九	十	十一	十二	十三	十四	十五	十六	十七	十八	十九	二十	二一	二二	二三	二四	二五	二六	二七	二八	二九	
양	월	2																									3				
력	일	4	5	6	7	8	9	10	11	12	13	14	15	16	17	18	19	20	21	22	23	24	25	26	27	28	1	2	3	4	
음	월								二														月								
력	일	一	二	三	四	五	六	七	八	九	十	十一	十二	十三	十四	十五	十六	十七	十八	十九	二十	二一	二二	二三	二四	二五	二六	二七	二八	二九	
양	월	3																											4		
력	일	5	6	7	8	9	10	11	12	13	14	15	16	17	18	19	20	21	22	23	24	25	26	27	28	29	30	31	1	2	
음	월								三														月								
력	일	一	二	三	四	五	六	七	八	九	十	十一	十二	十三	十四	十五	十六	十七	十八	十九	二十	二一	二二	二三	二四	二五	二六	二七	二八	二九	三十
양	월	4																												5	
력	일	3	4	5	6	7	8	9	10	11	12	13	14	15	16	17	18	19	20	21	22	23	24	25	26	27	28	29	30	1	2
음	월								四														月								
력	일	一	二	三	四	五	六	七	八	九	十	十一	十二	十三	十四	十五	十六	十七	十八	十九	二十	二一	二二	二三	二四	二五	二六	二七	二八	二九	
양	월	5																													
력	일	3	4	5	6	7	8	9	10	11	12	13	14	15	16	17	18	19	20	21	22	23	24	25	26	27	28	29	30	31	
음	월								五														月								
력	일	一	二	三	四	五	六	七	八	九	十	十一	十二	十三	十四	十五	十六	十七	十八	十九	二十	二一	二二	二三	二四	二五	二六	二七	二八	二九	
양	월	6																													
력	일	1	2	3	4	5	6	7	8	9	10	11	12	13	14	15	16	17	18	19	20	21	22	23	24	25	26	27	28	29	
음	월								六														月								
력	일	一	二	三	四	五	六	七	八	九	十	十一	十二	十三	十四	十五	十六	十七	十八	十九	二十	二一	二二	二三	二四	二五	二六	二七	二八	二九	三十
양	월	6	7																												
력	일	30	1	2	3	4	5	6	7	8	9	10	11	12	13	14	15	16	17	18	19	20	21	22	23	24	25	26	27	28	29
음	월								七														月								
력	일	一	二	三	四	五	六	七	八	九	十	十一	十二	十三	十四	十五	十六	十七	十八	十九	二十	二一	二二	二三	二四	二五	二六	二七	二八	二九	
양	월	8		7																											
력	일	30	31	1	2	3	4	5	6	7	8	9	10	11	12	13	14	15	16	17	18	19	20	21	22	23	24	25	26	27	
음	월								八														月								
력	일	一	二	三	四	五	六	七	八	九	十	十一	十二	十三	十四	十五	十六	十七	十八	十九	二十	二一	二二	二三	二四	二五	二六	二七	二八	二九	三十
양	월	8				9																									
력	일	28	29	30	31	1	2	3	4	5	6	7	8	9	10	11	12	13	14	15	16	17	18	19	20	21	22	23	24	25	26
음	월								九														月								
력	일	一	二	三	四	五	六	七	八	九	十	十一	十二	十三	十四	十五	十六	十七	十八	十九	二十	二一	二二	二三	二四	二五	二六	二七	二八	二九	三十
양	월	9				10																									
력	일	27	28	29	30	1	2	3	4	5	6	7	8	9	10	11	12	13	14	15	16	17	18	19	20	21	22	23	24	25	26
음	월								十														月								
력	일	一	二	三	四	五	六	七	八	九	十	十一	十二	十三	十四	十五	十六	十七	十八	十九	二十	二一	二二	二三	二四	二五	二六	二七	二八	二九	
양	월	10					11																								
력	일	27	28	29	30	31	1	2	3	4	5	6	7	8	9	10	11	12	13	14	15	16	17	18	19	20	21	22	23	24	
음	월								十								一						月								
력	일	一	二	三	四	五	六	七	八	九	十	十一	十二	十三	十四	十五	十六	十七	十八	十九	二十	二一	二二	二三	二四	二五	二六	二七	二八	二九	三十
양	월	11						12																							
력	일	25	26	27	28	29	30	1	2	3	4	5	6	7	8	9	10	11	12	13	14	15	16	17	18	19	20	21	22	23	24
음	월								十								二						月								
력	일	一	二	三	四	五	六	七	八	九	十	十一	十二	十三	十四	十五	十六	十七	十八	十九	二十	二一	二二	二三	二四	二五	二六	二七	二八	二九	三十
양	월	12							1																						
력	일	25	26	27	28	29	30	31	1	2	3	4	5	6	7	8	9	10	11	12	13	14	15	16	17	18	19	20	21	22	23

서기 1955년 乙 未 年

음	월									正														月							
력	일	一	二	三	四	五	六	七	八	九	十	十一	十二	十三	十四	十五	十六	十七	十八	十九	二十	二一	二二	二三	二四	二五	二六	二七	二八	二九	三十
양	월	1								2																					
력	일	24	25	26	27	28	29	30	31	1	2	3	4	5	6	7	8	9	10	11	12	13	14	15	16	17	18	19	20	21	22
음	월									二														月							
력	일	一	二	三	四	五	六	七	八	九	十	十一	十二	十三	十四	十五	十六	十七	十八	十九	二十	二一	二二	二三	二四	二五	二六	二七	二八	二九	
양	월	2						3																							
력	일	23	24	25	26	27	28	1	2	3	4	5	6	7	8	9	10	11	12	13	14	15	16	17	18	19	20	21	22	23	
음	월									三														月							
력	일	一	二	三	四	五	六	七	八	九	十	十一	十二	十三	十四	十五	十六	十七	十八	十九	二十	二一	二二	二三	二四	二五	二六	二七	二八	二九	
양	월	3								4																					
력	일	24	25	26	27	28	29	30	31	1	2	3	4	5	6	7	8	9	10	11	12	13	14	15	16	17	18	19	20	21	
음	월									閏							三							月							
력	일	一	二	三	四	五	六	七	八	九	十	十一	十二	十三	十四	十五	十六	十七	十八	十九	二十	二一	二二	二三	二四	二五	二六	二七	二八	二九	三十
양	월	4									5																				
력	일	22	23	24	25	26	27	28	29	30	1	2	3	4	5	6	7	8	9	10	11	12	13	14	15	16	17	18	19	20	21
음	월									四														月							
력	일	一	二	三	四	五	六	七	八	九	十	十一	十二	十三	十四	十五	十六	十七	十八	十九	二十	二一	二二	二三	二四	二五	二六	二七	二八	二九	
양	월	5										6																			
력	일	22	23	24	25	26	27	28	29	30	31	1	2	3	4	5	6	7	8	9	10	11	12	13	14	15	16	17	18	19	
음	월									五														月							
력	일	一	二	三	四	五	六	七	八	九	十	十一	十二	十三	十四	十五	十六	十七	十八	十九	二十	二一	二二	二三	二四	二五	二六	二七	二八	二九	
양	월	6											7																		
력	일	20	21	22	23	24	25	26	27	28	29	30	1	2	3	4	5	6	7	8	9	10	11	12	13	14	15	16	17	18	
음	월									六														月							
력	일	一	二	三	四	五	六	七	八	九	十	十一	十二	十三	十四	十五	十六	十七	十八	十九	二十	二一	二二	二三	二四	二五	二六	二七	二八	二九	三十
양	월	7													8																
력	일	19	20	21	22	23	24	25	26	27	28	29	30	31	1	2	3	4	5	6	7	8	9	10	11	12	13	14	15	16	17
음	월									閏							七							月							
력	일	一	二	三	四	五	六	七	八	九	十	十一	十二	十三	十四	十五	十六	十七	十八	十九	二十	二一	二二	二三	二四	二五	二六	二七	二八	二九	
양	월	8														9															
력	일	18	19	20	21	22	23	24	25	26	27	28	29	30	31	1	2	3	4	5	6	7	8	9	10	11	12	13	14	15	
음	월									八														月							
력	일	一	二	三	四	五	六	七	八	九	十	十一	十二	十三	十四	十五	十六	十七	十八	十九	二十	二一	二二	二三	二四	二五	二六	二七	二八	二九	三十
양	월	9															10														
력	일	16	17	18	19	20	21	22	23	24	25	26	27	28	29	30	1	2	3	4	5	6	7	8	9	10	11	12	13	14	15
음	월									九														月							
력	일	一	二	三	四	五	六	七	八	九	十	十一	十二	十三	十四	十五	十六	十七	十八	十九	二十	二一	二二	二三	二四	二五	二六	二七	二八	二九	
양	월	10																11													
력	일	16	17	18	19	20	21	22	23	24	25	26	27	28	29	30	31	1	2	3	4	5	6	7	8	9	10	11	12	13	
음	월									十														月							
력	일	一	二	三	四	五	六	七	八	九	十	十一	十二	十三	十四	十五	十六	十七	十八	十九	二十	二一	二二	二三	二四	二五	二六	二七	二八	二九	三十
양	월	11																	12												
력	일	14	15	16	17	18	19	20	21	22	23	24	25	26	27	28	29	30	1	2	3	4	5	6	7	8	9	10	11	12	13
음	월									十							一							月							
력	일	一	二	三	四	五	六	七	八	九	十	十一	十二	十三	十四	十五	十六	十七	十八	十九	二十	二一	二二	二三	二四	二五	二六	二七	二八	二九	三十
양	월	12																		1											
력	일	14	15	16	17	18	19	20	21	22	23	24	25	26	27	28	29	30	31	1	2	3	4	5	6	7	8	9	10	11	12
음	월									十							二							月							
력	일	一	二	三	四	五	六	七	八	九	十	十一	十二	十三	十四	十五	十六	十七	十八	十九	二十	二一	二二	二三	二四	二五	二六	二七	二八	二九	三十
양	월	1																			2										
력	일	13	14	15	16	17	18	19	20	21	22	23	24	25	26	27	28	29	30	31	1	2	3	4	5	6	7	8	9	10	11

서기 1956년 丙 申 年

음력	월	正月																													
음력	일	一	二	三	四	五	六	七	八	九	十	十一	十二	十三	十四	十五	十六	十七	十八	十九	二十	二一	二二	二三	二四	二五	二六	二七	二八	二九	
양력	월	2																		3											
양력	일	12	13	14	15	16	17	18	19	20	21	22	23	24	25	26	27	28	29	1	2	3	4	5	6	7	8	9	10	11	
음력	월	二月																													
음력	일	一	二	三	四	五	六	七	八	九	十	十一	十二	十三	十四	十五	十六	十七	十八	十九	二十	二一	二二	二三	二四	二五	二六	二七	二八	二九	三十
양력	월	3																				4									
양력	일	12	13	14	15	16	17	18	19	20	21	22	23	24	25	26	27	28	29	30	31	1	2	3	4	5	6	7	8	9	10
음력	월	三月																													
음력	일	一	二	三	四	五	六	七	八	九	十	十一	十二	十三	十四	十五	十六	十七	十八	十九	二十	二一	二二	二三	二四	二五	二六	二七	二八	二九	
양력	월	4																				5									
양력	일	11	12	13	14	15	16	17	18	19	20	21	22	23	24	25	26	27	28	29	30	1	2	3	4	5	6	7	8	9	
음력	월	四月																													
음력	일	一	二	三	四	五	六	七	八	九	十	十一	十二	十三	十四	十五	十六	十七	十八	十九	二十	二一	二二	二三	二四	二五	二六	二七	二八	二九	三十
양력	월	5																						6							
양력	일	10	11	12	13	14	15	16	17	18	19	20	21	22	23	24	25	26	27	28	29	30	31	1	2	3	4	5	6	7	8
음력	월	五月																													
음력	일	一	二	三	四	五	六	七	八	九	十	十一	十二	十三	十四	十五	十六	十七	十八	十九	二十	二一	二二	二三	二四	二五	二六	二七	二八	二九	
양력	월	6																						7							
양력	일	9	10	11	12	13	14	15	16	17	18	19	20	21	22	23	24	25	26	27	28	29	30	1	2	3	4	5	6	7	
음력	월	六月																													
음력	일	一	二	三	四	五	六	七	八	九	十	十一	十二	十三	十四	十五	十六	十七	十八	十九	二十	二一	二二	二三	二四	二五	二六	二七	二八	二九	
양력	월	7																								8					
양력	일	8	9	10	11	12	13	14	15	16	17	18	19	20	21	22	23	24	25	26	27	28	29	30	31	1	2	3	4	5	
음력	월	七月																													
음력	일	一	二	三	四	五	六	七	八	九	十	十一	十二	十三	十四	十五	十六	十七	十八	十九	二十	二一	二二	二三	二四	二五	二六	二七	二八	二九	三十
양력	월	8																										9			
양력	일	6	7	8	9	10	11	12	13	14	15	16	17	18	19	20	21	22	23	24	25	26	27	28	29	30	31	1	2	3	4
음력	월	八月																													
음력	일	一	二	三	四	五	六	七	八	九	十	十一	十二	十三	十四	十五	十六	十七	十八	十九	二十	二一	二二	二三	二四	二五	二六	二七	二八	二九	
양력	월	9																										10			
양력	일	5	6	7	8	9	10	11	12	13	14	15	16	17	18	19	20	21	22	23	24	25	26	27	28	29	30	1	2	3	
음력	월	九月																													
음력	일	一	二	三	四	五	六	七	八	九	十	十一	十二	十三	十四	十五	十六	十七	十八	十九	二十	二一	二二	二三	二四	二五	二六	二七	二八	二九	三十
양력	월	10																												11	
양력	일	4	5	6	7	8	9	10	11	12	13	14	15	16	17	18	19	20	21	22	23	24	25	26	27	28	29	30	31	1	2
음력	월	十月																													
음력	일	一	二	三	四	五	六	七	八	九	十	十一	十二	十三	十四	十五	十六	十七	十八	十九	二十	二一	二二	二三	二四	二五	二六	二七	二八	二九	
양력	월	11																												12	
양력	일	3	4	5	6	7	8	9	10	11	12	13	14	15	16	17	18	19	20	21	22	23	24	25	26	27	28	29	30	1	
음력	월	十一月																													
음력	일	一	二	三	四	五	六	七	八	九	十	十一	十二	十三	十四	十五	十六	十七	十八	十九	二十	二一	二二	二三	二四	二五	二六	二七	二八	二九	三十
양력	월	12																													
양력	일	2	3	4	5	6	7	8	9	10	11	12	13	14	15	16	17	18	19	20	21	22	23	24	25	26	27	28	29	30	31
음력	월	十二月																													
음력	일	一	二	三	四	五	六	七	八	九	十	十一	十二	十三	十四	十五	十六	十七	十八	十九	二十	二一	二二	二三	二四	二五	二六	二七	二八	二九	三十
양력	월	1																													
양력	일	1	2	3	4	5	6	7	8	9	10	11	12	13	14	15	16	17	18	19	20	21	22	23	24	25	26	27	28	29	30

서기 1957년 丁 酉 年

음	월	正月																													
력	일	一	二	三	四	五	六	七	八	九	十	十一	十二	十三	十四	十五	十六	十七	十八	十九	二十	二一	二二	二三	二四	二五	二六	二七	二八	二九	三十
양	월	1	2																												3
력	일	31	1	2	3	4	5	6	7	8	9	10	11	12	13	14	15	16	17	18	19	20	21	22	23	24	25	26	27	28	1
음	월	二月																													
력	일	一	二	三	四	五	六	七	八	九	十	十一	十二	十三	十四	十五	十六	十七	十八	十九	二十	二一	二二	二三	二四	二五	二六	二七	二八	二九	
양	월	3																													
력	일	2	3	4	5	6	7	8	9	10	11	12	13	14	15	16	17	18	19	20	21	22	23	24	25	26	27	28	29	30	
음	월	三月																													
력	일	一	二	三	四	五	六	七	八	九	十	十一	十二	十三	十四	十五	十六	十七	十八	十九	二十	二一	二二	二三	二四	二五	二六	二七	二八	二九	三十
양	월	3	4																												
력	일	31	1	2	3	4	5	6	7	8	9	10	11	12	13	14	15	16	17	18	19	20	21	22	23	24	25	26	27	28	29
음	월	四月																													
력	일	一	二	三	四	五	六	七	八	九	十	十一	十二	十三	十四	十五	十六	十七	十八	十九	二十	二一	二二	二三	二四	二五	二六	二七	二八	二九	
양	월	4	5																												
력	일	30	1	2	3	4	5	6	7	8	9	10	11	12	13	14	15	16	17	18	19	20	21	22	23	24	25	26	27	28	
음	월	五月																													
력	일	一	二	三	四	五	六	七	八	九	十	十一	十二	十三	十四	十五	十六	十七	十八	十九	二十	二一	二二	二三	二四	二五	二六	二七	二八	二九	三十
양	월	5			6																										
력	일	29	30	31	1	2	3	4	5	6	7	8	9	10	11	12	13	14	15	16	17	18	19	20	21	22	23	24	25	26	27
음	월	六月																													
력	일	一	二	三	四	五	六	七	八	九	十	十一	十二	十三	十四	十五	十六	十七	十八	十九	二十	二一	二二	二三	二四	二五	二六	二七	二八	二九	
양	월	6			7																										
력	일	28	29	30	1	2	3	4	5	6	7	8	9	10	11	12	13	14	15	16	17	18	19	20	21	22	23	24	25	26	
음	월	七月																													
력	일	一	二	三	四	五	六	七	八	九	十	十一	十二	十三	十四	十五	十六	十七	十八	十九	二十	二一	二二	二三	二四	二五	二六	二七	二八	二九	
양	월	7					8																								
력	일	27	28	29	30	31	1	2	3	4	5	6	7	8	9	10	11	12	13	14	15	16	17	18	19	20	21	22	23	24	
음	월	八月																													
력	일	一	二	三	四	五	六	七	八	九	十	十一	十二	十三	十四	十五	十六	十七	十八	十九	二十	二一	二二	二三	二四	二五	二六	二七	二八	二九	三十
양	월	8							9																						
력	일	25	26	27	28	29	30	31	1	2	3	4	5	6	7	8	9	10	11	12	13	14	15	16	17	18	19	20	21	22	23
음	월	閏八月																													
력	일	一	二	三	四	五	六	七	八	九	十	十一	十二	十三	十四	十五	十六	十七	十八	十九	二十	二一	二二	二三	二四	二五	二六	二七	二八	二九	
양	월	9							10																						
력	일	24	25	26	27	28	29	30	1	2	3	4	5	6	7	8	9	10	11	12	13	14	15	16	17	18	19	20	21	22	
음	월	九月																													
력	일	一	二	三	四	五	六	七	八	九	十	十一	十二	十三	十四	十五	十六	十七	十八	十九	二十	二一	二二	二三	二四	二五	二六	二七	二八	二九	三十
양	월	10									11																				
력	일	23	24	25	26	27	28	29	30	31	1	2	3	4	5	6	7	8	9	10	11	12	13	14	15	16	17	18	19	20	21
음	월	十月																													
력	일	一	二	三	四	五	六	七	八	九	十	十一	十二	十三	十四	十五	十六	十七	十八	十九	二十	二一	二二	二三	二四	二五	二六	二七	二八	二九	
양	월	11									12																				
력	일	22	23	24	25	26	27	28	29	30	1	2	3	4	5	6	7	8	9	10	11	12	13	14	15	16	17	18	19	20	
음	월	十一月																													
력	일	一	二	三	四	五	六	七	八	九	十	十一	十二	十三	十四	十五	十六	十七	十八	十九	二十	二一	二二	二三	二四	二五	二六	二七	二八	二九	三十
양	월	12											1																		
력	일	21	22	23	24	25	26	27	28	29	30	31	1	2	3	4	5	6	7	8	9	10	11	12	13	14	15	16	17	18	19
음	월	十二月																													
력	일	一	二	三	四	五	六	七	八	九	十	十一	十二	十三	十四	十五	十六	十七	十八	十九	二十	二一	二二	二三	二四	二五	二六	二七	二八	二九	三十
양	월	1												2																	
력	일	20	21	22	23	24	25	26	27	28	29	30	31	1	2	3	4	5	6	7	8	9	10	11	12	13	14	15	16	17	18

서기 1958년 戊 戌 年

음	월									正														月							
력	일	一	二	三	四	五	六	七	八	九	十	十一	十二	十三	十四	十五	十六	十七	十八	十九	二十	二一	二二	二三	二四	二五	二六	二七	二八	二九	
양	월	2										3																			
력	일	19	20	21	22	23	24	25	26	27	28	1	2	3	4	5	6	7	8	9	10	11	12	13	14	15	16	17	18	19	
음	월									二														月							
력	일	一	二	三	四	五	六	七	八	九	十	十一	十二	十三	十四	十五	十六	十七	十八	十九	二十	二一	二二	二三	二四	二五	二六	二七	二八	二九	三十
양	월	3												4																	
력	일	20	21	22	23	24	25	26	27	28	29	30	31	1	2	3	4	5	6	7	8	9	10	11	12	13	14	15	16	17	18
음	월									三														月							
력	일	一	二	三	四	五	六	七	八	九	十	十一	十二	十三	十四	十五	十六	十七	十八	十九	二十	二一	二二	二三	二四	二五	二六	二七	二八	二九	三十
양	월	4												5																	
력	일	19	20	21	22	23	24	25	26	27	28	29	30	1	2	3	4	5	6	7	8	9	10	11	12	13	14	15	16	17	18
음	월									四														月							
력	일	一	二	三	四	五	六	七	八	九	十	十一	十二	十三	十四	十五	十六	十七	十八	十九	二十	二一	二二	二三	二四	二五	二六	二七	二八	二九	
양	월	5													6																
력	일	19	20	21	22	23	24	25	26	27	28	29	30	31	1	2	3	4	5	6	7	8	9	10	11	12	13	14	15	16	
음	월									五														月							
력	일	一	二	三	四	五	六	七	八	九	十	十一	十二	十三	十四	十五	十六	十七	十八	十九	二十	二一	二二	二三	二四	二五	二六	二七	二八	二九	三十
양	월	6														7															
력	일	17	18	19	20	21	22	23	24	25	26	27	28	29	30	1	2	3	4	5	6	7	8	9	10	11	12	13	14	15	16
음	월									六														月							
력	일	一	二	三	四	五	六	七	八	九	十	十一	十二	十三	十四	十五	十六	十七	十八	十九	二十	二一	二二	二三	二四	二五	二六	二七	二八	二九	
양	월	7															8														
력	일	17	18	19	20	21	22	23	24	25	26	27	28	29	30	31	1	2	3	4	5	6	7	8	9	10	11	12	13	14	
음	월									七														月							
력	일	一	二	三	四	五	六	七	八	九	十	十一	十二	十三	十四	十五	十六	十七	十八	十九	二十	二一	二二	二三	二四	二五	二六	二七	二八	二九	
양	월	8																	9												
력	일	15	16	17	18	19	20	21	22	23	24	25	26	27	28	29	30	31	1	2	3	4	5	6	7	8	9	10	11	12	
음	월									八														月							
력	일	一	二	三	四	五	六	七	八	九	十	十一	十二	十三	十四	十五	十六	十七	十八	十九	二十	二一	二二	二三	二四	二五	二六	二七	二八	二九	三十
양	월	9																		10											
력	일	13	14	15	16	17	18	19	20	21	22	23	24	25	26	27	28	29	30	1	2	3	4	5	6	7	8	9	10	11	12
음	월									九														月							
력	일	一	二	三	四	五	六	七	八	九	十	十一	十二	十三	十四	十五	十六	十七	十八	十九	二十	二一	二二	二三	二四	二五	二六	二七	二八	二九	
양	월	10																			11										
력	일	13	14	15	16	17	18	19	20	21	22	23	24	25	26	27	28	29	30	31	1	2	3	4	5	6	7	8	9	10	
음	월									十														月							
력	일	一	二	三	四	五	六	七	八	九	十	十一	十二	十三	十四	十五	十六	十七	十八	十九	二十	二一	二二	二三	二四	二五	二六	二七	二八	二九	三十
양	월	11																				12									
력	일	11	12	13	14	15	16	17	18	19	20	21	22	23	24	25	26	27	28	29	30	1	2	3	4	5	6	7	8	9	10
음	월									十						一								月							
력	일	一	二	三	四	五	六	七	八	九	十	十一	十二	十三	十四	十五	十六	十七	十八	十九	二十	二一	二二	二三	二四	二五	二六	二七	二八	二九	
양	월	12																					1								
력	일	11	12	13	14	15	16	17	18	19	20	21	22	23	24	25	26	27	28	29	30	31	1	2	3	4	5	6	7	8	
음	월									十						二								月							
력	일	一	二	三	四	五	六	七	八	九	十	十一	十二	十三	十四	十五	十六	十七	十八	十九	二十	二一	二二	二三	二四	二五	二六	二七	二八	二九	三十
양	월	1																							2						
력	일	9	10	11	12	13	14	15	16	17	18	19	20	21	22	23	24	25	26	27	28	29	30	31	1	2	3	4	5	6	7

서기 1959년 己 亥 年

음	월									正														月							
력	일	一	二	三	四	五	六	七	八	九	十	十一	十二	十三	十四	十五	十六	十七	十八	十九	二十	二十一	二十二	二十三	二十四	二十五	二十六	二十七	二十八	二十九	
양	월	2																					3								
력	일	8	9	10	11	12	13	14	15	16	17	18	19	20	21	22	23	24	25	26	27	28	1	2	3	4	5	6	7	8	
음	월									二														月							
력	일	一	二	三	四	五	六	七	八	九	十	十一	十二	十三	十四	十五	十六	十七	十八	十九	二十	二十一	二十二	二十三	二十四	二十五	二十六	二十七	二十八	二十九	三十
양	월	3																							4						
력	일	9	10	11	12	13	14	15	16	17	18	19	20	21	22	23	24	25	26	27	28	29	30	31	1	2	3	4	5	6	7
음	월									三														月							
력	일	一	二	三	四	五	六	七	八	九	十	十一	十二	十三	十四	十五	十六	十七	十八	十九	二十	二十一	二十二	二十三	二十四	二十五	二十六	二十七	二十八	二十九	三十
양	월	4																							5						
력	일	8	9	10	11	12	13	14	15	16	17	18	19	20	21	22	23	24	25	26	27	28	29	30	1	2	3	4	5	6	7
음	월									四														月							
력	일	一	二	三	四	五	六	七	八	九	十	十一	十二	十三	十四	十五	十六	十七	十八	十九	二十	二十一	二十二	二十三	二十四	二十五	二十六	二十七	二十八	二十九	
양	월	5																								6					
력	일	8	9	10	11	12	13	14	15	16	17	18	19	20	21	22	23	24	25	26	27	28	29	30	31	1	2	3	4	5	
음	월									五														月							
력	일	一	二	三	四	五	六	七	八	九	十	十一	十二	十三	十四	十五	十六	十七	十八	十九	二十	二十一	二十二	二十三	二十四	二十五	二十六	二十七	二十八	二十九	三十
양	월	6																									7				
력	일	6	7	8	9	10	11	12	13	14	15	16	17	18	19	20	21	22	23	24	25	26	27	28	29	30	1	2	3	4	5
음	월									六														月							
력	일	一	二	三	四	五	六	七	八	九	十	十一	十二	十三	十四	十五	十六	十七	十八	十九	二十	二十一	二十二	二十三	二十四	二十五	二十六	二十七	二十八	二十九	
양	월	7																										8			
력	일	6	7	8	9	10	11	12	13	14	15	16	17	18	19	20	21	22	23	24	25	26	27	28	29	30	31	1	2	3	
음	월									七														月							
력	일	一	二	三	四	五	六	七	八	九	十	十一	十二	十三	十四	十五	十六	十七	十八	十九	二十	二十一	二十二	二十三	二十四	二十五	二十六	二十七	二十八	二十九	三十
양	월	8																												9	
력	일	4	5	6	7	8	9	10	11	12	13	14	15	16	17	18	19	20	21	22	23	24	25	26	27	28	29	30	31	1	2
음	월									八														月							
력	일	一	二	三	四	五	六	七	八	九	十	十一	十二	十三	十四	十五	十六	十七	十八	十九	二十	二十一	二十二	二十三	二十四	二十五	二十六	二十七	二十八	二十九	
양	월	9																												10	
력	일	3	4	5	6	7	8	9	10	11	12	13	14	15	16	17	18	19	20	21	22	23	24	25	26	27	28	29	30	1	
음	월									九														月							
력	일	一	二	三	四	五	六	七	八	九	十	十一	十二	十三	十四	十五	十六	十七	十八	十九	二十	二十一	二十二	二十三	二十四	二十五	二十六	二十七	二十八	二十九	三十
양	월	10																													
력	일	2	3	4	5	6	7	8	9	10	11	12	13	14	15	16	17	18	19	20	21	22	23	24	25	26	27	28	29	30	31
음	월									十														月							
력	일	一	二	三	四	五	六	七	八	九	十	十一	十二	十三	十四	十五	十六	十七	十八	十九	二十	二十一	二十二	二十三	二十四	二十五	二十六	二十七	二十八	二十九	
양	월	11																													
력	일	1	2	3	4	5	6	7	8	9	10	11	12	13	14	15	16	17	18	19	20	21	22	23	24	25	26	27	28	29	
음	월									十						一								月							
력	일	一	二	三	四	五	六	七	八	九	十	十一	十二	十三	十四	十五	十六	十七	十八	十九	二十	二十一	二十二	二十三	二十四	二十五	二十六	二十七	二十八	二十九	三十
양	월	11	12																												
력	일	30	1	2	3	4	5	6	7	8	9	10	11	12	13	14	15	16	17	18	19	20	21	22	23	24	25	26	27	28	29
음	월									十						二								月							
력	일	一	二	三	四	五	六	七	八	九	十	十一	十二	十三	十四	十五	十六	十七	十八	十九	二十	二十一	二十二	二十三	二十四	二十五	二十六	二十七	二十八	二十九	
양	월	12		1																											
력	일	30	31	1	2	3	4	5	6	7	8	9	10	11	12	13	14	15	16	17	18	19	20	21	22	23	24	25	26	27	

서기 1960년 庚 子 年

음	월	正 月																													
력	일	一	二	三	四	五	六	七	八	九	十	十一	十二	十三	十四	十五	十六	十七	十八	十九	二十	二一	二二	二三	二四	二五	二六	二七	二八	二九	三十
양	월	1				2																									
력	일	28	29	30	31	1	2	3	4	5	6	7	8	9	10	11	12	13	14	15	16	17	18	19	20	21	22	23	24	25	26
음	월	二 月																													
력	일	一	二	三	四	五	六	七	八	九	十	十一	十二	十三	十四	十五	十六	十七	十八	十九	二十	二一	二二	二三	二四	二五	二六	二七	二八	二九	
양	월	2			3																										
력	일	27	28	29	1	2	3	4	5	6	7	8	9	10	11	12	13	14	15	16	17	18	19	20	21	22	23	24	25	26	
음	월	三 月																													
력	일	一	二	三	四	五	六	七	八	九	十	十一	十二	十三	十四	十五	十六	十七	十八	十九	二十	二一	二二	二三	二四	二五	二六	二七	二八	二九	三十
양	월	3					4																								
력	일	27	28	29	30	31	1	2	3	4	5	6	7	8	9	10	11	12	13	14	15	16	17	18	19	20	21	22	23	24	25
음	월	四 月																													
력	일	一	二	三	四	五	六	七	八	九	十	十一	十二	十三	十四	十五	十六	十七	十八	十九	二十	二一	二二	二三	二四	二五	二六	二七	二八	二九	
양	월	4					5																								
력	일	26	27	28	29	30	1	2	3	4	5	6	7	8	9	10	11	12	13	14	15	16	17	18	19	20	21	22	23	24	
음	월	五 月																													
력	일	一	二	三	四	五	六	七	八	九	十	十一	十二	十三	十四	十五	十六	十七	十八	十九	二十	二一	二二	二三	二四	二五	二六	二七	二八	二九	三十
양	월	5							6																						
력	일	25	26	27	28	29	30	31	1	2	3	4	5	6	7	8	9	10	11	12	13	14	15	16	17	18	19	20	21	22	23
음	월	六 月																													
력	일	一	二	三	四	五	六	七	八	九	十	十一	十二	十三	十四	十五	十六	十七	十八	十九	二十	二一	二二	二三	二四	二五	二六	二七	二八	二九	三十
양	월	6							7																						
력	일	24	25	26	27	28	29	30	1	2	3	4	5	6	7	8	9	10	11	12	13	14	15	16	17	18	19	20	21	22	23
음	월	閏 六 月																													
력	일	一	二	三	四	五	六	七	八	九	十	十一	十二	十三	十四	十五	十六	十七	十八	十九	二十	二一	二二	二三	二四	二五	二六	二七	二八	二九	
양	월	7								8																					
력	일	24	25	26	27	28	29	30	31	1	2	3	4	5	6	7	8	9	10	11	12	13	14	15	16	17	18	19	20	21	
음	월	七 月																													
력	일	一	二	三	四	五	六	七	八	九	十	十一	十二	十三	十四	十五	十六	十七	十八	十九	二十	二一	二二	二三	二四	二五	二六	二七	二八	二九	三十
양	월	8										9																			
력	일	22	23	24	25	26	27	28	29	30	31	1	2	3	4	5	6	7	8	9	10	11	12	13	14	15	16	17	18	19	20
음	월	八 月																													
력	일	一	二	三	四	五	六	七	八	九	十	十一	十二	十三	十四	十五	十六	十七	十八	十九	二十	二一	二二	二三	二四	二五	二六	二七	二八	二九	
양	월	9										10																			
력	일	21	22	23	24	25	26	27	28	29	30	1	2	3	4	5	6	7	8	9	10	11	12	13	14	15	16	17	18	19	
음	월	九 月																													
력	일	一	二	三	四	五	六	七	八	九	十	十一	十二	十三	十四	十五	十六	十七	十八	十九	二十	二一	二二	二三	二四	二五	二六	二七	二八	二九	三十
양	월	10												11																	
력	일	20	21	22	23	24	25	26	27	28	29	30	31	1	2	3	4	5	6	7	8	9	10	11	12	13	14	15	16	17	18
음	월	十 月																													
력	일	一	二	三	四	五	六	七	八	九	十	十一	十二	十三	十四	十五	十六	十七	十八	十九	二十	二一	二二	二三	二四	二五	二六	二七	二八	二九	
양	월	11												12																	
력	일	19	20	21	22	23	24	25	26	27	28	29	30	1	2	3	4	5	6	7	8	9	10	11	12	13	14	15	16	17	
음	월	十 一 月																													
력	일	一	二	三	四	五	六	七	八	九	十	十一	十二	十三	十四	十五	十六	十七	十八	十九	二十	二一	二二	二三	二四	二五	二六	二七	二八	二九	三十
양	월	12														1															
력	일	18	19	20	21	22	23	24	25	26	27	28	29	30	31	1	2	3	4	5	6	7	8	9	10	11	12	13	14	15	16
음	월	十 二 月																													
력	일	一	二	三	四	五	六	七	八	九	十	十一	十二	十三	十四	十五	十六	十七	十八	十九	二十	二一	二二	二三	二四	二五	二六	二七	二八	二九	
양	월	1															2														
력	일	17	18	19	20	21	22	23	24	25	26	27	28	29	30	31	1	2	3	4	5	6	7	8	9	10	11	12	13	14	

서기 1961년 辛 丑 年

음	월	正月																													
력	일	一	二	三	四	五	六	七	八	九	十	十一	十二	十三	十四	十五	十六	十七	十八	十九	二十	二一	二二	二三	二四	二五	二六	二七	二八	二九	三十
양	월	2														3															
력	일	15	16	17	18	19	20	21	22	23	24	25	26	27	28	1	2	3	4	5	6	7	8	9	10	11	12	13	14	15	16
음	월	二月																													
력	일	一	二	三	四	五	六	七	八	九	十	十一	十二	十三	十四	十五	十六	十七	十八	十九	二十	二一	二二	二三	二四	二五	二六	二七	二八	二九	
양	월	3															4														
력	일	17	18	19	20	21	22	23	24	25	26	27	28	29	30	31	1	2	3	4	5	6	7	8	9	10	11	12	13	14	
음	월	三月																													
력	일	一	二	三	四	五	六	七	八	九	十	十一	十二	十三	十四	十五	十六	十七	十八	十九	二十	二一	二二	二三	二四	二五	二六	二七	二八	二九	三十
양	월	4																5													
력	일	15	16	17	18	19	20	21	22	23	24	25	26	27	28	29	30	1	2	3	4	5	6	7	8	9	10	11	12	13	14
음	월	四月																													
력	일	一	二	三	四	五	六	七	八	九	十	十一	十二	十三	十四	十五	十六	十七	十八	十九	二十	二一	二二	二三	二四	二五	二六	二七	二八	二九	
양	월	5																	6												
력	일	15	16	17	18	19	20	21	22	23	24	25	26	27	28	29	30	31	1	2	3	4	5	6	7	8	9	10	11	12	
음	월	五月																													
력	일	一	二	三	四	五	六	七	八	九	十	十一	十二	十三	十四	十五	十六	十七	十八	十九	二十	二一	二二	二三	二四	二五	二六	二七	二八	二九	三十
양	월	6																		7											
력	일	13	14	15	16	17	18	19	20	21	22	23	24	25	26	27	28	29	30	1	2	3	4	5	6	7	8	9	10	11	12
음	월	六月																													
력	일	一	二	三	四	五	六	七	八	九	十	十一	十二	十三	十四	十五	十六	十七	十八	十九	二十	二一	二二	二三	二四	二五	二六	二七	二八	二九	
양	월	7																			8										
력	일	13	14	15	16	17	18	19	20	21	22	23	24	25	26	27	28	29	30	31	1	2	3	4	5	6	7	8	9	10	
음	월	七月																													
력	일	一	二	三	四	五	六	七	八	九	十	十一	十二	十三	十四	十五	十六	十七	十八	十九	二十	二一	二二	二三	二四	二五	二六	二七	二八	二九	三十
양	월	8																					9								
력	일	11	12	13	14	15	16	17	18	19	20	21	22	23	24	25	26	27	28	29	30	31	1	2	3	4	5	6	7	8	9
음	월	八月																													
력	일	一	二	三	四	五	六	七	八	九	十	十一	十二	十三	十四	十五	十六	十七	十八	十九	二十	二一	二二	二三	二四	二五	二六	二七	二八	二九	三十
양	월	9																					10								
력	일	10	11	12	13	14	15	16	17	18	19	20	21	22	23	24	25	26	27	28	29	30	1	2	3	4	5	6	7	8	9
음	월	九月																													
력	일	一	二	三	四	五	六	七	八	九	十	十一	十二	十三	十四	十五	十六	十七	十八	十九	二十	二一	二二	二三	二四	二五	二六	二七	二八	二九	
양	월	10																						11							
력	일	10	11	12	13	14	15	16	17	18	19	20	21	22	23	24	25	26	27	28	29	30	31	1	2	3	4	5	6	7	
음	월	十月																													
력	일	一	二	三	四	五	六	七	八	九	十	十一	十二	十三	十四	十五	十六	十七	十八	十九	二十	二一	二二	二三	二四	二五	二六	二七	二八	二九	三十
양	월	11																							12						
력	일	8	9	10	11	12	13	14	15	16	17	18	19	20	21	22	23	24	25	26	27	28	29	30	1	2	3	4	5	6	7
음	월	十一月																													
력	일	一	二	三	四	五	六	七	八	九	十	十一	十二	十三	十四	十五	十六	十七	十八	十九	二十	二一	二二	二三	二四	二五	二六	二七	二八	二九	
양	월	12																									1				
력	일	8	9	10	11	12	13	14	15	16	17	18	19	20	21	22	23	24	25	26	27	28	29	30	31	1	2	3	4	5	
음	월	十二月																													
력	일	一	二	三	四	五	六	七	八	九	十	十一	十二	十三	十四	十五	十六	十七	十八	十九	二十	二一	二二	二三	二四	二五	二六	二七	二八	二九	三十
양	월	12		1																									2		
력	일	6	7	8	9	10	11	12	13	14	15	16	17	18	19	20	21	22	23	24	25	26	27	28	29	30	31	1	2	3	4

서기 1962년 壬 寅 年

음	월									正													月								
력	일	一	二	三	四	五	六	七	八	九	十	十一	十二	十三	十四	十五	十六	十七	十八	十九	二十	二一	二二	二三	二四	二五	二六	二七	二八	二九	
양	월	2																							3					
력	일	5	6	7	8	9	10	11	12	13	14	15	16	17	18	19	20	21	22	23	24	25	26	27	28	1	2	3	4	5	
음	월									二													月								
력	일	一	二	三	四	五	六	七	八	九	十	十一	十二	十三	十四	十五	十六	十七	十八	十九	二十	二一	二二	二三	二四	二五	二六	二七	二八	二九	三十
양	월	3																									4			
력	일	6	7	8	9	10	11	12	13	14	15	16	17	18	19	20	21	22	23	24	25	26	27	28	29	30	31	1	2	3	4
음	월									三													月								
력	일	一	二	三	四	五	六	七	八	九	十	十一	十二	十三	十四	十五	十六	十七	十八	十九	二十	二一	二二	二三	二四	二五	二六	二七	二八	二九	
양	월	4																									5			
력	일	5	6	7	8	9	10	11	12	13	14	15	16	17	18	19	20	21	22	23	24	25	26	27	28	29	30	1	2	3	
음	월									四													月								
력	일	一	二	三	四	五	六	七	八	九	十	十一	十二	十三	十四	十五	十六	十七	十八	十九	二十	二一	二二	二三	二四	二五	二六	二七	二八	二九	
양	월	5																											6	
력	일	4	5	6	7	8	9	10	11	12	13	14	15	16	17	18	19	20	21	22	23	24	25	26	27	28	29	30	31	1	
음	월									五													月								
력	일	一	二	三	四	五	六	七	八	九	十	十一	十二	十三	十四	十五	十六	十七	十八	十九	二十	二一	二二	二三	二四	二五	二六	二七	二八	二九	三十
양	월	6																												7
력	일	2	3	4	5	6	7	8	9	10	11	12	13	14	15	16	17	18	19	20	21	22	23	24	25	26	27	28	29	30	1
음	월									六													月								
력	일	一	二	三	四	五	六	七	八	九	十	十一	十二	十三	十四	十五	十六	十七	十八	十九	二十	二一	二二	二三	二四	二五	二六	二七	二八	二九	
양	월	7																													
력	일	2	3	4	5	6	7	8	9	10	11	12	13	14	15	16	17	18	19	20	21	22	23	24	25	26	27	28	29	30	
음	월									七													月								
력	일	一	二	三	四	五	六	七	八	九	十	十一	十二	十三	十四	十五	十六	十七	十八	十九	二十	二一	二二	二三	二四	二五	二六	二七	二八	二九	三十
양	월	7	8																												
력	일	31	1	2	3	4	5	6	7	8	9	10	11	12	13	14	15	16	17	18	19	20	21	22	23	24	25	26	27	28	29
음	월									八													月								
력	일	一	二	三	四	五	六	七	八	九	十	十一	十二	十三	十四	十五	十六	十七	十八	十九	二十	二一	二二	二三	二四	二五	二六	二七	二八	二九	三十
양	월	9		8																											
력	일	30	31	1	2	3	4	5	6	7	8	9	10	11	12	13	14	15	16	17	18	19	20	21	22	23	24	25	26	27	28
음	월									九													月								
력	일	一	二	三	四	五	六	七	八	九	十	十一	十二	十三	十四	十五	十六	十七	十八	十九	二十	二一	二二	二三	二四	二五	二六	二七	二八	二九	
양	월	9		10																											
력	일	29	30	1	2	3	4	5	6	7	8	9	10	11	12	13	14	15	16	17	18	19	20	21	22	23	24	25	26	27	
음	월									十													月								
력	일	一	二	三	四	五	六	七	八	九	十	十一	十二	十三	十四	十五	十六	十七	十八	十九	二十	二一	二二	二三	二四	二五	二六	二七	二八	二九	三十
양	월	10				11																									
력	일	28	29	30	31	1	2	3	4	5	6	7	8	9	10	11	12	13	14	15	16	17	18	19	20	21	22	23	24	25	26
음	월									十							一						月								
력	일	一	二	三	四	五	六	七	八	九	十	十一	十二	十三	十四	十五	十六	十七	十八	十九	二十	二一	二二	二三	二四	二五	二六	二七	二八	二九	三十
양	월	11				12																									
력	일	27	28	29	30	1	2	3	4	5	6	7	8	9	10	11	12	13	14	15	16	17	18	19	20	21	22	23	24	25	26
음	월									十							二						月								
력	일	一	二	三	四	五	六	七	八	九	十	十一	十二	十三	十四	十五	十六	十七	十八	十九	二十	二一	二二	二三	二四	二五	二六	二七	二八	二九	
양	월	12					1																								
력	일	27	28	29	30	31	1	2	3	4	5	6	7	8	9	10	11	12	13	14	15	16	17	18	19	20	21	22	23	24	

서기 1963년 癸 卯 年

음	월	正月																													
력	일	一	二	三	四	五	六	七	八	九	十	十一	十二	十三	十四	十五	十六	十七	十八	十九	二十	二十一	二十二	二十三	二十四	二十五	二十六	二十七	二十八	二十九	三十
양	월	1							2																						
력	일	25	26	27	28	29	30	31	1	2	3	4	5	6	7	8	9	10	11	12	13	14	15	16	17	18	19	20	21	22	23
음	월	二月																													
력	일	一	二	三	四	五	六	七	八	九	十	十一	十二	十三	十四	十五	十六	十七	十八	十九	二十	二十一	二十二	二十三	二十四	二十五	二十六	二十七	二十八	二十九	
양	월	2					3																								
력	일	24	25	26	27	28	1	2	3	4	5	6	7	8	9	10	11	12	13	14	15	16	17	18	19	20	21	22	23	24	
음	월	三月																													
력	일	一	二	三	四	五	六	七	八	九	十	十一	十二	十三	十四	十五	十六	十七	十八	十九	二十	二十一	二十二	二十三	二十四	二十五	二十六	二十七	二十八	二十九	三十
양	월	3							4																						
력	일	25	26	27	28	29	30	31	1	2	3	4	5	6	7	8	9	10	11	12	13	14	15	16	17	18	19	20	21	22	23
음	월	四月																													
력	일	一	二	三	四	五	六	七	八	九	十	十一	十二	十三	十四	十五	十六	十七	十八	十九	二十	二十一	二十二	二十三	二十四	二十五	二十六	二十七	二十八	二十九	
양	월	4							5																						
력	일	24	25	26	27	28	29	30	1	2	3	4	5	6	7	8	9	10	11	12	13	14	15	16	17	18	19	20	21	22	
음	월	閏四月																													
력	일	一	二	三	四	五	六	七	八	九	十	十一	十二	十三	十四	十五	十六	十七	十八	十九	二十	二十一	二十二	二十三	二十四	二十五	二十六	二十七	二十八	二十九	
양	월	5									6																				
력	일	23	24	25	26	27	28	29	30	31	1	2	3	4	5	6	7	8	9	10	11	12	13	14	15	16	17	18	19	20	
음	월	五月																													
력	일	一	二	三	四	五	六	七	八	九	十	十一	十二	十三	十四	十五	十六	十七	十八	十九	二十	二十一	二十二	二十三	二十四	二十五	二十六	二十七	二十八	二十九	三十
양	월	6										7																			
력	일	21	22	23	24	25	26	27	28	29	30	1	2	3	4	5	6	7	8	9	10	11	12	13	14	15	16	17	18	19	20
음	월	六月																													
력	일	一	二	三	四	五	六	七	八	九	十	十一	十二	十三	十四	十五	十六	十七	十八	十九	二十	二十一	二十二	二十三	二十四	二十五	二十六	二十七	二十八	二十九	
양	월	7											8																		
력	일	21	22	23	24	25	26	27	28	29	30	31	1	2	3	4	5	6	7	8	9	10	11	12	13	14	15	16	17	18	
음	월	七月																													
력	일	一	二	三	四	五	六	七	八	九	十	十一	十二	十三	十四	十五	十六	十七	十八	十九	二十	二十一	二十二	二十三	二十四	二十五	二十六	二十七	二十八	二十九	三十
양	월	8													9																
력	일	19	20	21	22	23	24	25	26	27	28	29	30	31	1	2	3	4	5	6	7	8	9	10	11	12	13	14	15	16	17
음	월	八月																													
력	일	一	二	三	四	五	六	七	八	九	十	十一	十二	十三	十四	十五	十六	十七	十八	十九	二十	二十一	二十二	二十三	二十四	二十五	二十六	二十七	二十八	二十九	
양	월	9													10																
력	일	18	19	20	21	22	23	24	25	26	27	28	29	30	1	2	3	4	5	6	7	8	9	10	11	12	13	14	15	16	
음	월	九月																													
력	일	一	二	三	四	五	六	七	八	九	十	十一	十二	十三	十四	十五	十六	十七	十八	十九	二十	二十一	二十二	二十三	二十四	二十五	二十六	二十七	二十八	二十九	三十
양	월	10															11														
력	일	17	18	19	20	21	22	23	24	25	26	27	28	29	30	31	1	2	3	4	5	6	7	8	9	10	11	12	13	14	15
음	월	十月																													
력	일	一	二	三	四	五	六	七	八	九	十	十一	十二	十三	十四	十五	十六	十七	十八	十九	二十	二十一	二十二	二十三	二十四	二十五	二十六	二十七	二十八	二十九	三十
양	월	11															12														
력	일	16	17	18	19	20	21	22	23	24	25	26	27	28	29	30	1	2	3	4	5	6	7	8	9	10	11	12	13	14	15
음	월	十一月																													
력	일	一	二	三	四	五	六	七	八	九	十	十一	十二	十三	十四	十五	十六	十七	十八	十九	二十	二十一	二十二	二十三	二十四	二十五	二十六	二十七	二十八	二十九	三十
양	월	12																1													
력	일	16	17	18	19	20	21	22	23	24	25	26	27	28	29	30	31	1	2	3	4	5	6	7	8	9	10	11	12	13	14
음	월	十二月																													
력	일	一	二	三	四	五	六	七	八	九	十	十一	十二	十三	十四	十五	十六	十七	十八	十九	二十	二十一	二十二	二十三	二十四	二十五	二十六	二十七	二十八	二十九	
양	월	1																	2												
력	일	15	16	17	18	19	20	21	22	23	24	25	26	27	28	29	30	31	1	2	3	4	5	6	7	8	9	10	11	12	

서기 1964년 甲 辰 年

음	월	正月																													
력	일	一	二	三	四	五	六	七	八	九	十	十一	十二	十三	十四	十五	十六	十七	十八	十九	二十	二一	二二	二三	二四	二五	二六	二七	二八	二九	三十
양	월	2																	3												
력	일	13	14	15	16	17	18	19	20	21	22	23	24	25	26	27	28	29	1	2	3	4	5	6	7	8	9	10	11	12	13
음	월	二月																													
력	일	一	二	三	四	五	六	七	八	九	十	十一	十二	十三	十四	十五	十六	十七	十八	十九	二十	二一	二二	二三	二四	二五	二六	二七	二八	二九	
양	월	3																		4											
력	일	14	15	16	17	18	19	20	21	22	23	24	25	26	27	28	29	30	31	1	2	3	4	5	6	7	8	9	10	11	
음	월	三月																													
력	일	一	二	三	四	五	六	七	八	九	十	十一	十二	十三	十四	十五	十六	十七	十八	十九	二十	二一	二二	二三	二四	二五	二六	二七	二八	二九	三十
양	월	4																			5										
력	일	12	13	14	15	16	17	18	19	20	21	22	23	24	25	26	27	28	29	30	1	2	3	4	5	6	7	8	9	10	11
음	월	四月																													
력	일	一	二	三	四	五	六	七	八	九	十	十一	十二	十三	十四	十五	十六	十七	十八	十九	二十	二一	二二	二三	二四	二五	二六	二七	二八	二九	
양	월	5																				5									
력	일	12	13	14	15	16	17	18	19	20	21	22	23	24	25	26	27	28	29	30	31	1	2	3	4	5	6	7	8	9	
음	월	五月																													
력	일	一	二	三	四	五	六	七	八	九	十	十一	十二	十三	十四	十五	十六	十七	十八	十九	二十	二一	二二	二三	二四	二五	二六	二七	二八	二九	
양	월	6																					7								
력	일	10	11	12	13	14	15	16	17	18	19	20	21	22	23	24	25	26	27	28	29	30	1	2	3	4	5	6	7	8	
음	월	六月																													
력	일	一	二	三	四	五	六	七	八	九	十	十一	十二	十三	十四	十五	十六	十七	十八	十九	二十	二一	二二	二三	二四	二五	二六	二七	二八	二九	三十
양	월	7																							8						
력	일	9	10	11	12	13	14	15	16	17	18	19	20	21	22	23	24	25	26	27	28	29	30	31	1	2	3	4	5	6	7
음	월	七月																													
력	일	一	二	三	四	五	六	七	八	九	十	十一	十二	十三	十四	十五	十六	十七	十八	十九	二十	二一	二二	二三	二四	二五	二六	二七	二八	二九	
양	월	8																								9					
력	일	8	9	10	11	12	13	14	15	16	17	18	19	20	21	22	23	24	25	26	27	28	29	30	31	1	2	3	4	5	
음	월	八月																													
력	일	一	二	三	四	五	六	七	八	九	十	十一	十二	十三	十四	十五	十六	十七	十八	十九	二十	二一	二二	二三	二四	二五	二六	二七	二八	二九	三十
양	월	9																									10				
력	일	6	7	8	9	10	11	12	13	14	15	16	17	18	19	20	21	22	23	24	25	26	27	28	29	30	1	2	3	4	5
음	월	九月																													
력	일	一	二	三	四	五	六	七	八	九	十	十一	十二	十三	十四	十五	十六	十七	十八	十九	二十	二一	二二	二三	二四	二五	二六	二七	二八	二九	
양	월	10																										11			
력	일	6	7	8	9	10	11	12	13	14	15	16	17	18	19	20	21	22	23	24	25	26	27	28	29	30	31	1	2	3	
음	월	十月																													
력	일	一	二	三	四	五	六	七	八	九	十	十一	十二	十三	十四	十五	十六	十七	十八	十九	二十	二一	二二	二三	二四	二五	二六	二七	二八	二九	三十
양	월	11																											12		
력	일	4	5	6	7	8	9	10	11	12	13	14	15	16	17	18	19	20	21	22	23	24	25	26	27	28	29	30	1	2	3
음	월	十一月																													
력	일	一	二	三	四	五	六	七	八	九	十	十一	十二	十三	十四	十五	十六	十七	十八	十九	二十	二一	二二	二三	二四	二五	二六	二七	二八	二九	
양	월	12																												2	
력	일	4	5	6	7	8	9	10	11	12	13	14	15	16	17	18	19	20	21	22	23	24	25	26	27	28	29	30	31	1	2
음	월	十二月																													
력	일	一	二	三	四	五	六	七	八	九	十	十一	十二	十三	十四	十五	十六	十七	十八	十九	二十	二一	二二	二三	二四	二五	二六	二七	二八	二九	三十
양	월	12																													2
력	일	3	4	5	6	7	8	9	10	11	12	13	14	15	16	17	18	19	20	21	22	23	24	25	26	27	28	29	30	31	1

서기 1965년 乙 巳 年

음	월	正 月																													
력	일	一	二	三	四	五	六	七	八	九	十	十一	十二	十三	十四	十五	十六	十七	十八	十九	二十	二一	二二	二三	二四	二五	二六	二七	二八	二九	
양	월	2																											3		
력	일	2	3	4	5	6	7	8	9	10	11	12	13	14	15	16	17	18	19	20	21	22	23	24	25	26	27	28	1	2	
음	월	二 月																													
력	일	一	二	三	四	五	六	七	八	九	十	十一	十二	十三	十四	十五	十六	十七	十八	十九	二十	二一	二二	二三	二四	二五	二六	二七	二八	二九	三十
양	월	3																													4
력	일	3	4	5	6	7	8	9	10	11	12	13	14	15	16	17	18	19	20	21	22	23	24	25	26	27	28	29	30	31	1
음	월	三 月																													
력	일	一	二	三	四	五	六	七	八	九	十	十一	十二	十三	十四	十五	十六	十七	十八	十九	二十	二一	二二	二三	二四	二五	二六	二七	二八	二九	
양	월	4																													
력	일	2	3	4	5	6	7	8	9	10	11	12	13	14	15	16	17	18	19	20	21	22	23	24	25	26	27	28	29	30	
음	월	四 月																													
력	일	一	二	三	四	五	六	七	八	九	十	十一	十二	十三	十四	十五	十六	十七	十八	十九	二十	二一	二二	二三	二四	二五	二六	二七	二八	二九	三十
양	월	5																													
력	일	1	2	3	4	5	6	7	8	9	10	11	12	13	14	15	16	17	18	19	20	21	22	23	24	25	26	27	28	29	30
음	월	五 月																													
력	일	一	二	三	四	五	六	七	八	九	十	十一	十二	十三	十四	十五	十六	十七	十八	十九	二十	二一	二二	二三	二四	二五	二六	二七	二八	二九	
양	월	5	6																												
력	일	31	1	2	3	4	5	6	7	8	9	10	11	12	13	14	15	16	17	18	19	20	21	22	23	24	25	26	27	28	
음	월	六 月																													
력	일	一	二	三	四	五	六	七	八	九	十	十一	十二	十三	十四	十五	十六	十七	十八	十九	二十	二一	二二	二三	二四	二五	二六	二七	二八	二九	
양	월	6		7																											
력	일	29	30	1	2	3	4	5	6	7	8	9	10	11	12	13	14	15	16	17	18	19	20	21	22	23	24	25	26	27	
음	월	七 月																													
력	일	一	二	三	四	五	六	七	八	九	十	十一	十二	十三	十四	十五	十六	十七	十八	十九	二十	二一	二二	二三	二四	二五	二六	二七	二八	二九	三十
양	월	7				8																									
력	일	28	29	30	31	1	2	3	4	5	6	7	8	9	10	11	12	13	14	15	16	17	18	19	20	21	22	23	24	25	26
음	월	八 月																													
력	일	一	二	三	四	五	六	七	八	九	十	十一	十二	十三	十四	十五	十六	十七	十八	十九	二十	二一	二二	二三	二四	二五	二六	二七	二八	二九	
양	월	8					9																								
력	일	27	28	29	30	31	1	2	3	4	5	6	7	8	9	10	11	12	13	14	15	16	17	18	19	20	21	22	23	24	
음	월	九 月																													
력	일	一	二	三	四	五	六	七	八	九	十	十一	十二	十三	十四	十五	十六	十七	十八	十九	二十	二一	二二	二三	二四	二五	二六	二七	二八	二九	
양	월	9						10																							
력	일	25	26	27	28	29	30	1	2	3	4	5	6	7	8	9	10	11	12	13	14	15	16	17	18	19	20	21	22	23	
음	월	十 月																													
력	일	一	二	三	四	五	六	七	八	九	十	十一	十二	十三	十四	十五	十六	十七	十八	十九	二十	二一	二二	二三	二四	二五	二六	二七	二八	二九	三十
양	월	10								11																					
력	일	24	25	26	27	28	29	30	31	1	2	3	4	5	6	7	8	9	10	11	12	13	14	15	16	17	18	19	20	21	22
음	월	十 一 月																													
력	일	一	二	三	四	五	六	七	八	九	十	十一	十二	十三	十四	十五	十六	十七	十八	十九	二十	二一	二二	二三	二四	二五	二六	二七	二八	二九	三十
양	월	11								12																					
력	일	23	24	25	26	27	28	29	30	1	2	3	4	5	6	7	8	9	10	11	12	13	14	15	16	17	18	19	20	21	22
음	월	十 二 月																													
력	일	一	二	三	四	五	六	七	八	九	十	十一	十二	十三	十四	十五	十六	十七	十八	十九	二十	二一	二二	二三	二四	二五	二六	二七	二八	二九	三十
양	월	12									1																				
력	일	23	24	25	26	27	28	29	30	31	1	2	3	4	5	6	7	8	9	10	11	12	13	14	15	16	17	18	19	20	21

서기 1966년 丙 午 年

음	월	正 月																													
력	일	一	二	三	四	五	六	七	八	九	十	十一	十二	十三	十四	十五	十六	十七	十八	十九	二十	二一	二二	二三	二四	二五	二六	二七	二八	二九	
양	월	1										2																			
력	일	22	23	24	25	26	27	28	29	30	31	1	2	3	4	5	6	7	8	9	10	11	12	13	14	15	16	17	18	19	
음	월	二 月																													
력	일	一	二	三	四	五	六	七	八	九	十	十一	十二	十三	十四	十五	十六	十七	十八	十九	二十	二一	二二	二三	二四	二五	二六	二七	二八	二九	三十
양	월	2									3																				
력	일	20	21	22	23	24	25	26	27	28	1	2	3	4	5	6	7	8	9	10	11	12	13	14	15	16	17	18	19	20	21
음	월	三 月																													
력	일	一	二	三	四	五	六	七	八	九	十	十一	十二	十三	十四	十五	十六	十七	十八	十九	二十	二一	二二	二三	二四	二五	二六	二七	二八	二九	三十
양	월	3										4																			
력	일	22	23	24	25	26	27	28	29	30	31	1	2	3	4	5	6	7	8	9	10	11	12	13	14	15	16	17	18	19	20
음	월	閏 三 月																													
력	일	一	二	三	四	五	六	七	八	九	十	十一	十二	十三	十四	十五	十六	十七	十八	十九	二十	二一	二二	二三	二四	二五	二六	二七	二八	二九	
양	월	4										5																			
력	일	21	22	23	24	25	26	27	28	29	30	1	2	3	4	5	6	7	8	9	10	11	12	13	14	15	16	17	18	19	
음	월	四 月																													
력	일	一	二	三	四	五	六	七	八	九	十	十一	十二	十三	十四	十五	十六	十七	十八	十九	二十	二一	二二	二三	二四	二五	二六	二七	二八	二九	三十
양	월	5												6																	
력	일	20	21	22	23	24	25	26	27	28	29	30	31	1	2	3	4	5	6	7	8	9	10	11	12	13	14	15	16	17	18
음	월	五 月																													
력	일	一	二	三	四	五	六	七	八	九	十	十一	十二	十三	十四	十五	十六	十七	十八	十九	二十	二一	二二	二三	二四	二五	二六	二七	二八	二九	
양	월	6												1																	
력	일	19	20	21	22	23	24	25	26	27	28	29	30	1	2	3	4	5	6	7	8	9	10	11	12	13	14	15	16	17	
음	월	六 月																													
력	일	一	二	三	四	五	六	七	八	九	十	十一	十二	十三	十四	十五	十六	十七	十八	十九	二十	二一	二二	二三	二四	二五	二六	二七	二八	二九	
양	월	7														8															
력	일	18	19	20	21	22	23	24	25	26	27	28	29	30	31	1	2	3	4	5	6	7	8	9	10	11	12	13	14	15	
음	월	七 月																													
력	일	一	二	三	四	五	六	七	八	九	十	十一	十二	十三	十四	十五	十六	十七	十八	十九	二十	二一	二二	二三	二四	二五	二六	二七	二八	二九	三十
양	월	8																9													
력	일	16	17	18	19	20	21	22	23	24	25	26	27	28	29	30	31	1	2	3	4	5	6	7	8	9	10	11	12	13	14
음	월	八 月																													
력	일	一	二	三	四	五	六	七	八	九	十	十一	十二	十三	十四	十五	十六	十七	十八	十九	二十	二一	二二	二三	二四	二五	二六	二七	二八	二九	
양	월	9																10													
력	일	15	16	17	18	19	20	21	22	23	24	25	26	27	28	29	30	1	2	3	4	5	6	7	8	9	10	11	12	13	
음	월	九 月																													
력	일	一	二	三	四	五	六	七	八	九	十	十一	十二	十三	十四	十五	十六	十七	十八	十九	二十	二一	二二	二三	二四	二五	二六	二七	二八	二九	
양	월	10																		11											
력	일	14	15	16	17	18	19	20	21	22	23	24	25	26	27	28	29	30	31	1	2	3	4	5	6	7	8	9	10	11	
음	월	十 月																													
력	일	一	二	三	四	五	六	七	八	九	十	十一	十二	十三	十四	十五	十六	十七	十八	十九	二十	二一	二二	二三	二四	二五	二六	二七	二八	二九	三十
양	월	11																			12										
력	일	12	13	14	15	16	17	18	19	20	21	22	23	24	25	26	27	28	29	30	1	2	3	4	5	6	7	8	9	10	11
음	월	十 一 月																													
력	일	一	二	三	四	五	六	七	八	九	十	十一	十二	十三	十四	十五	十六	十七	十八	十九	二十	二一	二二	二三	二四	二五	二六	二七	二八	二九	三十
양	월	12																				1									
력	일	12	13	14	15	16	17	18	19	20	21	22	23	24	25	26	27	28	29	30	31	1	2	3	4	5	6	7	8	9	10
음	월	十 二 月																													
력	일	一	二	三	四	五	六	七	八	九	十	十一	十二	十三	十四	十五	十六	十七	十八	十九	二十	二一	二二	二三	二四	二五	二六	二七	二八	二九	
양	월	1																					2								
력	일	11	12	13	14	15	16	17	18	19	20	21	22	23	24	25	26	27	28	29	30	31	1	2	3	4	5	6	7	8	

서기 1967년 丁 未 年

음	월	正 月																													
력	일	一	二	三	四	五	六	七	八	九	十	十一	十二	十三	十四	十五	十六	十七	十八	十九	二十	二一	二二	二三	二四	二五	二六	二七	二八	二九	三十
양	월	2																				3									
력	일	9	10	11	12	13	14	15	16	17	18	19	20	21	22	23	24	25	26	27	28	1	2	3	4	5	6	7	8	9	10
음	월	二 月																													
력	일	一	二	三	四	五	六	七	八	九	十	十一	十二	十三	十四	十五	十六	十七	十八	十九	二十	二一	二二	二三	二四	二五	二六	二七	二八	二九	三十
양	월	3																					4								
력	일	11	12	13	14	15	16	17	18	19	20	21	22	23	24	25	26	27	28	29	30	31	1	2	3	4	5	6	7	8	9
음	월	三 月																													
력	일	一	二	三	四	五	六	七	八	九	十	十一	十二	十三	十四	十五	十六	十七	十八	十九	二十	二一	二二	二三	二四	二五	二六	二七	二八	二九	
양	월	4																					5								
력	일	10	11	12	13	14	15	16	17	18	19	20	21	22	23	24	25	26	27	28	29	30	1	2	3	4	5	6	7	8	
음	월	四 月																													
력	일	一	二	三	四	五	六	七	八	九	十	十一	十二	十三	十四	十五	十六	十七	十八	十九	二十	二一	二二	二三	二四	二五	二六	二七	二八	二九	三十
양	월	5																							6						
력	일	9	10	11	12	13	14	15	16	17	18	19	20	21	22	23	24	25	26	27	28	29	30	31	1	2	3	4	5	6	7
음	월	五 月																													
력	일	一	二	三	四	五	六	七	八	九	十	十一	十二	十三	十四	十五	十六	十七	十八	十九	二十	二一	二二	二三	二四	二五	二六	二七	二八	二九	三十
양	월	6																							7						
력	일	8	9	10	11	12	13	14	15	16	17	18	19	20	21	22	23	24	25	26	27	28	29	30	1	2	3	4	5	6	7
음	월	六 月																													
력	일	一	二	三	四	五	六	七	八	九	十	十一	十二	十三	十四	十五	十六	十七	十八	十九	二十	二一	二二	二三	二四	二五	二六	二七	二八	二九	
양	월	7																								8					
력	일	8	9	10	11	12	13	14	15	16	17	18	19	20	21	22	23	24	25	26	27	28	29	30	31	1	2	3	4	5	
음	월	七 月																													
력	일	一	二	三	四	五	六	七	八	九	十	十一	十二	十三	十四	十五	十六	十七	十八	十九	二十	二一	二二	二三	二四	二五	二六	二七	二八	二九	
양	월	8																										9			
력	일	6	7	8	9	10	11	12	13	14	15	16	17	18	19	20	21	22	23	24	25	26	27	28	29	30	31	1	2	3	
음	월	八 月																													
력	일	一	二	三	四	五	六	七	八	九	十	十一	十二	十三	十四	十五	十六	十七	十八	十九	二十	二一	二二	二三	二四	二五	二六	二七	二八	二九	三十
양	월	9																											10		
력	일	4	5	6	7	8	9	10	11	12	13	14	15	16	17	18	19	20	21	22	23	24	25	26	27	28	29	30	1	2	3
음	월	九 月																													
력	일	一	二	三	四	五	六	七	八	九	十	十一	十二	十三	十四	十五	十六	十七	十八	十九	二十	二一	二二	二三	二四	二五	二六	二七	二八	二九	
양	월	10																												11	
력	일	4	5	6	7	8	9	10	11	12	13	14	15	16	17	18	19	20	21	22	23	24	25	26	27	28	29	30	31	1	
음	월	十 月																													
력	일	一	二	三	四	五	六	七	八	九	十	十一	十二	十三	十四	十五	十六	十七	十八	十九	二十	二一	二二	二三	二四	二五	二六	二七	二八	二九	三十
양	월	11																													12
력	일	2	3	4	5	6	7	8	9	10	11	12	13	14	15	16	17	18	19	20	21	22	23	24	25	26	27	28	29	30	1
음	월	十 一 月																													
력	일	一	二	三	四	五	六	七	八	九	十	十一	十二	十三	十四	十五	十六	十七	十八	十九	二十	二一	二二	二三	二四	二五	二六	二七	二八	二九	
양	월	12																													
력	일	2	3	4	5	6	7	8	9	10	11	12	13	14	15	16	17	18	19	20	21	22	23	24	25	26	27	28	29	30	
음	월	十 二 月																													
력	일	一	二	三	四	五	六	七	八	九	十	十一	十二	十三	十四	十五	十六	十七	十八	十九	二十	二一	二二	二三	二四	二五	二六	二七	二八	二九	三十
양	월	12	1																												
력	일	31	1	2	3	4	5	6	7	8	9	10	11	12	13	14	15	16	17	18	19	20	21	22	23	24	25	26	27	28	29

서기 1968년 戊 申 年

음	월	正月																													
력	일	一	二	三	四	五	六	七	八	九	十	十一	十二	十三	十四	十五	十六	十七	十八	十九	二十	二一	二二	二三	二四	二五	二六	二七	二八	二九	
양	월	1		2																											
력	일	30	31	1	2	3	4	5	6	7	8	9	10	11	12	13	14	15	16	17	18	19	20	21	22	23	24	25	26	27	
음	월	二月																													
력	일	一	二	三	四	五	六	七	八	九	十	十一	十二	十三	十四	十五	十六	十七	十八	十九	二十	二一	二二	二三	二四	二五	二六	二七	二八	二九	三十
양	월	2		3																											
력	일	28	29	1	2	3	4	5	6	7	8	9	10	11	12	13	14	15	16	17	18	19	20	21	22	23	24	25	26	27	28
음	월	三月																													
력	일	一	二	三	四	五	六	七	八	九	十	十一	十二	十三	十四	十五	十六	十七	十八	十九	二十	二一	二二	二三	二四	二五	二六	二七	二八	二九	三十
양	월	3			4																										
력	일	29	30	31	1	2	3	4	5	6	7	8	9	10	11	12	13	14	15	16	17	18	19	20	21	22	23	24	25	26	27
음	월	四月																													
력	일	一	二	三	四	五	六	七	八	九	十	十一	十二	十三	十四	十五	十六	十七	十八	十九	二十	二一	二二	二三	二四	二五	二六	二七	二八	二九	
양	월	4			5																										
력	일	28	29	30	1	2	3	4	5	6	7	8	9	10	11	12	13	14	15	16	17	18	19	20	21	22	23	24	25	26	
음	월	五月																													
력	일	一	二	三	四	五	六	七	八	九	十	十一	十二	十三	十四	十五	十六	十七	十八	十九	二十	二一	二二	二三	二四	二五	二六	二七	二八	二九	三十
양	월	5					6																								
력	일	27	28	29	30	31	1	2	3	4	5	6	7	8	9	10	11	12	13	14	15	16	17	18	19	20	21	22	23	24	25
음	월	六月																													
력	일	一	二	三	四	五	六	七	八	九	十	十一	十二	十三	十四	十五	十六	十七	十八	十九	二十	二一	二二	二三	二四	二五	二六	二七	二八	二九	
양	월	6					7																								
력	일	26	27	28	29	30	1	2	3	4	5	6	7	8	9	10	11	12	13	14	15	16	17	18	19	20	21	22	23	24	
음	월	七月																													
력	일	一	二	三	四	五	六	七	八	九	十	十一	十二	十三	十四	十五	十六	十七	十八	十九	二十	二一	二二	二三	二四	二五	二六	二七	二八	二九	三十
양	월	7							8																						
력	일	25	26	27	28	29	30	31	1	2	3	4	5	6	7	8	9	10	11	12	13	14	15	16	17	18	19	20	21	22	23
음	월	閏七月																													
력	일	一	二	三	四	五	六	七	八	九	十	十一	十二	十三	十四	十五	十六	十七	十八	十九	二十	二一	二二	二三	二四	二五	二六	二七	二八	二九	
양	월	8								9																					
력	일	24	25	26	27	28	29	30	31	1	2	3	4	5	6	7	8	9	10	11	12	13	14	15	16	17	18	19	20	21	
음	월	八月																													
력	일	一	二	三	四	五	六	七	八	九	十	十一	十二	十三	十四	十五	十六	十七	十八	十九	二十	二一	二二	二三	二四	二五	二六	二七	二八	二九	三十
양	월	9									10																				
력	일	22	23	24	25	26	27	28	29	30	1	2	3	4	5	6	7	8	9	10	11	12	13	14	15	16	17	18	19	20	21
음	월	九月																													
력	일	一	二	三	四	五	六	七	八	九	十	十一	十二	十三	十四	十五	十六	十七	十八	十九	二十	二一	二二	二三	二四	二五	二六	二七	二八	二九	
양	월	10										11																			
력	일	22	23	24	25	26	27	28	29	30	31	1	2	3	4	5	6	7	8	9	10	11	12	13	14	15	16	17	18	19	
음	월	十月																													
력	일	一	二	三	四	五	六	七	八	九	十	十一	十二	十三	十四	十五	十六	十七	十八	十九	二十	二一	二二	二三	二四	二五	二六	二七	二八	二九	三十
양	월	11											12																		
력	일	20	21	22	23	24	25	26	27	28	29	30	1	2	3	4	5	6	7	8	9	10	11	12	13	14	15	16	17	18	19
음	월	十一月																													
력	일	一	二	三	四	五	六	七	八	九	十	十一	十二	十三	十四	十五	十六	十七	十八	十九	二十	二一	二二	二三	二四	二五	二六	二七	二八	二九	
양	월	12												1																	
력	일	20	21	22	23	24	25	26	27	28	29	30	31	1	2	3	4	5	6	7	8	9	10	11	12	13	14	15	16	17	
음	월	十二月																													
력	일	一	二	三	四	五	六	七	八	九	十	十一	十二	十三	十四	十五	十六	十七	十八	十九	二十	二一	二二	二三	二四	二五	二六	二七	二八	二九	三十
양	월	1														2															
력	일	18	19	20	21	22	23	24	25	26	27	28	29	30	31	1	2	3	4	5	6	7	8	9	10	11	12	13	14	15	16

서기 1969년 己 酉 年

음	월	正月																													
력	일	一	二	三	四	五	六	七	八	九	十	十一	十二	十三	十四	十五	十六	十七	十八	十九	二十	二一	二二	二三	二四	二五	二六	二七	二八	二九	
양	월	2												3																	
력	일	17	18	19	20	21	22	23	24	25	26	27	28	1	2	3	4	5	6	7	8	9	10	11	12	13	14	15	16	17	
음	월	二月																													
력	일	一	二	三	四	五	六	七	八	九	十	十一	十二	十三	十四	十五	十六	十七	十八	十九	二十	二一	二二	二三	二四	二五	二六	二七	二八	二九	三十
양	월	3														4															
력	일	18	19	20	21	22	23	24	25	26	27	28	29	30	31	1	2	3	4	5	6	7	8	9	10	11	12	13	14	15	16
음	월	三月																													
력	일	一	二	三	四	五	六	七	八	九	十	十一	十二	十三	十四	十五	十六	十七	十八	十九	二十	二一	二二	二三	二四	二五	二六	二七	二八	二九	
양	월	4														5															
력	일	17	18	19	20	21	22	23	24	25	26	27	28	29	30	1	2	3	4	5	6	7	8	9	10	11	12	13	14	15	
음	월	四月																													
력	일	一	二	三	四	五	六	七	八	九	十	十一	十二	十三	十四	十五	十六	十七	十八	十九	二十	二一	二二	二三	二四	二五	二六	二七	二八	二九	三十
양	월	5																6													
력	일	16	17	18	19	20	21	22	23	24	25	26	27	28	29	30	31	1	2	3	4	5	6	7	8	9	10	11	12	13	14
음	월	五月																													
력	일	一	二	三	四	五	六	七	八	九	十	十一	十二	十三	十四	十五	十六	十七	十八	十九	二十	二一	二二	二三	二四	二五	二六	二七	二八	二九	
양	월	6																7													
력	일	15	16	17	18	19	20	21	22	23	24	25	26	27	28	29	30	1	2	3	4	5	6	7	8	9	10	11	12	13	
음	월	六月																													
력	일	一	二	三	四	五	六	七	八	九	十	十一	十二	十三	十四	十五	十六	十七	十八	十九	二十	二一	二二	二三	二四	二五	二六	二七	二八	二九	三十
양	월	7																		8											
력	일	14	15	16	17	18	19	20	21	22	23	24	25	26	27	28	29	30	31	1	2	3	4	5	6	7	8	9	10	11	12
음	월	七月																													
력	일	一	二	三	四	五	六	七	八	九	十	十一	十二	十三	十四	十五	十六	十七	十八	十九	二十	二一	二二	二三	二四	二五	二六	二七	二八	二九	三十
양	월	8																			11										
력	일	13	14	15	16	17	18	19	20	21	22	23	24	25	26	27	28	29	30	31	1	2	3	4	5	6	7	8	9	10	11
음	월	八月																													
력	일	一	二	三	四	五	六	七	八	九	十	十一	十二	十三	十四	十五	十六	十七	十八	十九	二十	二一	二二	二三	二四	二五	二六	二七	二八	二九	
양	월	9																			10										
력	일	12	13	14	15	16	17	18	19	20	21	22	23	24	25	26	27	28	29	30	1	2	3	4	5	6	7	8	9	10	
음	월	九月																													
력	일	一	二	三	四	五	六	七	八	九	十	十一	十二	十三	十四	十五	十六	十七	十八	十九	二十	二一	二二	二三	二四	二五	二六	二七	二八	二九	三十
양	월	10																					11								
력	일	11	12	13	14	15	16	17	18	19	20	21	22	23	24	25	26	27	28	29	30	31	1	2	3	4	5	6	7	8	9
음	월	十月																													
력	일	一	二	三	四	五	六	七	八	九	十	十一	十二	十三	十四	十五	十六	十七	十八	十九	二十	二一	二二	二三	二四	二五	二六	二七	二八	二九	
양	월	11																					12								
력	일	10	11	12	13	14	15	16	17	18	19	20	21	22	23	24	25	26	27	28	29	30	1	2	3	4	5	6	7	8	
음	월	十一月																													
력	일	一	二	三	四	五	六	七	八	九	十	十一	十二	十三	十四	十五	十六	十七	十八	十九	二十	二一	二二	二三	二四	二五	二六	二七	二八	二九	三十
양	월	12																							1						
력	일	9	10	11	12	13	14	15	16	17	18	19	20	21	22	23	24	25	26	27	28	29	30	31	1	2	3	4	5	6	7
음	월	十二月																													
력	일	一	二	三	四	五	六	七	八	九	十	十一	十二	十三	十四	十五	十六	十七	十八	十九	二十	二一	二二	二三	二四	二五	二六	二七	二八	二九	
양	월	1																								2					
력	일	8	9	10	11	12	13	14	15	16	17	18	19	20	21	22	23	24	25	26	27	28	29	30	31	1	2	3	4	5	

서기 1970년 庚 戌 年

음	월								正														月								
력	일	一	二	三	四	五	六	七	八	九	十	十一	十二	十三	十四	十五	十六	十七	十八	十九	二十	二一	二二	二三	二四	二五	二六	二七	二八	二九	三十
양	월	2																							3						
력	일	6	7	8	9	10	11	12	13	14	15	16	17	18	19	20	21	22	23	24	25	26	27	28	1	2	3	4	5	6	7
음	월								二														月								
력	일	一	二	三	四	五	六	七	八	九	十	十一	十二	十三	十四	十五	十六	十七	十八	十九	二十	二一	二二	二三	二四	二五	二六	二七	二八	二九	
양	월	3																								4					
력	일	8	9	10	11	12	13	14	15	16	17	18	19	20	21	22	23	25	25	26	27	28	29	30	31	1	2	3	4	5	
음	월								三														月								
력	일	一	二	三	四	五	六	七	八	九	十	十一	十二	十三	十四	十五	十六	十七	十八	十九	二十	二一	二二	二三	二四	二五	二六	二七	二八	二九	
양	월	4																									5				
력	일	6	7	8	9	10	11	12	13	14	15	16	17	18	19	20	21	22	23	24	25	26	27	28	29	30	1	2	3	4	
음	월								四														月								
력	일	一	二	三	四	五	六	七	八	九	十	十一	十二	十三	十四	十五	十六	十七	十八	十九	二十	二一	二二	二三	二四	二五	二六	二七	二八	二九	三十
양	월	5																											6		
력	일	5	6	7	8	9	10	11	12	13	14	15	16	17	18	19	20	21	22	23	24	25	26	27	28	29	30	31	1	2	3
음	월								五														月								
력	일	一	二	三	四	五	六	七	八	九	十	十一	十二	十三	十四	十五	十六	十七	十八	十九	二十	二一	二二	二三	二四	二五	二六	二七	二八	二九	三十
양	월	6																											7		
력	일	4	5	6	7	8	9	10	11	12	13	14	15	16	17	18	19	20	21	22	23	24	25	26	27	28	29	30	1	2	3
음	월								六														月								
력	일	一	二	三	四	五	六	七	八	九	十	十一	十二	十三	十四	十五	十六	十七	十八	十九	二十	二一	二二	二三	二四	二五	二六	二七	二八	二九	
양	월	7																												8	
력	일	4	5	6	7	8	9	10	11	12	13	14	15	16	17	18	19	20	21	22	23	24	25	26	27	28	29	30	31	1	
음	월								七														月								
력	일	一	二	三	四	五	六	七	八	九	十	十一	十二	十三	十四	十五	十六	十七	十八	十九	二十	二一	二二	二三	二四	二五	二六	二七	二八	二九	三十
양	월	8																													
력	일	2	3	4	5	6	7	8	9	10	11	12	13	14	15	16	17	18	19	20	21	22	23	24	25	26	27	28	29	30	31
음	월								八														月								
력	일	一	二	三	四	五	六	七	八	九	十	十一	十二	十三	十四	十五	十六	十七	十八	十九	二十	二一	二二	二三	二四	二五	二六	二七	二八	二九	
양	월	9																													
력	일	1	2	3	4	5	6	7	8	9	10	11	12	13	14	15	16	17	18	19	20	21	22	23	24	25	26	27	28	29	
음	월								九														月								
력	일	一	二	三	四	五	六	七	八	九	十	十一	十二	十三	十四	十五	十六	十七	十八	十九	二十	二一	二二	二三	二四	二五	二六	二七	二八	二九	三十
양	월	9	10																												
력	일	30	1	2	3	4	5	6	7	8	9	10	11	12	13	14	15	16	17	18	19	20	21	22	23	24	25	26	27	28	29
음	월								十														月								
력	일	一	二	三	四	五	六	七	八	九	十	十一	十二	十三	十四	十五	十六	十七	十八	十九	二十	二一	二二	二三	二四	二五	二六	二七	二八	二九	三十
양	월	10		11																											
력	일	30	31	1	2	3	4	5	6	7	8	9	10	11	12	13	14	15	16	17	18	19	20	21	22	23	24	25	26	27	28
음	월								十							一							月								
력	일	一	二	三	四	五	六	七	八	九	十	十一	十二	十三	十四	十五	十六	十七	十八	十九	二十	二一	二二	二三	二四	二五	二六	二七	二八	二九	
양	월	11		12																											
력	일	29	30	1	2	3	4	5	6	7	8	9	10	11	12	13	14	15	16	17	18	19	20	21	22	23	24	25	26	27	
음	월								十							二							月								
력	일	一	二	三	四	五	六	七	八	九	十	十一	十二	十三	十四	十五	十六	十七	十八	十九	二十	二一	二二	二三	二四	二五	二六	二七	二八	二九	三十
양	월	12				1																									
력	일	28	29	30	31	1	2	3	4	5	6	7	8	9	10	11	12	13	14	15	16	17	18	19	20	21	22	23	24	25	26

서기 1971년 辛 亥 年

음	월	正月																													
력	일	一	二	三	四	五	六	七	八	九	十	十一	十二	十三	十四	十五	十六	十七	十八	十九	二十	二一	二二	二三	二四	二五	二六	二七	二八	二九	
양	월	1					2																								
력	일	27	28	29	30	31	1	2	3	4	5	6	7	8	9	10	11	12	13	14	15	16	17	18	19	20	21	22	23	24	
음	월	二月																													
력	일	一	二	三	四	五	六	七	八	九	十	十一	十二	十三	十四	十五	十六	十七	十八	十九	二十	二一	二二	二三	二四	二五	二六	二七	二八	二九	三十
양	월	2				3																									
력	일	25	26	27	28	1	2	3	4	5	6	7	8	9	10	11	12	13	14	15	16	17	18	19	20	21	22	23	24	25	26
음	월	三月																													
력	일	一	二	三	四	五	六	七	八	九	十	十一	十二	十三	十四	十五	十六	十七	十八	十九	二十	二一	二二	二三	二四	二五	二六	二七	二八	二九	
양	월	3					4																								
력	일	27	28	29	30	31	1	2	3	4	5	6	7	8	9	10	11	12	13	14	15	16	17	18	19	20	21	22	23	24	
음	월	四月																													
력	일	一	二	三	四	五	六	七	八	九	十	十一	十二	十三	十四	十五	十六	十七	十八	十九	二十	二一	二二	二三	二四	二五	二六	二七	二八	二九	
양	월	4						5																							
력	일	25	26	27	28	29	30	1	2	3	4	5	6	7	8	9	10	11	12	13	14	15	16	17	18	19	20	21	22	23	
음	월	五月																													
력	일	一	二	三	四	五	六	七	八	九	十	十一	十二	十三	十四	十五	十六	十七	十八	十九	二十	二一	二二	二三	二四	二五	二六	二七	二八	二九	三十
양	월	5								6																					
력	일	24	25	26	27	28	29	30	31	1	2	3	4	5	6	7	8	9	10	11	12	13	14	15	16	17	18	19	20	21	22
음	월	閏五月																													
력	일	一	二	三	四	五	六	七	八	九	十	十一	十二	十三	十四	十五	十六	十七	十八	十九	二十	二一	二二	二三	二四	二五	二六	二七	二八	二九	
양	월	6								7																					
력	일	23	24	25	26	27	28	29	30	1	2	3	4	5	6	7	8	9	10	11	12	13	14	15	16	17	18	19	20	21	
음	월	六月																													
력	일	一	二	三	四	五	六	七	八	九	十	十一	十二	十三	十四	十五	十六	十七	十八	十九	二十	二一	二二	二三	二四	二五	二六	二七	二八	二九	三十
양	월	7										8																			
력	일	22	23	24	25	26	27	28	29	30	31	1	2	3	4	5	6	7	8	9	10	11	12	13	14	15	16	17	18	19	20
음	월	七月																													
력	일	一	二	三	四	五	六	七	八	九	十	十一	十二	十三	十四	十五	十六	十七	十八	十九	二十	二一	二二	二三	二四	二五	二六	二七	二八	二九	
양	월	8											9																		
력	일	21	22	23	24	25	26	27	28	29	30	31	1	2	3	4	5	6	7	8	9	10	11	12	13	14	15	16	17	18	
음	월	八月																													
력	일	一	二	三	四	五	六	七	八	九	十	十一	十二	十三	十四	十五	十六	十七	十八	十九	二十	二一	二二	二三	二四	二五	二六	二七	二八	二九	三十
양	월	9												10																	
력	일	19	20	21	22	23	24	25	26	27	28	29	30	1	2	3	4	5	6	7	8	9	10	11	12	13	14	15	16	17	18
음	월	九月																													
력	일	一	二	三	四	五	六	七	八	九	十	十一	十二	十三	十四	十五	十六	十七	十八	十九	二十	二一	二二	二三	二四	二五	二六	二七	二八	二九	三十
양	월	10													11																
력	일	19	20	21	22	23	24	25	26	27	28	29	30	31	1	2	3	4	5	6	7	8	9	10	11	12	13	14	15	16	17
음	월	十月																													
력	일	一	二	三	四	五	六	七	八	九	十	十一	十二	十三	十四	十五	十六	十七	十八	十九	二十	二一	二二	二三	二四	二五	二六	二七	二八	二九	三十
양	월	11													12																
력	일	18	19	20	21	22	23	24	25	26	27	28	29	30	1	2	3	4	5	6	7	8	9	10	11	12	13	14	15	16	17
음	월	十一月																													
력	일	一	二	三	四	五	六	七	八	九	十	十一	十二	十三	十四	十五	十六	十七	十八	十九	二十	二一	二二	二三	二四	二五	二六	二七	二八	二九	
양	월	12														1															
력	일	18	19	20	21	22	23	24	25	26	27	28	29	30	31	1	2	3	4	5	6	7	8	9	10	11	12	13	14	15	
음	월	十二月																													
력	일	一	二	三	四	五	六	七	八	九	十	十一	十二	十三	十四	十五	十六	十七	十八	十九	二十	二一	二二	二三	二四	二五	二六	二七	二八	二九	三十
양	월	1																2													
력	일	16	17	18	19	20	21	22	23	24	25	26	27	28	29	30	31	1	2	3	4	5	6	7	8	9	10	11	12	13	14

서기 1972년 壬 子 年

음	월	正月																													
력	일	一	二	三	四	五	六	七	八	九	十	十一	十二	十三	十四	十五	十六	十七	十八	十九	二十	二一	二二	二三	二四	二五	二六	二七	二八	二九	
양	월	2															3														
력	일	15	16	17	18	19	20	21	22	23	24	25	26	27	28	29	1	2	3	4	5	6	7	8	9	10	11	12	13	14	
음	월	二月																													
력	일	一	二	三	四	五	六	七	八	九	十	十一	十二	十三	十四	十五	十六	十七	十八	十九	二十	二一	二二	二三	二四	二五	二六	二七	二八	二九	三十
양	월	3																	4												
력	일	15	16	17	18	19	20	21	22	23	24	25	26	27	28	29	30	31	1	2	3	4	5	6	7	8	9	10	11	12	13
음	월	三月																													
력	일	一	二	三	四	五	六	七	八	九	十	十一	十二	十三	十四	十五	十六	十七	十八	十九	二十	二一	二二	二三	二四	二五	二六	二七	二八	二九	
양	월	4																	5												
력	일	14	15	16	17	18	19	20	21	22	23	24	25	26	27	28	29	30	1	2	3	4	5	6	7	8	9	10	11	12	
음	월	四月																													
력	일	一	二	三	四	五	六	七	八	九	十	十一	十二	十三	十四	十五	十六	十七	十八	十九	二十	二一	二二	二三	二四	二五	二六	二七	二八	二九	
양	월	5																			6										
력	일	13	14	15	16	17	18	19	20	21	22	23	24	25	26	27	28	29	30	31	1	2	3	4	5	6	7	8	9	10	
음	월	五月																													
력	일	一	二	三	四	五	六	七	八	九	十	十一	十二	十三	十四	十五	十六	十七	十八	十九	二十	二一	二二	二三	二四	二五	二六	二七	二八	二九	三十
양	월	6																				7									
력	일	11	12	13	14	15	16	17	18	19	20	21	22	23	24	25	26	27	28	29	30	1	2	3	4	5	6	7	8	9	10
음	월	六月																													
력	일	一	二	三	四	五	六	七	八	九	十	十一	十二	十三	十四	十五	十六	十七	十八	十九	二十	二一	二二	二三	二四	二五	二六	二七	二八	二九	
양	월	7																					8								
력	일	11	12	13	14	15	16	17	18	19	20	21	22	23	24	25	26	27	28	29	30	31	1	2	3	4	5	6	7	8	
음	월	七月																													
력	일	一	二	三	四	五	六	七	八	九	十	十一	十二	十三	十四	十五	十六	十七	十八	十九	二十	二一	二二	二三	二四	二五	二六	二七	二八	二九	三十
양	월	8																							9						
력	일	9	10	11	12	13	14	15	16	17	18	19	20	21	22	23	24	25	26	27	28	29	30	31	1	2	3	4	5	6	7
음	월	八月																													
력	일	一	二	三	四	五	六	七	八	九	十	十一	十二	十三	十四	十五	十六	十七	十八	十九	二十	二一	二二	二三	二四	二五	二六	二七	二八	二九	
양	월	9																							10						
력	일	8	9	10	11	12	13	14	15	16	17	18	19	20	21	22	23	24	25	26	27	28	29	30	1	2	3	4	5	6	
음	월	九月																													
력	일	一	二	三	四	五	六	七	八	九	十	十一	十二	十三	十四	十五	十六	十七	十八	十九	二十	二一	二二	二三	二四	二五	二六	二七	二八	二九	三十
양	월	10																									11				
력	일	7	8	9	10	11	12	13	14	15	16	17	18	19	20	21	22	23	24	25	26	27	28	29	30	31	1	2	3	4	5
음	월	十月																													
력	일	一	二	三	四	五	六	七	八	九	十	十一	十二	十三	十四	十五	十六	十七	十八	十九	二十	二一	二二	二三	二四	二五	二六	二七	二八	二九	三十
양	월	11																									12				
력	일	6	7	8	9	10	11	12	13	14	15	16	17	18	19	20	21	22	23	24	25	26	27	28	29	30	1	2	3	4	5
음	월	十一月																													
력	일	一	二	三	四	五	六	七	八	九	十	十一	十二	十三	十四	十五	十六	十七	十八	十九	二十	二一	二二	二三	二四	二五	二六	二七	二八	二九	三十
양	월	12																										1			
력	일	6	7	8	9	10	11	12	13	14	15	16	17	18	19	20	21	22	23	24	25	26	27	28	29	30	31	1	2	3	4
음	월	十二月																													
력	일	一	二	三	四	五	六	七	八	九	十	十一	十二	十三	十四	十五	十六	十七	十八	十九	二十	二一	二二	二三	二四	二五	二六	二七	二八	二九	
양	월	1																											2		
력	일	5	6	7	8	9	10	11	12	13	14	15	16	17	18	19	20	21	22	23	24	25	26	27	28	29	30	31	1	2	

서기 1973년 癸 丑 年

음	월	正月																													
력	일	一	二	三	四	五	六	七	八	九	十	十一	十二	十三	十四	十五	十六	十七	十八	十九	二十	二一	二二	二三	二四	二五	二六	二七	二八	二九	三十
양	월	2																										3			
력	일	3	4	5	6	7	8	9	10	11	12	13	14	15	16	17	18	19	20	21	22	23	24	25	26	27	28	1	2	3	4
음	월	二月																													
력	일	一	二	三	四	五	六	七	八	九	十	十一	十二	十三	十四	十五	十六	十七	十八	十九	二十	二一	二二	二三	二四	二五	二六	二七	二八	二九	
양	월	3																											4		
력	일	5	6	7	8	9	10	11	12	13	14	15	16	17	18	19	20	21	22	23	24	25	26	27	28	29	30	31	1	2	
음	월	三月																													
력	일	一	二	三	四	五	六	七	八	九	十	十一	十二	十三	十四	十五	十六	十七	十八	十九	二十	二一	二二	二三	二四	二五	二六	二七	二八	二九	三十
양	월	4																												5	
력	일	3	4	5	6	7	8	9	10	11	12	13	14	15	16	17	18	19	20	21	22	23	24	25	26	27	28	29	30	1	2
음	월	四月																													
력	일	一	二	三	四	五	六	七	八	九	十	十一	十二	十三	十四	十五	十六	十七	十八	十九	二十	二一	二二	二三	二四	二五	二六	二七	二八	二九	
양	월	5																													
력	일	3	4	5	6	7	8	9	10	11	12	13	14	15	16	17	18	19	20	21	22	23	24	25	26	27	28	29	30	31	
음	월	五月																													
력	일	一	二	三	四	五	六	七	八	九	十	十一	十二	十三	十四	十五	十六	十七	十八	十九	二十	二一	二二	二三	二四	二五	二六	二七	二八	二九	
양	월	6																													
력	일	1	2	3	4	5	6	7	8	9	10	11	12	13	14	15	16	17	18	19	20	21	22	23	24	25	26	27	28	29	
음	월	六月																													
력	일	一	二	三	四	五	六	七	八	九	十	十一	十二	十三	十四	十五	十六	十七	十八	十九	二十	二一	二二	二三	二四	二五	二六	二七	二八	二九	三十
양	월	6	7																												
력	일	30	1	2	3	4	5	6	7	8	9	10	11	12	13	14	15	16	17	18	19	20	21	22	23	24	25	26	27	28	29
음	월	七月																													
력	일	一	二	三	四	五	六	七	八	九	十	十一	十二	十三	十四	十五	十六	十七	十八	十九	二十	二一	二二	二三	二四	二五	二六	二七	二八	二九	
양	월	7		8																											
력	일	30	31	1	2	3	4	5	6	7	8	9	10	11	12	13	14	15	16	17	18	19	20	21	22	23	24	25	26	27	
음	월	八月																													
력	일	一	二	三	四	五	六	七	八	九	十	十一	十二	十三	十四	十五	十六	十七	十八	十九	二十	二一	二二	二三	二四	二五	二六	二七	二八	二九	
양	월	8				9																									
력	일	28	29	30	31	1	2	3	4	5	6	7	8	9	10	11	12	13	14	15	16	17	18	19	20	21	22	23	24	25	
음	월	九月																													
력	일	一	二	三	四	五	六	七	八	九	十	十一	十二	十三	十四	十五	十六	十七	十八	十九	二十	二一	二二	二三	二四	二五	二六	二七	二八	二九	三十
양	월	9					10																								
력	일	26	27	28	29	30	1	2	3	4	5	6	7	8	9	10	11	12	13	14	15	16	17	18	19	20	21	22	23	24	25
음	월	十月																													
력	일	一	二	三	四	五	六	七	八	九	十	十一	十二	十三	十四	十五	十六	十七	十八	十九	二十	二一	二二	二三	二四	二五	二六	二七	二八	二九	三十
양	월	10						11																							
력	일	26	27	28	29	30	31	1	2	3	4	5	6	7	8	9	10	11	12	13	14	15	16	17	18	19	20	21	22	23	24
음	월	十一月																													
력	일	一	二	三	四	五	六	七	八	九	十	十一	十二	十三	十四	十五	十六	十七	十八	十九	二十	二一	二二	二三	二四	二五	二六	二七	二八	二九	三十
양	월	11						12																							
력	일	25	26	27	28	29	30	1	2	3	4	5	6	7	8	9	10	11	12	13	14	15	16	17	18	19	20	21	22	23	24
음	월	十二月																													
력	일	一	二	三	四	五	六	七	八	九	十	十一	十二	十三	十四	十五	十六	十七	十八	十九	二十	二一	二二	二三	二四	二五	二六	二七	二八	二九	
양	월	12							2																						
력	일	25	26	27	28	29	30	31	1	2	3	4	5	6	7	8	9	10	11	12	13	14	15	16	17	18	19	20	21	22	

서기 1974년 甲 寅 年

음	월	正 月																													
력	일	一	二	三	四	五	六	七	八	九	十	十一	十二	十三	十四	十五	十六	十七	十八	十九	二十	二一	二二	二三	二四	二五	二六	二七	二八	二九	三十
양	월	1									2																				
력	일	23	24	25	26	27	28	29	30	31	1	2	3	4	5	6	7	8	9	10	11	12	13	14	15	16	17	18	19	20	21
음	월	二 月																													
력	일	一	二	三	四	五	六	七	八	九	十	十一	十二	十三	十四	十五	十六	十七	十八	十九	二十	二一	二二	二三	二四	二五	二六	二七	二八	二九	三十
양	월	2							3																						
력	일	22	23	24	25	26	27	28	1	2	3	4	5	6	7	8	9	10	11	12	13	14	15	16	17	18	19	20	21	22	23
음	월	三 月																													
력	일	一	二	三	四	五	六	七	八	九	十	十一	十二	十三	十四	十五	十六	十七	十八	十九	二十	二一	二二	二三	二四	二五	二六	二七	二八	二九	
양	월	3								4																					
력	일	24	25	26	27	28	29	30	31	1	2	3	4	5	6	7	8	9	10	11	12	13	14	15	16	17	18	19	20	21	
음	월	四 月																													
력	일	一	二	三	四	五	六	七	八	九	十	十一	十二	十三	十四	十五	十六	十七	十八	十九	二十	二一	二二	二三	二四	二五	二六	二七	二八	二九	三十
양	월	4									5																				
력	일	22	23	24	25	26	27	28	29	30	1	2	3	4	5	6	7	8	9	10	11	12	13	14	15	16	17	18	19	20	21
음	월	閏 四 月																													
력	일	一	二	三	四	五	六	七	八	九	十	十一	十二	十三	十四	十五	十六	十七	十八	十九	二十	二一	二二	二三	二四	二五	二六	二七	二八	二九	
양	월	5										6																			
력	일	22	23	24	25	26	27	28	29	30	31	1	2	3	4	5	6	7	8	9	10	11	12	13	14	15	16	17	18	19	
음	월	五 月																													
력	일	一	二	三	四	五	六	七	八	九	十	十一	十二	十三	十四	十五	十六	十七	十八	十九	二十	二一	二二	二三	二四	二五	二六	二七	二八	二九	
양	월	6											7																		
력	일	20	21	22	23	24	25	26	27	28	29	30	1	2	3	4	5	6	7	8	9	10	11	12	13	14	15	16	17	18	
음	월	六 月																													
력	일	一	二	三	四	五	六	七	八	九	十	十一	十二	十三	十四	十五	十六	十七	十八	十九	二十	二一	二二	二三	二四	二五	二六	二七	二八	二九	三十
양	월	7													8																
력	일	19	20	21	22	23	24	25	26	27	28	29	30	31	1	2	3	4	5	6	7	8	9	10	11	12	13	14	15	16	17
음	월	七 月																													
력	일	一	二	三	四	五	六	七	八	九	十	十一	十二	十三	十四	十五	十六	十七	十八	十九	二十	二一	二二	二三	二四	二五	二六	二七	二八	二九	
양	월	8														8															
력	일	18	19	20	21	22	23	24	25	26	27	28	29	30	31	1	2	3	4	5	6	7	8	9	10	11	12	13	14	15	
음	월	八 月																													
력	일	一	二	三	四	五	六	七	八	九	十	十一	十二	十三	十四	十五	十六	十七	十八	十九	二十	二一	二二	二三	二四	二五	二六	二七	二八	二九	
양	월	9															10														
력	일	16	17	18	19	20	21	22	23	24	25	26	27	28	29	30	1	2	3	4	5	6	7	8	9	10	11	12	13	14	
음	월	九 月																													
력	일	一	二	三	四	五	六	七	八	九	十	十一	十二	十三	十四	十五	十六	十七	十八	十九	二十	二一	二二	二三	二四	二五	二六	二七	二八	二九	三十
양	월	10																	11												
력	일	15	16	17	18	19	20	21	22	23	24	25	26	27	28	29	30	31	1	2	3	4	5	6	7	8	9	10	11	12	13
음	월	十 月																													
력	일	一	二	三	四	五	六	七	八	九	十	十一	十二	十三	十四	十五	十六	十七	十八	十九	二十	二一	二二	二三	二四	二五	二六	二七	二八	二九	三十
양	월	11																	12												
력	일	14	15	16	17	18	19	20	21	22	23	24	25	26	27	28	29	30	1	2	3	4	5	6	7	8	9	10	11	12	13
음	월	十 一 月																													
력	일	一	二	三	四	五	六	七	八	九	十	十一	十二	十三	十四	十五	十六	十七	十八	十九	二十	二一	二二	二三	二四	二五	二六	二七	二八	二九	
양	월	12																		1											
력	일	14	15	16	17	18	19	20	21	22	23	24	25	26	27	28	29	30	31	1	2	3	4	5	6	7	8	9	10	11	
음	월	十 二 月																													
력	일	一	二	三	四	五	六	七	八	九	十	十一	十二	十三	十四	十五	十六	十七	十八	十九	二十	二一	二二	二三	二四	二五	二六	二七	二八	二九	三十
양	월	1																				2									
력	일	12	13	14	15	16	17	18	19	20	21	22	23	24	25	26	27	28	29	30	31	1	2	3	4	5	6	7	8	9	10

서기 1975년 乙 卯 年

음	월									正												月								
력	일	一	二	三	四	五	六	七	八	九	十	十一	十二	十三	十四	十五	十六	十七	十八	十九	二十	二一	二二	二三	二四	二五	二六	二七	二八	二九	三十
양	월	2																		3											
력	일	11	12	13	14	15	16	17	18	19	20	21	22	23	24	25	26	27	28	1	2	3	4	5	6	7	8	9	10	11	12
음	월									二												月								
력	일	一	二	三	四	五	六	七	八	九	十	十一	十二	十三	十四	十五	十六	十七	十八	十九	二十	二一	二二	二三	二四	二五	二六	二七	二八	二九	三十
양	월	3																			4										
력	일	13	14	15	16	17	18	19	20	21	22	23	24	25	26	27	28	29	30	31	1	2	3	4	5	6	7	8	9	10	11
음	월									三												月								
력	일	一	二	三	四	五	六	七	八	九	十	十一	十二	十三	十四	十五	十六	十七	十八	十九	二十	二一	二二	二三	二四	二五	二六	二七	二八	二九	
양	월	4																			5										
력	일	12	13	14	15	16	17	18	19	20	21	22	23	24	25	26	27	28	29	30	1	2	3	4	5	6	7	8	9	10	
음	월									四												月								
력	일	一	二	三	四	五	六	七	八	九	十	十一	十二	十三	十四	十五	十六	十七	十八	十九	二十	二一	二二	二三	二四	二五	二六	二七	二八	二九	三十
양	월	5																					6								
력	일	11	12	13	14	15	16	17	18	19	20	21	22	23	24	25	26	27	28	29	30	31	1	2	3	4	5	6	7	8	9
음	월									五												月								
력	일	一	二	三	四	五	六	七	八	九	十	十一	十二	十三	十四	十五	十六	十七	十八	十九	二十	二一	二二	二三	二四	二五	二六	二七	二八	二九	
양	월	6																					7								
력	일	10	11	12	13	14	15	16	17	18	19	20	21	22	23	24	26	26	27	28	29	30	1	2	3	4	5	6	7	8	
음	월									六												月								
력	일	一	二	三	四	五	六	七	八	九	十	十一	十二	十三	十四	十五	十六	十七	十八	十九	二十	二一	二二	二三	二四	二五	二六	二七	二八	二九	
양	월	7																							8						
력	일	9	10	11	12	13	14	15	16	17	18	19	20	21	22	23	24	25	26	27	28	29	30	31	1	2	3	4	5	6	
음	월									七												月								
력	일	一	二	三	四	五	六	七	八	九	十	十一	十二	十三	十四	十五	十六	十七	十八	十九	二十	二一	二二	二三	二四	二五	二六	二七	二八	二九	三十
양	월	8																									9				
력	일	7	8	9	10	11	12	13	14	15	16	17	18	19	20	21	22	23	24	25	26	27	28	29	30	31	1	2	3	4	5
음	월									八												月								
력	일	一	二	三	四	五	六	七	八	九	十	十一	十二	十三	十四	十五	十六	十七	十八	十九	二十	二一	二二	二三	二四	二五	二六	二七	二八	二九	
양	월	9																									10				
력	일	6	7	8	9	10	11	12	13	14	15	16	17	18	19	20	21	22	23	24	25	26	27	28	29	30	1	2	3	4	
음	월									九												月								
력	일	一	二	三	四	五	六	七	八	九	十	十一	十二	十三	十四	十五	十六	十七	十八	十九	二十	二一	二二	二三	二四	二五	二六	二七	二八	二九	
양	월	10																											11		
력	일	5	6	7	8	9	10	11	12	13	14	15	16	17	18	19	20	21	22	23	24	25	26	27	28	29	30	31	1	2	
음	월									十												月								
력	일	一	二	三	四	五	六	七	八	九	十	十一	十二	十三	十四	十五	十六	十七	十八	十九	二十	二一	二二	二三	二四	二五	二六	二七	二八	二九	三十
양	월	11																												12	
력	일	3	4	5	6	7	8	9	10	11	12	13	14	15	16	17	18	19	20	21	22	23	24	25	26	27	28	29	30	1	2
음	월									十							一						月								
력	일	一	二	三	四	五	六	七	八	九	十	十一	十二	十三	十四	十五	十六	十七	十八	十九	二十	二一	二二	二三	二四	二五	二六	二七	二八	二九	
양	월	12																													
력	일	3	4	5	6	7	8	9	10	11	12	13	14	15	16	17	18	19	20	21	22	23	24	25	26	27	28	29	30	31	
음	월									十							二						月								
력	일	一	二	三	四	五	六	七	八	九	十	十一	十二	十三	十四	十五	十六	十七	十八	十九	二十	二一	二二	二三	二四	二五	二六	二七	二八	二九	三十
양	월	1				1																									
력	일	1	2	3	4	5	6	7	8	9	10	11	12	13	14	15	16	17	18	19	20	21	22	23	24	25	26	27	28	29	30

서기 1976년 丙 辰 年

음	월	正月																													
력	일	一	二	三	四	五	六	七	八	九	十	十一	十二	十三	十四	十五	十六	十七	十八	十九	二十	二十一	二十二	二十三	二十四	二十五	二十六	二十七	二十八	二十九	三十
양	월	1	2																												
력	일	31	1	2	3	4	5	6	7	8	9	10	11	12	13	14	15	16	17	18	19	20	21	22	23	24	25	26	27	28	29
음	월	二月																													
력	일	一	二	三	四	五	六	七	八	九	十	十一	十二	十三	十四	十五	十六	十七	十八	十九	二十	二十一	二十二	二十三	二十四	二十五	二十六	二十七	二十八	二十九	三十
양	월	3																													
력	일	1	2	3	4	5	6	7	8	9	10	11	12	13	14	15	16	17	18	19	20	21	22	23	24	25	26	27	28	29	30
음	월	三月																													
력	일	一	二	三	四	五	六	七	八	九	十	十一	十二	十三	十四	十五	十六	十七	十八	十九	二十	二十一	二十二	二十三	二十四	二十五	二十六	二十七	二十八	二十九	
양	월	3	4																												
력	일	31	1	2	3	4	5	6	7	8	9	10	11	12	13	14	15	16	17	18	19	20	21	22	23	24	25	26	27	28	
음	월	四月																													
력	일	一	二	三	四	五	六	七	八	九	十	十一	十二	十三	十四	十五	十六	十七	十八	十九	二十	二十一	二十二	二十三	二十四	二十五	二十六	二十七	二十八	二十九	三十
양	월	4		5																											
력	일	29	30	1	2	3	4	5	6	7	8	9	10	11	12	13	14	15	16	17	18	19	20	21	22	23	24	25	26	27	28
음	월	五月																													
력	일	一	二	三	四	五	六	七	八	九	十	十一	十二	十三	十四	十五	十六	十七	十八	十九	二十	二十一	二十二	二十三	二十四	二十五	二十六	二十七	二十八	二十九	
양	월	5			6																										
력	일	29	30	31	1	2	3	4	5	6	7	8	9	10	11	12	13	14	15	16	17	18	19	20	21	22	23	24	25	26	
음	월	六月																													
력	일	一	二	三	四	五	六	七	八	九	十	十一	十二	十三	十四	十五	十六	十七	十八	十九	二十	二十一	二十二	二十三	二十四	二十五	二十六	二十七	二十八	二十九	三十
양	월	6				7																									
력	일	27	28	29	30	1	2	3	4	5	6	7	8	9	10	11	12	13	14	15	16	17	18	19	20	21	22	23	24	25	26
음	월	七月																													
력	일	一	二	三	四	五	六	七	八	九	十	十一	十二	十三	十四	十五	十六	十七	十八	十九	二十	二十一	二十二	二十三	二十四	二十五	二十六	二十七	二十八	二十九	
양	월	7					8																								
력	일	27	28	29	30	31	1	2	3	4	5	6	7	8	9	10	11	12	13	14	15	16	17	18	19	20	21	22	23	24	
음	월	八月																													
력	일	一	二	三	四	五	六	七	八	九	十	十一	十二	十三	十四	十五	十六	十七	十八	十九	二十	二十一	二十二	二十三	二十四	二十五	二十六	二十七	二十八	二十九	三十
양	월	8							9																						
력	일	25	26	27	28	29	30	31	1	2	3	4	5	6	7	8	9	10	11	12	13	14	15	16	17	18	19	20	21	22	23
음	월	閏八月																													
력	일	一	二	三	四	五	六	七	八	九	十	十一	十二	十三	十四	十五	十六	十七	十八	十九	二十	二十一	二十二	二十三	二十四	二十五	二十六	二十七	二十八	二十九	
양	월	9							10																						
력	일	24	25	26	27	28	29	30	1	2	3	4	5	6	7	8	9	10	11	12	13	14	15	16	17	18	19	20	21	22	
음	월	九月																													
력	일	一	二	三	四	五	六	七	八	九	十	十一	十二	十三	十四	十五	十六	十七	十八	十九	二十	二十一	二十二	二十三	二十四	二十五	二十六	二十七	二十八	二十九	三十
양	월	10									11																				
력	일	23	24	25	26	27	28	29	30	31	1	2	3	4	5	6	7	8	9	10	11	12	13	14	15	16	17	18	19	20	21
음	월	十月																													
력	일	一	二	三	四	五	六	七	八	九	十	十一	十二	十三	十四	十五	十六	十七	十八	十九	二十	二十一	二十二	二十三	二十四	二十五	二十六	二十七	二十八	二十九	
양	월	11									12																				
력	일	22	23	24	25	26	27	28	29	30	1	2	3	4	5	6	7	8	9	10	11	12	13	14	15	16	17	18	19	20	
음	월	十一月																													
력	일	一	二	三	四	五	六	七	八	九	十	十一	十二	十三	十四	十五	十六	十七	十八	十九	二十	二十一	二十二	二十三	二十四	二十五	二十六	二十七	二十八	二十九	
양	월	12											1																		
력	일	21	22	23	24	25	26	27	28	29	30	31	1	2	3	4	5	6	7	8	9	10	11	12	13	14	15	16	17	18	
음	월	十二月																													
력	일	一	二	三	四	五	六	七	八	九	十	十一	十二	十三	十四	十五	十六	十七	十八	十九	二十	二十一	二十二	二十三	二十四	二十五	二十六	二十七	二十八	二十九	三十
양	월	1													2																
력	일	19	20	21	22	23	24	25	26	27	28	29	30	31	1	2	3	4	5	6	7	8	9	10	11	12	13	14	15	16	17

서기 1977년 丁 巳 年

음	월	正 月																													
력	일	一	二	三	四	五	六	七	八	九	十	十一	十二	十三	十四	十五	十六	十七	十八	十九	二十	二一	二二	二三	二四	二五	二六	二七	二八	二九	三十
양	월	2											3																		
력	일	18	19	20	21	22	23	24	25	26	27	28	1	2	3	4	5	6	7	8	9	10	11	12	13	14	15	16	17	18	19
음	월	二 月																													
력	일	一	二	三	四	五	六	七	八	九	十	十一	十二	十三	十四	十五	十六	十七	十八	十九	二十	二一	二二	二三	二四	二五	二六	二七	二八	二九	
양	월	3												4																	
력	일	20	21	22	23	24	25	26	27	28	29	30	31	1	2	3	4	5	6	7	8	9	10	11	12	13	14	15	16	17	
음	월	三 月																													
력	일	一	二	三	四	五	六	七	八	九	十	十一	十二	十三	十四	十五	十六	十七	十八	十九	二十	二一	二二	二三	二四	二五	二六	二七	二八	二九	三十
양	월	4													5																
력	일	18	19	20	21	22	23	24	25	26	27	28	29	30	1	2	3	4	5	6	7	8	9	10	11	12	13	14	15	16	17
음	월	四 月																													
력	일	一	二	三	四	五	六	七	八	九	十	十一	十二	十三	十四	十五	十六	十七	十八	十九	二十	二一	二二	二三	二四	二五	二六	二七	二八	二九	三十
양	월	5														6															
력	일	18	19	20	21	22	23	24	25	26	27	28	29	30	31	1	2	3	4	5	6	7	8	9	10	11	12	13	14	15	16
음	월	五 月																													
력	일	一	二	三	四	五	六	七	八	九	十	十一	十二	十三	十四	十五	十六	十七	十八	十九	二十	二一	二二	二三	二四	二五	二六	二七	二八	二九	
양	월	6														7															
력	일	17	18	19	20	21	22	23	24	25	26	27	28	29	30	1	2	3	4	5	6	7	8	9	10	11	12	13	14	15	
음	월	六 月																													
력	일	一	二	三	四	五	六	七	八	九	十	十一	十二	十三	十四	十五	十六	十七	十八	十九	二十	二一	二二	二三	二四	二五	二六	二七	二八	二九	三十
양	월	7																8													
력	일	16	17	18	19	20	21	22	23	24	25	26	27	28	29	30	31	1	2	3	4	5	6	7	8	9	10	11	12	13	14
음	월	七 月																													
력	일	一	二	三	四	五	六	七	八	九	十	十一	十二	十三	十四	十五	十六	十七	十八	十九	二十	二一	二二	二三	二四	二五	二六	二七	二八	二九	
양	월	8																	9												
력	일	15	16	17	18	19	20	21	22	23	24	25	26	27	28	29	30	31	1	2	3	4	5	6	7	8	9	10	11	12	
음	월	八 月																													
력	일	一	二	三	四	五	六	七	八	九	十	十一	十二	十三	十四	十五	十六	十七	十八	十九	二十	二一	二二	二三	二四	二五	二六	二七	二八	二九	三十
양	월	9																		10											
력	일	13	14	15	16	17	18	19	20	21	22	23	24	25	26	27	28	29	30	1	2	3	4	5	6	7	8	9	10	11	12
음	월	九 月																													
력	일	一	二	三	四	五	六	七	八	九	十	十一	十二	十三	十四	十五	十六	十七	十八	十九	二十	二一	二二	二三	二四	二五	二六	二七	二八	二九	
양	월	10																			11										
력	일	13	14	15	16	17	18	19	20	21	22	23	24	25	26	27	28	29	30	31	1	2	3	4	5	6	7	8	9	10	
음	월	十 月																													
력	일	一	二	三	四	五	六	七	八	九	十	十一	十二	十三	十四	十五	十六	十七	十八	十九	二十	二一	二二	二三	二四	二五	二六	二七	二八	二九	三十
양	월	11																				12									
력	일	11	12	13	14	15	16	17	18	19	20	21	22	23	24	25	26	27	28	29	30	1	2	3	4	5	6	7	8	9	10
음	월	十 一 月																													
력	일	一	二	三	四	五	六	七	八	九	十	十一	十二	十三	十四	十五	十六	十七	十八	十九	二十	二一	二二	二三	二四	二五	二六	二七	二八	二九	
양	월	12																					1								
력	일	11	12	13	14	15	16	17	18	19	20	21	22	23	24	25	26	27	28	29	30	31	1	2	3	4	5	6	7	8	
음	월	十 二 月																													
력	일	一	二	三	四	五	六	七	八	九	十	十一	十二	十三	十四	十五	十六	十七	十八	十九	二十	二一	二二	二三	二四	二五	二六	二七	二八	二九	
양	월	1																							2						
력	일	9	10	11	12	13	14	15	16	17	18	19	20	21	22	23	24	25	26	27	28	29	30	31	1	2	3	4	5	6	

서기 1978년 戊 午 年

음	월	正月																													
력	일	一	二	三	四	五	六	七	八	九	十	十一	十二	十三	十四	十五	十六	十七	十八	十九	二十	二一	二二	二三	二四	二五	二六	二七	二八	二九	三十
양	월	2																						3							
력	일	7	8	9	10	11	12	13	14	15	16	17	18	19	20	21	22	23	24	25	26	27	28	1	2	3	4	5	6	7	8
음	월	二月																													
력	일	一	二	三	四	五	六	七	八	九	十	十一	十二	十三	十四	十五	十六	十七	十八	十九	二十	二一	二二	二三	二四	二五	二六	二七	二八	二九	三十
양	월	3																							4						
력	일	9	10	11	12	13	14	15	16	17	18	19	20	21	22	23	24	25	26	27	28	29	30	31	1	2	3	4	5	6	7
음	월	三月																													
력	일	一	二	三	四	五	六	七	八	九	十	十一	十二	十三	十四	十五	十六	十七	十八	十九	二十	二一	二二	二三	二四	二五	二六	二七	二八	二九	
양	월	4																							5						
력	일	8	9	10	11	12	13	14	15	16	17	18	19	20	21	22	23	24	25	26	27	28	29	30	1	2	3	4	5	6	
음	월	四月																													
력	일	一	二	三	四	五	六	七	八	九	十	十一	十二	十三	十四	十五	十六	十七	十八	十九	二十	二一	二二	二三	二四	二五	二六	二七	二八	二九	三十
양	월	5																									6				
력	일	7	8	9	10	11	12	13	14	15	16	17	18	19	20	21	22	23	24	25	26	27	28	29	30	31	1	2	3	4	5
음	월	五月																													
력	일	一	二	三	四	五	六	七	八	九	十	十一	十二	十三	十四	十五	十六	十七	十八	十九	二十	二一	二二	二三	二四	二五	二六	二七	二八	二九	
양	월	6																									7				
력	일	6	7	8	9	10	11	12	13	14	15	16	17	18	19	20	21	22	23	24	25	26	27	28	29	30	1	2	3	4	
음	월	六月																													
력	일	一	二	三	四	五	六	七	八	九	十	十一	十二	十三	十四	十五	十六	十七	十八	十九	二十	二一	二二	二三	二四	二五	二六	二七	二八	二九	三十
양	월	7																											8		
력	일	5	6	7	8	9	10	11	12	13	14	15	16	17	18	19	20	21	22	23	24	25	26	27	28	29	30	31	1	2	3
음	월	七月																													
력	일	一	二	三	四	五	六	七	八	九	十	十一	十二	十三	十四	十五	十六	十七	十八	十九	二十	二一	二二	二三	二四	二五	二六	二七	二八	二九	三十
양	월	8																												9	
력	일	4	5	6	7	8	9	10	11	12	13	14	15	16	17	18	19	20	21	22	23	24	25	26	27	28	29	30	31	1	2
음	월	八月																													
력	일	一	二	三	四	五	六	七	八	九	十	十一	十二	十三	十四	十五	十六	十七	十八	十九	二十	二一	二二	二三	二四	二五	二六	二七	二八	二九	
양	월	9																												10	
력	일	3	4	5	6	7	8	9	10	11	12	13	14	15	16	17	18	19	20	21	22	23	24	25	26	27	28	29	30	1	
음	월	九月																													
력	일	一	二	三	四	五	六	七	八	九	十	十一	十二	十三	十四	十五	十六	十七	十八	十九	二十	二一	二二	二三	二四	二五	二六	二七	二八	二九	三十
양	월	10																													
력	일	2	3	4	5	6	7	8	9	10	11	12	13	14	15	16	17	18	19	20	21	22	23	24	25	26	27	28	29	30	31
음	월	十月																													
력	일	一	二	三	四	五	六	七	八	九	十	十一	十二	十三	十四	十五	十六	十七	十八	十九	二十	二一	二二	二三	二四	二五	二六	二七	二八	二九	
양	월	11																													
력	일	1	2	3	4	5	6	7	8	9	10	11	12	13	14	15	16	17	18	19	20	21	22	23	24	25	26	27	28	29	
음	월	十一月																													
력	일	一	二	三	四	五	六	七	八	九	十	十一	十二	十三	十四	十五	十六	十七	十八	十九	二十	二一	二二	二三	二四	二五	二六	二七	二八	二九	三十
양	월	11	12																												
력	일	30	1	2	3	4	5	6	7	8	9	10	11	12	13	14	15	16	17	18	19	20	21	22	23	24	25	26	27	28	29
음	월	十二月																													
력	일	一	二	三	四	五	六	七	八	九	十	十一	十二	十三	十四	十五	十六	十七	十八	十九	二十	二一	二二	二三	二四	二五	二六	二七	二八	二九	
양	월	12		1																											
력	일	30	31	1	2	3	4	5	6	7	8	9	10	11	12	13	14	15	16	17	18	19	20	21	22	23	24	25	26	27	

서기 1979년 已 未 年

음	월	正 月																													
력	일	一	二	三	四	五	六	七	八	九	十	十一	十二	十三	十四	十五	十六	十七	十八	十九	二十	二一	二二	二三	二四	二五	二六	二七	二八	二九	三十
양	월	1				2																									
력	일	28	29	30	31	1	2	3	4	5	6	7	8	9	10	11	12	13	14	15	16	17	18	19	20	21	22	23	24	25	26
음	월	二 月																													
력	일	一	二	三	四	五	六	七	八	九	十	十一	十二	十三	十四	十五	十六	十七	十八	十九	二十	二一	二二	二三	二四	二五	二六	二七	二八	二九	
양	월	2		3																											
력	일	27	28	1	2	3	4	5	6	7	8	9	10	11	12	13	14	15	16	17	18	19	20	21	22	23	24	25	26	27	
음	월	三 月																													
력	일	一	二	三	四	五	六	七	八	九	十	十一	十二	十三	十四	十五	十六	十七	十八	十九	二十	二一	二二	二三	二四	二五	二六	二七	二八	二九	
양	월	3				4																									
력	일	28	29	30	31	1	2	3	4	5	6	7	8	9	10	11	12	13	14	15	16	17	18	19	20	21	22	23	24	25	
음	월	四 月																													
력	일	一	二	三	四	五	六	七	八	九	十	十一	十二	十三	十四	十五	十六	十七	十八	十九	二十	二一	二二	二三	二四	二五	二六	二七	二八	二九	三十
양	월	4					5																								
력	일	26	27	28	29	30	1	2	3	4	5	6	7	8	9	10	11	12	13	14	15	16	17	18	19	20	21	22	23	24	25
음	월	五 月																													
력	일	一	二	三	四	五	六	七	八	九	十	十一	十二	十三	十四	十五	十六	十七	十八	十九	二十	二一	二二	二三	二四	二五	二六	二七	二八	二九	
양	월	5						6																							
력	일	26	27	28	29	30	31	1	2	3	4	5	6	7	8	9	10	11	12	13	14	15	16	17	18	19	20	21	22	23	
음	월	六 月																													
력	일	一	二	三	四	五	六	七	八	九	十	十一	十二	十三	十四	十五	十六	十七	十八	十九	二十	二一	二二	二三	二四	二五	二六	二七	二八	二九	三十
양	월	6							7																						
력	일	24	25	26	27	28	29	30	1	2	3	4	5	6	7	8	9	10	11	12	13	14	15	16	17	18	19	20	21	22	23
음	월	閏 六 月																													
력	일	一	二	三	四	五	六	七	八	九	十	十一	十二	十三	十四	十五	十六	十七	十八	十九	二十	二一	二二	二三	二四	二五	二六	二七	二八	二九	三十
양	월	7								8																					
력	일	24	25	26	27	28	29	30	31	1	2	3	4	5	6	7	8	9	10	11	12	13	14	15	16	17	18	19	20	21	22
음	월	七 月																													
력	일	一	二	三	四	五	六	七	八	九	十	十一	十二	十三	十四	十五	十六	十七	十八	十九	二十	二一	二二	二三	二四	二五	二六	二七	二八	二九	
양	월	8									9																				
력	일	23	24	25	26	27	28	29	30	31	1	2	3	4	5	6	7	8	9	10	11	12	13	14	15	16	17	18	19	20	
음	월	八 月																													
력	일	一	二	三	四	五	六	七	八	九	十	十一	十二	十三	十四	十五	十六	十七	十八	十九	二十	二一	二二	二三	二四	二五	二六	二七	二八	二九	三十
양	월	9										10																			
력	일	21	22	23	24	25	26	27	28	29	30	1	2	3	4	5	6	7	8	9	10	11	12	13	14	15	16	17	18	19	20
음	월	九 月																													
력	일	一	二	三	四	五	六	七	八	九	十	十一	十二	十三	十四	十五	十六	十七	十八	十九	二十	二一	二二	二三	二四	二五	二六	二七	二八	二九	三十
양	월	10											11																		
력	일	21	22	23	24	25	26	27	28	29	30	31	1	2	3	4	5	6	7	8	9	10	11	12	13	14	15	16	17	18	19
음	월	十 月																													
력	일	一	二	三	四	五	六	七	八	九	十	十一	十二	十三	十四	十五	十六	十七	十八	十九	二十	二一	二二	二三	二四	二五	二六	二七	二八	二九	
양	월	11											12																		
력	일	20	21	22	23	24	25	26	27	28	29	30	1	2	3	4	5	6	7	8	9	10	11	12	13	14	15	16	17	18	
음	월	十 一 月																													
력	일	一	二	三	四	五	六	七	八	九	十	十一	十二	十三	十四	十五	十六	十七	十八	十九	二十	二一	二二	二三	二四	二五	二六	二七	二八	二九	三十
양	월	12													1																
력	일	19	20	21	22	23	24	25	26	27	28	29	30	31	1	2	3	4	5	6	7	8	9	10	11	12	13	14	15	16	17
음	월	十 二 月																													
력	일	一	二	三	四	五	六	七	八	九	十	十一	十二	十三	十四	十五	十六	十七	十八	十九	二十	二一	二二	二三	二四	二五	二六	二七	二八	二九	
양	월	1														2															
력	일	18	19	20	21	22	23	24	25	26	27	28	29	30	31	1	2	3	4	5	6	7	8	9	10	11	12	13	14	15	

서기 1980년 庚 申 年

음	월	正 月																													
력	일	一	二	三	四	五	六	七	八	九	十	十一	十二	十三	十四	十五	十六	十七	十八	十九	二十	二一	二二	二三	二四	二五	二六	二七	二八	二九	三十
양	월	2														3															
력	일	16	17	18	19	20	21	22	23	24	25	26	27	28	29	1	2	3	4	5	6	7	8	9	10	11	12	13	14	15	16
음	월	二 月																													
력	일	一	二	三	四	五	六	七	八	九	十	十一	十二	十三	十四	十五	十六	十七	十八	十九	二十	二一	二二	二三	二四	二五	二六	二七	二八	二九	
양	월	3															4														
력	일	17	18	19	20	21	22	23	24	25	26	27	28	29	30	31	1	2	3	4	5	6	7	8	9	10	11	12	13	14	
음	월	三 月																													
력	일	一	二	三	四	五	六	七	八	九	十	十一	十二	十三	十四	十五	十六	十七	十八	十九	二十	二一	二二	二三	二四	二五	二六	二七	二八	二九	
양	월	4																5													
력	일	15	16	17	18	19	20	21	22	23	24	25	26	27	28	29	30	1	2	3	4	5	6	7	8	9	10	11	12	13	
음	월	四 月																													
력	일	一	二	三	四	五	六	七	八	九	十	十一	十二	十三	十四	十五	十六	十七	十八	十九	二十	二一	二二	二三	二四	二五	二六	二七	二八	二九	三十
양	월	5																		6											
력	일	14	15	16	17	18	19	20	21	22	23	24	25	26	27	28	29	30	31	1	2	3	4	5	6	7	8	8	10	11	12
음	월	五 月																													
력	일	一	二	三	四	五	六	七	八	九	十	十一	十二	十三	十四	十五	十六	十七	十八	十九	二十	二一	二二	二三	二四	二五	二六	二七	二八	二九	
양	월	6																		7											
력	일	13	14	15	16	17	18	19	20	21	22	23	24	25	26	27	28	29	30	1	2	3	4	5	6	7	8	9	10	11	
음	월	六 月																													
력	일	一	二	三	四	五	六	七	八	九	十	十一	十二	十三	十四	十五	十六	十七	十八	十九	二十	二一	二二	二三	二四	二五	二六	二七	二八	二九	三十
양	월	7																				8									
력	일	12	13	14	15	16	17	18	19	20	21	22	23	24	25	26	27	28	29	30	31	1	2	3	4	5	6	7	8	9	10
음	월	七 月																													
력	일	一	二	三	四	五	六	七	八	九	十	十一	十二	十三	十四	十五	十六	十七	十八	十九	二十	二一	二二	二三	二四	二五	二六	二七	二八	二九	
양	월	8																					9								
력	일	11	12	13	14	15	16	17	18	19	20	21	22	23	24	25	26	27	28	29	30	31	1	2	3	4	5	6	7	8	
음	월	八 月																													
력	일	一	二	三	四	五	六	七	八	九	十	十一	十二	十三	十四	十五	十六	十七	十八	十九	二十	二一	二二	二三	二四	二五	二六	二七	二八	二九	三十
양	월	9																						10							
력	일	9	10	11	12	13	14	15	16	17	18	19	20	21	22	23	24	25	26	27	28	29	30	1	2	3	4	5	6	7	8
음	월	九 月																													
력	일	一	二	三	四	五	六	七	八	九	十	十一	十二	十三	十四	十五	十六	十七	十八	十九	二十	二一	二二	二三	二四	二五	二六	二七	二八	二九	三十
양	월	10																							11						
력	일	9	10	11	12	13	14	15	16	17	18	19	20	21	22	23	24	25	26	27	28	29	30	31	1	2	3	4	5	6	7
음	월	十 月																													
력	일	一	二	三	四	五	六	七	八	九	十	十一	十二	十三	十四	十五	十六	十七	十八	十九	二十	二一	二二	二三	二四	二五	二六	二七	二八	二九	
양	월	11																							12						
력	일	8	9	10	11	12	13	14	15	16	17	18	19	20	21	22	23	24	25	26	27	28	29	30	1	2	3	4	5	6	
음	월	十 一 月																													
력	일	一	二	三	四	五	六	七	八	九	十	十一	十二	十三	十四	十五	十六	十七	十八	十九	二十	二一	二二	二三	二四	二五	二六	二七	二八	二九	三十
양	월	12																									1				
력	일	7	8	9	10	11	12	13	14	15	16	17	18	19	20	21	22	23	24	25	26	27	28	29	30	31	1	2	3	4	5
음	월	十 二 月																													
력	일	一	二	三	四	五	六	七	八	九	十	十一	十二	十三	十四	十五	十六	十七	十八	十九	二十	二一	二二	二三	二四	二五	二六	二七	二八	二九	三十
양	월	1																										2			
력	일	6	7	8	9	10	11	12	13	14	15	16	17	18	19	20	21	22	23	24	25	26	27	28	29	30	31	1	2	3	4

서기 1981년 辛 酉 年

음	월	正月																													
력	일	一	二	三	四	五	六	七	八	九	十	十一	十二	十三	十四	十五	十六	十七	十八	十九	二十	二一	二二	二三	二四	二五	二六	二七	二八	二九	
양	월	2																								3					
력	일	5	6	7	8	9	10	11	12	13	14	15	16	17	18	19	20	21	22	23	24	25	26	27	28	1	2	3	4	5	
음	월	二月																													
력	일	一	二	三	四	五	六	七	八	九	十	十一	十二	十三	十四	十五	十六	十七	十八	十九	二十	二一	二二	二三	二四	二五	二六	二七	二八	二九	三十
양	월	3																										4			
력	일	6	7	8	9	10	11	12	13	14	15	16	17	18	19	20	21	22	23	24	25	26	27	28	29	30	31	1	2	3	4
음	월	三月																													
력	일	一	二	三	四	五	六	七	八	九	十	十一	十二	十三	十四	十五	十六	十七	十八	十九	二十	二一	二二	二三	二四	二五	二六	二七	二八	二九	
양	월	4																										5			
력	일	5	6	7	8	9	10	11	12	13	14	15	16	17	18	19	20	21	22	23	24	25	26	27	28	29	30	1	2	3	
음	월	四月																													
력	일	一	二	三	四	五	六	七	八	九	十	十一	十二	十三	十四	十五	十六	十七	十八	十九	二十	二一	二二	二三	二四	二五	二六	二七	二八	二九	
양	월	5																												6	
력	일	4	5	6	7	8	9	10	11	12	13	14	15	16	17	18	19	20	21	22	23	24	25	26	27	28	29	30	31	1	
음	월	五月																													
력	일	一	二	三	四	五	六	七	八	九	十	十一	十二	十三	十四	十五	十六	十七	十八	十九	二十	二一	二二	二三	二四	二五	二六	二七	二八	二九	三十
양	월	6																													7
력	일	2	3	4	5	6	7	8	9	10	11	12	13	14	15	16	17	18	19	20	21	22	23	24	25	26	27	28	29	30	1
음	월	六月																													
력	일	一	二	三	四	五	六	七	八	九	十	十一	十二	十三	十四	十五	十六	十七	十八	十九	二十	二一	二二	二三	二四	二五	二六	二七	二八	二九	
양	월	7																													
력	일	2	3	4	5	6	7	8	9	10	11	12	13	14	15	16	17	18	19	20	21	22	23	24	25	26	27	28	29	30	
음	월	七月																													
력	일	一	二	三	四	五	六	七	八	九	十	十一	十二	十三	十四	十五	十六	十七	十八	十九	二十	二一	二二	二三	二四	二五	二六	二七	二八	二九	
양	월	7	8																												
력	일	31	1	2	3	4	5	6	7	8	9	10	11	12	13	14	15	16	17	18	19	20	21	22	23	24	25	26	27	28	
음	월	八月																													
력	일	一	二	三	四	五	六	七	八	九	十	十一	十二	十三	十四	十五	十六	十七	十八	十九	二十	二一	二二	二三	二四	二五	二六	二七	二八	二九	三十
양	월	8			9																										
력	일	29	30	31	1	2	3	4	5	6	7	8	9	10	11	12	13	14	15	16	17	18	19	20	21	22	23	24	25	26	27
음	월	九月																													
력	일	一	二	三	四	五	六	七	八	九	十	十一	十二	十三	十四	十五	十六	十七	十八	十九	二十	二一	二二	二三	二四	二五	二六	二七	二八	二九	三十
양	월	9			10																										
력	일	28	29	30	1	2	3	4	5	6	7	8	9	10	11	12	13	14	15	16	17	18	19	20	21	22	23	24	25	26	27
음	월	十月																													
력	일	一	二	三	四	五	六	七	八	九	十	十一	十二	十三	十四	十五	十六	十七	十八	十九	二十	二一	二二	二三	二四	二五	二六	二七	二八	二九	
양	월	10				11																									
력	일	28	29	30	31	1	2	3	4	5	6	7	8	9	10	11	12	13	14	15	16	17	18	19	20	21	22	23	24	25	
음	월	十一月																													
력	일	一	二	三	四	五	六	七	八	九	十	十一	十二	十三	十四	十五	十六	十七	十八	十九	二十	二一	二二	二三	二四	二五	二六	二七	二八	二九	三十
양	월	11					12																								
력	일	26	27	28	29	30	1	2	3	4	5	6	7	8	9	10	11	12	13	14	15	16	17	18	19	20	21	22	23	24	25
음	월	十二月																													
력	일	一	二	三	四	五	六	七	八	九	十	十一	十二	十三	十四	十五	十六	十七	十八	十九	二十	二一	二二	二三	二四	二五	二六	二七	二八	二九	三十
양	월	12						1																							
력	일	26	27	28	29	30	31	1	2	3	4	5	6	7	8	9	10	11	12	13	14	15	16	17	18	19	20	21	22	23	24

서기 1982년 壬 戌 年

음	월									正														月							
력	일	一	二	三	四	五	六	七	八	九	十	十一	十二	十三	十四	十五	十六	十七	十八	十九	二十	二一	二二	二三	二四	二五	二六	二七	二八	二九	三十
양	월	1							2																						
력	일	25	26	27	28	29	30	31	1	2	3	4	5	6	7	8	9	10	11	12	13	14	15	16	17	18	19	20	21	22	23
음	월									二														月							
력	일	一	二	三	四	五	六	七	八	九	十	十一	十二	十三	十四	十五	十六	十七	十八	十九	二十	二一	二二	二三	二四	二五	二六	二七	二八	二九	
양	월	2					3																								
력	일	24	25	26	27	28	1	2	3	4	5	6	7	8	9	10	11	12	13	14	15	16	17	18	19	20	21	22	23	24	
음	월									三														月							
력	일	一	二	三	四	五	六	七	八	九	十	十一	十二	十三	十四	十五	十六	十七	十八	十九	二十	二一	二二	二三	二四	二五	二六	二七	二八	二九	三十
양	월	3							4																						
력	일	25	26	27	28	29	30	31	1	2	3	4	5	6	7	8	9	10	11	12	13	14	15	16	17	18	19	20	21	22	23
음	월									四														月							
력	일	一	二	三	四	五	六	七	八	九	十	十一	十二	十三	十四	十五	十六	十七	十八	十九	二十	二一	二二	二三	二四	二五	二六	二七	二八	二九	
양	월	4							5																						
력	일	24	25	26	27	28	29	30	1	2	3	4	5	6	7	8	9	10	11	12	13	14	15	16	17	18	19	20	21	22	
음	월									閏						四								月							
력	일	一	二	三	四	五	六	七	八	九	十	十一	十二	十三	十四	十五	十六	十七	十八	十九	二十	二一	二二	二三	二四	二五	二六	二七	二八	二九	
양	월	5									6																				
력	일	23	24	25	26	27	28	29	30	31	1	2	3	4	5	6	7	8	9	10	11	12	13	14	15	16	17	18	19	20	
음	월									五														月							
력	일	一	二	三	四	五	六	七	八	九	十	十一	十二	十三	十四	十五	十六	十七	十八	十九	二十	二一	二二	二三	二四	二五	二六	二七	二八	二九	三十
양	월	6										7																			
력	일	21	22	23	24	25	26	27	28	29	30	1	2	3	4	5	6	7	8	9	10	11	12	13	14	15	16	17	18	19	20
음	월									六														月							
력	일	一	二	三	四	五	六	七	八	九	十	十一	十二	十三	十四	十五	十六	十七	十八	十九	二十	二一	二二	二三	二四	二五	二六	二七	二八	二九	
양	월	7											8																		
력	일	21	22	23	24	25	26	27	28	29	30	31	1	2	3	4	5	6	7	8	9	10	11	12	13	14	15	16	17	18	
음	월									七														月							
력	일	一	二	三	四	五	六	七	八	九	十	十一	十二	十三	十四	十五	十六	十七	十八	十九	二十	二一	二二	二三	二四	二五	二六	二七	二八	二九	
양	월	8													9																
력	일	19	20	21	22	23	24	25	26	27	28	29	30	31	1	2	3	4	5	6	7	8	9	10	11	12	13	14	15	16	
음	월									八														月							
력	일	一	二	三	四	五	六	七	八	九	十	十一	十二	十三	十四	十五	十六	十七	十八	十九	二十	二一	二二	二三	二四	二五	二六	二七	二八	二九	三十
양	월	9														10															
력	일	17	18	19	20	21	22	23	24	25	26	27	28	29	30	1	2	3	4	5	6	7	8	9	10	11	12	13	14	15	16
음	월									九														月							
력	일	一	二	三	四	五	六	七	八	九	十	十一	十二	十三	十四	十五	十六	十七	十八	十九	二十	二一	二二	二三	二四	二五	二六	二七	二八	二九	三十
양	월	10															11														
력	일	17	18	19	20	21	22	23	24	25	26	27	28	29	30	31	1	2	3	4	5	6	7	8	9	10	11	12	13	14	15
음	월									十														月							
력	일	一	二	三	四	五	六	七	八	九	十	十一	十二	十三	十四	十五	十六	十七	十八	十九	二十	二一	二二	二三	二四	二五	二六	二七	二八	二九	
양	월	11															12														
력	일	16	17	18	19	20	21	22	23	24	25	26	27	28	29	30	1	2	3	4	5	6	7	8	9	10	11	12	13	14	
음	월									十						一								月							
력	일	一	二	三	四	五	六	七	八	九	十	十一	十二	十三	十四	十五	十六	十七	十八	十九	二十	二一	二二	二三	二四	二五	二六	二七	二八	二九	三十
양	월	12																	1												
력	일	15	16	17	18	19	20	21	22	23	24	25	26	27	28	29	30	31	1	2	3	4	5	6	7	8	9	10	11	12	13
음	월									十						二								月							
력	일	一	二	三	四	五	六	七	八	九	十	十一	十二	十三	十四	十五	十六	十七	十八	十九	二十	二一	二二	二三	二四	二五	二六	二七	二八	二九	三十
양	월	1																		2											
력	일	14	15	16	17	18	19	20	21	22	23	24	25	26	27	28	29	30	31	1	2	3	4	5	6	7	8	9	10	11	12

서기 1983년 癸 亥 年

음	월	正月																													
력	일	一	二	三	四	五	六	七	八	九	十	十一	十二	十三	十四	十五	十六	十七	十八	十九	二十	二一	二二	二三	二四	二五	二六	二七	二八	二九	三十
양	월	2																3													
력	일	13	14	15	16	17	18	19	20	21	22	23	24	25	26	27	28	1	2	3	4	5	6	7	8	9	10	11	12	13	14
음	월	二月																													
력	일	一	二	三	四	五	六	七	八	九	十	十一	十二	十三	十四	十五	十六	十七	十八	十九	二十	二一	二二	二三	二四	二五	二六	二七	二八	二九	
양	월	3																	4												
력	일	15	16	17	18	19	20	21	22	23	24	25	26	27	28	29	30	31	1	2	3	4	5	6	7	8	9	10	11	12	
음	월	三月																													
력	일	一	二	三	四	五	六	七	八	九	十	十一	十二	十三	十四	十五	十六	十七	十八	十九	二十	二一	二二	二三	二四	二五	二六	二七	二八	二九	三十
양	월	4																		5											
력	일	13	14	15	16	17	18	19	20	21	22	23	24	25	26	27	28	29	30	1	2	3	4	5	6	7	8	9	10	11	12
음	월	四月																													
력	일	一	二	三	四	五	六	七	八	九	十	十一	十二	十三	十四	十五	十六	十七	十八	十九	二十	二一	二二	二三	二四	二五	二六	二七	二八	二九	
양	월	5																			6										
력	일	13	14	15	16	17	18	19	20	21	22	23	24	25	26	27	28	29	30	31	1	2	3	4	5	6	7	8	9	10	
음	월	五月																													
력	일	一	二	三	四	五	六	七	八	九	十	十一	十二	十三	十四	十五	十六	十七	十八	十九	二十	二一	二二	二三	二四	二五	二六	二七	二八	二九	
양	월	6																				7									
력	일	11	12	13	14	15	16	17	18	19	20	21	22	23	24	25	26	27	28	29	30	1	2	3	4	5	6	7	8	9	
음	월	六月																													
력	일	一	二	三	四	五	六	七	八	九	十	十一	十二	十三	十四	十五	十六	十七	十八	十九	二十	二一	二二	二三	二四	二五	二六	二七	二八	二九	三十
양	월	7																						8							
력	일	10	11	12	13	14	15	16	17	18	19	20	21	22	23	24	25	26	27	28	29	30	31	1	2	3	4	5	6	7	8
음	월	七月																													
력	일	一	二	三	四	五	六	七	八	九	十	十一	十二	十三	十四	十五	十六	十七	十八	十九	二十	二一	二二	二三	二四	二五	二六	二七	二八	二九	
양	월	8																							9						
력	일	9	10	11	12	13	14	15	16	17	18	19	20	21	22	23	24	25	26	27	28	29	30	31	1	2	3	4	5	6	
음	월	八月																													
력	일	一	二	三	四	五	六	七	八	九	十	十一	十二	十三	十四	十五	十六	十七	十八	十九	二十	二一	二二	二三	二四	二五	二六	二七	二八	二九	
양	월	9																								10					
력	일	7	8	9	10	11	12	13	14	15	16	17	18	19	20	21	22	23	24	25	26	27	28	29	30	1	2	3	4	5	
음	월	九月																													
력	일	一	二	三	四	五	六	七	八	九	十	十一	十二	十三	十四	十五	十六	十七	十八	十九	二十	二一	二二	二三	二四	二五	二六	二七	二八	二九	三十
양	월	10																										11			
력	일	6	7	8	9	10	11	12	13	14	15	16	17	18	19	20	21	22	23	24	25	26	27	28	29	30	31	1	2	3	4
음	월	十月																													
력	일	一	二	三	四	五	六	七	八	九	十	十一	十二	十三	十四	十五	十六	十七	十八	十九	二十	二一	二二	二三	二四	二五	二六	二七	二八	二九	
양	월	11																										12			
력	일	5	6	7	8	9	10	11	12	13	14	15	16	17	18	19	20	21	22	23	24	25	26	27	28	29	30	1	2	3	
음	월	十一月																													
력	일	一	二	三	四	五	六	七	八	九	十	十一	十二	十三	十四	十五	十六	十七	十八	十九	二十	二一	二二	二三	二四	二五	二六	二七	二八	二九	三十
양	월	12																												1	
력	일	4	5	6	7	8	9	10	11	12	13	14	15	16	17	18	19	20	21	22	23	24	25	26	27	28	29	30	31	1	2
음	월	十二月																													
력	일	一	二	三	四	五	六	七	八	九	十	十一	十二	十三	十四	十五	十六	十七	十八	十九	二十	二一	二二	二三	二四	二五	二六	二七	二八	二九	三十
양	월	1																													2
력	일	3	4	5	6	7	8	9	10	11	12	13	14	15	16	17	18	19	20	21	22	23	24	25	26	27	28	29	30	31	1

서기 1984년 甲 子 年

음	월									正													月							
력	일	一	二	三	四	五	六	七	八	九	十	十一	十二	十三	十四	十五	十六	十七	十八	十九	二十	二一	二二	二三	二四	二五	二六	二七	二八	二九	三十
양	월	2																												3	
력	일	2	3	4	5	6	7	8	9	10	11	12	13	14	15	16	17	18	19	20	21	22	23	24	25	26	27	28	29	1	2
음	월									二													月							
력	일	一	二	三	四	五	六	七	八	九	十	十一	十二	十三	十四	十五	十六	十七	十八	十九	二十	二一	二二	二三	二四	二五	二六	二七	二八	二九	
양	월	3																													
력	일	3	4	5	6	7	8	9	10	11	12	13	14	15	16	17	18	19	20	21	22	23	24	25	26	27	28	29	30	31	
음	월									三													月							
력	일	一	二	三	四	五	六	七	八	九	十	十一	十二	十三	十四	十五	十六	十七	十八	十九	二十	二一	二二	二三	二四	二五	二六	二七	二八	二九	三十
양	월	4																													
력	일	1	2	3	4	5	6	7	8	9	10	11	12	13	14	15	16	17	18	19	20	21	22	23	24	25	26	27	28	29	30
음	월									四													月							
력	일	一	二	三	四	五	六	七	八	九	十	十一	十二	十三	十四	十五	十六	十七	十八	十九	二十	二一	二二	二三	二四	二五	二六	二七	二八	二九	三十
양	월	5																													
력	일	1	2	3	4	5	6	7	8	9	10	11	12	13	14	15	16	17	18	19	20	21	22	23	24	25	26	27	28	29	30
음	월									五													月							
력	일	一	二	三	四	五	六	七	八	九	十	十一	十二	十三	十四	十五	十六	十七	十八	十九	二十	二一	二二	二三	二四	二五	二六	二七	二八	二九	
양	월	5	6																												
력	일	31	1	2	3	4	5	6	7	8	9	10	11	12	13	14	15	16	17	18	19	20	21	22	23	24	25	26	27	28	
음	월									六													月							
력	일	一	二	三	四	五	六	七	八	九	十	十一	十二	十三	十四	十五	十六	十七	十八	十九	二十	二一	二二	二三	二四	二五	二六	二七	二八	二九	
양	월	6		7																											
력	일	29	30	1	2	3	4	5	6	7	8	9	10	11	12	13	14	15	16	17	18	19	20	21	22	23	24	25	26	27	
음	월									七													月							
력	일	一	二	三	四	五	六	七	八	九	十	十一	十二	十三	十四	十五	十六	十七	十八	十九	二十	二一	二二	二三	二四	二五	二六	二七	二八	二九	三十
양	월	7				8																									
력	일	28	29	30	31	1	2	3	4	5	6	7	8	9	10	11	12	13	14	15	16	17	18	19	20	21	22	23	24	25	26
음	월									八													月							
력	일	一	二	三	四	五	六	七	八	九	十	十一	十二	十三	十四	十五	十六	十七	十八	十九	二十	二一	二二	二三	二四	二五	二六	二七	二八	二九	
양	월	8					9																								
력	일	27	28	29	30	31	1	2	3	4	5	6	7	8	9	10	11	12	13	14	15	16	17	18	19	20	21	22	23	24	
음	월									九													月							
력	일	一	二	三	四	五	六	七	八	九	十	十一	十二	十三	十四	十五	十六	十七	十八	十九	二十	二一	二二	二三	二四	二五	二六	二七	二八	二九	
양	월	9						10																							
력	일	25	26	27	28	29	30	1	2	3	4	5	6	7	8	9	10	11	12	13	14	15	16	17	18	19	20	21	22	23	
음	월									十													月							
력	일	一	二	三	四	五	六	七	八	九	十	十一	十二	十三	十四	十五	十六	十七	十八	十九	二十	二一	二二	二三	二四	二五	二六	二七	二八	二九	三十
양	월	10								11																					
력	일	24	25	26	27	28	29	30	31	1	2	3	4	5	6	7	8	9	10	11	12	13	14	15	16	17	18	19	20	21	22
음	월									閏							十						月							
력	일	一	二	三	四	五	六	七	八	九	十	十一	十二	十三	十四	十五	十六	十七	十八	十九	二十	二一	二二	二三	二四	二五	二六	二七	二八	二九	
양	월	11								12																					
력	일	23	24	25	26	27	28	29	30	1	2	3	4	5	6	7	8	9	10	11	12	13	14	15	16	17	18	19	20	21	
음	월									十							一						月							
력	일	一	二	三	四	五	六	七	八	九	十	十一	十二	十三	十四	十五	十六	十七	十八	十九	二十	二一	二二	二三	二四	二五	二六	二七	二八	二九	三十
양	월	12										1																			
력	일	22	23	24	25	26	27	28	29	30	31	1	2	3	4	5	6	7	8	9	10	11	12	13	14	15	16	17	18	19	20
음	월									十							二						月							
력	일	一	二	三	四	五	六	七	八	九	十	十一	十二	十三	十四	十五	十六	十七	十八	十九	二十	二一	二二	二三	二四	二五	二六	二七	二八	二九	三十
양	월	1											2																		
력	일	21	22	23	24	25	26	27	28	29	30	31	1	2	3	4	5	6	7	8	9	10	11	12	13	14	15	16	17	18	19

서기 1985년 乙 丑 年

음	월	正月																													
력	일	一	二	三	四	五	六	七	八	九	十	十一	十二	十三	十四	十五	十六	十七	十八	十九	二十	二一	二二	二三	二四	二五	二六	二七	二八	二九	
양	월	2									3																				
력	일	20	21	22	23	24	25	26	27	28	1	2	3	4	5	6	7	8	9	10	11	12	13	14	15	16	17	18	19	20	
음	월	二月																													
력	일	一	二	三	四	五	六	七	八	九	十	十一	十二	十三	十四	十五	十六	十七	十八	十九	二十	二一	二二	二三	二四	二五	二六	二七	二八	二九	三十
양	월	3											4																		
력	일	21	22	23	24	25	26	27	28	29	30	31	1	2	3	4	5	6	7	8	9	10	11	12	13	14	15	16	17	18	19
음	월	三月																													
력	일	一	二	三	四	五	六	七	八	九	十	十一	十二	十三	十四	十五	十六	十七	十八	十九	二十	二一	二二	二三	二四	二五	二六	二七	二八	二九	三十
양	월	4											5																		
력	일	20	21	22	23	24	25	26	27	28	29	30	1	2	3	4	5	6	7	8	9	10	11	12	13	14	15	16	17	18	19
음	월	四月																													
력	일	一	二	三	四	五	六	七	八	九	十	十一	十二	十三	十四	十五	十六	十七	十八	十九	二十	二一	二二	二三	二四	二五	二六	二七	二八	二九	
양	월	5												6																	
력	일	20	21	22	23	24	25	26	27	28	29	30	31	1	2	3	4	5	6	7	8	9	10	11	12	13	14	15	16	17	
음	월	五月																													
력	일	一	二	三	四	五	六	七	八	九	十	十一	十二	十三	十四	十五	十六	十七	十八	十九	二十	二一	二二	二三	二四	二五	二六	二七	二八	二九	三十
양	월	6													7																
력	일	18	19	20	21	22	23	24	25	26	27	28	29	30	1	2	3	4	5	6	7	8	9	10	11	12	13	14	15	16	17
음	월	六月																													
력	일	一	二	三	四	五	六	七	八	九	十	十一	十二	十三	十四	十五	十六	十七	十八	十九	二十	二一	二二	二三	二四	二五	二六	二七	二八	二九	
양	월	7														8															
력	일	18	19	20	21	22	23	24	25	26	27	28	29	30	31	1	2	3	4	5	6	7	8	9	10	11	12	13	14	15	
음	월	七月																													
력	일	一	二	三	四	五	六	七	八	九	十	十一	十二	十三	十四	十五	十六	十七	十八	十九	二十	二一	二二	二三	二四	二五	二六	二七	二八	二九	三十
양	월	8																9													
력	일	16	17	18	19	20	21	22	23	24	25	26	27	28	29	30	31	1	2	3	4	5	6	7	8	9	10	11	12	13	14
음	월	八月																													
력	일	一	二	三	四	五	六	七	八	九	十	十一	十二	十三	十四	十五	十六	十七	十八	十九	二十	二一	二二	二三	二四	二五	二六	二七	二八	二九	
양	월	9																10													
력	일	15	16	17	18	19	20	21	22	23	24	25	26	27	28	29	30	1	2	3	4	5	6	7	8	9	10	11	12	13	
음	월	九月																													
력	일	一	二	三	四	五	六	七	八	九	十	十一	十二	十三	十四	十五	十六	十七	十八	十九	二十	二一	二二	二三	二四	二五	二六	二七	二八	二九	
양	월	10																		11											
력	일	14	15	16	17	18	19	20	21	22	23	24	25	26	27	28	29	30	31	1	2	3	4	5	6	7	8	9	10	11	
음	월	十月																													
력	일	一	二	三	四	五	六	七	八	九	十	十一	十二	十三	十四	十五	十六	十七	十八	十九	二十	二一	二二	二三	二四	二五	二六	二七	二八	二九	三十
양	월	11																			12										
력	일	12	13	14	15	16	17	18	19	20	21	22	23	24	25	26	27	28	29	30	1	2	3	4	5	6	7	8	9	10	11
음	월	十一月																													
력	일	一	二	三	四	五	六	七	八	九	十	十一	十二	十三	十四	十五	十六	十七	十八	十九	二十	二一	二二	二三	二四	二五	二六	二七	二八	二九	
양	월	12																				1									
력	일	12	13	14	15	16	17	18	19	20	21	22	23	24	25	26	27	28	29	30	31	1	2	3	4	5	6	7	8	9	
음	월	十二月																													
력	일	一	二	三	四	五	六	七	八	九	十	十一	十二	十三	十四	十五	十六	十七	十八	十九	二十	二一	二二	二三	二四	二五	二六	二七	二八	二九	三十
양	월	1																						2							
력	일	10	11	12	13	14	15	16	17	18	19	20	21	22	23	24	25	26	27	28	29	30	31	1	2	3	4	5	6	7	8

서기 1986년 丙 寅 年

음	월	正月																													
력	일	一	二	三	四	五	六	七	八	九	十	十一	十二	十三	十四	十五	十六	十七	十八	十九	二十	二一	二二	二三	二四	二五	二六	二七	二八	二九	
양	월	2																				3									
력	일	9	10	11	12	13	14	15	16	17	18	19	20	21	22	23	24	25	26	27	28	1	2	3	4	5	6	7	8	9	
음	월	二月																													
력	일	一	二	三	四	五	六	七	八	九	十	十一	十二	十三	十四	十五	十六	十七	十八	十九	二十	二一	二二	二三	二四	二五	二六	二七	二八	二九	三十
양	월	3																						4							
력	일	10	11	12	13	14	15	16	17	18	19	20	21	22	23	24	25	26	27	28	29	30	31	1	2	3	4	5	6	7	8
음	월	三月																													
력	일	一	二	三	四	五	六	七	八	九	十	十一	十二	十三	十四	十五	十六	十七	十八	十九	二十	二一	二二	二三	二四	二五	二六	二七	二八	二九	三十
양	월	4																						5							
력	일	9	10	11	12	13	14	15	16	17	18	19	20	21	22	23	24	25	26	27	28	29	30	1	2	3	4	5	6	7	8
음	월	四月																													
력	일	一	二	三	四	五	六	七	八	九	十	十一	十二	十三	十四	十五	十六	十七	十八	十九	二十	二一	二二	二三	二四	二五	二六	二七	二八	二九	
양	월	5																							6						
력	일	9	10	11	12	13	14	15	16	17	18	19	20	21	22	23	24	25	26	27	28	29	30	31	1	2	3	4	5	6	
음	월	五月																													
력	일	一	二	三	四	五	六	七	八	九	十	十一	十二	十三	十四	十五	十六	十七	十八	十九	二十	二一	二二	二三	二四	二五	二六	二七	二八	二九	三十
양	월	6																								7					
력	일	7	8	9	10	11	12	13	14	15	16	17	18	19	20	21	22	23	24	25	26	27	28	29	30	1	2	3	4	5	6
음	월	六月																													
력	일	一	二	三	四	五	六	七	八	九	十	十一	十二	十三	十四	十五	十六	十七	十八	十九	二十	二一	二二	二三	二四	二五	二六	二七	二八	二九	三十
양	월	7																									8				
력	일	7	8	9	10	11	12	13	14	15	16	17	18	19	20	21	22	23	24	25	26	27	28	29	30	31	1	2	3	4	5
음	월	七月																													
력	일	一	二	三	四	五	六	七	八	九	十	十一	十二	十三	十四	十五	十六	十七	十八	十九	二十	二一	二二	二三	二四	二五	二六	二七	二八	二九	
양	월	8																										9			
력	일	6	7	8	9	10	11	12	13	14	15	16	17	18	19	20	21	22	23	24	25	26	27	28	29	30	31	1	2	3	
음	월	八月																													
력	일	一	二	三	四	五	六	七	八	九	十	十一	十二	十三	十四	十五	十六	十七	十八	十九	二十	二一	二二	二三	二四	二五	二六	二七	二八	二九	三十
양	월	9																											10		
력	일	4	5	6	7	8	9	10	11	12	13	14	15	16	17	18	19	20	21	22	23	24	25	26	27	28	29	30	1	2	3
음	월	九月																													
력	일	一	二	三	四	五	六	七	八	九	十	十一	十二	十三	十四	十五	十六	十七	十八	十九	二十	二一	二二	二三	二四	二五	二六	二七	二八	二九	
양	월	10																												11	
력	일	4	5	6	7	8	9	10	11	12	13	14	15	16	17	18	19	20	21	22	23	24	25	26	27	28	29	30	31	1	
음	월	十月																													
력	일	一	二	三	四	五	六	七	八	九	十	十一	十二	十三	十四	十五	十六	十七	十八	十九	二十	二一	二二	二三	二四	二五	二六	二七	二八	二九	三十
양	월	11																													12
력	일	2	3	4	5	6	7	8	9	10	11	12	13	14	15	16	17	18	19	20	21	22	23	24	25	26	27	28	29	30	1
음	월	十一月																													
력	일	一	二	三	四	五	六	七	八	九	十	十一	十二	十三	十四	十五	十六	十七	十八	十九	二十	二一	二二	二三	二四	二五	二六	二七	二八	二九	
양	월	12																													
력	일	2	3	4	5	6	7	8	9	10	11	12	13	14	15	16	17	18	19	20	21	22	23	24	25	26	27	28	29	30	
음	월	十二月																													
력	일	一	二	三	四	五	六	七	八	九	十	十一	十二	十三	十四	十五	十六	十七	十八	十九	二十	二一	二二	二三	二四	二五	二六	二七	二八	二九	
양	월	12	1																												
력	일	31	1	2	3	4	5	6	7	8	9	10	11	12	13	14	15	16	17	18	19	20	21	22	23	24	25	26	27	28	

서기 1987년 丁 卯 年

음	월									正														月							
력	일	一	二	三	四	五	六	七	八	九	十	十一	十二	十三	十四	十五	十六	十七	十八	十九	二十	二十一	二十二	二十三	二十四	二十五	二十六	二十七	二十八	二十九	三十
양	월	1			2																										
력	일	29	30	31	1	2	3	4	5	6	7	8	9	10	11	12	13	14	15	16	17	18	19	20	21	22	23	24	25	26	27
음	월									二														月							
력	일	一	二	三	四	五	六	七	八	九	十	十一	十二	十三	十四	十五	十六	十七	十八	十九	二十	二十一	二十二	二十三	二十四	二十五	二十六	二十七	二十八	二十九	
양	월	2	3																												
력	일	28	1	2	3	4	5	6	7	8	9	10	11	12	13	14	15	16	17	18	19	20	21	22	23	24	25	26	27	28	
음	월									三														月							
력	일	一	二	三	四	五	六	七	八	九	十	十一	十二	十三	十四	十五	十六	十七	十八	十九	二十	二十一	二十二	二十三	二十四	二十五	二十六	二十七	二十八	二十九	三十
양	월	3			4																										
력	일	29	30	31	1	2	3	4	5	6	7	8	9	10	11	12	13	14	15	16	17	18	19	20	21	22	23	24	25	26	27
음	월									四														月							
력	일	一	二	三	四	五	六	七	八	九	十	十一	十二	十三	十四	十五	十六	十七	十八	十九	二十	二十一	二十二	二十三	二十四	二十五	二十六	二十七	二十八	二十九	三十
양	월	4			5																										
력	일	28	29	30	1	2	3	4	5	6	7	8	9	10	11	12	13	14	15	16	17	18	19	20	21	22	23	24	25	26	27
음	월									五														月							
력	일	一	二	三	四	五	六	七	八	九	十	十一	十二	十三	十四	十五	十六	十七	十八	十九	二十	二十一	二十二	二十三	二十四	二十五	二十六	二十七	二十八	二十九	
양	월	5				6																									
력	일	28	29	30	31	1	2	3	4	5	6	7	8	9	10	11	12	13	14	15	16	17	18	19	20	21	22	23	24	25	
음	월									六														月							
력	일	一	二	三	四	五	六	七	八	九	十	十一	十二	十三	十四	十五	十六	十七	十八	十九	二十	二十一	二十二	二十三	二十四	二十五	二十六	二十七	二十八	二十九	三十
양	월	6					7																								
력	일	26	27	28	29	30	1	2	3	4	5	6	7	8	9	10	11	12	13	14	15	16	17	18	19	20	21	22	23	24	25
음	월									閏							六							月							
력	일	一	二	三	四	五	六	七	八	九	十	十一	十二	十三	十四	十五	十六	十七	十八	十九	二十	二十一	二十二	二十三	二十四	二十五	二十六	二十七	二十八	二十九	
양	월	7						8																							
력	일	26	27	28	29	30	31	1	2	3	4	5	6	7	8	9	10	11	12	13	14	15	16	17	18	19	20	21	22	23	
음	월									七														月							
력	일	一	二	三	四	五	六	七	八	九	十	十一	十二	十三	十四	十五	十六	十七	十八	十九	二十	二十一	二十二	二十三	二十四	二十五	二十六	二十七	二十八	二十九	三十
양	월	8								9																					
력	일	24	25	26	27	28	29	30	31	1	2	3	4	5	6	7	8	9	10	11	12	13	14	15	16	17	18	19	20	21	22
음	월									八														月							
력	일	一	二	三	四	五	六	七	八	九	十	十一	十二	十三	十四	十五	十六	十七	十八	十九	二十	二十一	二十二	二十三	二十四	二十五	二十六	二十七	二十八	二十九	三十
양	월	9								10																					
력	일	23	24	25	26	27	28	29	30	1	2	3	4	5	6	7	8	9	10	11	12	13	14	15	16	17	18	19	20	21	22
음	월									九														月							
력	일	一	二	三	四	五	六	七	八	九	十	十一	十二	十三	十四	十五	十六	十七	十八	十九	二十	二十一	二十二	二十三	二十四	二十五	二十六	二十七	二十八	二十九	
양	월	10									11																				
력	일	23	24	25	26	27	28	29	30	31	1	2	3	4	5	6	7	8	9	10	11	12	13	14	15	16	17	18	19	20	
음	월									十														月							
력	일	一	二	三	四	五	六	七	八	九	十	十一	十二	十三	十四	十五	十六	十七	十八	十九	二十	二十一	二十二	二十三	二十四	二十五	二十六	二十七	二十八	二十九	三十
양	월	11										12																			
력	일	21	22	23	24	25	26	27	28	29	30	1	2	3	4	5	6	7	8	9	10	11	12	13	14	15	16	17	18	19	20
음	월									十							一							月							
력	일	一	二	三	四	五	六	七	八	九	十	十一	十二	十三	十四	十五	十六	十七	十八	十九	二十	二十一	二十二	二十三	二十四	二十五	二十六	二十七	二十八	二十九	
양	월	12											1																		
력	일	21	22	23	24	25	26	27	28	29	30	31	1	2	3	4	5	6	7	8	9	10	11	12	13	14	15	16	17	18	
음	월									十							二							月							
력	일	一	二	三	四	五	六	七	八	九	十	十一	十二	十三	十四	十五	十六	十七	十八	十九	二十	二十一	二十二	二十三	二十四	二十五	二十六	二十七	二十八	二十九	三十
양	월	1													2																
력	일	19	20	21	22	23	24	25	26	27	28	29	30	31	1	2	3	4	5	6	7	8	9	10	11	12	13	14	15	16	17

서기 1988년 戊 辰 年

음	월								正													月							
력	일	一	二	三	四	五	六	七	八	九	十	十一	十二	十三	十四	十五	十六	十七	十八	十九	二十	二一	二二	二三	二四	二五	二六	二七	二八	二九	
양	월	2												3																	
력	일	18	19	20	21	22	23	24	25	26	27	28	29	1	2	3	4	5	6	7	8	9	10	11	12	13	14	15	16	17	
음	월								二													月							
력	일	一	二	三	四	五	六	七	八	九	十	十一	十二	十三	十四	十五	十六	十七	十八	十九	二十	二一	二二	二三	二四	二五	二六	二七	二八	二九	
양	월	3														4															
력	일	18	19	20	21	22	23	24	25	26	27	28	29	30	31	1	2	3	4	5	6	7	8	9	10	11	12	13	14	15	
음	월								三													月							
력	일	一	二	三	四	五	六	七	八	九	十	十一	十二	十三	十四	十五	十六	十七	十八	十九	二十	二一	二二	二三	二四	二五	二六	二七	二八	二九	三十
양	월	4															5														
력	일	16	17	18	19	20	21	22	23	24	25	26	27	28	29	30	1	2	3	4	5	6	7	8	9	10	11	12	13	14	15
음	월								四													月							
력	일	一	二	三	四	五	六	七	八	九	十	十一	十二	十三	十四	十五	十六	十七	十八	十九	二十	二一	二二	二三	二四	二五	二六	二七	二八	二九	
양	월	5																6													
력	일	16	17	18	19	20	21	22	23	24	25	26	27	28	29	30	31	1	2	3	4	5	6	7	8	9	10	11	12	13	
음	월								五													月							
력	일	一	二	三	四	五	六	七	八	九	十	十一	十二	十三	十四	十五	十六	十七	十八	十九	二十	二一	二二	二三	二四	二五	二六	二七	二八	二九	三十
양	월	6																	7												
력	일	14	15	16	17	18	19	20	21	22	23	24	25	26	27	28	29	30	1	2	3	4	5	6	7	8	9	10	11	12	13
음	월								六													月							
력	일	一	二	三	四	五	六	七	八	九	十	十一	十二	十三	十四	十五	十六	十七	十八	十九	二十	二一	二二	二三	二四	二五	二六	二七	二八	二九	
양	월	7																		8											
력	일	14	15	16	17	18	19	20	21	22	23	24	25	26	27	28	29	30	31	1	2	3	4	5	6	7	8	9	10	11	
음	월								七													月							
력	일	一	二	三	四	五	六	七	八	九	十	十一	十二	十三	十四	十五	十六	十七	十八	十九	二十	二一	二二	二三	二四	二五	二六	二七	二八	二九	三十
양	월	8																				9									
력	일	12	13	14	15	16	17	18	19	20	21	22	23	24	25	26	27	28	29	30	31	1	2	3	4	5	6	7	8	9	10
음	월								八													月							
력	일	一	二	三	四	五	六	七	八	九	十	十一	十二	十三	十四	十五	十六	十七	十八	十九	二十	二一	二二	二三	二四	二五	二六	二七	二八	二九	三十
양	월	9																				10									
력	일	11	12	13	14	15	16	17	18	19	20	21	22	23	24	25	26	27	28	29	30	1	2	3	4	5	6	7	8	9	10
음	월								九													月							
력	일	一	二	三	四	五	六	七	八	九	十	十一	十二	十三	十四	十五	十六	十七	十八	十九	二十	二一	二二	二三	二四	二五	二六	二七	二八	二九	
양	월	10																					11								
력	일	11	12	13	14	15	16	17	18	19	20	21	22	23	24	25	26	27	28	29	30	31	1	2	3	4	5	6	7	8	
음	월								十													月							
력	일	一	二	三	四	五	六	七	八	九	十	十一	十二	十三	十四	十五	十六	十七	十八	十九	二十	二一	二二	二三	二四	二五	二六	二七	二八	二九	三十
양	월	11																						12							
력	일	9	10	11	12	13	14	15	16	17	18	19	20	21	22	23	24	25	26	27	28	29	30	1	2	3	4	5	6	7	8
음	월								十							一						月							
력	일	一	二	三	四	五	六	七	八	九	十	十一	十二	十三	十四	十五	十六	十七	十八	十九	二十	二一	二二	二三	二四	二五	二六	二七	二八	二九	三十
양	월	12																							1						
력	일	9	10	11	12	13	14	15	16	17	18	19	20	21	22	23	24	25	26	27	28	29	30	31	1	2	3	4	5	6	7
음	월								十							二						月							
력	일	一	二	三	四	五	六	七	八	九	十	十一	十二	十三	十四	十五	十六	十七	十八	十九	二十	二一	二二	二三	二四	二五	二六	二七	二八	二九	
양	월	1																								12					
력	일	8	9	10	11	12	13	14	15	16	17	18	19	20	21	22	23	24	25	26	27	28	29	30	31	1	2	3	4	5	

서기 1989년 己 巳 年

음	월	正 月																													
력	일	一	二	三	四	五	六	七	八	九	十	十一	十二	十三	十四	十五	十六	十七	十八	十九	二十	二一	二二	二三	二四	二五	二六	二七	二八	二九	三十
양	월	2																							3						
력	일	6	7	8	9	10	11	12	13	14	15	16	17	18	19	20	21	22	23	24	25	26	27	28	1	2	3	4	5	6	7
음	월	二 月																													
력	일	一	二	三	四	五	六	七	八	九	十	十一	十二	十三	十四	十五	十六	十七	十八	十九	二十	二一	二二	二三	二四	二五	二六	二七	二八	二九	
양	월	3																								4					
력	일	8	9	10	11	12	13	14	15	16	17	18	19	20	21	22	23	25	25	26	27	28	29	30	31	1	2	3	4	5	
음	월	三 月																													
력	일	一	二	三	四	五	六	七	八	九	十	十一	十二	十三	十四	十五	十六	十七	十八	十九	二十	二一	二二	二三	二四	二五	二六	二七	二八	二九	
양	월	4																									5				
력	일	6	7	8	9	10	11	12	13	14	15	16	17	18	19	20	21	22	23	24	25	26	27	28	29	30	1	2	3	4	
음	월	四 月																													
력	일	一	二	三	四	五	六	七	八	九	十	十一	十二	十三	十四	十五	十六	十七	十八	十九	二十	二一	二二	二三	二四	二五	二六	二七	二八	二九	三十
양	월	5																											6		
력	일	5	6	7	8	9	10	11	12	13	14	15	16	17	18	19	20	21	22	23	24	25	26	27	28	29	30	31	1	2	3
음	월	五 月																													
력	일	一	二	三	四	五	六	七	八	九	十	十一	十二	十三	十四	十五	十六	十七	十八	十九	二十	二一	二二	二三	二四	二五	二六	二七	二八	二九	
양	월	6																											7		
력	일	4	5	6	7	8	9	10	11	12	13	14	15	16	17	18	19	20	21	22	23	24	25	26	27	28	29	30	1	2	
음	월	六 月																													
력	일	一	二	三	四	五	六	七	八	九	十	十一	十二	十三	十四	十五	十六	十七	十八	十九	二十	二一	二二	二三	二四	二五	二六	二七	二八	二九	三十
양	월	7																													8
력	일	3	4	5	6	7	8	9	10	11	12	13	14	15	16	17	18	19	20	21	22	23	24	25	26	27	28	29	30	31	1
음	월	七 月																													
력	일	一	二	三	四	五	六	七	八	九	十	十一	十二	十三	十四	十五	十六	十七	十八	十九	二十	二一	二二	二三	二四	二五	二六	二七	二八	二九	
양	월	8																													
력	일	2	3	4	5	6	7	8	9	10	11	12	13	14	15	16	17	18	19	20	21	22	23	24	25	26	27	28	29	30	
음	월	八 月																													
력	일	一	二	三	四	五	六	七	八	九	十	十一	十二	十三	十四	十五	十六	十七	十八	十九	二十	二一	二二	二三	二四	二五	二六	二七	二八	二九	三十
양	월	8	9																												
력	일	31	1	2	3	4	5	6	7	8	9	10	11	12	13	14	15	16	17	18	19	20	21	22	23	24	25	26	27	28	29
음	월	九 月																													
력	일	一	二	三	四	五	六	七	八	九	十	十一	十二	十三	十四	十五	十六	十七	十八	十九	二十	二一	二二	二三	二四	二五	二六	二七	二八	二九	三十
양	월	9	10																												
력	일	30	1	2	3	4	5	6	7	8	9	10	11	12	13	14	15	16	17	18	19	20	21	22	23	24	25	26	27	28	29
음	월	十 月																													
력	일	一	二	三	四	五	六	七	八	九	十	十一	十二	十三	十四	十五	十六	十七	十八	十九	二十	二一	二二	二三	二四	二五	二六	二七	二八	二九	
양	월	10		11																											
력	일	30	31	1	2	3	4	5	6	7	8	9	10	11	12	13	14	15	16	17	18	19	20	21	22	23	24	25	26	27	
음	월	十 一 月																													
력	일	一	二	三	四	五	六	七	八	九	十	十一	十二	十三	十四	十五	十六	十七	十八	十九	二十	二一	二二	二三	二四	二五	二六	二七	二八	二九	三十
양	월	11			12																										
력	일	28	29	30	1	2	3	4	5	6	7	8	9	10	11	12	13	14	15	16	17	18	19	20	21	22	23	24	25	26	27
음	월	十 二 月																													
력	일	一	二	三	四	五	六	七	八	九	十	十一	十二	十三	十四	十五	十六	十七	十八	十九	二十	二一	二二	二三	二四	二五	二六	二七	二八	二九	三十
양	월	12				1																									
력	일	28	29	30	31	1	2	3	4	5	6	7	8	9	10	11	12	13	14	15	16	17	18	19	20	21	22	23	24	25	26

서기 1990년 庚 午 年

음	월	正 月																													
력	일	一	二	三	四	五	六	七	八	九	十	十一	十二	十三	十四	十五	十六	十七	十八	十九	二十	二一	二二	二三	二四	二五	二六	二七	二八	二九	
양	월	1					2																								
력	일	27	28	29	30	31	1	2	3	4	5	6	7	8	9	10	11	12	13	14	15	16	17	18	19	20	21	22	23	24	
음	월	二 月																													
력	일	一	二	三	四	五	六	七	八	九	十	十一	十二	十三	十四	十五	十六	十七	十八	十九	二十	二一	二二	二三	二四	二五	二六	二七	二八	二九	三十
양	월	2				3																									
력	일	25	26	27	28	1	2	3	4	5	6	7	8	9	10	11	12	13	14	15	16	17	18	19	20	21	22	23	24	25	26
음	월	三 月																													
력	일	一	二	三	四	五	六	七	八	九	十	十一	十二	十三	十四	十五	十六	十七	十八	十九	二十	二一	二二	二三	二四	二五	二六	二七	二八	二九	
양	월	3					4																								
력	일	27	28	29	30	31	1	2	3	4	5	6	7	8	9	10	11	12	13	14	15	16	17	18	19	20	21	22	23	24	
음	월	四 月																													
력	일	一	二	三	四	五	六	七	八	九	十	十一	十二	十三	十四	十五	十六	十七	十八	十九	二十	二一	二二	二三	二四	二五	二六	二七	二八	二九	
양	월	4						5																							
력	일	25	26	27	28	29	30	1	2	3	4	5	6	7	8	9	10	11	12	13	14	15	16	17	18	19	20	21	22	23	
음	월	五 月																													
력	일	一	二	三	四	五	六	七	八	九	十	十一	十二	十三	十四	十五	十六	十七	十八	十九	二十	二一	二二	二三	二四	二五	二六	二七	二八	二九	三十
양	월	5								6																					
력	일	24	25	26	27	28	29	30	31	1	2	3	4	5	6	7	8	9	10	11	12	13	14	15	16	17	18	19	20	21	22
음	월	閏 五 月																													
력	일	一	二	三	四	五	六	七	八	九	十	十一	十二	十三	十四	十五	十六	十七	十八	十九	二十	二一	二二	二三	二四	二五	二六	二七	二八	二九	
양	월	6								7																					
력	일	23	24	25	26	27	28	29	30	1	2	3	4	5	6	7	8	9	10	11	12	13	14	15	16	17	18	19	20	21	
음	월	六 月																													
력	일	一	二	三	四	五	六	七	八	九	十	十一	十二	十三	十四	十五	十六	十七	十八	十九	二十	二一	二二	二三	二四	二五	二六	二七	二八	二九	
양	월	7										8																			
력	일	22	23	24	25	26	27	28	29	30	31	1	2	3	4	5	6	7	8	9	10	11	12	13	14	15	16	17	18	19	
음	월	七 月																													
력	일	一	二	三	四	五	六	七	八	九	十	十一	十二	十三	十四	十五	十六	十七	十八	十九	二十	二一	二二	二三	二四	二五	二六	二七	二八	二九	三十
양	월	8												9																	
력	일	20	21	22	23	24	25	26	27	28	29	30	31	1	2	3	4	5	6	7	8	9	10	11	12	13	14	15	16	17	18
음	월	八 月																													
력	일	一	二	三	四	五	六	七	八	九	十	十一	十二	十三	十四	十五	十六	十七	十八	十九	二十	二一	二二	二三	二四	二五	二六	二七	二八	二九	三十
양	월	9												10																	
력	일	19	20	21	22	23	24	25	26	27	28	29	30	1	2	3	4	5	6	7	8	9	10	11	12	13	14	15	16	17	18
음	월	九 月																													
력	일	一	二	三	四	五	六	七	八	九	十	十一	十二	十三	十四	十五	十六	十七	十八	十九	二十	二一	二二	二三	二四	二五	二六	二七	二八	二九	
양	월	10													11																
력	일	19	20	21	22	23	24	25	26	27	28	29	30	31	1	2	3	4	5	6	7	8	9	10	11	12	13	14	15	16	
음	월	十 月																													
력	일	一	二	三	四	五	六	七	八	九	十	十一	十二	十三	十四	十五	十六	十七	十八	十九	二十	二一	二二	二三	二四	二五	二六	二七	二八	二九	三十
양	월	11														12															
력	일	17	18	19	20	21	22	23	24	25	26	27	28	29	30	1	2	3	4	5	6	7	8	9	10	11	12	13	14	15	16
음	월	十 一 月																													
력	일	一	二	三	四	五	六	七	八	九	十	十一	十二	十三	十四	十五	十六	十七	十八	十九	二十	二一	二二	二三	二四	二五	二六	二七	二八	二九	三十
양	월	12															1														
력	일	17	19	19	20	21	22	23	24	25	26	27	28	29	30	31	1	2	3	4	5	6	7	8	9	10	11	12	13	14	15
음	월	十 二 月																													
력	일	一	二	三	四	五	六	七	八	九	十	十一	十二	十三	十四	十五	十六	十七	十八	十九	二十	二一	二二	二三	二四	二五	二六	二七	二八	二九	三十
양	월	1																2													
력	일	16	17	18	19	20	21	22	23	24	25	26	27	28	29	30	31	1	2	3	4	5	6	7	8	9	10	11	12	13	14

서기 1991년 辛 未 年

음	월	正月																													
력	일	一	二	三	四	五	六	七	八	九	十	十一	十二	十三	十四	十五	十六	十七	十八	十九	二十	二一	二二	二三	二四	二五	二六	二七	二八	二九	
양	월	2														3															
력	일	15	16	17	18	19	20	21	22	23	24	25	26	27	28	1	2	3	4	5	6	7	8	9	10	11	12	13	14	15	
음	월	二月																													
력	일	一	二	三	四	五	六	七	八	九	十	十一	十二	十三	十四	十五	十六	十七	十八	十九	二十	二一	二二	二三	二四	二五	二六	二七	二八	二九	三十
양	월	3																4													
력	일	16	17	18	19	20	21	22	23	24	25	26	27	28	29	30	31	1	2	3	4	5	6	7	8	9	10	11	12	13	14
음	월	三月																													
력	일	一	二	三	四	五	六	七	八	九	十	十一	十二	十三	十四	十五	十六	十七	十八	十九	二十	二一	二二	二三	二四	二五	二六	二七	二八	二九	
양	월	4																5													
력	일	15	16	17	18	19	20	21	22	23	24	25	26	27	28	29	30	1	2	3	4	5	6	7	8	9	10	11	12	13	
음	월	四月																													
력	일	一	二	三	四	五	六	七	八	九	十	十一	十二	十三	十四	十五	十六	十七	十八	十九	二十	二一	二二	二三	二四	二五	二六	二七	二八	二九	
양	월	5																		6											
력	일	14	15	16	17	18	19	20	21	22	23	24	25	26	27	28	29	30	31	1	2	3	4	5	6	7	8	9	10	11	
음	월	五月																													
력	일	一	二	三	四	五	六	七	八	九	十	十一	十二	十三	十四	十五	十六	十七	十八	十九	二十	二一	二二	二三	二四	二五	二六	二七	二八	二九	三十
양	월	6																			7										
력	일	12	13	14	15	16	17	18	19	20	21	22	23	24	25	26	27	28	29	30	1	2	3	4	5	6	7	8	9	10	11
음	월	六月																													
력	일	一	二	三	四	五	六	七	八	九	十	十一	十二	十三	十四	十五	十六	十七	十八	十九	二十	二一	二二	二三	二四	二五	二六	二七	二八	二九	
양	월	7																				8									
력	일	12	13	14	15	16	17	18	19	20	21	22	23	24	25	26	27	28	29	30	31	1	2	3	4	5	6	7	8	9	
음	월	七月																													
력	일	一	二	三	四	五	六	七	八	九	十	十一	十二	十三	十四	十五	十六	十七	十八	十九	二十	二一	二二	二三	二四	二五	二六	二七	二八	二九	
양	월	8																						9							
력	일	10	11	12	13	14	15	16	17	18	19	20	21	22	23	24	25	26	27	28	29	30	31	1	2	3	4	5	6	7	
음	월	八月																													
력	일	一	二	三	四	五	六	七	八	九	十	十一	十二	十三	十四	十五	十六	十七	十八	十九	二十	二一	二二	二三	二四	二五	二六	二七	二八	二九	三十
양	월	9																							10						
력	일	8	9	10	11	12	13	14	15	16	17	18	19	20	21	22	23	24	25	26	27	28	29	30	1	2	3	4	5	6	7
음	월	九月																													
력	일	一	二	三	四	五	六	七	八	九	十	十一	十二	十三	十四	十五	十六	十七	十八	十九	二十	二一	二二	二三	二四	二五	二六	二七	二八	二九	
양	월	10																								11					
력	일	8	9	10	11	12	13	14	15	16	17	18	19	20	21	22	23	24	25	26	27	28	29	30	31	1	2	3	4	5	
음	월	十月																													
력	일	一	二	三	四	五	六	七	八	九	十	十一	十二	十三	十四	十五	十六	十七	十八	十九	二十	二一	二二	二三	二四	二五	二六	二七	二八	二九	三十
양	월	11																									12				
력	일	6	7	8	9	10	11	12	13	14	15	16	17	18	19	20	21	22	23	24	25	26	27	28	29	30	1	2	3	4	5
음	월	十一月																													
력	일	一	二	三	四	五	六	七	八	九	十	十一	十二	十三	十四	十五	十六	十七	十八	十九	二十	二一	二二	二三	二四	二五	二六	二七	二八	二九	三十
양	월	12																										1			
력	일	6	7	8	9	10	11	12	13	14	15	16	17	18	19	20	21	22	23	24	25	26	27	28	29	30	31	1	2	3	4
음	월	十二月																													
력	일	一	二	三	四	五	六	七	八	九	十	十一	十二	十三	十四	十五	十六	十七	十八	十九	二十	二一	二二	二三	二四	二五	二六	二七	二八	二九	三十
양	월	1																											2		
력	일	5	6	7	8	9	10	11	12	13	14	15	16	17	18	19	20	21	22	23	24	25	26	27	28	29	30	31	1	2	3

서기 1992년 壬 申 年

음	월	正 月																													
력	일	一	二	三	四	五	六	七	八	九	十	十一	十二	十三	十四	十五	十六	十七	十八	十九	二十	二一	二二	二三	二四	二五	二六	二七	二八	二九	
양	월	2																										3			
력	일	4	5	6	7	8	9	10	11	12	13	14	15	16	17	18	19	20	21	22	23	24	25	26	27	28	29	1	2	3	
음	월	二 月																													
력	일	一	二	三	四	五	六	七	八	九	十	十一	十二	十三	十四	十五	十六	十七	十八	十九	二十	二一	二二	二三	二四	二五	二六	二七	二八	二九	三十
양	월	3																												4	
력	일	4	5	6	7	8	9	10	11	12	13	14	15	16	17	18	19	20	21	22	23	24	25	26	27	28	29	30	31	1	2
음	월	三 月																													
력	일	一	二	三	四	五	六	七	八	九	十	十一	十二	十三	十四	十五	十六	十七	十八	十九	二十	二一	二二	二三	二四	二五	二六	二七	二八	二九	三十
양	월	4																												5	
력	일	3	4	5	6	7	8	9	10	11	12	13	14	15	16	17	18	19	20	21	22	23	24	25	26	27	28	29	30	1	2
음	월	四 月																													
력	일	一	二	三	四	五	六	七	八	九	十	十一	十二	十三	十四	十五	十六	十七	十八	十九	二十	二一	二二	二三	二四	二五	二六	二七	二八	二九	
양	월	5																													
력	일	3	4	5	6	7	8	9	10	11	12	13	14	15	16	17	18	19	20	21	22	23	24	25	26	27	28	29	30	31	
음	월	五 月																													
력	일	一	二	三	四	五	六	七	八	九	十	十一	十二	十三	十四	十五	十六	十七	十八	十九	二十	二一	二二	二三	二四	二五	二六	二七	二八	二九	
양	월	6																													
력	일	1	2	3	4	5	6	7	8	9	10	11	12	13	14	15	16	17	18	19	20	21	22	23	24	25	26	27	28	29	
음	월	六 月																													
력	일	一	二	三	四	五	六	七	八	九	十	十一	十二	十三	十四	十五	十六	十七	十八	十九	二十	二一	二二	二三	二四	二五	二六	二七	二八	二九	三十
양	월	6	7																												
력	일	30	1	2	3	4	5	6	7	8	9	10	11	12	13	14	15	16	17	18	19	20	21	22	23	24	25	26	27	28	29
음	월	七 月																													
력	일	一	二	三	四	五	六	七	八	九	十	十一	十二	十三	十四	十五	十六	十七	十八	十九	二十	二一	二二	二三	二四	二五	二六	二七	二八	二九	
양	월	7		8																											
력	일	30	31	1	2	3	4	5	6	7	8	9	10	11	12	13	14	15	16	17	18	19	20	21	22	23	24	25	26	27	
음	월	八 月																													
력	일	一	二	三	四	五	六	七	八	九	十	十一	十二	十三	十四	十五	十六	十七	十八	十九	二十	二一	二二	二三	二四	二五	二六	二七	二八	二九	
양	월	8				8																									
력	일	28	29	30	31	1	2	3	4	5	6	7	8	9	10	11	12	13	14	15	16	17	18	19	20	21	22	23	24	25	
음	월	九 月																													
력	일	一	二	三	四	五	六	七	八	九	十	十一	十二	十三	十四	十五	十六	十七	十八	十九	二十	二一	二二	二三	二四	二五	二六	二七	二八	二九	三十
양	월	9					10																								
력	일	26	27	28	29	30	1	2	3	4	5	6	7	8	9	10	11	12	13	14	15	16	17	18	19	20	21	22	23	24	25
음	월	十 月																													
력	일	一	二	三	四	五	六	七	八	九	十	十一	十二	十三	十四	十五	十六	十七	十八	十九	二十	二一	二二	二三	二四	二五	二六	二七	二八	二九	
양	월	10						11																							
력	일	26	27	28	29	30	31	1	2	3	4	5	6	7	8	9	10	11	12	13	14	15	16	17	18	19	20	21	22	23	
음	월	十 一 月																													
력	일	一	二	三	四	五	六	七	八	九	十	十一	十二	十三	十四	十五	十六	十七	十八	十九	二十	二一	二二	二三	二四	二五	二六	二七	二八	二九	三十
양	월	11							12																						
력	일	24	25	26	27	28	29	30	1	2	3	4	5	6	7	8	9	10	11	12	13	14	15	16	17	18	19	20	21	22	23
음	월	十 二 月																													
력	일	一	二	三	四	五	六	七	八	九	十	十一	十二	十三	十四	十五	十六	十七	十八	十九	二十	二一	二二	二三	二四	二五	二六	二七	二八	二九	三十
양	월	12								1																					
력	일	24	25	26	27	28	29	30	31	1	2	3	4	5	6	7	8	9	10	11	12	13	14	15	16	17	18	19	20	21	22

서기 1993년 癸 酉 年

음	월	正 月																													
력	일	一	二	三	四	五	六	七	八	九	十	十一	十二	十三	十四	十五	十六	十七	十八	十九	二十	二一	二二	二三	二四	二五	二六	二七	二八	二九	
양	월	1									2																				
력	일	23	24	25	26	27	28	29	30	31	1	2	3	4	5	6	7	8	9	10	11	12	13	14	15	16	17	18	19	20	
음	월	二 月																													
력	일	一	二	三	四	五	六	七	八	九	十	十一	十二	十三	十四	十五	十六	十七	十八	十九	二十	二一	二二	二三	二四	二五	二六	二七	二八	二九	三十
양	월	2								3																					
력	일	21	22	23	24	25	26	27	28	1	2	3	4	5	6	7	8	9	10	11	12	13	14	15	16	17	18	19	20	21	22
음	월	三 月																													
력	일	一	二	三	四	五	六	七	八	九	十	十一	十二	十三	十四	十五	十六	十七	十八	十九	二十	二一	二二	二三	二四	二五	二六	二七	二八	二九	三十
양	월	3									4																				
력	일	23	24	25	26	27	28	29	30	31	1	2	3	4	5	6	7	8	9	10	11	12	13	14	15	16	17	18	19	20	21
음	월	閏 三 月																													
력	일	一	二	三	四	五	六	七	八	九	十	十一	十二	十三	十四	十五	十六	十七	十八	十九	二十	二一	二二	二三	二四	二五	二六	二七	二八	二九	
양	월	4									5																				
력	일	22	23	24	25	26	27	28	29	30	1	2	3	4	5	6	7	8	9	10	11	12	13	14	15	16	17	18	19	20	
음	월	四 月																													
력	일	一	二	三	四	五	六	七	八	九	十	十一	十二	十三	十四	十五	十六	十七	十八	十九	二十	二一	二二	二三	二四	二五	二六	二七	二八	二九	三十
양	월	5											6																		
력	일	21	22	23	24	25	26	27	28	29	30	31	1	2	3	4	5	6	7	8	9	10	11	12	13	14	15	16	17	18	19
음	월	五 月																													
력	일	一	二	三	四	五	六	七	八	九	十	十一	十二	十三	十四	十五	十六	十七	十八	十九	二十	二一	二二	二三	二四	二五	二六	二七	二八	二九	
양	월	6											7																		
력	일	20	21	22	23	24	25	26	27	28	29	30	1	2	3	4	5	6	7	8	9	10	11	12	13	14	15	16	17	18	
음	월	六 月																													
력	일	一	二	三	四	五	六	七	八	九	十	十一	十二	十三	十四	十五	十六	十七	十八	十九	二十	二一	二二	二三	二四	二五	二六	二七	二八	二九	三十
양	월	7													8																
력	일	19	20	21	22	23	24	25	26	27	28	29	30	31	1	2	3	4	5	6	7	8	9	10	11	12	13	14	15	16	17
음	월	七 月																													
력	일	一	二	三	四	五	六	七	八	九	十	十一	十二	十三	十四	十五	十六	十七	十八	十九	二十	二一	二二	二三	二四	二五	二六	二七	二八	二九	
양	월	8														9															
력	일	18	19	20	21	22	23	24	25	26	27	28	29	30	31	1	2	3	4	5	6	7	8	9	10	11	12	13	14	15	
음	월	八 月																													
력	일	一	二	三	四	五	六	七	八	九	十	十一	十二	十三	十四	十五	十六	十七	十八	十九	二十	二一	二二	二三	二四	二五	二六	二七	二八	二九	
양	월	9															10														
력	일	16	17	18	19	20	21	22	23	24	25	26	27	28	29	30	1	2	3	4	5	6	7	8	9	10	11	12	13	14	
음	월	九 月																													
력	일	一	二	三	四	五	六	七	八	九	十	十一	十二	十三	十四	十五	十六	十七	十八	十九	二十	二一	二二	二三	二四	二五	二六	二七	二八	二九	三十
양	월	10																	11												
력	일	15	16	17	18	19	20	21	22	23	24	25	26	27	28	29	30	31	1	2	3	4	5	6	7	8	9	10	11	12	13
음	월	十 月																													
력	일	一	二	三	四	五	六	七	八	九	十	十一	十二	十三	十四	十五	十六	十七	十八	十九	二十	二一	二二	二三	二四	二五	二六	二七	二八	二九	
양	월	11																	12												
력	일	14	15	16	17	18	19	20	21	22	23	24	25	26	27	28	29	30	1	2	3	4	5	6	7	8	9	10	11	12	
음	월	十 一 月																													
력	일	一	二	三	四	五	六	七	八	九	十	十一	十二	十三	十四	十五	十六	十七	十八	十九	二十	二一	二二	二三	二四	二五	二六	二七	二八	二九	三十
양	월	12																			1										
력	일	13	14	15	16	17	18	19	20	21	22	23	24	25	26	27	28	29	30	31	1	2	3	4	5	6	7	8	9	10	11
음	월	十 二 月																													
력	일	一	二	三	四	五	六	七	八	九	十	十一	十二	十三	十四	十五	十六	十七	十八	十九	二十	二一	二二	二三	二四	二五	二六	二七	二八	二九	
양	월	1																				2									
력	일	12	13	14	15	16	17	18	19	20	21	22	23	24	25	26	27	28	29	30	31	1	2	3	4	5	6	7	8	9	

서기 1994년 甲 戌 年

음	월	正 月																													
력	일	一	二	三	四	五	六	七	八	九	十	十一	十二	十三	十四	十五	十六	十七	十八	十九	二十	二一	二二	二三	二四	二五	二六	二七	二八	二九	三十
양	월	2																			3										
력	일	10	11	12	13	14	15	16	17	18	19	20	21	22	23	24	25	26	27	28	1	2	3	4	5	6	7	8	9	10	11
음	월	二 月																													
력	일	一	二	三	四	五	六	七	八	九	十	十一	十二	十三	十四	十五	十六	十七	十八	十九	二十	二一	二二	二三	二四	二五	二六	二七	二八	二九	三十
양	월	3																				4									
력	일	12	13	14	15	16	17	18	19	20	21	22	23	24	25	26	27	28	29	30	31	1	2	3	4	5	6	7	8	9	10
음	월	三 月																													
력	일	一	二	三	四	五	六	七	八	九	十	十一	十二	十三	十四	十五	十六	十七	十八	十九	二十	二一	二二	二三	二四	二五	二六	二七	二八	二九	三十
양	월	4																				5									
력	일	11	12	13	14	15	16	17	18	19	20	21	22	23	24	25	26	27	28	29	30	1	2	3	4	5	6	7	8	9	10
음	월	四 月																													
력	일	一	二	三	四	五	六	七	八	九	十	十一	十二	十三	十四	十五	十六	十七	十八	十九	二十	二一	二二	二三	二四	二五	二六	二七	二八	二九	
양	월	5																					6								
력	일	11	12	13	14	15	16	17	18	19	20	21	22	23	24	25	26	27	28	29	30	31	1	2	3	4	5	6	7	8	
음	월	五 月																													
력	일	一	二	三	四	五	六	七	八	九	十	十一	十二	十三	十四	十五	十六	十七	十八	十九	二十	二一	二二	二三	二四	二五	二六	二七	二八	二九	三十
양	월	6																						7							
력	일	9	10	11	12	13	14	15	16	17	18	19	20	21	22	23	24	25	26	27	28	29	30	1	2	3	4	5	6	7	8
음	월	六 月																													
력	일	一	二	三	四	五	六	七	八	九	十	十一	十二	十三	十四	十五	十六	十七	十八	十九	二十	二一	二二	二三	二四	二五	二六	二七	二八	二九	
양	월	7																							8						
력	일	9	10	11	12	13	14	15	16	17	18	19	20	21	22	23	24	25	26	27	28	29	30	31	1	2	3	4	5	6	
음	월	七 月																													
력	일	一	二	三	四	五	六	七	八	九	十	十一	十二	十三	十四	十五	十六	十七	十八	十九	二十	二一	二二	二三	二四	二五	二六	二七	二八	二九	三十
양	월	8																									9				
력	일	7	8	9	10	11	12	13	14	15	16	17	18	19	20	21	22	23	24	25	26	27	28	29	30	31	1	2	3	4	5
음	월	八 月																													
력	일	一	二	三	四	五	六	七	八	九	十	十一	十二	十三	十四	十五	十六	十七	十八	十九	二十	二一	二二	二三	二四	二五	二六	二七	二八	二九	
양	월	9																									10				
력	일	6	7	8	9	10	11	12	13	14	15	16	17	18	19	20	21	22	23	24	25	26	27	28	29	30	1	2	3	4	
음	월	九 月																													
력	일	一	二	三	四	五	六	七	八	九	十	十一	十二	十三	十四	十五	十六	十七	十八	十九	二十	二一	二二	二三	二四	二五	二六	二七	二八	二九	
양	월	10																											11		
력	일	5	6	7	8	9	10	11	12	13	14	15	16	17	18	19	20	21	22	23	24	25	26	27	28	29	30	31	1	2	
음	월	十 月																													
력	일	一	二	三	四	五	六	七	八	九	十	十一	十二	十三	十四	十五	十六	十七	十八	十九	二十	二一	二二	二三	二四	二五	二六	二七	二八	二九	三十
양	월	11																												12	
력	일	3	4	5	6	7	8	9	10	11	12	13	14	15	16	17	18	19	20	21	22	23	24	25	26	27	28	29	30	1	2
음	월	十 一 月																													
력	일	一	二	三	四	五	六	七	八	九	十	十一	十二	十三	十四	十五	十六	十七	十八	十九	二十	二一	二二	二三	二四	二五	二六	二七	二八	二九	
양	월	12																													
력	일	3	4	5	6	7	8	9	10	11	12	13	14	15	16	17	18	19	20	21	22	23	24	25	26	27	28	29	30	31	
음	월	十 二 月																													
력	일	一	二	三	四	五	六	七	八	九	十	十一	十二	十三	十四	十五	十六	十七	十八	十九	二十	二一	二二	二三	二四	二五	二六	二七	二八	二九	三十
양	월	1																													
력	일	1	2	3	4	5	6	7	8	9	10	11	12	13	14	15	16	17	18	19	20	21	22	23	24	25	26	27	28	29	30

서기 1995년 乙 亥 年

음	월	正 月																													
력	일	一	二	三	四	五	六	七	八	九	十	十一	十二	十三	十四	十五	十六	十七	十八	十九	二十	二一	二二	二三	二四	二五	二六	二七	二八	二九	
양	월	1	2																												
력	일	31	1	2	3	4	5	6	7	8	9	10	11	12	13	14	15	16	17	18	19	20	21	22	23	24	25	26	27	28	
음	월	二 月																													
력	일	一	二	三	四	五	六	七	八	九	十	十一	十二	十三	十四	十五	十六	十七	十八	十九	二十	二一	二二	二三	二四	二五	二六	二七	二八	二九	三十
양	월	3																													
력	일	1	2	3	4	5	6	7	8	9	10	11	12	13	14	15	16	17	18	19	20	21	22	23	24	25	26	27	28	29	30
음	월	三 月																													
력	일	一	二	三	四	五	六	七	八	九	十	十一	十二	十三	十四	十五	十六	十七	十八	十九	二十	二一	二二	二三	二四	二五	二六	二七	二八	二九	三十
양	월	3	4																												
력	일	31	1	2	3	4	5	6	7	8	9	10	11	12	13	14	15	16	17	18	19	20	21	22	23	24	25	26	27	28	29
음	월	四 月																													
력	일	一	二	三	四	五	六	七	八	九	十	十一	十二	十三	十四	十五	十六	十七	十八	十九	二十	二一	二二	二三	二四	二五	二六	二七	二八	二九	
양	월	4	5																												
력	일	30	1	2	3	4	5	6	7	8	9	10	11	12	13	14	15	16	17	18	19	20	21	22	23	24	25	26	27	28	
음	월	五 月																													
력	일	一	二	三	四	五	六	七	八	九	十	十一	十二	十三	十四	十五	十六	十七	十八	十九	二十	二一	二二	二三	二四	二五	二六	二七	二八	二九	三十
양	월	5			6																										
력	일	29	30	31	1	2	3	4	5	6	7	8	9	10	11	12	13	14	15	16	17	18	19	20	21	22	23	24	25	26	27
음	월	六 月																													
력	일	一	二	三	四	五	六	七	八	九	十	十一	十二	十三	十四	十五	十六	十七	十八	十九	二十	二一	二二	二三	二四	二五	二六	二七	二八	二九	三十
양	월	6			7																										
력	일	28	29	30	1	2	3	4	5	6	7	8	9	10	11	12	13	14	15	16	17	18	19	20	21	22	23	24	25	26	27
음	월	七 月																													
력	일	一	二	三	四	五	六	七	八	九	十	十一	十二	十三	十四	十五	十六	十七	十八	十九	二十	二一	二二	二三	二四	二五	二六	二七	二八	二九	
양	월	7				8																									
력	일	28	29	30	31	1	2	3	4	5	6	7	8	9	10	11	12	13	14	15	16	17	18	19	20	21	22	23	24	25	
음	월	八 月																													
력	일	一	二	三	四	五	六	七	八	九	十	十一	十二	十三	十四	十五	十六	十七	十八	十九	二十	二一	二二	二三	二四	二五	二六	二七	二八	二九	三十
양	월	8						9																							
력	일	26	27	28	29	30	31	1	2	3	4	5	6	7	8	9	10	11	12	13	14	15	16	17	18	19	20	21	22	23	24
음	월	閏 八 月																													
력	일	一	二	三	四	五	六	七	八	九	十	十一	十二	十三	十四	十五	十六	十七	十八	十九	二十	二一	二二	二三	二四	二五	二六	二七	二八	二九	
양	월	9						10																							
력	일	25	26	27	28	29	30	1	2	3	4	5	6	7	8	9	10	11	12	13	14	15	16	17	18	19	20	21	22	23	
음	월	九 月																													
력	일	一	二	三	四	五	六	七	八	九	十	十一	十二	十三	十四	十五	十六	十七	十八	十九	二十	二一	二二	二三	二四	二五	二六	二七	二八	二九	三十
양	월	10								11																					
력	일	24	25	26	27	28	29	30	31	1	2	3	4	5	6	7	8	9	10	11	12	13	14	15	16	17	18	19	20	21	22
음	월	十 月																													
력	일	一	二	三	四	五	六	七	八	九	十	十一	十二	十三	十四	十五	十六	十七	十八	十九	二十	二一	二二	二三	二四	二五	二六	二七	二八	二九	
양	월	11								12																					
력	일	23	24	25	26	27	28	29	30	1	2	3	4	5	6	7	8	9	10	11	12	13	14	15	16	17	18	19	20	21	
음	월	十 一 月																													
력	일	一	二	三	四	五	六	七	八	九	十	十一	十二	十三	十四	十五	十六	十七	十八	十九	二十	二一	二二	二三	二四	二五	二六	二七	二八	二九	
양	월	12										1																			
력	일	22	23	24	25	26	27	28	29	30	31	1	2	3	4	5	6	7	8	9	10	11	12	13	14	15	16	17	18	19	
음	월	十 二 月																													
력	일	一	二	三	四	五	六	七	八	九	十	十一	十二	十三	十四	十五	十六	十七	十八	十九	二十	二一	二二	二三	二四	二五	二六	二七	二八	二九	三十
양	월	1												2																	
력	일	20	21	22	23	24	25	26	27	28	29	30	31	1	2	3	4	5	6	7	8	9	10	11	12	13	14	15	16	17	18

서기 1996년 丙 子 年

음	월	正月																													
력	일	一	二	三	四	五	六	七	八	九	十	十一	十二	十三	十四	十五	十六	十七	十八	十九	二十	二一	二二	二三	二四	二五	二六	二七	二八	二九	
양	월	2											3																		
력	일	19	20	21	22	23	24	25	26	27	28	29	1	2	3	4	5	6	7	8	9	10	11	12	13	14	15	16	17	18	
음	월	二月																													
력	일	一	二	三	四	五	六	七	八	九	十	十一	十二	十三	十四	十五	十六	十七	十八	十九	二十	二一	二二	二三	二四	二五	二六	二七	二八	二九	三十
양	월	3													4																
력	일	19	20	21	22	23	24	25	26	27	28	29	30	31	1	2	3	4	5	6	7	8	9	10	11	12	13	14	15	16	17
음	월	三月																													
력	일	一	二	三	四	五	六	七	八	九	十	十一	十二	十三	十四	十五	十六	十七	十八	十九	二十	二一	二二	二三	二四	二五	二六	二七	二八	二九	
양	월	4													5																
력	일	18	19	20	21	22	23	24	25	26	27	28	29	30	1	2	3	4	5	6	7	8	9	10	11	12	13	14	15	16	
음	월	四月																													
력	일	一	二	三	四	五	六	七	八	九	十	十一	十二	十三	十四	十五	十六	十七	十八	十九	二十	二一	二二	二三	二四	二五	二六	二七	二八	二九	三十
양	월	5															6														
력	일	17	18	19	20	21	22	23	24	25	26	27	28	29	30	31	1	2	3	4	5	6	7	8	9	10	11	12	13	14	15
음	월	五月																													
력	일	一	二	三	四	五	六	七	八	九	十	十一	十二	十三	十四	十五	十六	十七	十八	十九	二十	二一	二二	二三	二四	二五	二六	二七	二八	二九	三十
양	월	6															7														
력	일	16	17	18	19	20	21	22	23	24	25	26	27	28	29	30	1	2	3	4	5	6	7	8	9	10	11	12	13	14	15
음	월	六月																													
력	일	一	二	三	四	五	六	七	八	九	十	十一	十二	十三	十四	十五	十六	十七	十八	十九	二十	二一	二二	二三	二四	二五	二六	二七	二八	二九	
양	월	7																8													
력	일	16	17	18	19	20	21	22	23	24	25	26	27	28	29	30	31	1	2	3	4	5	6	7	8	9	10	11	12	13	
음	월	七月																													
력	일	一	二	三	四	五	六	七	八	九	十	十一	十二	十三	十四	十五	十六	十七	十八	十九	二十	二一	二二	二三	二四	二五	二六	二七	二八	二九	三十
양	월	8																		9											
력	일	14	15	16	17	18	19	20	21	22	23	24	25	26	27	28	29	30	31	1	2	3	4	5	6	7	8	9	10	11	12
음	월	八月																													
력	일	一	二	三	四	五	六	七	八	九	十	十一	十二	十三	十四	十五	十六	十七	十八	十九	二十	二一	二二	二三	二四	二五	二六	二七	二八	二九	
양	월	9																		10											
력	일	13	14	15	16	17	18	19	20	21	22	23	24	25	26	27	28	29	30	1	2	3	4	5	6	7	8	9	10	11	
음	월	九月																													
력	일	一	二	三	四	五	六	七	八	九	十	十一	十二	十三	十四	十五	十六	十七	十八	十九	二十	二一	二二	二三	二四	二五	二六	二七	二八	二九	三十
양	월	10																				11									
력	일	12	13	14	15	16	17	18	19	20	21	22	23	24	25	26	27	28	29	30	31	1	2	3	4	5	6	7	8	9	10
음	월	十月																													
력	일	一	二	三	四	五	六	七	八	九	十	十一	十二	十三	十四	十五	十六	十七	十八	十九	二十	二一	二二	二三	二四	二五	二六	二七	二八	二九	三十
양	월	11																				12									
력	일	11	12	13	14	15	16	17	18	19	20	21	22	23	24	25	26	27	28	29	30	1	2	3	4	5	6	7	8	9	10
음	월	十一月																													
력	일	一	二	三	四	五	六	七	八	九	十	十一	十二	十三	十四	十五	十六	十七	十八	十九	二十	二一	二二	二三	二四	二五	二六	二七	二八	二九	
양	월	12																					1								
력	일	11	12	13	14	15	16	17	18	19	20	21	22	23	24	25	26	27	28	29	30	31	1	2	3	4	5	6	7	8	
음	월	十二月																													
력	일	一	二	三	四	五	六	七	八	九	十	十一	十二	十三	十四	十五	十六	十七	十八	十九	二十	二一	二二	二三	二四	二五	二六	二七	二八	二九	三十
양	월	1																							2						
력	일	9	10	11	12	13	14	15	16	17	18	19	20	21	22	23	24	25	26	27	28	29	30	31	1	2	3	4	5	6	7

서기 1997년 丁 丑 年

음	월	正 月																													
력	일	一	二	三	四	五	六	七	八	九	十	十一	十二	十三	十四	十五	十六	十七	十八	十九	二十	二一	二二	二三	二四	二五	二六	二七	二八	二九	
양	월	2																					3								
력	일	8	9	10	11	12	13	14	15	16	17	18	19	20	21	22	23	24	25	26	27	28	1	2	3	4	5	6	7	8	
음	월	二 月																													
력	일	一	二	三	四	五	六	七	八	九	十	十一	十二	十三	十四	十五	十六	十七	十八	十九	二十	二一	二二	二三	二四	二五	二六	二七	二八	二九	
양	월	3																							4						
력	일	9	10	11	12	13	14	15	16	17	18	19	20	21	22	23	24	25	26	27	28	29	30	31	1	2	3	4	5	6	
음	월	三 月																													
력	일	一	二	三	四	五	六	七	八	九	十	十一	十二	十三	十四	十五	十六	十七	十八	十九	二十	二一	二二	二三	二四	二五	二六	二七	二八	二九	三十
양	월	4																								5					
력	일	7	8	9	10	11	12	13	14	15	16	17	18	19	20	21	22	23	24	25	26	27	28	29	30	1	2	3	4	5	6
음	월	四 月																													
력	일	一	二	三	四	五	六	七	八	九	十	十一	十二	十三	十四	十五	十六	十七	十八	十九	二十	二一	二二	二三	二四	二五	二六	二七	二八	二九	
양	월	5																									6				
력	일	7	8	9	10	11	12	13	14	15	16	17	18	19	20	21	22	23	24	25	26	27	28	29	30	31	1	2	3	4	
음	월	五 月																													
력	일	一	二	三	四	五	六	七	八	九	十	十一	十二	十三	十四	十五	十六	十七	十八	十九	二十	二一	二二	二三	二四	二五	二六	二七	二八	二九	三十
양	월	6																										7			
력	일	5	6	7	8	9	10	11	12	13	14	15	16	17	18	19	20	21	22	23	24	25	26	27	28	29	30	1	2	3	4
음	월	六 月																													
력	일	一	二	三	四	五	六	七	八	九	十	十一	十二	十三	十四	十五	十六	十七	十八	十九	二十	二一	二二	二三	二四	二五	二六	二七	二八	二九	
양	월	7																											8		
력	일	5	6	7	8	9	10	11	12	13	14	15	16	17	18	19	20	21	22	23	24	25	26	27	28	29	30	31	1	2	
음	월	七 月																													
력	일	一	二	三	四	五	六	七	八	九	十	十一	十二	十三	十四	十五	十六	十七	十八	十九	二十	二一	二二	二三	二四	二五	二六	二七	二八	二九	三十
양	월	8																													9
력	일	3	4	5	6	7	8	9	10	11	12	13	14	15	16	17	18	19	20	21	22	23	24	25	26	27	28	29	30	31	1
음	월	八 月																													
력	일	一	二	三	四	五	六	七	八	九	十	十一	十二	十三	十四	十五	十六	十七	十八	十九	二十	二一	二二	二三	二四	二五	二六	二七	二八	二九	三十
양	월	9																													10
력	일	2	3	4	5	6	7	8	9	10	11	12	13	14	15	16	17	18	19	20	21	22	23	24	25	26	27	28	29	30	1
음	월	九 月																													
력	일	一	二	三	四	五	六	七	八	九	十	十一	十二	十三	十四	十五	十六	十七	十八	十九	二十	二一	二二	二三	二四	二五	二六	二七	二八	二九	
양	월	10																													
력	일	2	3	4	5	6	7	8	9	10	11	12	13	14	15	16	17	18	19	20	21	22	23	24	25	26	27	28	29	30	
음	월	十 月																													
력	일	一	二	三	四	五	六	七	八	九	十	十一	十二	十三	十四	十五	十六	十七	十八	十九	二十	二一	二二	二三	二四	二五	二六	二七	二八	二九	三十
양	월	10	11																												
력	일	31	1	2	3	4	5	6	7	8	9	10	11	12	13	14	15	16	17	18	19	20	21	22	23	24	25	26	27	28	29
음	월	十 一 月																													
력	일	一	二	三	四	五	六	七	八	九	十	十一	十二	十三	十四	十五	十六	十七	十八	十九	二十	二一	二二	二三	二四	二五	二六	二七	二八	二九	三十
양	월	11	12																												
력	일	30	1	2	3	4	5	6	7	8	9	10	11	12	13	14	15	16	17	18	19	20	21	22	23	24	25	26	27	28	29
음	월	十 二 月																													
력	일	一	二	三	四	五	六	七	八	九	十	十一	十二	十三	十四	十五	十六	十七	十八	十九	二十	二一	二二	二三	二四	二五	二六	二七	二八	二九	
양	월	12		1																											
력	일	30	31	1	2	3	4	5	6	7	8	9	10	11	12	13	14	15	16	17	18	19	20	21	22	23	24	25	26	27	

서기 1998년 戊 寅 年

음	월	正月																													
력	일	一	二	三	四	五	六	七	八	九	十	十一	十二	十三	十四	十五	十六	十七	十八	十九	二十	二一	二二	二三	二四	二五	二六	二七	二八	二九	三十
양	월	1				2																									
력	일	28	29	30	31	1	2	3	4	5	6	7	8	9	10	11	12	13	14	15	16	17	18	19	20	21	22	23	24	25	26
음	월	二月																													
력	일	一	二	三	四	五	六	七	八	九	十	十一	十二	十三	十四	十五	十六	十七	十八	十九	二十	二一	二二	二三	二四	二五	二六	二七	二八	二九	
양	월	2		3																											
력	일	27	28	1	2	3	4	5	6	7	8	9	10	11	12	13	14	15	16	17	18	19	20	21	22	23	24	25	26	27	
음	월	三月																													
력	일	一	二	三	四	五	六	七	八	九	十	十一	十二	十三	十四	十五	十六	十七	十八	十九	二十	二一	二二	二三	二四	二五	二六	二七	二八	二九	
양	월	3				4																									
력	일	28	29	30	31	1	2	3	4	5	6	7	8	9	10	11	12	13	14	15	16	17	18	19	20	21	22	23	24	25	
음	월	四月																													
력	일	一	二	三	四	五	六	七	八	九	十	十一	十二	十三	十四	十五	十六	十七	十八	十九	二十	二一	二二	二三	二四	二五	二六	二七	二八	二九	三十
양	월	4					5																								
력	일	26	27	28	29	30	1	2	3	4	5	6	7	8	9	10	11	12	13	14	15	16	17	18	19	20	21	22	23	24	25
음	월	五月																													
력	일	一	二	三	四	五	六	七	八	九	十	十一	十二	十三	十四	十五	十六	十七	十八	十九	二十	二一	二二	二三	二四	二五	二六	二七	二八	二九	
양	월	5						6																							
력	일	26	27	28	29	30	31	1	2	3	4	5	6	7	8	9	10	11	12	13	14	15	16	17	18	19	20	21	22	23	
음	월	閏五月																													
력	일	一	二	三	四	五	六	七	八	九	十	十一	十二	十三	十四	十五	十六	十七	十八	十九	二十	二一	二二	二三	二四	二五	二六	二七	二八	二九	
양	월	6							7																						
력	일	24	25	26	27	28	29	30	1	2	3	4	5	6	7	8	9	10	11	12	13	14	15	16	17	18	19	20	21	22	
음	월	六月																													
력	일	一	二	三	四	五	六	七	八	九	十	十一	十二	十三	十四	十五	十六	十七	十八	十九	二十	二一	二二	二三	二四	二五	二六	二七	二八	二九	三十
양	월	7									8																				
력	일	23	24	25	26	27	28	29	30	31	1	2	3	4	5	6	7	8	9	10	11	12	13	14	15	16	17	18	19	20	21
음	월	七月																													
력	일	一	二	三	四	五	六	七	八	九	十	十一	十二	十三	十四	十五	十六	十七	十八	十九	二十	二一	二二	二三	二四	二五	二六	二七	二八	二九	三十
양	월	8										9																			
력	일	22	23	24	25	26	27	28	29	30	31	1	2	3	4	5	6	7	8	9	10	11	12	13	14	15	16	17	18	19	20
음	월	八月																													
력	일	一	二	三	四	五	六	七	八	九	十	十一	十二	十三	十四	十五	十六	十七	十八	十九	二十	二一	二二	二三	二四	二五	二六	二七	二八	二九	
양	월	9										10																			
력	일	21	22	23	24	25	26	27	28	29	30	1	2	3	4	5	6	7	8	9	10	11	12	13	14	15	16	17	18	19	
음	월	九月																													
력	일	一	二	三	四	五	六	七	八	九	十	十一	十二	十三	十四	十五	十六	十七	十八	十九	二十	二一	二二	二三	二四	二五	二六	二七	二八	二九	三十
양	월	10												11																	
력	일	20	21	22	23	24	25	26	27	28	29	30	31	1	2	3	4	5	6	7	8	9	10	11	12	13	14	15	16	17	18
음	월	十月																													
력	일	一	二	三	四	五	六	七	八	九	十	十一	十二	十三	十四	十五	十六	十七	十八	十九	二十	二一	二二	二三	二四	二五	二六	二七	二八	二九	三十
양	월	11												12																	
력	일	19	20	21	22	23	24	25	26	27	28	29	30	1	2	3	4	5	6	7	8	9	10	11	12	13	14	15	16	17	18
음	월	十一月																													
력	일	一	二	三	四	五	六	七	八	九	十	十一	十二	十三	十四	十五	十六	十七	十八	十九	二十	二一	二二	二三	二四	二五	二六	二七	二八	二九	三十
양	월	12													1																
력	일	19	20	21	22	23	24	25	26	27	28	29	30	31	1	2	3	4	5	6	7	8	9	10	11	12	13	14	15	16	17
음	월	十二月																													
력	일	一	二	三	四	五	六	七	八	九	十	十一	十二	十三	十四	十五	十六	十七	十八	十九	二十	二一	二二	二三	二四	二五	二六	二七	二八	二九	
양	월	1														2															
력	일	18	19	20	21	22	23	24	25	26	27	28	29	30	31	1	2	3	4	5	6	7	8	9	10	11	12	13	14	15	

서기 1999년 己 卯 年

음	월									正													月								
력	일	一	二	三	四	五	六	七	八	九	十	十一	十二	十三	十四	十五	十六	十七	十八	十九	二十	二一	二二	二三	二四	二五	二六	二七	二八	二九	三十
양	월	2													3																
력	일	16	17	18	19	20	21	22	23	24	25	26	27	28	1	2	3	4	5	6	7	8	9	10	11	12	13	14	15	16	17
음	월									二													月								
력	일	一	二	三	四	五	六	七	八	九	十	十一	十二	十三	十四	十五	十六	十七	十八	十九	二十	二一	二二	二三	二四	二五	二六	二七	二八	二九	
양	월	3														4															
력	일	18	19	20	21	22	23	24	25	26	27	28	29	30	31	1	2	3	4	5	6	7	8	9	10	11	12	13	14	15	
음	월									三													月								
력	일	一	二	三	四	五	六	七	八	九	十	十一	十二	十三	十四	十五	十六	十七	十八	十九	二十	二一	二二	二三	二四	二五	二六	二七	二八	二九	
양	월	4															5														
력	일	16	17	18	19	20	21	22	23	24	25	26	27	28	29	30	1	2	3	4	5	6	7	8	9	10	11	12	13	14	
음	월									四													月								
력	일	一	二	三	四	五	六	七	八	九	十	十一	十二	十三	十四	十五	十六	十七	十八	十九	二十	二一	二二	二三	二四	二五	二六	二七	二八	二九	三十
양	월	5																	6												
력	일	15	16	17	18	19	20	21	22	23	24	25	26	27	28	29	30	31	1	2	3	4	5	6	7	8	9	10	11	12	13
음	월									五													月								
력	일	一	二	三	四	五	六	七	八	九	十	十一	十二	十三	十四	十五	十六	十七	十八	十九	二十	二一	二二	二三	二四	二五	二六	二七	二八	二九	
양	월	6																	7												
력	일	14	15	16	17	18	19	20	21	22	23	24	25	26	27	28	29	30	1	2	3	4	5	6	7	8	9	10	11	12	
음	월									六													月								
력	일	一	二	三	四	五	六	七	八	九	十	十一	十二	十三	十四	十五	十六	十七	十八	十九	二十	二一	二二	二三	二四	二五	二六	二七	二八	二九	
양	월	7																			8										
력	일	13	14	15	16	17	18	19	20	21	22	23	24	25	26	27	28	29	30	31	1	2	3	4	5	6	7	8	9	10	
음	월									七													月								
력	일	一	二	三	四	五	六	七	八	九	十	十一	十二	十三	十四	十五	十六	十七	十八	十九	二十	二一	二二	二三	二四	二五	二六	二七	二八	二九	三十
양	월	8																					9								
력	일	11	12	13	14	15	16	17	18	19	20	21	22	23	24	25	26	27	28	29	30	31	1	2	3	4	5	6	7	8	9
음	월									八													月								
력	일	一	二	三	四	五	六	七	八	九	十	十一	十二	十三	十四	十五	十六	十七	十八	十九	二十	二一	二二	二三	二四	二五	二六	二七	二八	二九	
양	월	9																					10								
력	일	10	11	12	13	14	15	16	17	18	19	20	21	22	23	24	25	26	27	28	29	30	1	2	3	4	5	6	7	8	
음	월									九													月								
력	일	一	二	三	四	五	六	七	八	九	十	十一	十二	十三	十四	十五	十六	十七	十八	十九	二十	二一	二二	二三	二四	二五	二六	二七	二八	二九	三十
양	월	10																							11						
력	일	9	10	11	12	13	14	15	16	17	18	19	20	21	22	23	24	25	26	27	28	29	30	31	1	2	3	4	5	6	7
음	월									十													月								
력	일	一	二	三	四	五	六	七	八	九	十	十一	十二	十三	十四	十五	十六	十七	十八	十九	二十	二一	二二	二三	二四	二五	二六	二七	二八	二九	三十
양	월	11																							12						
력	일	8	9	10	11	12	13	14	15	16	17	18	19	20	21	22	23	24	25	26	27	28	29	30	1	2	3	4	5	6	7
음	월									十							一						月								
력	일	一	二	三	四	五	六	七	八	九	十	十一	十二	十三	十四	十五	十六	十七	十八	十九	二十	二一	二二	二三	二四	二五	二六	二七	二八	二九	三十
양	월	12																								1					
력	일	8	9	10	11	12	13	14	15	16	17	18	19	20	21	22	23	24	25	26	27	28	29	30	31	1	2	3	4	5	6
음	월									十							二						月								
력	일	一	二	三	四	五	六	七	八	九	十	十一	十二	十三	十四	十五	十六	十七	十八	十九	二十	二一	二二	二三	二四	二五	二六	二七	二八	二九	
양	월	1																										2			
력	일	7	8	9	10	11	12	13	14	15	16	17	18	19	20	21	22	23	24	25	26	27	28	29	30	31	1	2	3	4	

서기 2000년 庚 辰 年

음	월	正 月																													
력	일	一	二	三	四	五	六	七	八	九	十	十一	十二	十三	十四	十五	十六	十七	十八	十九	二十	二一	二二	二三	二四	二五	二六	二七	二八	二九	三十
양	월	2																									3				
력	일	5	6	7	8	9	10	11	12	13	14	15	16	17	18	19	20	21	22	23	24	25	26	27	28	29	1	2	3	4	5
음	월	二 月																													
력	일	一	二	三	四	五	六	七	八	九	十	十一	十二	十三	十四	十五	十六	十七	十八	十九	二十	二一	二二	二三	二四	二五	二六	二七	二八	二九	三十
양	월	3																										4			
력	일	6	7	8	9	10	11	12	13	14	15	16	17	18	19	20	21	22	23	24	25	26	27	28	29	30	31	1	2	3	4
음	월	三 月																													
력	일	一	二	三	四	五	六	七	八	九	十	十一	十二	十三	十四	十五	十六	十七	十八	十九	二十	二一	二二	二三	二四	二五	二六	二七	二八	二九	
양	월	4																										5			
력	일	5	6	7	8	9	10	11	12	13	14	15	16	17	18	19	20	21	22	23	24	25	26	27	28	29	30	1	2	3	
음	월	四 月																													
력	일	一	二	三	四	五	六	七	八	九	十	十一	十二	十三	十四	十五	十六	十七	十八	十九	二十	二一	二二	二三	二四	二五	二六	二七	二八	二九	
양	월	5																												6	
력	일	4	5	6	7	8	9	10	11	12	13	14	15	16	17	18	19	20	21	22	23	24	25	26	27	28	29	30	31	1	
음	월	五 月																													
력	일	一	二	三	四	五	六	七	八	九	十	十一	十二	十三	十四	十五	十六	十七	十八	十九	二十	二一	二二	二三	二四	二五	二六	二七	二八	二九	三十
양	월	6																													7
력	일	2	3	4	5	6	7	8	9	10	11	12	13	14	15	16	17	18	19	20	21	22	23	24	25	26	27	28	29	30	1
음	월	六 月																													
력	일	一	二	三	四	五	六	七	八	九	十	十一	十二	十三	十四	十五	十六	十七	十八	十九	二十	二一	二二	二三	二四	二五	二六	二七	二八	二九	
양	월	7																													
력	일	2	3	4	5	6	7	8	9	10	11	12	13	14	15	16	17	18	19	20	21	22	23	24	25	26	27	28	29	30	
음	월	七 月																													
력	일	一	二	三	四	五	六	七	八	九	十	十一	十二	十三	十四	十五	十六	十七	十八	十九	二十	二一	二二	二三	二四	二五	二六	二七	二八	二九	
양	월	7	8																												
력	일	31	1	2	3	4	5	6	7	8	9	10	11	12	13	14	15	16	17	18	19	20	21	22	23	24	25	26	27	28	
음	월	八 月																													
력	일	一	二	三	四	五	六	七	八	九	十	十一	十二	十三	十四	十五	十六	十七	十八	十九	二十	二一	二二	二三	二四	二五	二六	二七	二八	二九	三十
양	월	8			9																										
력	일	29	30	31	1	2	3	4	5	6	7	8	9	10	11	12	13	14	15	16	17	18	19	20	21	22	23	24	25	26	27
음	월	九 月																													
력	일	一	二	三	四	五	六	七	八	九	十	十一	十二	十三	十四	十五	十六	十七	十八	十九	二十	二一	二二	二三	二四	二五	二六	二七	二八	二九	
양	월	9			10																										
력	일	28	29	30	1	2	3	4	5	6	7	8	9	10	11	12	13	14	15	16	17	18	19	20	21	22	23	24	25	26	
음	월	十 月																													
력	일	一	二	三	四	五	六	七	八	九	十	十一	十二	十三	十四	十五	十六	十七	十八	十九	二十	二一	二二	二三	二四	二五	二六	二七	二八	二九	三十
양	월	10					11																								
력	일	27	28	29	30	31	1	2	3	4	5	6	7	8	9	10	11	12	13	14	15	16	17	18	19	20	21	22	23	24	25
음	월	十 一 月																													
력	일	一	二	三	四	五	六	七	八	九	十	十一	十二	十三	十四	十五	十六	十七	十八	十九	二十	二一	二二	二三	二四	二五	二六	二七	二八	二九	三十
양	월	11					12																								
력	일	26	27	28	29	30	1	2	3	4	5	6	7	8	9	10	11	12	13	14	15	16	17	18	19	20	21	22	23	24	25
음	월	十 二 月																													
력	일	一	二	三	四	五	六	七	八	九	十	十一	十二	十三	十四	十五	十六	十七	十八	十九	二十	二一	二二	二三	二四	二五	二六	二七	二八	二九	
양	월	12						1																							
력	일	26	27	28	29	30	31	1	2	3	4	5	6	7	8	9	10	11	12	13	14	15	16	17	18	19	20	21	22	23	

서기 2001년 辛 巳 年

음	월	正月																													
력	일	一	二	三	四	五	六	七	八	九	十	十一	十二	十三	十四	十五	十六	十七	十八	十九	二十	二一	二二	二三	二四	二五	二六	二七	二八	二九	三十
양	월	1								2																					
력	일	24	25	26	27	28	29	30	31	1	2	3	4	5	6	7	8	9	10	11	12	13	14	15	16	17	18	19	20	21	22
음	월	二月																													
력	일	一	二	三	四	五	六	七	八	九	十	十一	十二	十三	十四	十五	十六	十七	十八	十九	二十	二一	二二	二三	二四	二五	二六	二七	二八	二九	三十
양	월	2						3																							
력	일	23	24	25	26	27	28	1	2	3	4	5	6	7	8	9	10	11	12	13	14	15	16	17	18	19	20	21	22	23	24
음	월	三月																													
력	일	一	二	三	四	五	六	七	八	九	十	十一	十二	十三	十四	十五	十六	十七	十八	十九	二十	二一	二二	二三	二四	二五	二六	二七	二八	二九	三十
양	월	3							4																						
력	일	25	26	27	28	29	30	31	1	2	3	4	5	6	7	8	9	10	11	12	13	14	15	16	17	18	19	20	21	22	23
음	월	四月																													
력	일	一	二	三	四	五	六	七	八	九	十	十一	十二	十三	十四	十五	十六	十七	十八	十九	二十	二一	二二	二三	二四	二五	二六	二七	二八	二九	
양	월	4							5																						
력	일	24	25	26	27	28	29	30	1	2	3	4	5	6	7	8	9	10	11	12	13	14	15	16	17	18	19	20	21	22	
음	월	閏四月																													
력	일	一	二	三	四	五	六	七	八	九	十	十一	十二	十三	十四	十五	十六	十七	十八	十九	二十	二一	二二	二三	二四	二五	二六	二七	二八	二九	
양	월	5									6																				
력	일	23	24	25	26	27	28	29	30	31	1	2	3	4	5	6	7	8	9	10	11	12	13	14	15	16	17	18	19	20	
음	월	五月																													
력	일	一	二	三	四	五	六	七	八	九	十	十一	十二	十三	十四	十五	十六	十七	十八	十九	二十	二一	二二	二三	二四	二五	二六	二七	二八	二九	三十
양	월	6										7																			
력	일	21	22	23	24	25	26	27	28	29	30	1	2	3	4	5	6	7	8	9	10	11	12	13	14	15	16	17	18	19	20
음	월	六月																													
력	일	一	二	三	四	五	六	七	八	九	十	十一	十二	十三	十四	十五	十六	十七	十八	十九	二十	二一	二二	二三	二四	二五	二六	二七	二八	二九	
양	월	7											8																		
력	일	21	22	23	24	25	26	27	28	29	30	31	1	2	3	4	5	6	7	8	9	10	11	12	13	14	15	16	17	18	
음	월	七月																													
력	일	一	二	三	四	五	六	七	八	九	十	十一	十二	十三	十四	十五	十六	十七	十八	十九	二十	二一	二二	二三	二四	二五	二六	二七	二八	二九	
양	월	8													9																
력	일	19	20	21	22	23	24	25	26	27	28	29	30	31	1	2	3	4	5	6	7	8	9	10	11	12	13	14	15	16	
음	월	八月																													
력	일	一	二	三	四	五	六	七	八	九	十	十一	十二	十三	十四	十五	十六	十七	十八	十九	二十	二一	二二	二三	二四	二五	二六	二七	二八	二九	三十
양	월	9														10															
력	일	17	18	19	20	21	22	23	24	25	26	27	28	29	30	1	2	3	4	5	6	7	8	9	10	11	12	13	14	15	16
음	월	九月																													
력	일	一	二	三	四	五	六	七	八	九	十	十一	十二	十三	十四	十五	十六	十七	十八	十九	二十	二一	二二	二三	二四	二五	二六	二七	二八	二九	
양	월	10															11														
력	일	17	18	19	20	21	22	23	24	25	26	27	28	29	30	31	1	2	3	4	5	6	7	8	9	10	11	12	13	14	
음	월	十月																													
력	일	一	二	三	四	五	六	七	八	九	十	十一	十二	十三	十四	十五	十六	十七	十八	十九	二十	二一	二二	二三	二四	二五	二六	二七	二八	二九	三十
양	월	11																12													
력	일	15	16	17	18	19	20	21	22	23	24	25	26	27	28	29	30	1	2	3	4	5	6	7	8	9	10	11	12	13	14
음	월	十一月																													
력	일	一	二	三	四	五	六	七	八	九	十	十一	十二	十三	十四	十五	十六	十七	十八	十九	二十	二一	二二	二三	二四	二五	二六	二七	二八	二九	
양	월	12																	12												
력	일	15	16	17	18	19	20	21	22	23	24	25	26	27	28	29	30	31	1	2	3	4	5	6	7	8	9	10	11	12	
음	월	十二月																													
력	일	一	二	三	四	五	六	七	八	九	十	十一	十二	十三	十四	十五	十六	十七	十八	十九	二十	二一	二二	二三	二四	二五	二六	二七	二八	二九	三十
양	월	1																			2										
력	일	13	14	15	16	17	18	19	20	21	22	23	24	25	26	27	28	29	30	31	1	2	3	4	5	6	7	8	9	10	11

서기 2002년 壬 午 年

음	월									正														月							
력	일	一	二	三	四	五	六	七	八	九	十	十一	十二	十三	十四	十五	十六	十七	十八	十九	二十	二一	二二	二三	二四	二五	二六	二七	二八	二九	三十
양	월	2																	3												
력	일	12	13	14	15	16	17	18	19	20	21	22	23	24	25	26	27	28	1	2	3	4	5	6	7	8	9	10	11	12	13
음	월									二														月							
력	일	一	二	三	四	五	六	七	八	九	十	十一	十二	十三	十四	十五	十六	十七	十八	十九	二十	二一	二二	二三	二四	二五	二六	二七	二八	二九	三十
양	월	3																		4											
력	일	14	15	16	17	18	19	20	21	22	23	24	25	26	27	28	29	30	31	1	2	3	4	5	6	7	8	9	10	11	12
음	월									三														月							
력	일	一	二	三	四	五	六	七	八	九	十	十一	十二	十三	十四	十五	十六	十七	十八	十九	二十	二一	二二	二三	二四	二五	二六	二七	二八	二九	
양	월	4																		5											
력	일	13	14	15	16	17	18	19	20	21	22	23	24	25	26	27	28	29	30	1	2	3	4	5	6	7	8	9	10	11	
음	월									四														月							
력	일	一	二	三	四	五	六	七	八	九	十	十一	十二	十三	十四	十五	十六	十七	十八	十九	二十	二一	二二	二三	二四	二五	二六	二七	二八	二九	三十
양	월	5																				6									
력	일	12	13	14	15	16	17	18	19	20	21	22	23	24	25	26	27	28	29	30	31	1	2	3	4	5	6	7	8	9	10
음	월									五														月							
력	일	一	二	三	四	五	六	七	八	九	十	十一	十二	十三	十四	十五	十六	十七	十八	十九	二十	二一	二二	二三	二四	二五	二六	二七	二八	二九	
양	월	6																				7									
력	일	11	12	13	14	15	16	17	18	19	20	21	22	23	24	25	26	27	28	29	30	1	2	3	4	5	6	7	8	9	
음	월									六														月							
력	일	一	二	三	四	五	六	七	八	九	十	十一	十二	十三	十四	十五	十六	十七	十八	十九	二十	二一	二二	二三	二四	二五	二六	二七	二八	二九	三十
양	월	7																						8							
력	일	10	11	12	13	14	15	16	17	18	19	20	21	22	23	24	25	26	27	28	29	30	31	1	2	3	4	5	6	7	8
음	월									七														月							
력	일	一	二	三	四	五	六	七	八	九	十	十一	十二	十三	十四	十五	十六	十七	十八	十九	二十	二一	二二	二三	二四	二五	二六	二七	二八	二九	
양	월	8																							9						
력	일	9	10	11	12	13	14	15	16	17	18	19	20	21	22	23	24	25	26	27	28	29	30	31	1	2	3	4	5	6	
음	월									八														月							
력	일	一	二	三	四	五	六	七	八	九	十	十一	十二	十三	十四	十五	十六	十七	十八	十九	二十	二一	二二	二三	二四	二五	二六	二七	二八	二九	
양	월	9																								10					
력	일	7	8	9	10	11	12	13	14	15	16	17	18	19	20	21	22	23	24	25	26	27	28	29	30	1	2	3	4	5	
음	월									九														月							
력	일	一	二	三	四	五	六	七	八	九	十	十一	十二	十三	十四	十五	十六	十七	十八	十九	二十	二一	二二	二三	二四	二五	二六	二七	二八	二九	三十
양	월	10																										11			
력	일	6	7	8	9	10	11	12	13	14	15	16	17	18	19	20	21	22	23	24	25	26	27	28	29	30	31	1	2	3	4
음	월									十														月							
력	일	一	二	三	四	五	六	七	八	九	十	十一	十二	十三	十四	十五	十六	十七	十八	十九	二十	二一	二二	二三	二四	二五	二六	二七	二八	二九	
양	월	11																										12			
력	일	5	6	7	8	9	10	11	12	13	14	15	16	17	18	19	20	21	22	23	24	25	26	27	28	29	30	1	2	3	
음	월									十						一								月							
력	일	一	二	三	四	五	六	七	八	九	十	十一	十二	十三	十四	十五	十六	十七	十八	十九	二十	二一	二二	二三	二四	二五	二六	二七	二八	二九	三十
양	월	12																												1	
력	일	4	5	6	7	8	9	10	11	12	13	14	15	16	17	18	19	20	21	22	23	24	25	26	27	28	29	30	31	1	2
음	월									十						二								月							
력	일	一	二	三	四	五	六	七	八	九	十	十一	十二	十三	十四	十五	十六	十七	十八	十九	二十	二一	二二	二三	二四	二五	二六	二七	二八	二九	
양	월	1																													
력	일	3	4	5	6	7	8	9	10	11	12	13	14	15	16	17	18	19	20	21	22	23	24	25	26	27	28	29	30	31	

서기 2003년 癸 未 年

음력	월	正月																													
음력	일	一	二	三	四	五	六	七	八	九	十	十一	十二	十三	十四	十五	十六	十七	十八	十九	二十	二十一	二十二	二十三	二十四	二十五	二十六	二十七	二十八	二十九	三十
양력	월	2																													3
양력	일	1	2	3	4	5	6	7	8	9	10	11	12	13	14	15	16	17	18	19	20	21	22	23	24	25	26	27	28	1	2
음력	월	二月																													
음력	일	一	二	三	四	五	六	七	八	九	十	十一	十二	十三	十四	十五	十六	十七	十八	十九	二十	二十一	二十二	二十三	二十四	二十五	二十六	二十七	二十八	二十九	三十
양력	월	3																													4
양력	일	3	4	5	6	7	8	9	10	11	12	13	14	15	16	17	18	19	20	21	22	23	24	25	26	27	28	29	30	31	1
음력	월	三月																													
음력	일	一	二	三	四	五	六	七	八	九	十	十一	十二	十三	十四	十五	十六	十七	十八	十九	二十	二十一	二十二	二十三	二十四	二十五	二十六	二十七	二十八	二十九	
양력	월	4																													
양력	일	2	3	4	5	6	7	8	9	10	11	12	13	14	15	16	17	18	19	20	21	22	23	24	25	26	27	28	29	30	
음력	월	四月																													
음력	일	一	二	三	四	五	六	七	八	九	十	十一	十二	十三	十四	十五	十六	十七	十八	十九	二十	二十一	二十二	二十三	二十四	二十五	二十六	二十七	二十八	二十九	三十
양력	월	5																													
양력	일	1	2	3	4	5	6	7	8	9	10	11	12	13	14	15	16	17	18	19	20	21	22	23	24	25	26	27	28	29	30
음력	월	五月																													
음력	일	一	二	三	四	五	六	七	八	九	十	十一	十二	十三	十四	十五	十六	十七	十八	十九	二十	二十一	二十二	二十三	二十四	二十五	二十六	二十七	二十八	二十九	三十
양력	월	5	6																												
양력	일	31	1	2	3	4	5	6	7	8	9	10	11	12	13	14	15	16	17	18	19	20	21	22	23	24	25	26	27	28	29
음력	월	六月																													
음력	일	一	二	三	四	五	六	七	八	九	十	十一	十二	十三	十四	十五	十六	十七	十八	十九	二十	二十一	二十二	二十三	二十四	二十五	二十六	二十七	二十八	二十九	
양력	월	6	7																												
양력	일	30	1	2	3	4	5	6	7	8	9	10	11	12	13	14	15	16	17	18	19	20	21	22	23	24	25	26	27	28	
음력	월	七月																													
음력	일	一	二	三	四	五	六	七	八	九	十	十一	十二	十三	十四	十五	十六	十七	十八	十九	二十	二十一	二十二	二十三	二十四	二十五	二十六	二十七	二十八	二十九	三十
양력	월	7			8																										
양력	일	29	30	31	1	2	3	4	5	6	7	8	9	10	11	12	13	14	15	16	17	18	19	20	21	22	23	24	25	26	27
음력	월	八月																													
음력	일	一	二	三	四	五	六	七	八	九	十	十一	十二	十三	十四	十五	十六	十七	十八	十九	二十	二十一	二十二	二十三	二十四	二十五	二十六	二十七	二十八	二十九	
양력	월	8				9																									
양력	일	28	29	30	31	1	2	3	4	5	6	7	8	9	10	11	12	13	14	15	16	17	18	19	20	21	22	23	24	25	
음력	월	九月																													
음력	일	一	二	三	四	五	六	七	八	九	十	十一	十二	十三	十四	十五	十六	十七	十八	十九	二十	二十一	二十二	二十三	二十四	二十五	二十六	二十七	二十八	二十九	
양력	월	9					10																								
양력	일	26	27	28	29	30	1	2	3	4	5	6	7	8	9	10	11	12	13	14	15	16	17	18	19	20	21	22	23	24	
음력	월	十月																													
음력	일	一	二	三	四	五	六	七	八	九	十	十一	十二	十三	十四	十五	十六	十七	十八	十九	二十	二十一	二十二	二十三	二十四	二十五	二十六	二十七	二十八	二十九	三十
양력	월	10							11																						
양력	일	25	26	27	28	29	30	31	1	2	3	4	5	6	7	8	9	10	11	12	13	14	15	16	17	18	19	20	21	22	23
음력	월	十一月																													
음력	일	一	二	三	四	五	六	七	八	九	十	十一	十二	十三	十四	十五	十六	十七	十八	十九	二十	二十一	二十二	二十三	二十四	二十五	二十六	二十七	二十八	二十九	
양력	월	11							12																						
양력	일	24	25	26	27	28	29	30	1	2	3	4	5	6	7	8	9	10	11	12	13	14	15	16	17	18	19	20	21	22	
음력	월	十二月																													
음력	일	一	二	三	四	五	六	七	八	九	十	十一	十二	十三	十四	十五	十六	十七	十八	十九	二十	二十一	二十二	二十三	二十四	二十五	二十六	二十七	二十八	二十九	三十
양력	월	12									1																				
양력	일	23	24	25	26	27	28	29	30	31	1	2	3	4	5	6	7	8	9	10	11	12	13	14	15	16	17	18	19	20	21

서기 2004년 甲 申 年

음	월							正														月								
력	일	一	二	三	四	五	六	七	八	九	十	十一	十二	十三	十四	十五	十六	十七	十八	十九	二十	二十一	二十二	二十三	二十四	二十五	二十六	二十七	二十八	二十九	
양	월	1										2																			
력	일	22	23	24	25	26	27	28	29	30	31	1	2	3	4	5	6	7	8	9	10	11	12	13	14	15	16	17	18	19	
음	월							二														月								
력	일	一	二	三	四	五	六	七	八	九	十	十一	十二	十三	十四	十五	十六	十七	十八	十九	二十	二十一	二十二	二十三	二十四	二十五	二十六	二十七	二十八	二十九	三十
양	월	2										3																			
력	일	20	21	22	23	24	25	26	27	28	29	1	2	3	4	5	6	7	8	9	10	11	12	13	14	15	16	17	18	19	20
음	월							閏							二							月								
력	일	一	二	三	四	五	六	七	八	九	十	十一	十二	十三	十四	十五	十六	十七	十八	十九	二十	二十一	二十二	二十三	二十四	二十五	二十六	二十七	二十八	二十九	
양	월	3											4																		
력	일	21	22	23	24	25	26	27	28	29	30	31	1	2	3	4	5	6	7	8	9	10	11	12	13	14	15	16	17	18	
음	월							三														月								
력	일	一	二	三	四	五	六	七	八	九	十	十一	十二	十三	十四	十五	十六	十七	十八	十九	二十	二十一	二十二	二十三	二十四	二十五	二十六	二十七	二十八	二十九	三十
양	월	4												5																	
력	일	19	20	21	22	23	24	25	26	27	28	29	30	1	2	3	4	5	6	7	8	9	10	11	12	13	14	15	16	17	18
음	월							四														月								
력	일	一	二	三	四	五	六	七	八	九	十	十一	十二	十三	十四	十五	十六	十七	十八	十九	二十	二十一	二十二	二十三	二十四	二十五	二十六	二十七	二十八	二十九	三十
양	월	5													6																
력	일	19	20	21	22	23	24	25	26	27	28	29	30	31	1	2	3	4	5	6	7	8	9	10	11	12	13	14	15	16	17
음	월							五														月								
력	일	一	二	三	四	五	六	七	八	九	十	十一	十二	十三	十四	十五	十六	十七	十八	十九	二十	二十一	二十二	二十三	二十四	二十五	二十六	二十七	二十八	二十九	
양	월	6													7																
력	일	18	19	20	21	22	23	24	25	26	29	28	29	30	1	2	3	4	5	6	7	8	9	10	11	12	13	14	15	16	
음	월							六														月								
력	일	一	二	三	四	五	六	七	八	九	十	十一	十二	十三	十四	十五	十六	十七	十八	十九	二十	二十一	二十二	二十三	二十四	二十五	二十六	二十七	二十八	二十九	三十
양	월	7															8														
력	일	17	18	19	20	21	22	23	24	25	26	27	28	29	30	31	1	2	3	4	5	6	7	8	9	10	11	12	13	14	15
음	월							七														月								
력	일	一	二	三	四	五	六	七	八	九	十	十一	十二	十三	十四	十五	十六	十七	十八	十九	二十	二十一	二十二	二十三	二十四	二十五	二十六	二十七	二十八	二十九	
양	월	8																9													
력	일	16	17	18	19	20	21	22	23	24	25	26	27	28	29	30	31	1	2	3	4	5	6	7	8	9	10	11	12	13	
음	월							八														月								
력	일	一	二	三	四	五	六	七	八	九	十	十一	十二	十三	十四	十五	十六	十七	十八	十九	二十	二十一	二十二	二十三	二十四	二十五	二十六	二十七	二十八	二十九	三十
양	월	9																	10												
력	일	14	15	16	17	18	19	20	21	22	23	24	25	26	27	28	29	30	1	2	3	4	5	6	7	8	9	10	11	12	13
음	월							九														月								
력	일	一	二	三	四	五	六	七	八	九	十	十一	十二	十三	十四	十五	十六	十七	十八	十九	二十	二十一	二十二	二十三	二十四	二十五	二十六	二十七	二十八	二十九	
양	월	10																		11											
력	일	14	15	16	17	18	19	20	21	22	23	24	25	26	27	28	29	30	31	1	2	3	4	5	6	7	8	9	10	11	
음	월							十														月								
력	일	一	二	三	四	五	六	七	八	九	十	十一	十二	十三	十四	十五	十六	十七	十八	十九	二十	二十一	二十二	二十三	二十四	二十五	二十六	二十七	二十八	二十九	三十
양	월	11																			12										
력	일	12	13	14	15	16	17	18	19	20	21	22	23	24	25	26	27	28	29	30	1	2	3	4	5	6	7	8	9	10	11
음	월							十							一							月								
력	일	一	二	三	四	五	六	七	八	九	十	十一	十二	十三	十四	十五	十六	十七	十八	十九	二十	二十一	二十二	二十三	二十四	二十五	二十六	二十七	二十八	二十九	
양	월	12																				1									
력	일	12	13	14	15	16	17	18	19	20	21	22	23	24	25	26	27	28	29	30	31	1	2	3	4	5	6	7	8	9	
음	월							十							二							月								
력	일	一	二	三	四	五	六	七	八	九	十	十一	十二	十三	十四	十五	十六	十七	十八	十九	二十	二十一	二十二	二十三	二十四	二十五	二十六	二十七	二十八	二十九	三十
양	월	1																						2							
력	일	10	11	12	13	14	15	16	17	18	19	20	21	22	23	24	25	26	27	28	29	30	31	1	2	3	4	5	6	7	8

서기 2005년 乙 酉 年

음	월									正														月							
력	일	一	二	三	四	五	六	七	八	九	十	十一	十二	十三	十四	十五	十六	十七	十八	十九	二十	二一	二二	二三	二四	二五	二六	二七	二八	二九	
양	월	2																				3									
력	일	9	10	11	12	13	14	15	16	17	18	19	20	21	22	23	24	25	26	27	28	1	2	3	4	5	6	7	8	9	
음	월									二														月							
력	일	一	二	三	四	五	六	七	八	九	十	十一	十二	十三	十四	十五	十六	十七	十八	十九	二十	二一	二二	二三	二四	二五	二六	二七	二八	二九	三十
양	월	3																						4							
력	일	10	11	12	13	14	15	16	17	18	19	20	21	22	23	24	25	26	27	28	29	30	31	1	2	3	4	5	6	7	8
음	월									三														月							
력	일	一	二	三	四	五	六	七	八	九	十	十一	十二	十三	十四	十五	十六	十七	十八	十九	二十	二一	二二	二三	二四	二五	二六	二七	二八	二九	
양	월	4																						5							
력	일	9	10	11	12	13	14	15	16	17	18	19	20	21	22	23	24	25	26	27	28	29	30	1	2	3	4	5	6	7	
음	월									四														月							
력	일	一	二	三	四	五	六	七	八	九	十	十一	十二	十三	十四	十五	十六	十七	十八	十九	二十	二一	二二	二三	二四	二五	二六	二七	二八	二九	三十
양	월	5																								6					
력	일	8	9	10	11	12	13	14	15	16	17	18	19	20	21	22	23	24	25	26	27	28	29	30	31	1	2	3	4	5	6
음	월									五														月							
력	일	一	二	三	四	五	六	七	八	九	十	十一	十二	十三	十四	十五	十六	十七	十八	十九	二十	二一	二二	二三	二四	二五	二六	二七	二八	二九	
양	월	6																								7					
력	일	7	8	9	10	11	12	13	14	15	16	17	18	19	20	21	22	23	24	25	26	27	28	29	30	1	2	3	4	5	
음	월									六														月							
력	일	一	二	三	四	五	六	七	八	九	十	十一	十二	十三	十四	十五	十六	十七	十八	十九	二十	二一	二二	二三	二四	二五	二六	二七	二八	二九	三十
양	월	7																										8			
력	일	6	7	8	9	10	11	12	13	14	15	16	17	18	19	20	21	22	23	24	25	26	27	28	29	30	31	1	2	3	4
음	월									七														月							
력	일	一	二	三	四	五	六	七	八	九	十	十一	十二	十三	十四	十五	十六	十七	十八	十九	二十	二一	二二	二三	二四	二五	二六	二七	二八	二九	三十
양	월	8																											9		
력	일	5	6	7	8	9	10	11	12	13	14	15	16	17	18	19	20	21	22	23	24	25	26	27	28	29	30	31	1	2	3
음	월									八														月							
력	일	一	二	三	四	五	六	七	八	九	十	十一	十二	十三	十四	十五	十六	十七	十八	十九	二十	二一	二二	二三	二四	二五	二六	二七	二八	二九	
양	월	9																											10		
력	일	4	5	6	7	8	9	10	11	12	13	14	15	16	17	18	19	20	21	22	23	24	25	26	27	28	29	30	1	2	
음	월									九														月							
력	일	一	二	三	四	五	六	七	八	九	十	十一	十二	十三	十四	十五	十六	十七	十八	十九	二十	二一	二二	二三	二四	二五	二六	二七	二八	二九	三十
양	월	10																													11
력	일	3	4	5	6	7	8	9	10	11	12	13	14	15	16	17	18	19	20	21	22	23	24	25	26	27	28	29	30	31	1
음	월									十														月							
력	일	一	二	三	四	五	六	七	八	九	十	十一	十二	十三	十四	十五	十六	十七	十八	十九	二十	二一	二二	二三	二四	二五	二六	二七	二八	二九	三十
양	월	11																													12
력	일	2	3	4	5	6	7	8	9	10	11	12	13	14	15	16	17	18	19	20	21	22	23	24	25	26	27	28	29	30	1
음	월									十							一							月							
력	일	一	二	三	四	五	六	七	八	九	十	十一	十二	十三	十四	十五	十六	十七	十八	十九	二十	二一	二二	二三	二四	二五	二六	二七	二八	二九	
양	월	12																													
력	일	2	3	4	5	6	7	8	9	10	11	12	13	14	15	16	17	18	19	20	21	22	23	24	25	26	27	28	29	30	
음	월									十							二							月							
력	일	一	二	三	四	五	六	七	八	九	十	十一	十二	十三	十四	十五	十六	十七	十八	十九	二十	二一	二二	二三	二四	二五	二六	二七	二八	二九	三十
양	월	12	1																												
력	일	31	1	2	3	4	5	6	7	8	9	10	11	12	13	14	15	16	17	18	19	20	21	22	23	24	25	26	27	28	29

서기 2006년 丙 戌 年

음	월	正月																													
력	일	一	二	三	四	五	六	七	八	九	十	十一	十二	十三	十四	十五	十六	十七	十八	十九	二十	二一	二二	二三	二四	二五	二六	二七	二八	二九	
양	월	1		2																											
력	일	30	31	1	2	3	4	5	6	7	8	9	10	11	12	13	14	15	16	17	18	19	20	21	22	23	24	25	26	27	
음	월	二月																													
력	일	一	二	三	四	五	六	七	八	九	十	十一	十二	十三	十四	十五	十六	十七	十八	十九	二十	二一	二二	二三	二四	二五	二六	二七	二八	二九	
양	월	2	3																												
력	일	28	1	2	3	4	5	6	7	8	9	10	11	12	13	14	15	16	17	18	19	20	21	22	23	24	25	26	27	28	
음	월	三月																													
력	일	一	二	三	四	五	六	七	八	九	十	十一	十二	十三	十四	十五	十六	十七	十八	十九	二十	二一	二二	二三	二四	二五	二六	二七	二八	二九	三十
양	월	3			4																										
력	일	29	30	31	1	2	3	4	5	6	7	8	9	10	11	12	13	14	15	16	17	18	19	20	21	22	23	24	25	26	27
음	월	四月																													
력	일	一	二	三	四	五	六	七	八	九	十	十一	十二	十三	十四	十五	十六	十七	十八	十九	二十	二一	二二	二三	二四	二五	二六	二七	二八	二九	
양	월	4			5																										
력	일	28	29	30	1	2	3	4	5	6	7	8	9	10	11	12	13	14	15	16	17	18	19	20	21	22	23	24	25	26	
음	월	五月																													
력	일	一	二	三	四	五	六	七	八	九	十	十一	十二	十三	十四	十五	十六	十七	十八	十九	二十	二一	二二	二三	二四	二五	二六	二七	二八	二九	三十
양	월	5					6																								
력	일	27	28	29	30	31	1	2	3	4	5	6	7	8	9	10	11	12	13	14	15	16	17	18	19	20	21	22	23	24	25
음	월	六月																													
력	일	一	二	三	四	五	六	七	八	九	十	十一	十二	十三	十四	十五	十六	十七	十八	十九	二十	二一	二二	二三	二四	二五	二六	二七	二八	二九	
양	월	6					7																								
력	일	26	27	28	29	30	1	2	3	4	5	6	7	8	9	10	11	12	13	14	15	16	17	18	19	20	21	22	23	24	
음	월	七月																													
력	일	一	二	三	四	五	六	七	八	九	十	十一	十二	十三	十四	十五	十六	十七	十八	十九	二十	二一	二二	二三	二四	二五	二六	二七	二八	二九	三十
양	월	7							8																						
력	일	25	26	27	28	29	30	31	1	2	3	4	5	6	7	8	9	10	11	12	13	14	15	16	17	18	19	20	21	22	23
음	월	閏七月																													
력	일	一	二	三	四	五	六	七	八	九	十	十一	十二	十三	十四	十五	十六	十七	十八	十九	二十	二一	二二	二三	二四	二五	二六	二七	二八	二九	
양	월	8								9																					
력	일	24	25	26	27	28	29	30	31	1	2	3	4	5	6	7	8	9	10	11	12	13	14	15	16	17	18	19	20	21	
음	월	八月																													
력	일	一	二	三	四	五	六	七	八	九	十	十一	十二	十三	十四	十五	十六	十七	十八	十九	二十	二一	二二	二三	二四	二五	二六	二七	二八	二九	三十
양	월	9									10																				
력	일	22	23	24	25	26	27	28	29	30	1	2	3	4	5	6	7	8	9	10	11	12	13	14	15	16	17	18	19	20	21
음	월	九月																													
력	일	一	二	三	四	五	六	七	八	九	十	十一	十二	十三	十四	十五	十六	十七	十八	十九	二十	二一	二二	二三	二四	二五	二六	二七	二八	二九	三十
양	월	10										11																			
력	일	22	23	24	25	26	27	28	29	30	31	1	2	3	4	5	6	7	8	9	10	11	12	13	14	15	16	17	18	19	20
음	월	十月																													
력	일	一	二	三	四	五	六	七	八	九	十	十一	十二	十三	十四	十五	十六	十七	十八	十九	二十	二一	二二	二三	二四	二五	二六	二七	二八	二九	
양	월	11										12																			
력	일	21	22	23	24	25	26	27	28	29	30	1	2	3	4	5	6	7	8	9	10	11	12	13	14	15	16	17	18	19	
음	월	十一月																													
력	일	一	二	三	四	五	六	七	八	九	十	十一	十二	十三	十四	十五	十六	十七	十八	十九	二十	二一	二二	二三	二四	二五	二六	二七	二八	二九	三十
양	월	12												1																	
력	일	20	21	22	23	24	25	26	27	28	29	30	31	1	2	3	4	5	6	7	8	9	10	11	12	13	14	15	16	17	18
음	월	十二月																													
력	일	一	二	三	四	五	六	七	八	九	十	十一	十二	十三	十四	十五	十六	十七	十八	十九	二十	二一	二二	二三	二四	二五	二六	二七	二八	二九	三十
양	월	1													2																
력	일	19	20	21	22	23	24	25	26	27	28	29	30	31	1	2	3	4	5	6	7	8	9	10	11	12	13	14	15	16	17

서기 2007년 丁 亥 年

음	월	正 月																													
력	일	一	二	三	四	五	六	七	八	九	十	十一	十二	十三	十四	十五	十六	十七	十八	十九	二十	二一	二二	二三	二四	二五	二六	二七	二八	二九	
양	월	2											3																		
력	일	18	19	20	21	22	23	24	25	26	27	28	1	2	3	4	5	6	7	8	9	10	11	12	13	14	15	16	17	18	
음	월	二 月																													
력	일	一	二	三	四	五	六	七	八	九	十	十一	十二	十三	十四	十五	十六	十七	十八	十九	二十	二一	二二	二三	二四	二五	二六	二七	二八	二九	
양	월	3													4																
력	일	19	20	21	22	23	24	25	26	27	28	29	30	31	1	2	3	4	5	6	7	8	9	10	11	12	13	14	15	16	
음	월	三 月																													
력	일	一	二	三	四	五	六	七	八	九	十	十一	十二	十三	十四	十五	十六	十七	十八	十九	二十	二一	二二	二三	二四	二五	二六	二七	二八	二九	三十
양	월	4														5															
력	일	17	18	19	20	21	22	23	24	25	26	27	28	29	30	1	2	3	4	5	6	7	8	9	10	11	12	13	14	15	16
음	월	四 月																													
력	일	一	二	三	四	五	六	七	八	九	十	十一	十二	十三	十四	十五	十六	十七	十八	十九	二十	二一	二二	二三	二四	二五	二六	二七	二八	二九	
양	월	5															6														
력	일	17	18	19	20	21	22	23	24	25	26	27	28	29	30	31	1	2	3	4	5	6	7	8	9	10	11	12	13	14	
음	월	五 月																													
력	일	一	二	三	四	五	六	七	八	九	十	十一	十二	十三	十四	十五	十六	十七	十八	十九	二十	二一	二二	二三	二四	二五	二六	二七	二八	二九	
양	월	6																7													
력	일	15	16	17	18	19	20	21	22	23	24	25	26	27	28	29	30	1	2	3	4	5	6	7	8	9	10	11	12	13	
음	월	六 月																													
력	일	一	二	三	四	五	六	七	八	九	十	十一	十二	十三	十四	十五	十六	十七	十八	十九	二十	二一	二二	二三	二四	二五	二六	二七	二八	二九	三十
양	월	7																		8											
력	일	14	15	16	17	18	19	20	21	22	23	24	25	26	27	28	29	30	31	1	2	3	4	5	6	7	8	9	10	11	12
음	월	七 月																													
력	일	一	二	三	四	五	六	七	八	九	十	十一	十二	十三	十四	十五	十六	十七	十八	十九	二十	二一	二二	二三	二四	二五	二六	二七	二八	二九	
양	월	8																			9										
력	일	13	14	15	16	17	18	19	20	21	22	23	24	25	26	27	28	29	30	31	1	2	3	4	5	6	7	8	9	10	
음	월	八 月																													
력	일	一	二	三	四	五	六	七	八	九	十	十一	十二	十三	十四	十五	十六	十七	十八	十九	二十	二一	二二	二三	二四	二五	二六	二七	二八	二九	三十
양	월	9																				10									
력	일	11	12	13	14	15	16	17	18	19	20	21	22	23	24	25	26	27	28	29	30	1	2	3	4	5	6	7	8	9	10
음	월	九 月																													
력	일	一	二	三	四	五	六	七	八	九	十	十一	十二	十三	十四	十五	十六	十七	十八	十九	二十	二一	二二	二三	二四	二五	二六	二七	二八	二九	三十
양	월	10																					11								
력	일	11	12	13	14	15	16	17	18	19	20	21	22	23	24	25	26	27	28	29	30	31	1	2	3	4	5	6	7	8	9
음	월	十 月																													
력	일	一	二	三	四	五	六	七	八	九	十	十一	十二	十三	十四	十五	十六	十七	十八	十九	二十	二一	二二	二三	二四	二五	二六	二七	二八	二九	三十
양	월	11																					12								
력	일	10	11	12	13	14	15	16	17	18	19	20	21	22	23	24	25	26	27	28	29	30	1	2	3	4	5	6	7	8	9
음	월	十 一 月																													
력	일	一	二	三	四	五	六	七	八	九	十	十一	十二	十三	十四	十五	十六	十七	十八	十九	二十	二一	二二	二三	二四	二五	二六	二七	二八	二九	
양	월	12																						1							
력	일	10	11	12	13	14	15	16	17	18	19	20	21	22	23	24	25	26	27	28	29	30	31	1	2	3	4	5	6	7	
음	월	十 二 月																													
력	일	一	二	三	四	五	六	七	八	九	十	十一	十二	十三	十四	十五	十六	十七	十八	十九	二十	二一	二二	二三	二四	二五	二六	二七	二八	二九	三十
양	월	1																								2					
력	일	8	9	10	11	12	13	14	15	16	17	18	19	20	21	22	23	24	25	26	27	28	29	30	31	1	2	3	4	5	6

서기 2008년 戊 子 年

음	월									正														月							
력	일	一	二	三	四	五	六	七	八	九	十	十一	十二	十三	十四	十五	十六	十七	十八	十九	二十	二一	二二	二三	二四	二五	二六	二七	二八	二九	三十
양	월	2																							3						
력	일	7	8	9	10	11	12	13	14	15	16	17	18	19	20	21	22	23	24	25	26	27	28	29	1	2	3	4	5	6	7
음	월									二														月							
력	일	一	二	三	四	五	六	七	八	九	十	十一	十二	十三	十四	十五	十六	十七	十八	十九	二十	二一	二二	二三	二四	二五	二六	二七	二八	二九	
양	월	3																								4					
력	일	8	9	10	11	12	13	14	15	16	17	18	19	20	21	22	23	24	25	26	27	28	29	30	31	1	2	3	4	5	
음	월									三														月							
력	일	一	二	三	四	五	六	七	八	九	十	十一	十二	十三	十四	十五	十六	十七	十八	十九	二十	二一	二二	二三	二四	二五	二六	二七	二八	二九	
양	월	4																									5				
력	일	6	7	8	9	10	11	12	13	14	15	16	17	18	19	20	21	22	23	24	25	26	27	28	29	30	1	2	3	4	
음	월									四														月							
력	일	一	二	三	四	五	六	七	八	九	十	十一	十二	十三	十四	十五	十六	十七	十八	十九	二十	二一	二二	二三	二四	二五	二六	二七	二八	二九	三十
양	월	5																											6		
력	일	5	6	7	8	9	10	11	12	13	14	15	16	17	18	19	20	21	22	23	24	25	26	27	28	29	30	31	1	2	3
음	월									五														月							
력	일	一	二	三	四	五	六	七	八	九	十	十一	十二	十三	十四	十五	十六	十七	十八	十九	二十	二一	二二	二三	二四	二五	二六	二七	二八	二九	
양	월	6																											7		
력	일	4	5	6	7	8	9	10	11	12	13	14	15	16	17	18	19	20	21	22	23	24	25	26	27	28	29	30	1	2	
음	월									六														月							
력	일	一	二	三	四	五	六	七	八	九	十	十一	十二	十三	十四	十五	十六	十七	十八	十九	二十	二一	二二	二三	二四	二五	二六	二七	二八	二九	
양	월	7																													
력	일	3	4	5	6	7	8	9	10	11	12	13	14	15	16	17	18	19	20	21	22	23	24	25	26	27	28	29	30	31	
음	월									七														月							
력	일	一	二	三	四	五	六	七	八	九	十	十一	十二	十三	十四	十五	十六	十七	十八	十九	二十	二一	二二	二三	二四	二五	二六	二七	二八	二九	三十
양	월	8																													
력	일	1	2	3	4	5	6	7	8	9	10	11	12	13	14	15	16	17	18	19	20	21	22	23	24	25	26	27	28	29	30
음	월									八														月							
력	일	一	二	三	四	五	六	七	八	九	十	十一	十二	十三	十四	十五	十六	十七	十八	十九	二十	二一	二二	二三	二四	二五	二六	二七	二八	二九	
양	월	8	9																												
력	일	31	1	2	3	4	5	6	7	8	9	10	11	12	13	14	15	16	17	18	19	20	21	22	23	24	25	26	27	28	
음	월									九														月							
력	일	一	二	三	四	五	六	七	八	九	十	十一	十二	十三	十四	十五	十六	十七	十八	十九	二十	二一	二二	二三	二四	二五	二六	二七	二八	二九	三十
양	월	9		10																											
력	일	29	30	1	2	3	4	5	6	7	8	9	10	11	12	13	14	15	16	17	18	19	20	21	22	23	24	25	26	27	28
음	월									十														月							
력	일	一	二	三	四	五	六	七	八	九	十	十一	十二	十三	十四	十五	十六	十七	十八	十九	二十	二一	二二	二三	二四	二五	二六	二七	二八	二九	三十
양	월	10			11																										
력	일	29	30	31	1	2	3	4	5	6	7	8	9	10	11	12	13	14	15	16	17	18	19	20	21	22	23	24	25	26	27
음	월									十							一							月							
력	일	一	二	三	四	五	六	七	八	九	十	十一	十二	十三	十四	十五	十六	十七	十八	十九	二十	二一	二二	二三	二四	二五	二六	二七	二八	二九	
양	월	11			12																										
력	일	28	29	30	1	2	3	4	5	6	7	8	9	10	11	12	13	14	15	16	17	18	19	20	21	22	23	24	25	26	
음	월									十							二							月							
력	일	一	二	三	四	五	六	七	八	九	十	十一	十二	十三	十四	十五	十六	十七	十八	十九	二十	二一	二二	二三	二四	二五	二六	二七	二八	二九	三十
양	월	12					1																								
력	일	27	28	29	30	31	1	2	3	4	5	6	7	8	9	10	11	12	13	14	15	16	17	18	19	20	21	22	23	24	25

서기 2009년 己丑年

음	월	正月																													
력	일	一	二	三	四	五	六	七	八	九	十	十一	十二	十三	十四	十五	十六	十七	十八	十九	二十	二一	二二	二三	二四	二五	二六	二七	二八	二九	三十
양	월	1						2																							
력	일	26	27	28	29	30	31	1	2	3	4	5	6	7	8	9	10	11	12	13	14	15	16	17	18	19	20	21	22	23	24
음	월	二月																													
력	일	一	二	三	四	五	六	七	八	九	十	十一	十二	十三	十四	十五	十六	十七	十八	十九	二十	二一	二二	二三	二四	二五	二六	二七	二八	二九	三十
양	월	2				3																									
력	일	25	26	27	28	1	2	3	4	5	6	7	8	9	10	11	12	13	14	15	16	17	18	19	20	21	22	23	24	25	26
음	월	三月																													
력	일	一	二	三	四	五	六	七	八	九	十	十一	十二	十三	十四	十五	十六	十七	十八	十九	二十	二一	二二	二三	二四	二五	二六	二七	二八	二九	
양	월	3					4																								
력	일	27	28	29	30	31	1	2	3	4	5	6	7	8	9	10	11	12	13	14	15	16	17	18	19	20	21	22	23	24	
음	월	四月																													
력	일	一	二	三	四	五	六	七	八	九	十	十一	十二	十三	十四	十五	十六	十七	十八	十九	二十	二一	二二	二三	二四	二五	二六	二七	二八	二九	
양	월	4						5																							
력	일	25	26	27	28	29	30	1	2	3	4	5	6	7	8	9	10	11	12	13	14	15	16	17	18	19	20	21	22	23	
음	월	五月																													
력	일	一	二	三	四	五	六	七	八	九	十	十一	十二	十三	十四	十五	十六	十七	十八	十九	二十	二一	二二	二三	二四	二五	二六	二七	二八	二九	三十
양	월	5								6																					
력	일	24	25	26	27	28	29	30	31	1	2	3	4	5	6	7	8	9	10	11	12	13	14	15	16	17	18	19	20	21	22
음	월	閏五月																													
력	일	一	二	三	四	五	六	七	八	九	十	十一	十二	十三	十四	十五	十六	十七	十八	十九	二十	二一	二二	二三	二四	二五	二六	二七	二八	二九	
양	월	6								7																					
력	일	23	24	25	26	27	28	29	30	1	2	3	4	5	6	7	8	9	10	11	12	13	14	15	16	17	18	19	20	21	
음	월	六月																													
력	일	一	二	三	四	五	六	七	八	九	十	十一	十二	十三	十四	十五	十六	十七	十八	十九	二十	二一	二二	二三	二四	二五	二六	二七	二八	二九	
양	월	7										8																			
력	일	22	23	24	25	26	27	28	29	30	31	1	2	3	4	5	6	7	8	9	10	11	12	13	14	15	16	17	18	19	
음	월	七月																													
력	일	一	二	三	四	五	六	七	八	九	十	十一	十二	十三	十四	十五	十六	十七	十八	十九	二十	二一	二二	二三	二四	二五	二六	二七	二八	二九	三十
양	월	8												9																	
력	일	20	21	22	23	24	25	26	27	28	29	30	31	1	2	3	4	5	6	7	8	9	10	11	12	13	14	15	16	17	18
음	월	八月																													
력	일	一	二	三	四	五	六	七	八	九	十	十一	十二	十三	十四	十五	十六	十七	十八	十九	二十	二一	二二	二三	二四	二五	二六	二七	二八	二九	
양	월	9												10																	
력	일	19	20	21	22	23	24	25	26	27	28	29	30	1	2	3	4	5	6	7	8	9	10	11	12	13	14	15	16	17	
음	월	九月																													
력	일	一	二	三	四	五	六	七	八	九	十	十一	十二	十三	十四	十五	十六	十七	十八	十九	二十	二一	二二	二三	二四	二五	二六	二七	二八	二九	三十
양	월	10														11															
력	일	18	19	20	21	22	23	24	25	26	27	28	29	30	31	1	2	3	4	5	6	7	8	9	10	11	12	13	14	15	16
음	월	十月																													
력	일	一	二	三	四	五	六	七	八	九	十	十一	十二	十三	十四	十五	十六	十七	十八	十九	二十	二一	二二	二三	二四	二五	二六	二七	二八	二九	
양	월	11														12															
력	일	17	18	19	20	21	22	23	24	25	26	27	28	29	30	1	2	3	4	5	6	7	8	9	10	11	12	13	14	15	
음	월	十一月																													
력	일	一	二	三	四	五	六	七	八	九	十	十一	十二	十三	十四	十五	十六	十七	十八	十九	二十	二一	二二	二三	二四	二五	二六	二七	二八	二九	三十
양	월	12																1													
력	일	16	17	18	19	20	21	22	23	24	25	26	27	28	29	30	31	1	2	3	4	5	6	7	8	9	10	11	12	13	14
음	월	十二月																													
력	일	一	二	三	四	五	六	七	八	九	十	十一	十二	十三	十四	十五	十六	十七	十八	十九	二十	二一	二二	二三	二四	二五	二六	二七	二八	二九	三十
양	월	1																	2												
력	일	15	16	17	18	19	20	21	22	23	24	25	26	27	28	29	30	31	1	2	3	4	5	6	7	8	9	10	11	12	13

서기 2010년 庚 寅 年

음	월	正 月																													
력	일	一	二	三	四	五	六	七	八	九	十	十一	十二	十三	十四	十五	十六	十七	十八	十九	二十	二一	二二	二三	二四	二五	二六	二七	二八	二九	三十
양	월	2															3														
력	일	14	15	16	17	18	19	20	21	22	23	24	25	26	27	28	1	2	3	4	5	6	7	8	9	10	11	12	13	14	15
음	월	二 月																													
력	일	一	二	三	四	五	六	七	八	九	十	十一	十二	十三	十四	十五	十六	十七	十八	十九	二十	二一	二二	二三	二四	二五	二六	二七	二八	二九	
양	월	3																4													
력	일	16	17	18	19	20	21	22	23	24	25	26	27	28	29	30	31	1	2	3	4	5	6	7	8	9	10	11	12	13	
음	월	三 月																													
력	일	一	二	三	四	五	六	七	八	九	十	十一	十二	十三	十四	十五	十六	十七	十八	十九	二十	二一	二二	二三	二四	二五	二六	二七	二八	二九	三十
양	월	4																	5												
력	일	14	15	16	17	18	19	20	21	22	23	24	25	26	27	28	29	30	1	2	3	4	5	6	7	8	9	10	11	12	13
음	월	四 月																													
력	일	一	二	三	四	五	六	七	八	九	十	十一	十二	十三	十四	十五	十六	十七	十八	十九	二十	二一	二二	二三	二四	二五	二六	二七	二八	二九	
양	월	5																		6											
력	일	14	15	16	17	18	19	20	21	22	23	24	25	26	27	28	29	30	31	1	2	3	4	5	6	7	8	9	10	11	
음	월	五 月																													
력	일	一	二	三	四	五	六	七	八	九	十	十一	十二	十三	十四	十五	十六	十七	十八	十九	二十	二一	二二	二三	二四	二五	二六	二七	二八	二九	三十
양	월	6																			7										
력	일	12	13	14	15	16	17	18	19	20	21	22	23	24	25	26	27	28	29	30	1	2	3	4	5	6	7	8	9	10	11
음	월	六 月																													
력	일	一	二	三	四	五	六	七	八	九	十	十一	十二	十三	十四	十五	十六	十七	十八	十九	二十	二一	二二	二三	二四	二五	二六	二七	二八	二九	
양	월	7																				8									
력	일	12	13	14	15	16	17	18	19	20	21	22	23	24	25	26	27	28	29	30	31	1	2	3	4	5	6	7	8	9	
음	월	七 月																													
력	일	一	二	三	四	五	六	七	八	九	十	十一	十二	十三	十四	十五	十六	十七	十八	十九	二十	二一	二二	二三	二四	二五	二六	二七	二八	二九	
양	월	8																						9							
력	일	10	11	12	13	14	15	16	17	18	19	20	21	22	23	24	25	26	27	28	29	30	31	1	2	3	4	5	6	7	
음	월	八 月																													
력	일	一	二	三	四	五	六	七	八	九	十	十一	十二	十三	十四	十五	十六	十七	十八	十九	二十	二一	二二	二三	二四	二五	二六	二七	二八	二九	三十
양	월	9																							10						
력	일	8	9	10	11	12	13	14	15	16	17	18	19	20	21	22	23	24	25	26	27	28	29	30	1	2	3	4	5	6	7
음	월	九 月																													
력	일	一	二	三	四	五	六	七	八	九	十	十一	十二	十三	十四	十五	十六	十七	十八	十九	二十	二一	二二	二三	二四	二五	二六	二七	二八	二九	
양	월	10																								11					
력	일	8	9	10	11	12	13	14	15	16	17	18	19	20	21	22	23	24	25	26	27	28	29	30	31	1	2	3	4	5	
음	월	十 月																													
력	일	一	二	三	四	五	六	七	八	九	十	十一	十二	十三	十四	十五	十六	十七	十八	十九	二十	二一	二二	二三	二四	二五	二六	二七	二八	二九	三十
양	월	11																									12				
력	일	6	7	8	9	10	11	12	13	14	15	16	17	18	19	20	21	22	23	24	25	26	27	28	29	30	1	2	3	4	5
음	월	十 一 月																													
력	일	一	二	三	四	五	六	七	八	九	十	十一	十二	十三	十四	十五	十六	十七	十八	十九	二十	二一	二二	二三	二四	二五	二六	二七	二八	二九	
양	월	12																										1			
력	일	6	7	8	9	10	11	12	13	14	15	16	17	18	19	20	21	22	23	24	25	26	27	28	29	30	31	1	2	3	
음	월	十 二 月																													
력	일	一	二	三	四	五	六	七	八	九	十	十一	十二	十三	十四	十五	十六	十七	十八	十九	二十	二一	二二	二三	二四	二五	二六	二七	二八	二九	三十
양	월	1																												2	
력	일	4	5	6	7	8	9	10	11	12	13	14	15	16	17	18	19	20	21	22	23	24	25	26	27	28	29	30	31	1	2

서기 2011년 辛 卯 年

음	월	正月																													
력	일	一	二	三	四	五	六	七	八	九	十	十一	十二	十三	十四	十五	十六	十七	十八	十九	二十	二一	二二	二三	二四	二五	二六	二七	二八	二九	三十
양	월	2																										3			
력	일	3	4	5	6	7	8	9	10	11	12	13	14	15	16	17	18	19	20	21	22	23	24	25	26	27	28	1	2	3	4
음	월	二月																													
력	일	一	二	三	四	五	六	七	八	九	十	十一	十二	十三	十四	十五	十六	十七	十八	十九	二十	二一	二二	二三	二四	二五	二六	二七	二八	二九	
양	월	3																											4		
력	일	5	6	7	8	9	10	11	12	13	14	15	16	17	18	19	20	21	22	23	24	25	26	27	28	29	30	31	1	2	
음	월	三月																													
력	일	一	二	三	四	五	六	七	八	九	十	十一	十二	十三	十四	十五	十六	十七	十八	十九	二十	二一	二二	二三	二四	二五	二六	二七	二八	二九	三十
양	월	4																												5	
력	일	3	4	5	6	7	8	9	10	11	12	13	14	15	16	17	18	19	20	21	22	23	24	25	26	27	28	29	30	1	2
음	월	四月																													
력	일	一	二	三	四	五	六	七	八	九	十	十一	十二	十三	十四	十五	十六	十七	十八	十九	二十	二一	二二	二三	二四	二五	二六	二七	二八	二九	三十
양	월	5																													6
력	일	3	4	5	6	7	8	9	10	11	12	13	14	15	16	17	18	19	20	21	22	23	24	25	26	27	28	29	30	31	1
음	월	五月																													
력	일	一	二	三	四	五	六	七	八	九	十	十一	十二	十三	十四	十五	十六	十七	十八	十九	二十	二一	二二	二三	二四	二五	二六	二七	二八	二九	
양	월	6																													
력	일	2	3	4	5	6	7	8	9	10	11	12	13	14	15	16	17	18	19	20	21	22	23	24	25	26	27	28	29	30	
음	월	六月																													
력	일	一	二	三	四	五	六	七	八	九	十	十一	十二	十三	十四	十五	十六	十七	十八	十九	二十	二一	二二	二三	二四	二五	二六	二七	二八	二九	三十
양	월	7																													
력	일	1	2	3	4	5	6	7	8	9	10	11	12	13	14	15	16	17	18	19	20	21	22	23	24	25	26	27	28	29	30
음	월	七月																													
력	일	一	二	三	四	五	六	七	八	九	十	十一	十二	十三	十四	十五	十六	十七	十八	十九	二十	二一	二二	二三	二四	二五	二六	二七	二八	二九	
양	월	7	8																												
력	일	31	1	2	3	4	5	6	7	8	9	10	11	12	13	14	15	16	17	18	19	20	21	22	23	24	25	26	27	28	
음	월	八月																													
력	일	一	二	三	四	五	六	七	八	九	十	十一	十二	十三	十四	十五	十六	十七	十八	十九	二十	二一	二二	二三	二四	二五	二六	二七	二八	二九	
양	월	8			9																										
력	일	29	30	31	1	2	3	4	5	6	7	8	9	10	11	12	13	14	15	16	17	18	19	20	21	22	23	24	25	26	
음	월	九月																													
력	일	一	二	三	四	五	六	七	八	九	十	十一	十二	十三	十四	十五	十六	十七	十八	十九	二十	二一	二二	二三	二四	二五	二六	二七	二八	二九	三十
양	월	9				10																									
력	일	27	28	29	30	1	2	3	4	5	6	7	8	9	10	11	12	13	14	15	16	17	18	19	20	21	22	23	24	25	26
음	월	十月																													
력	일	一	二	三	四	五	六	七	八	九	十	十一	十二	十三	十四	十五	十六	十七	十八	十九	二十	二一	二二	二三	二四	二五	二六	二七	二八	二九	
양	월	10					11																								
력	일	27	28	29	30	31	1	2	3	4	5	6	7	8	9	10	11	12	13	14	15	16	17	18	19	20	21	22	23	24	
음	월	十一月																													
력	일	一	二	三	四	五	六	七	八	九	十	十一	十二	十三	十四	十五	十六	十七	十八	十九	二十	二一	二二	二三	二四	二五	二六	二七	二八	二九	三十
양	월	11						12																							
력	일	25	26	27	28	29	30	1	2	3	4	5	6	7	8	9	10	11	12	13	14	15	16	17	18	19	20	21	22	23	24
음	월	十二月																													
력	일	一	二	三	四	五	六	七	八	九	十	十一	十二	十三	十四	十五	十六	十七	十八	十九	二十	二一	二二	二三	二四	二五	二六	二七	二八	二九	
양	월	12							1																						
력	일	25	26	27	28	29	30	31	1	2	3	4	5	6	7	8	9	10	11	12	13	14	15	16	17	18	19	20	21	22	

서기 2012년 壬 辰 年

음	월	正 月																													
력	일	一	二	三	四	五	六	七	八	九	十	十一	十二	十三	十四	十五	十六	十七	十八	十九	二十	二一	二二	二三	二四	二五	二六	二七	二八	二九	三十
양	월	1									2																				
력	일	23	24	25	26	27	28	29	30	31	1	2	3	4	5	6	7	8	9	10	11	12	13	14	15	16	17	18	19	20	21
음	월	二 月																													
력	일	一	二	三	四	五	六	七	八	九	十	十一	十二	十三	十四	十五	十六	十七	十八	十九	二十	二一	二二	二三	二四	二五	二六	二七	二八	二九	
양	월	2								3																					
력	일	22	23	24	25	26	27	28	29	1	2	3	4	5	6	7	8	9	10	11	12	13	14	15	16	17	18	19	20	21	
음	월	三 月																													
력	일	一	二	三	四	五	六	七	八	九	十	十一	十二	十三	十四	十五	十六	十七	十八	十九	二十	二一	二二	二三	二四	二五	二六	二七	二八	二九	三十
양	월	3										4																			
력	일	22	23	24	25	26	27	28	29	30	31	1	2	3	4	5	6	7	8	9	10	11	12	13	14	15	16	17	18	19	20
음	월	閏 三 月																													
력	일	一	二	三	四	五	六	七	八	九	十	十一	十二	十三	十四	十五	十六	十七	十八	十九	二十	二一	二二	二三	二四	二五	二六	二七	二八	二九	三十
양	월	4										5																			
력	일	21	22	23	24	25	26	27	28	29	30	1	2	3	4	5	6	7	8	9	10	11	12	13	14	15	16	17	18	19	20
음	월	四 月																													
력	일	一	二	三	四	五	六	七	八	九	十	十一	十二	十三	十四	十五	十六	十七	十八	十九	二十	二一	二二	二三	二四	二五	二六	二七	二八	二九	三十
양	월	5											6																		
력	일	21	22	23	24	25	26	27	28	29	30	31	1	2	3	4	5	6	7	8	9	10	11	12	13	14	15	16	17	18	19
음	월	五 月																													
력	일	一	二	三	四	五	六	七	八	九	十	十一	十二	十三	十四	十五	十六	十七	十八	十九	二十	二一	二二	二三	二四	二五	二六	二七	二八	二九	
양	월	6											7																		
력	일	20	21	22	23	24	25	26	27	28	29	30	1	2	3	4	5	6	7	8	9	10	11	12	13	14	15	16	17	18	
음	월	六 月																													
력	일	一	二	三	四	五	六	七	八	九	十	十一	十二	十三	十四	十五	十六	十七	十八	十九	二十	二一	二二	二三	二四	二五	二六	二七	二八	二九	三十
양	월	7													8																
력	일	19	20	21	22	23	24	25	26	27	28	29	30	31	1	2	3	4	5	6	7	8	9	10	11	12	13	14	15	16	17
음	월	七 月																													
력	일	一	二	三	四	五	六	七	八	九	十	十一	十二	十三	十四	十五	十六	十七	十八	十九	二十	二一	二二	二三	二四	二五	二六	二七	二八	二九	
양	월	8														9															
력	일	18	19	20	21	22	23	24	25	26	27	28	29	30	31	1	2	3	4	5	6	7	8	9	10	11	12	13	14	15	
음	월	八 月																													
력	일	一	二	三	四	五	六	七	八	九	十	十一	十二	十三	十四	十五	十六	十七	十八	十九	二十	二一	二二	二三	二四	二五	二六	二七	二八	二九	
양	월	9															10														
력	일	16	17	18	19	20	21	22	23	24	25	26	27	28	29	30	1	2	3	4	5	6	7	8	9	10	11	12	13	14	
음	월	九 月																													
력	일	一	二	三	四	五	六	七	八	九	十	十一	十二	十三	十四	十五	十六	十七	十八	十九	二十	二一	二二	二三	二四	二五	二六	二七	二八	二九	三十
양	월	10																	11												
력	일	15	16	17	18	19	20	21	22	23	24	25	26	27	28	29	30	31	1	2	3	4	5	6	7	8	9	10	11	12	13
음	월	十 月																													
력	일	一	二	三	四	五	六	七	八	九	十	十一	十二	十三	十四	十五	十六	十七	十八	十九	二十	二一	二二	二三	二四	二五	二六	二七	二八	二九	
양	월	11																	12												
력	일	14	15	16	17	18	19	20	21	22	23	24	25	26	27	28	29	30	1	2	3	4	5	6	7	8	9	10	11	12	
음	월	十 一 月																													
력	일	一	二	三	四	五	六	七	八	九	十	十一	十二	十三	十四	十五	十六	十七	十八	十九	二十	二一	二二	二三	二四	二五	二六	二七	二八	二九	三十
양	월	12																			1										
력	일	13	14	15	16	17	18	19	20	21	22	23	24	25	26	27	28	29	30	31	1	2	3	4	5	6	7	8	9	10	11
음	월	十 二 月																													
력	일	一	二	三	四	五	六	七	八	九	十	十一	十二	十三	十四	十五	十六	十七	十八	十九	二十	二一	二二	二三	二四	二五	二六	二七	二八	二九	
양	월	1																				2									
력	일	12	13	14	15	16	17	18	19	20	21	22	23	24	25	26	27	28	29	30	31	1	2	3	4	5	6	7	8	9	

서기 2013년 癸巳年

음	월	正月																													
력	일	一	二	三	四	五	六	七	八	九	十	十一	十二	十三	十四	十五	十六	十七	十八	十九	二十	二十一	二十二	二十三	二十四	二十五	二十六	二十七	二十八	二十九	三十
양	월	2																			3										
력	일	10	11	12	13	14	15	16	17	18	19	20	21	22	23	24	25	26	27	28	1	2	3	4	5	6	7	8	9	10	11
음	월	二月																													
력	일	一	二	三	四	五	六	七	八	九	十	十一	十二	十三	十四	十五	十六	十七	十八	十九	二十	二十一	二十二	二十三	二十四	二十五	二十六	二十七	二十八	二十九	
양	월	3																				4									
력	일	12	13	14	15	16	17	18	19	20	21	22	23	24	25	26	27	28	29	30	31	1	2	3	4	5	6	7	8	9	
음	월	三月																													
력	일	一	二	三	四	五	六	七	八	九	十	十一	十二	十三	十四	十五	十六	十七	十八	十九	二十	二十一	二十二	二十三	二十四	二十五	二十六	二十七	二十八	二十九	三十
양	월	4																					5								
력	일	10	11	12	13	14	15	16	17	18	19	20	21	22	23	24	25	26	27	28	29	30	1	2	3	4	5	6	7	8	9
음	월	四月																													
력	일	一	二	三	四	五	六	七	八	九	十	十一	十二	十三	十四	十五	十六	十七	十八	十九	二十	二十一	二十二	二十三	二十四	二十五	二十六	二十七	二十八	二十九	三十
양	월	5																						6							
력	일	10	11	12	13	14	15	16	17	18	19	20	21	22	23	24	25	26	27	28	29	30	31	1	2	3	4	5	6	7	8
음	월	五月																													
력	일	一	二	三	四	五	六	七	八	九	十	十一	十二	十三	十四	十五	十六	十七	十八	十九	二十	二十一	二十二	二十三	二十四	二十五	二十六	二十七	二十八	二十九	
양	월	6																						7							
력	일	9	10	11	12	13	14	15	16	17	18	19	20	21	22	23	24	25	26	27	28	29	30	1	2	3	4	5	6	7	
음	월	六月																													
력	일	一	二	三	四	五	六	七	八	九	十	十一	十二	十三	十四	十五	十六	十七	十八	十九	二十	二十一	二十二	二十三	二十四	二十五	二十六	二十七	二十八	二十九	三十
양	월	7																								8					
력	일	8	9	10	11	12	13	14	15	16	17	18	19	20	21	22	23	24	25	26	27	28	29	30	31	1	2	3	4	5	6
음	월	七月																													
력	일	一	二	三	四	五	六	七	八	九	十	十一	十二	十三	十四	十五	十六	十七	十八	十九	二十	二十一	二十二	二十三	二十四	二十五	二十六	二十七	二十八	二十九	
양	월	8																									9				
력	일	7	8	9	10	11	12	13	14	15	16	17	18	19	20	21	22	23	24	25	26	27	28	29	30	31	1	2	3	4	
음	월	八月																													
력	일	一	二	三	四	五	六	七	八	九	十	十一	十二	十三	十四	十五	十六	十七	十八	十九	二十	二十一	二十二	二十三	二十四	二十五	二十六	二十七	二十八	二十九	三十
양	월	9																										10			
력	일	5	6	7	8	9	10	11	12	13	14	15	16	17	18	19	20	21	22	23	24	25	26	27	28	29	30	1	2	3	4
음	월	九月																													
력	일	一	二	三	四	五	六	七	八	九	十	十一	十二	十三	十四	十五	十六	十七	十八	十九	二十	二十一	二十二	二十三	二十四	二十五	二十六	二十七	二十八	二十九	
양	월	10																											11		
력	일	5	6	7	8	9	10	11	12	13	14	15	16	17	18	19	20	21	22	23	24	25	26	27	28	29	30	31	1	2	
음	월	十月																													
력	일	一	二	三	四	五	六	七	八	九	十	十一	十二	十三	十四	十五	十六	十七	十八	十九	二十	二十一	二十二	二十三	二十四	二十五	二十六	二十七	二十八	二十九	三十
양	월	11																												12	
력	일	3	4	5	6	7	8	9	10	11	12	13	14	15	16	17	18	19	20	21	22	23	24	25	26	27	28	29	30	1	2
음	월	十一月																													
력	일	一	二	三	四	五	六	七	八	九	十	十一	十二	十三	十四	十五	十六	十七	十八	十九	二十	二十一	二十二	二十三	二十四	二十五	二十六	二十七	二十八	二十九	
양	월	12																													
력	일	3	4	5	6	7	8	9	10	11	12	13	14	15	16	17	18	19	20	21	22	23	24	25	26	27	28	29	30	31	
음	월	十二月																													
력	일	一	二	三	四	五	六	七	八	九	十	十一	十二	十三	十四	十五	十六	十七	十八	十九	二十	二十一	二十二	二十三	二十四	二十五	二十六	二十七	二十八	二十九	三十
양	월	1																													
력	일	1	2	3	4	5	6	7	8	9	10	11	12	13	14	15	16	17	18	19	20	21	22	23	24	25	26	27	28	29	30

서기 2014년 甲 午 年

음	월	正 月																													
력	일	一	二	三	四	五	六	七	八	九	十	十一	十二	十三	十四	十五	十六	十七	十八	十九	二十	二一	二二	二三	二四	二五	二六	二七	二八	二九	
양	월	1	2																												
력	일	31	1	2	3	4	5	6	7	8	9	10	11	12	13	14	15	16	17	18	19	20	21	22	23	24	25	26	27	28	
음	월	二 月																													
력	일	一	二	三	四	五	六	七	八	九	十	十一	十二	十三	十四	十五	十六	十七	十八	十九	二十	二一	二二	二三	二四	二五	二六	二七	二八	二九	三十
양	월	3																													
력	일	1	2	3	4	5	6	7	8	9	10	11	12	13	14	15	16	17	18	19	20	21	22	23	24	25	26	27	28	29	30
음	월	三 月																													
력	일	一	二	三	四	五	六	七	八	九	十	十一	十二	十三	十四	十五	十六	十七	十八	十九	二十	二一	二二	二三	二四	二五	二六	二七	二八	二九	
양	월	3	4																												
력	일	31	1	2	3	4	5	6	7	8	9	10	11	12	13	14	15	16	17	18	19	20	21	22	23	24	25	26	27	28	
음	월	四 月																													
력	일	一	二	三	四	五	六	七	八	九	十	十一	十二	十三	十四	十五	十六	十七	十八	十九	二十	二一	二二	二三	二四	二五	二六	二七	二八	二九	三十
양	월	4		5																											
력	일	29	30	1	2	3	4	5	6	7	8	9	10	11	12	13	14	15	16	17	18	19	20	21	22	23	24	25	26	27	28
음	월	五 月																													
력	일	一	二	三	四	五	六	七	八	九	十	十一	十二	十三	十四	十五	十六	十七	十八	十九	二十	二一	二二	二三	二四	二五	二六	二七	二八	二九	
양	월	5			6																										
력	일	29	30	31	1	2	3	4	5	6	7	8	9	10	11	12	13	14	15	16	17	18	19	20	21	22	23	24	25	26	
음	월	六 月																													
력	일	一	二	三	四	五	六	七	八	九	十	十一	十二	十三	十四	十五	十六	十七	十八	十九	二十	二一	二二	二三	二四	二五	二六	二七	二八	二九	三十
양	월	6				7																									
력	일	27	28	29	30	1	2	3	4	5	6	7	8	9	10	11	12	13	14	15	16	17	18	19	20	21	22	23	24	25	26
음	월	七 月																													
력	일	一	二	三	四	五	六	七	八	九	十	十一	十二	十三	十四	十五	十六	十七	十八	十九	二十	二一	二二	二三	二四	二五	二六	二七	二八	二九	
양	월	7					8																								
력	일	27	28	29	30	31	1	2	3	4	5	6	7	8	9	10	11	12	13	14	15	16	17	18	19	20	21	22	23	24	
음	월	八 月																													
력	일	一	二	三	四	五	六	七	八	九	十	十一	十二	十三	十四	十五	十六	十七	十八	十九	二十	二一	二二	二三	二四	二五	二六	二七	二八	二九	三十
양	월	8							9																						
력	일	25	26	27	28	29	30	31	1	2	3	4	5	6	7	8	9	10	11	12	13	14	15	16	17	18	19	20	21	22	23
음	월	九 月																													
력	일	一	二	三	四	五	六	七	八	九	十	十一	十二	十三	十四	十五	十六	十七	十八	十九	二十	二一	二二	二三	二四	二五	二六	二七	二八	二九	三十
양	월	9							10																						
력	일	24	25	26	27	28	29	30	1	2	3	4	5	6	7	8	9	10	11	12	13	14	15	16	17	18	19	20	21	22	23
음	월	閏 九 月																													
력	일	一	二	三	四	五	六	七	八	九	十	十一	十二	十三	十四	十五	十六	十七	十八	十九	二十	二一	二二	二三	二四	二五	二六	二七	二八	二九	
양	월	10								11																					
력	일	24	25	26	27	28	29	30	31	1	2	3	4	5	6	7	8	9	10	11	12	13	14	15	16	17	18	19	20	21	
음	월	十 月																													
력	일	一	二	三	四	五	六	七	八	九	十	十一	十二	十三	十四	十五	十六	十七	十八	十九	二十	二一	二二	二三	二四	二五	二六	二七	二八	二九	三十
양	월	11									12																				
력	일	22	23	24	25	26	27	28	29	30	1	2	3	4	5	6	7	8	9	10	11	12	13	14	15	16	17	18	19	20	21
음	월	十 一 月																													
력	일	一	二	三	四	五	六	七	八	九	十	十一	十二	十三	十四	十五	十六	十七	十八	十九	二十	二一	二二	二三	二四	二五	二六	二七	二八	二九	
양	월	12										1																			
력	일	22	23	24	25	26	27	28	29	30	31	1	2	3	4	5	6	7	8	9	10	11	12	13	14	15	16	17	18	19	
음	월	十 二 月																													
력	일	一	二	三	四	五	六	七	八	九	十	十一	十二	十三	十四	十五	十六	十七	十八	十九	二十	二一	二二	二三	二四	二五	二六	二七	二八	二九	三十
양	월	1												2																	
력	일	20	21	22	23	24	25	26	27	28	29	30	31	1	2	3	4	5	6	7	8	9	10	11	12	13	14	15	16	17	18

서기 2015년 乙 未 年

음	월	正 月																													
력	일	一	二	三	四	五	六	七	八	九	十	十一	十二	十三	十四	十五	十六	十七	十八	十九	二十	二一	二二	二三	二四	二五	二六	二七	二八	二九	
양	월	2										3																			
력	일	19	20	21	22	23	24	25	26	27	28	1	2	3	4	5	6	7	8	9	10	11	12	13	14	15	16	17	18	19	
음	월	二 月																													
력	일	一	二	三	四	五	六	七	八	九	十	十一	十二	十三	十四	十五	十六	十七	十八	十九	二十	二一	二二	二三	二四	二五	二六	二七	二八	二九	三十
양	월	3												4																	
력	일	20	21	22	23	24	25	26	27	28	29	30	31	1	2	3	4	5	6	7	8	9	10	11	12	13	14	15	16	17	18
음	월	三 月																													
력	일	一	二	三	四	五	六	七	八	九	十	十一	十二	十三	十四	十五	十六	十七	十八	十九	二十	二一	二二	二三	二四	二五	二六	二七	二八	二九	
양	월	4												5																	
력	일	19	20	21	22	23	24	25	26	27	28	29	30	1	2	3	4	5	6	7	8	9	10	11	12	13	14	15	16	17	
음	월	四 月																													
력	일	一	二	三	四	五	六	七	八	九	十	十一	十二	十三	十四	十五	十六	十七	十八	十九	二十	二一	二二	二三	二四	二五	二六	二七	二八	二九	
양	월	5														6															
력	일	18	19	20	21	22	23	24	25	26	27	28	29	30	31	1	2	3	4	5	6	7	8	9	10	11	12	13	14	15	
음	월	五 月																													
력	일	一	二	三	四	五	六	七	八	九	十	十一	十二	十三	十四	十五	十六	十七	十八	十九	二十	二一	二二	二三	二四	二五	二六	二七	二八	二九	三十
양	월	6															7														
력	일	16	17	18	19	20	21	22	23	24	25	26	27	28	29	30	1	2	3	4	5	6	7	8	9	10	11	12	13	14	15
음	월	六 月																													
력	일	一	二	三	四	五	六	七	八	九	十	十一	十二	十三	十四	十五	十六	十七	十八	十九	二十	二一	二二	二三	二四	二五	二六	二七	二八	二九	
양	월	7																8													
력	일	16	17	18	19	20	21	22	23	24	25	26	27	28	29	30	31	1	2	3	4	5	6	7	8	9	10	11	12	13	
음	월	七 月																													
력	일	一	二	三	四	五	六	七	八	九	十	十一	十二	十三	十四	十五	十六	十七	十八	十九	二十	二一	二二	二三	二四	二五	二六	二七	二八	二九	三十
양	월	8																		9											
력	일	14	15	16	17	18	19	20	21	22	23	24	25	26	27	28	29	30	31	1	2	3	4	5	6	7	8	9	10	11	12
음	월	八 月																													
력	일	一	二	三	四	五	六	七	八	九	十	十一	十二	十三	十四	十五	十六	十七	十八	十九	二十	二一	二二	二三	二四	二五	二六	二七	二八	二九	三十
양	월	9																		10											
력	일	13	14	15	16	17	18	19	20	21	22	23	24	25	26	27	28	29	30	1	2	3	4	5	6	7	8	9	10	11	12
음	월	九 月																													
력	일	一	二	三	四	五	六	七	八	九	十	十一	十二	十三	十四	十五	十六	十七	十八	十九	二十	二一	二二	二三	二四	二五	二六	二七	二八	二九	三十
양	월	10																			11										
력	일	13	14	15	16	17	18	19	20	21	22	23	24	25	26	27	28	29	30	31	1	2	3	4	5	6	7	8	9	10	11
음	월	十 月																													
력	일	一	二	三	四	五	六	七	八	九	十	十一	十二	十三	十四	十五	十六	十七	十八	十九	二十	二一	二二	二三	二四	二五	二六	二七	二八	二九	
양	월	11																			12										
력	일	12	13	14	15	16	17	18	19	20	21	22	23	24	25	26	27	28	29	30	1	2	3	4	5	6	7	8	9	10	
음	월	十一 月																													
력	일	一	二	三	四	五	六	七	八	九	十	十一	十二	十三	十四	十五	十六	十七	十八	十九	二十	二一	二二	二三	二四	二五	二六	二七	二八	二九	三十
양	월	12																					1								
력	일	11	12	13	14	15	16	17	18	19	20	21	22	23	24	25	26	27	28	29	30	31	1	2	3	4	5	6	7	8	9
음	월	十二 月																													
력	일	一	二	三	四	五	六	七	八	九	十	十一	十二	十三	十四	十五	十六	十七	十八	十九	二十	二一	二二	二三	二四	二五	二六	二七	二八	二九	三十
양	월	1																						2							
력	일	10	11	12	13	14	15	16	17	18	19	20	21	22	23	24	25	26	27	28	29	30	31	1	2	3	4	5	6	7	8

서기 2016년 丙 申 年

음	월	正月																													
력	일	一	二	三	四	五	六	七	八	九	十	十一	十二	十三	十四	十五	十六	十七	十八	十九	二十	二一	二二	二三	二四	二五	二六	二七	二八	二九	
양	월	2																				3									
력	일	9	10	11	12	13	14	15	16	17	18	19	20	21	22	23	24	25	26	27	28	29	1	2	3	4	5	6	7	8	
음	월	二月																													
력	일	一	二	三	四	五	六	七	八	九	十	十一	十二	十三	十四	十五	十六	十七	十八	十九	二十	二一	二二	二三	二四	二五	二六	二七	二八	二九	
양	월	3																						4							
력	일	9	10	11	12	13	14	15	16	17	18	19	20	21	22	23	24	25	26	27	28	29	30	31	1	2	3	4	5	6	
음	월	三月																													
력	일	一	二	三	四	五	六	七	八	九	十	十一	十二	十三	十四	十五	十六	十七	十八	十九	二十	二一	二二	二三	二四	二五	二六	二七	二八	二九	三十
양	월	4																								5					
력	일	7	8	9	10	11	12	13	14	15	16	17	18	19	20	21	22	23	24	25	26	27	28	29	30	1	2	3	4	5	6
음	월	四月																													
력	일	一	二	三	四	五	六	七	八	九	十	十一	十二	十三	十四	十五	十六	十七	十八	十九	二十	二一	二二	二三	二四	二五	二六	二七	二八	二九	
양	월	5																									6				
력	일	7	8	9	10	11	12	13	14	15	16	17	18	19	20	21	22	23	24	25	26	27	28	29	30	31	1	2	3	4	
음	월	五月																													
력	일	一	二	三	四	五	六	七	八	九	十	十一	十二	十三	十四	十五	十六	十七	十八	十九	二十	二一	二二	二三	二四	二五	二六	二七	二八	二九	
양	월	6																										7			
력	일	5	6	7	8	9	10	11	12	13	14	15	16	17	18	19	20	21	22	23	24	25	26	27	28	29	30	1	2	3	
음	월	六月																													
력	일	一	二	三	四	五	六	七	八	九	十	十一	十二	十三	十四	十五	十六	十七	十八	十九	二十	二一	二二	二三	二四	二五	二六	二七	二八	二九	三十
양	월	7																												8	
력	일	4	5	6	7	8	9	10	11	12	13	14	15	16	17	18	19	20	21	22	23	24	25	26	27	28	29	30	31	1	2
음	월	七月																													
력	일	一	二	三	四	五	六	七	八	九	十	十一	十二	十三	十四	十五	十六	十七	十八	十九	二十	二一	二二	二三	二四	二五	二六	二七	二八	二九	
양	월	8																													
력	일	3	4	5	6	7	8	9	10	11	12	13	14	15	16	17	18	19	20	21	22	23	24	25	26	27	28	29	30	31	
음	월	八月																													
력	일	一	二	三	四	五	六	七	八	九	十	十一	十二	十三	十四	十五	十六	十七	十八	十九	二十	二一	二二	二三	二四	二五	二六	二七	二八	二九	三十
양	월	9																													
력	일	1	2	3	4	5	6	7	8	9	10	11	12	13	14	15	16	17	18	19	20	21	22	23	24	25	26	27	28	29	30
음	월	九月																													
력	일	一	二	三	四	五	六	七	八	九	十	十一	十二	十三	十四	十五	十六	十七	十八	十九	二十	二一	二二	二三	二四	二五	二六	二七	二八	二九	三十
양	월	10																													
력	일	1	2	3	4	5	6	7	8	9	10	11	12	13	14	15	16	17	18	19	20	21	22	23	24	25	26	27	28	29	30
음	월	十月																													
력	일	一	二	三	四	五	六	七	八	九	十	十一	十二	十三	十四	十五	十六	十七	十八	十九	二十	二一	二二	二三	二四	二五	二六	二七	二八	二九	
양	월	10	11																												
력	일	31	1	2	3	4	5	6	7	8	9	10	11	12	13	14	15	16	17	18	19	20	21	22	23	24	25	26	27	28	
음	월	十一月																													
력	일	一	二	三	四	五	六	七	八	九	十	十一	十二	十三	十四	十五	十六	十七	十八	十九	二十	二一	二二	二三	二四	二五	二六	二七	二八	二九	三十
양	월	11		12																											
력	일	29	30	1	2	3	4	5	6	7	8	9	10	11	12	13	14	15	16	17	18	19	20	21	22	23	24	25	26	27	28
음	월	十二月																													
력	일	一	二	三	四	五	六	七	八	九	十	十一	十二	十三	十四	十五	十六	十七	十八	十九	二十	二一	二二	二三	二四	二五	二六	二七	二八	二九	三十
양	월	12			1																										
력	일	29	30	31	1	2	3	4	5	6	7	8	9	10	11	12	13	14	15	16	17	18	19	20	21	22	23	24	25	26	27

서기 2017년 丁 酉 年

음	월	正月																													
력	일	一	二	三	四	五	六	七	八	九	十	十一	十二	十三	十四	十五	十六	十七	十八	十九	二十	二一	二二	二三	二四	二五	二六	二七	二八	二九	三十
양	월	1				2																									
력	일	28	29	30	31	1	2	3	4	5	6	7	8	9	10	11	12	13	14	15	16	17	18	19	20	21	22	23	24	25	26
음	월	二月																													
력	일	一	二	三	四	五	六	七	八	九	十	十一	十二	十三	十四	十五	十六	十七	十八	十九	二十	二一	二二	二三	二四	二五	二六	二七	二八	二九	
양	월	2		3																											
력	일	27	28	1	2	3	4	5	6	7	8	9	10	11	12	13	14	15	16	17	18	19	20	21	22	23	24	25	26	27	
음	월	三月																													
력	일	一	二	三	四	五	六	七	八	九	十	十一	十二	十三	十四	十五	十六	十七	十八	十九	二十	二一	二二	二三	二四	二五	二六	二七	二八	二九	
양	월	3				4																									
력	일	28	29	30	31	1	2	3	4	5	6	7	8	9	10	11	12	13	14	15	16	17	18	19	20	21	22	23	24	25	
음	월	四月																													
력	일	一	二	三	四	五	六	七	八	九	十	十一	十二	十三	十四	十五	十六	十七	十八	十九	二十	二一	二二	二三	二四	二五	二六	二七	二八	二九	三十
양	월	4					5																								
력	일	26	27	28	29	30	1	2	3	4	5	6	7	8	9	10	11	12	13	14	15	16	17	18	19	20	21	22	23	24	25
음	월	五月																													
력	일	一	二	三	四	五	六	七	八	九	十	十一	十二	十三	十四	十五	十六	十七	十八	十九	二十	二一	二二	二三	二四	二五	二六	二七	二八	二九	
양	월	5						6																							
력	일	26	27	28	29	30	31	1	2	3	4	5	6	7	8	9	10	11	12	13	14	15	16	17	18	19	20	21	22	23	
음	월	閏五月																													
력	일	一	二	三	四	五	六	七	八	九	十	十一	十二	十三	十四	十五	十六	十七	十八	十九	二十	二一	二二	二三	二四	二五	二六	二七	二八	二九	
양	월	6							7																						
력	일	24	25	26	27	28	29	30	1	2	3	4	5	6	7	8	9	10	11	12	13	14	15	16	17	18	19	20	21	22	
음	월	六月																													
력	일	一	二	三	四	五	六	七	八	九	十	十一	十二	十三	十四	十五	十六	十七	十八	十九	二十	二一	二二	二三	二四	二五	二六	二七	二八	二九	三十
양	월	7									8																				
력	일	23	24	25	26	27	28	29	30	31	1	2	3	4	5	6	7	8	9	10	11	12	13	14	15	16	17	18	19	20	21
음	월	七月																													
력	일	一	二	三	四	五	六	七	八	九	十	十一	十二	十三	十四	十五	十六	十七	十八	十九	二十	二一	二二	二三	二四	二五	二六	二七	二八	二九	
양	월	8										9																			
력	일	22	23	24	25	26	27	28	29	30	31	1	2	3	4	5	6	7	8	9	10	11	12	13	14	15	16	17	18	19	
음	월	八月																													
력	일	一	二	三	四	五	六	七	八	九	十	十一	十二	十三	十四	十五	十六	十七	十八	十九	二十	二一	二二	二三	二四	二五	二六	二七	二八	二九	三十
양	월	9											10																		
력	일	20	21	22	23	24	25	26	27	28	29	30	1	2	3	4	5	6	7	8	9	10	11	12	13	14	15	16	17	18	19
음	월	九月																													
력	일	一	二	三	四	五	六	七	八	九	十	十一	十二	十三	十四	十五	十六	十七	十八	十九	二十	二一	二二	二三	二四	二五	二六	二七	二八	二九	
양	월	10												11																	
력	일	20	21	22	23	24	25	26	27	28	29	30	31	1	2	3	4	5	6	7	8	9	10	11	12	13	14	15	16	17	
음	월	十月																													
력	일	一	二	三	四	五	六	七	八	九	十	十一	十二	十三	十四	十五	十六	十七	十八	十九	二十	二一	二二	二三	二四	二五	二六	二七	二八	二九	三十
양	월	11													12																
력	일	18	19	20	21	22	23	24	25	26	27	28	29	30	1	2	3	4	5	6	7	8	9	10	11	12	13	14	15	16	17
음	월	十一月																													
력	일	一	二	三	四	五	六	七	八	九	十	十一	十二	十三	十四	十五	十六	十七	十八	十九	二十	二一	二二	二三	二四	二五	二六	二七	二八	二九	三十
양	월	12														1															
력	일	18	19	20	21	22	23	24	25	26	27	28	29	30	31	1	2	3	4	5	6	7	8	9	10	11	12	13	14	15	16
음	월	十二月																													
력	일	一	二	三	四	五	六	七	八	九	十	十一	十二	十三	十四	十五	十六	十七	十八	十九	二十	二一	二二	二三	二四	二五	二六	二七	二八	二九	三十
양	월	1															2														
력	일	17	18	19	20	21	22	23	24	25	26	27	28	29	30	31	1	2	3	4	5	6	7	8	9	10	11	12	13	14	15

서기 2018년 戊 戌 年

음	월									正														月							
력	일	一	二	三	四	五	六	七	八	九	十	十一	十二	十三	十四	十五	十六	十七	十八	十九	二十	二一	二二	二三	二四	二五	二六	二七	二八	二九	
양	월	2													3																
력	일	16	17	18	19	20	21	22	23	24	25	26	27	28	1	2	3	4	5	6	7	8	9	10	11	12	13	14	15	16	
음	월									二														月							
력	일	一	二	三	四	五	六	七	八	九	十	十一	十二	十三	十四	十五	十六	十七	十八	十九	二十	二一	二二	二三	二四	二五	二六	二七	二八	二九	三十
양	월	3															4														
력	일	17	18	19	20	21	22	23	24	25	26	27	28	29	30	31	1	2	3	4	5	6	7	8	9	10	11	12	13	14	15
음	월									三														月							
력	일	一	二	三	四	五	六	七	八	九	十	十一	十二	十三	十四	十五	十六	十七	十八	十九	二十	二一	二二	二三	二四	二五	二六	二七	二八	二九	
양	월	4															5														
력	일	16	17	18	19	20	21	22	23	24	25	26	27	28	29	30	1	2	3	4	5	6	7	8	9	10	11	12	13	14	
음	월									四														月							
력	일	一	二	三	四	五	六	七	八	九	十	十一	十二	十三	十四	十五	十六	十七	十八	十九	二十	二一	二二	二三	二四	二五	二六	二七	二八	二九	三十
양	월	5																	6												
력	일	15	16	17	18	19	20	21	22	23	24	25	26	27	28	29	30	31	1	2	3	4	5	6	7	8	9	10	11	12	13
음	월									五														月							
력	일	一	二	三	四	五	六	七	八	九	十	十一	十二	十三	十四	十五	十六	十七	十八	十九	二十	二一	二二	二三	二四	二五	二六	二七	二八	二九	
양	월	6																	7												
력	일	14	15	16	17	18	19	20	21	22	23	24	25	26	27	28	29	30	1	2	3	4	5	6	7	8	9	10	11	12	
음	월									六														月							
력	일	一	二	三	四	五	六	七	八	九	十	十一	十二	十三	十四	十五	十六	十七	十八	十九	二十	二一	二二	二三	二四	二五	二六	二七	二八	二九	
양	월	7																			8										
력	일	13	14	15	16	17	18	19	20	21	22	23	24	25	26	27	28	29	30	31	1	2	3	4	5	6	7	8	9	10	
음	월									七														月							
력	일	一	二	三	四	五	六	七	八	九	十	十一	十二	十三	十四	十五	十六	十七	十八	十九	二十	二一	二二	二三	二四	二五	二六	二七	二八	二九	三十
양	월	8																					9								
력	일	11	12	13	14	15	16	17	18	19	20	21	22	23	24	25	26	27	28	29	30	31	1	2	3	4	5	6	7	8	9
음	월									八														月							
력	일	一	二	三	四	五	六	七	八	九	十	十一	十二	十三	十四	十五	十六	十七	十八	十九	二十	二一	二二	二三	二四	二五	二六	二七	二八	二九	
양	월	9																					10								
력	일	10	11	12	13	14	15	16	17	18	19	20	21	22	23	24	25	26	27	28	29	30	1	2	3	4	5	6	7	8	
음	월									九														月							
력	일	一	二	三	四	五	六	七	八	九	十	十一	十二	十三	十四	十五	十六	十七	十八	十九	二十	二一	二二	二三	二四	二五	二六	二七	二八	二九	三十
양	월	10																							11						
력	일	9	10	11	12	13	14	15	16	17	18	19	20	21	22	23	24	25	26	27	28	29	30	31	1	2	3	4	5	6	7
음	월									十														月							
력	일	一	二	三	四	五	六	七	八	九	十	十一	十二	十三	十四	十五	十六	十七	十八	十九	二十	二一	二二	二三	二四	二五	二六	二七	二八	二九	
양	월	11																							12						
력	일	8	9	10	11	12	13	14	15	16	17	18	19	20	21	22	23	24	25	26	27	28	29	30	1	2	3	4	5	6	
음	월									十							一							月							
력	일	一	二	三	四	五	六	七	八	九	十	十一	十二	十三	十四	十五	十六	十七	十八	十九	二十	二一	二二	二三	二四	二五	二六	二七	二八	二九	三十
양	월	12																									1				
력	일	7	8	9	10	11	12	13	14	15	16	17	18	19	20	21	22	23	24	25	26	27	28	29	30	31	1	2	3	4	5
음	월									十							二							月							
력	일	一	二	三	四	五	六	七	八	九	十	十一	十二	十三	十四	十五	十六	十七	十八	十九	二十	二一	二二	二三	二四	二五	二六	二七	二八	二九	三十
양	월	1																										2			
력	일	6	7	8	9	10	11	12	13	14	15	16	17	18	19	20	21	22	23	24	25	26	27	28	29	30	31	1	2	3	4

서기 2019년 己 亥 年

음	월	正月																													
력	일	一	二	三	四	五	六	七	八	九	十	十一	十二	十三	十四	十五	十六	十七	十八	十九	二十	二一	二二	二三	二四	二五	二六	二七	二八	二九	三十
양	월	2																								3					
력	일	5	6	7	8	9	10	11	12	13	14	15	16	17	18	19	20	21	22	23	24	25	26	27	28	1	2	3	4	5	6
음	월	二月																													
력	일	一	二	三	四	五	六	七	八	九	十	十一	十二	十三	十四	十五	十六	十七	十八	十九	二十	二一	二二	二三	二四	二五	二六	二七	二八	二九	
양	월	3																									4				
력	일	7	8	9	10	11	12	13	14	15	16	17	18	19	20	21	22	23	24	25	26	27	28	29	30	31	1	2	3	4	
음	월	三月																													
력	일	一	二	三	四	五	六	七	八	九	十	十一	十二	十三	十四	十五	十六	十七	十八	十九	二十	二一	二二	二三	二四	二五	二六	二七	二八	二九	三十
양	월	4																										5			
력	일	5	6	7	8	9	10	11	12	13	14	15	16	17	18	19	20	21	22	23	24	25	26	27	28	29	30	1	2	3	4
음	월	四月																													
력	일	一	二	三	四	五	六	七	八	九	十	十一	十二	十三	十四	十五	十六	十七	十八	十九	二十	二一	二二	二三	二四	二五	二六	二七	二八	二九	
양	월	5																											6		
력	일	5	6	7	8	9	10	11	12	13	14	15	16	17	18	19	20	21	22	23	24	25	26	27	28	29	30	31	1	2	
음	월	五月																													
력	일	一	二	三	四	五	六	七	八	九	十	十一	十二	十三	十四	十五	十六	十七	十八	十九	二十	二一	二二	二三	二四	二五	二六	二七	二八	二九	三十
양	월	6																												7	
력	일	3	4	5	6	7	8	9	10	11	12	13	14	15	16	17	18	19	20	21	22	23	24	25	26	27	28	29	30	1	2
음	월	六月																													
력	일	一	二	三	四	五	六	七	八	九	十	十一	十二	十三	十四	十五	十六	十七	十八	十九	二十	二一	二二	二三	二四	二五	二六	二七	二八	二九	
양	월	7																													
력	일	3	4	5	6	7	8	9	10	11	12	13	14	15	16	17	18	19	20	21	22	23	24	25	26	27	28	29	30	31	
음	월	七月																													
력	일	一	二	三	四	五	六	七	八	九	十	十一	十二	十三	十四	十五	十六	十七	十八	十九	二十	二一	二二	二三	二四	二五	二六	二七	二八	二九	
양	월	8																													
력	일	1	2	3	4	5	6	7	8	9	10	11	12	13	14	15	16	17	18	19	20	21	22	23	24	25	26	27	28	29	
음	월	八月																													
력	일	一	二	三	四	五	六	七	八	九	十	十一	十二	十三	十四	十五	十六	十七	十八	十九	二十	二一	二二	二三	二四	二五	二六	二七	二八	二九	三十
양	월	8		9																											
력	일	30	31	1	2	3	4	5	6	7	8	9	10	11	12	13	14	15	16	17	18	19	20	21	22	23	24	25	26	27	28
음	월	九月																													
력	일	一	二	三	四	五	六	七	八	九	十	十一	十二	十三	十四	十五	十六	十七	十八	十九	二十	二一	二二	二三	二四	二五	二六	二七	二八	二九	
양	월	9		10																											
력	일	29	30	1	2	3	4	5	6	7	8	9	10	11	12	13	14	15	16	17	18	19	20	21	22	23	24	25	26	27	
음	월	十月																													
력	일	一	二	三	四	五	六	七	八	九	十	十一	十二	十三	十四	十五	十六	十七	十八	十九	二十	二一	二二	二三	二四	二五	二六	二七	二八	二九	三十
양	월	10				11																									
력	일	28	29	30	31	1	2	3	4	5	6	7	8	9	10	11	12	13	14	15	16	17	18	19	20	21	22	23	24	25	26
음	월	十一月																													
력	일	一	二	三	四	五	六	七	八	九	十	十一	十二	十三	十四	十五	十六	十七	十八	十九	二十	二一	二二	二三	二四	二五	二六	二七	二八	二九	
양	월	11				12																									
력	일	27	28	29	30	1	2	3	4	5	6	7	8	9	10	11	12	13	14	15	16	17	18	19	20	21	22	23	24	25	
음	월	十二月																													
력	일	一	二	三	四	五	六	七	八	九	十	十一	十二	十三	十四	十五	十六	十七	十八	十九	二十	二一	二二	二三	二四	二五	二六	二七	二八	二九	三十
양	월	12						1																							
력	일	26	27	28	29	30	31	1	2	3	4	5	6	7	8	9	10	11	12	13	14	15	16	17	18	19	20	21	22	23	24

서기 2020년 庚 子 年

음	월	正月																													
력	일	一	二	三	四	五	六	七	八	九	十	十一	十二	十三	十四	十五	十六	十七	十八	十九	二十	二一	二二	二三	二四	二五	二六	二七	二八	二九	三十
양	월	1							2																						
력	일	25	26	27	28	29	30	31	1	2	3	4	5	6	7	8	9	10	11	12	13	14	15	16	17	18	19	20	21	22	23
음	월	二月																													
력	일	一	二	三	四	五	六	七	八	九	十	十一	十二	十三	十四	十五	十六	十七	十八	十九	二十	二一	二二	二三	二四	二五	二六	二七	二八	二九	
양	월	2						3																							
력	일	24	25	26	27	28	29	1	2	3	4	5	6	7	8	9	10	11	12	13	14	15	16	17	18	19	20	21	22	23	
음	월	三月																													
력	일	一	二	三	四	五	六	七	八	九	十	十一	十二	十三	十四	十五	十六	十七	十八	十九	二十	二一	二二	二三	二四	二五	二六	二七	二八	二九	三十
양	월	3								4																					
력	일	24	25	26	27	28	29	30	31	1	2	3	4	5	6	7	8	9	10	11	12	13	14	15	16	17	18	19	20	21	22
음	월	四月																													
력	일	一	二	三	四	五	六	七	八	九	十	十一	十二	十三	十四	十五	十六	十七	十八	十九	二十	二一	二二	二三	二四	二五	二六	二七	二八	二九	三十
양	월	4								5																					
력	일	23	24	25	26	27	28	29	30	1	2	3	4	5	6	7	8	9	10	11	12	13	14	15	16	17	18	19	20	21	22
음	월	閏四月																													
력	일	一	二	三	四	五	六	七	八	九	十	十一	十二	十三	十四	十五	十六	十七	十八	十九	二十	二一	二二	二三	二四	二五	二六	二七	二八	二九	
양	월	5									6																				
력	일	23	24	25	26	27	28	29	30	31	1	2	3	4	5	6	7	8	9	10	11	12	13	14	15	16	17	18	19	20	
음	월	五月																													
력	일	一	二	三	四	五	六	七	八	九	十	十一	十二	十三	十四	十五	十六	十七	十八	十九	二十	二一	二二	二三	二四	二五	二六	二七	二八	二九	三十
양	월	6										7																			
력	일	21	22	23	24	25	26	27	28	29	30	1	2	3	4	5	6	7	8	9	10	11	12	13	14	15	16	17	18	19	20
음	월	六月																													
력	일	一	二	三	四	五	六	七	八	九	十	十一	十二	十三	十四	十五	十六	十七	十八	十九	二十	二一	二二	二三	二四	二五	二六	二七	二八	二九	
양	월	7											8																		
력	일	21	22	23	24	25	26	27	28	29	30	31	1	2	3	4	5	6	7	8	9	10	11	12	13	14	15	16	17	18	
음	월	七月																													
력	일	一	二	三	四	五	六	七	八	九	十	十一	十二	十三	十四	十五	十六	十七	十八	十九	二十	二一	二二	二三	二四	二五	二六	二七	二八	二九	
양	월	8													9																
력	일	19	20	21	22	23	24	25	26	27	28	29	30	31	1	2	3	4	5	6	7	8	9	10	11	12	13	14	15	16	
음	월	八月																													
력	일	一	二	三	四	五	六	七	八	九	十	十一	十二	十三	十四	十五	十六	十七	十八	十九	二十	二一	二二	二三	二四	二五	二六	二七	二八	二九	三十
양	월	9														10															
력	일	17	18	19	20	21	22	23	24	25	26	27	28	29	30	1	2	3	4	5	6	7	8	9	10	11	12	13	14	15	16
음	월	九月																													
력	일	一	二	三	四	五	六	七	八	九	十	十一	十二	十三	十四	十五	十六	十七	十八	十九	二十	二一	二二	二三	二四	二五	二六	二七	二八	二九	
양	월	10															11														
력	일	17	18	19	20	21	22	23	24	25	26	27	28	29	30	31	1	2	3	4	5	6	7	8	9	10	11	12	13	14	
음	월	十月																													
력	일	一	二	三	四	五	六	七	八	九	十	十一	十二	十三	十四	十五	十六	十七	十八	十九	二十	二一	二二	二三	二四	二五	二六	二七	二八	二九	三十
양	월	11																12													
력	일	15	16	17	18	19	20	21	22	23	24	25	26	27	28	29	30	1	2	3	4	5	6	7	8	9	10	11	12	13	14
음	월	十一月																													
력	일	一	二	三	四	五	六	七	八	九	十	十一	十二	十三	十四	十五	十六	十七	十八	十九	二十	二一	二二	二三	二四	二五	二六	二七	二八	二九	
양	월	12																	12												
력	일	15	16	17	18	19	20	21	22	23	24	25	26	27	28	29	30	31	1	2	3	4	5	6	7	8	9	10	11	12	
음	월	十二月																													
력	일	一	二	三	四	五	六	七	八	九	十	十一	十二	十三	十四	十五	十六	十七	十八	十九	二十	二一	二二	二三	二四	二五	二六	二七	二八	二九	三十
양	월	1																			2										
력	일	13	14	15	16	17	18	19	20	21	22	23	24	25	26	27	28	29	30	31	1	2	3	4	5	6	7	8	9	10	11

서기 2021년 辛 丑 年

음	월									正													月								
력	일	一	二	三	四	五	六	七	八	九	十	十一	十二	十三	十四	十五	十六	十七	十八	十九	二十	二一	二二	二三	二四	二五	二六	二七	二八	二九	
양	월	2																	3												
력	일	12	13	14	15	16	17	18	19	20	21	22	23	24	25	26	27	28	1	2	3	4	5	6	7	8	9	10	11	12	
음	월									二													月								
력	일	一	二	三	四	五	六	七	八	九	十	十一	十二	十三	十四	十五	十六	十七	十八	十九	二十	二一	二二	二三	二四	二五	二六	二七	二八	二九	三十
양	월	3																			4										
력	일	13	14	15	16	17	18	19	20	21	22	23	24	25	26	27	28	29	30	31	1	2	3	4	5	6	7	8	9	10	11
음	월									三													月								
력	일	一	二	三	四	五	六	七	八	九	十	十一	十二	十三	十四	十五	十六	十七	十八	十九	二十	二一	二二	二三	二四	二五	二六	二七	二八	二九	三十
양	월	4																			5										
력	일	12	13	14	15	16	17	18	19	20	21	22	23	24	25	26	27	28	29	30	1	2	3	4	5	6	7	8	9	10	11
음	월									四													月								
력	일	一	二	三	四	五	六	七	八	九	十	十一	十二	十三	十四	十五	十六	十七	十八	十九	二十	二一	二二	二三	二四	二五	二六	二七	二八	二九	
양	월	5																				6									
력	일	12	13	14	15	16	17	18	19	20	21	22	23	24	25	26	27	28	29	30	31	1	2	3	4	5	6	7	8	9	
음	월									五													月								
력	일	一	二	三	四	五	六	七	八	九	十	十一	十二	十三	十四	十五	十六	十七	十八	十九	二十	二一	二二	二三	二四	二五	二六	二七	二八	二九	三十
양	월	6																					7								
력	일	10	11	12	13	14	15	16	17	18	19	20	21	22	23	24	25	26	27	28	29	30	1	2	3	4	5	6	7	8	9
음	월									六													月								
력	일	一	二	三	四	五	六	七	八	九	十	十一	十二	十三	十四	十五	十六	十七	十八	十九	二十	二一	二二	二三	二四	二五	二六	二七	二八	二九	
양	월	7																						8							
력	일	10	11	12	13	14	15	16	17	18	19	20	21	22	23	24	25	26	27	28	29	30	31	1	2	3	4	5	6	7	
음	월									七													月								
력	일	一	二	三	四	五	六	七	八	九	十	十一	十二	十三	十四	十五	十六	十七	十八	十九	二十	二一	二二	二三	二四	二五	二六	二七	二八	二九	三十
양	월	8																								9					
력	일	8	9	10	11	12	13	14	15	16	17	18	19	20	21	22	23	24	25	26	27	28	29	30	31	1	2	3	4	5	6
음	월									八													月								
력	일	一	二	三	四	五	六	七	八	九	十	十一	十二	十三	十四	十五	十六	十七	十八	十九	二十	二一	二二	二三	二四	二五	二六	二七	二八	二九	
양	월	9																								10					
력	일	7	8	9	10	11	12	13	14	15	16	17	18	19	20	21	22	23	24	25	26	27	28	29	30	1	2	3	4	5	
음	월									九													月								
력	일	一	二	三	四	五	六	七	八	九	十	十一	十二	十三	十四	十五	十六	十七	十八	十九	二十	二一	二二	二三	二四	二五	二六	二七	二八	二九	三十
양	월	10																										11			
력	일	6	7	8	9	10	11	12	13	14	15	16	17	18	19	20	21	22	23	24	25	26	27	28	29	30	31	1	2	3	4
음	월									十													月								
력	일	一	二	三	四	五	六	七	八	九	十	十一	十二	十三	十四	十五	十六	十七	十八	十九	二十	二一	二二	二三	二四	二五	二六	二七	二八	二九	
양	월	11																										12			
력	일	5	6	7	8	9	10	11	12	13	14	15	16	17	18	19	20	21	22	23	24	25	26	27	28	29	30	1	2	3	
음	월									十							一						月								
력	일	一	二	三	四	五	六	七	八	九	十	十一	十二	十三	十四	十五	十六	十七	十八	十九	二十	二一	二二	二三	二四	二五	二六	二七	二八	二九	三十
양	월	12																												1	
력	일	4	5	6	7	8	9	10	11	12	13	14	15	16	17	18	19	20	21	22	23	24	25	26	27	28	29	30	31	1	2
음	월									十							二						月								
력	일	一	二	三	四	五	六	七	八	九	十	十一	十二	十三	十四	十五	十六	十七	十八	十九	二十	二一	二二	二三	二四	二五	二六	二七	二八	二九	
양	월	1																													
력	일	3	4	5	6	7	8	9	10	11	12	13	14	15	16	17	18	19	20	21	22	23	24	25	26	27	28	29	30	31	

서기 2022년 壬 寅 年

음	월	正月																													
력	일	一	二	三	四	五	六	七	八	九	十	十一	十二	十三	十四	十五	十六	十七	十八	十九	二十	二一	二二	二三	二四	二五	二六	二七	二八	二九	三十
양	월	2																												3	
력	일	1	2	3	4	5	6	7	8	9	10	11	12	13	14	15	16	17	18	19	20	21	22	23	24	25	26	27	28	1	2
음	월	二月																													
력	일	一	二	三	四	五	六	七	八	九	十	十一	十二	十三	十四	十五	十六	十七	十八	十九	二十	二一	二二	二三	二四	二五	二六	二七	二八	二九	
양	월	3																													
력	일	3	4	5	6	7	8	9	10	11	12	13	14	15	16	17	18	19	20	21	22	23	24	25	26	27	28	29	30	31	
음	월	三月																													
력	일	一	二	三	四	五	六	七	八	九	十	十一	十二	十三	十四	十五	十六	十七	十八	十九	二十	二一	二二	二三	二四	二五	二六	二七	二八	二九	三十
양	월	4																													
력	일	1	2	3	4	5	6	7	8	9	10	11	12	13	14	15	16	17	18	19	20	21	22	23	24	25	26	27	28	29	30
음	월	四月																													
력	일	一	二	三	四	五	六	七	八	九	十	十一	十二	十三	十四	十五	十六	十七	十八	十九	二十	二一	二二	二三	二四	二五	二六	二七	二八	二九	
양	월	5																													
력	일	1	2	3	4	5	6	7	8	9	10	11	12	13	14	15	16	17	18	19	20	21	22	23	24	25	26	27	28	29	
음	월	五月																													
력	일	一	二	三	四	五	六	七	八	九	十	十一	十二	十三	十四	十五	十六	十七	十八	十九	二十	二一	二二	二三	二四	二五	二六	二七	二八	二九	三十
양	월	5		6																											
력	일	30	31	1	2	3	4	5	6	7	8	9	10	11	12	13	14	15	16	17	18	19	20	21	22	23	24	25	26	27	28
음	월	六月																													
력	일	一	二	三	四	五	六	七	八	九	十	十一	十二	十三	十四	十五	十六	十七	十八	十九	二十	二一	二二	二三	二四	二五	二六	二七	二八	二九	三十
양	월	6		7																											
력	일	29	30	1	2	3	4	5	6	7	8	9	10	11	12	13	14	15	16	17	18	19	20	21	22	23	24	25	26	27	28
음	월	七月																													
력	일	一	二	三	四	五	六	七	八	九	十	十一	十二	十三	十四	十五	十六	十七	十八	十九	二十	二一	二二	二三	二四	二五	二六	二七	二八	二九	
양	월	7			8																										
력	일	29	30	31	1	2	3	4	5	6	7	8	9	10	11	12	13	14	15	16	17	18	19	20	21	22	23	24	25	26	
음	월	八月																													
력	일	一	二	三	四	五	六	七	八	九	十	十一	十二	十三	十四	十五	十六	十七	十八	十九	二十	二一	二二	二三	二四	二五	二六	二七	二八	二九	三十
양	월	8					9																								
력	일	27	28	29	30	31	1	2	3	4	5	6	7	8	9	10	11	12	13	14	15	16	17	18	19	20	21	22	23	24	25
음	월	九月																													
력	일	一	二	三	四	五	六	七	八	九	十	十一	十二	十三	十四	十五	十六	十七	十八	十九	二十	二一	二二	二三	二四	二五	二六	二七	二八	二九	
양	월	9					10																								
력	일	26	27	28	29	30	1	2	3	4	5	6	7	8	9	10	11	12	13	14	15	16	17	18	19	20	21	22	23	24	
음	월	十月																													
력	일	一	二	三	四	五	六	七	八	九	十	十一	十二	十三	十四	十五	十六	十七	十八	十九	二十	二一	二二	二三	二四	二五	二六	二七	二八	二九	三十
양	월	10							11																						
력	일	25	26	27	28	29	30	31	1	2	3	4	5	6	7	8	9	10	11	12	13	14	15	16	17	18	19	20	21	22	23
음	월	十一月																													
력	일	一	二	三	四	五	六	七	八	九	十	十一	十二	十三	十四	十五	十六	十七	十八	十九	二十	二一	二二	二三	二四	二五	二六	二七	二八	二九	
양	월	11							12																						
력	일	24	25	26	27	28	29	30	1	2	3	4	5	6	7	8	9	10	11	12	13	14	15	16	17	18	19	20	21	22	
음	월	十二月																													
력	일	一	二	三	四	五	六	七	八	九	十	十一	十二	十三	十四	十五	十六	十七	十八	十九	二十	二一	二二	二三	二四	二五	二六	二七	二八	二九	三十
양	월	12									1																				
력	일	23	24	25	26	27	28	29	30	31	1	2	3	4	5	6	7	8	9	10	11	12	13	14	15	16	17	18	19	20	21

서기 2023년 癸 卯 年

음	월	正月																													
력	일	一	二	三	四	五	六	七	八	九	十	十一	十二	十三	十四	十五	十六	十七	十八	十九	二十	二一	二二	二三	二四	二五	二六	二七	二八	二九	
양	월	1										2																			
력	일	22	23	24	25	26	27	28	29	30	31	1	2	3	4	5	6	7	8	9	10	11	12	13	14	15	16	17	18	19	
음	월	二月																													
력	일	一	二	三	四	五	六	七	八	九	十	十一	十二	十三	十四	十五	十六	十七	十八	十九	二十	二一	二二	二三	二四	二五	二六	二七	二八	二九	三十
양	월	2									3																				
력	일	20	21	22	23	24	25	26	27	28	1	2	3	4	5	6	7	8	9	10	11	12	13	14	15	16	17	18	19	20	21
음	월	閏二月																													
력	일	一	二	三	四	五	六	七	八	九	十	十一	十二	十三	十四	十五	十六	十七	十八	十九	二十	二一	二二	二三	二四	二五	二六	二七	二八	二九	
양	월	3										4																			
력	일	22	23	24	25	26	27	28	29	30	31	1	2	3	4	5	6	7	8	9	10	11	12	13	14	15	16	17	18	19	
음	월	三月																													
력	일	一	二	三	四	五	六	七	八	九	十	十一	十二	十三	十四	十五	十六	十七	十八	十九	二十	二一	二二	二三	二四	二五	二六	二七	二八	二九	三十
양	월	4											5																		
력	일	20	21	22	23	24	25	26	27	28	29	30	1	2	3	4	5	6	7	8	9	10	11	12	13	14	15	16	17	18	19
음	월	四月																													
력	일	一	二	三	四	五	六	七	八	九	十	十一	十二	十三	十四	十五	十六	十七	十八	十九	二十	二一	二二	二三	二四	二五	二六	二七	二八	二九	
양	월	5												6																	
력	일	20	21	22	23	24	25	26	27	28	29	30	31	1	2	3	4	5	6	7	8	9	10	11	12	13	14	15	16	17	
음	월	五月																													
력	일	一	二	三	四	五	六	七	八	九	十	十一	十二	十三	十四	十五	十六	十七	十八	十九	二十	二一	二二	二三	二四	二五	二六	二七	二八	二九	三十
양	월	6													7																
력	일	18	19	20	21	22	23	24	25	26	27	28	29	30	1	2	3	4	5	6	7	8	9	10	11	12	13	14	15	16	17
음	월	六月																													
력	일	一	二	三	四	五	六	七	八	九	十	十一	十二	十三	十四	十五	十六	十七	十八	十九	二十	二一	二二	二三	二四	二五	二六	二七	二八	二九	
양	월	7														8															
력	일	18	19	20	21	22	23	24	25	26	27	28	29	30	31	1	2	3	4	5	6	7	8	9	10	11	12	13	14	15	
음	월	七月																													
력	일	一	二	三	四	五	六	七	八	九	十	十一	十二	十三	十四	十五	十六	十七	十八	十九	二十	二一	二二	二三	二四	二五	二六	二七	二八	二九	三十
양	월	8																9													
력	일	16	17	18	19	20	21	22	23	24	25	26	27	28	29	30	31	1	2	3	4	5	6	7	8	9	10	11	12	13	14
음	월	八月																													
력	일	一	二	三	四	五	六	七	八	九	十	十一	十二	十三	十四	十五	十六	十七	十八	十九	二十	二一	二二	二三	二四	二五	二六	二七	二八	二九	三十
양	월	9																10													
력	일	15	16	17	18	19	20	21	22	23	24	25	26	27	28	29	30	1	2	3	4	5	6	7	8	9	10	11	12	13	14
음	월	九月																													
력	일	一	二	三	四	五	六	七	八	九	十	十一	十二	十三	十四	十五	十六	十七	十八	十九	二十	二一	二二	二三	二四	二五	二六	二七	二八	二九	
양	월	10																	11												
력	일	15	16	17	18	19	20	21	22	23	24	25	26	27	28	29	30	31	1	2	3	4	5	6	7	8	9	10	11	12	
음	월	十月																													
력	일	一	二	三	四	五	六	七	八	九	十	十一	十二	十三	十四	十五	十六	十七	十八	十九	二十	二一	二二	二三	二四	二五	二六	二七	二八	二九	三十
양	월	11																		12											
력	일	13	14	15	16	17	18	19	20	21	22	23	24	25	26	27	28	29	30	1	2	3	4	5	6	7	8	9	10	11	12
음	월	十一月																													
력	일	一	二	三	四	五	六	七	八	九	十	十一	十二	十三	十四	十五	十六	十七	十八	十九	二十	二一	二二	二三	二四	二五	二六	二七	二八	二九	
양	월	12																			1										
력	일	13	14	15	16	17	18	19	20	21	22	23	24	25	26	27	28	29	30	31	1	2	3	4	5	6	7	8	9	10	
음	월	十二月																													
력	일	一	二	三	四	五	六	七	八	九	十	十一	十二	十三	十四	十五	十六	十七	十八	十九	二十	二一	二二	二三	二四	二五	二六	二七	二八	二九	三十
양	월	1																					2								
력	일	11	12	13	14	15	16	17	18	19	20	21	22	23	24	25	26	27	28	29	30	31	1	2	3	4	5	6	7	8	9

서기 2024년 甲 辰 年

음	월	正 月																													
력	일	一	二	三	四	五	六	七	八	九	十	十一	十二	十三	十四	十五	十六	十七	十八	十九	二十	二十一	二十二	二十三	二十四	二十五	二十六	二十七	二十八	二十九	
양	월	2																				3									
력	일	10	11	12	13	14	15	16	17	18	19	20	21	22	23	24	25	26	27	28	29	1	2	3	4	5	6	7	8	9	
음	월	二 月																													
력	일	一	二	三	四	五	六	七	八	九	十	十一	十二	十三	十四	十五	十六	十七	十八	十九	二十	二十一	二十二	二十三	二十四	二十五	二十六	二十七	二十八	二十九	三十
양	월	3																						4							
력	일	10	11	12	13	14	15	16	17	18	19	20	21	22	23	24	25	26	27	28	29	30	31	1	2	3	4	5	6	7	8
음	월	三 月																													
력	일	一	二	三	四	五	六	七	八	九	十	十一	十二	十三	十四	十五	十六	十七	十八	十九	二十	二十一	二十二	二十三	二十四	二十五	二十六	二十七	二十八	二十九	
양	월	4																						5							
력	일	9	10	11	12	13	14	15	16	17	18	19	20	21	22	23	24	25	26	27	28	29	30	1	2	3	4	5	6	7	
음	월	四 月																													
력	일	一	二	三	四	五	六	七	八	九	十	十一	十二	十三	十四	十五	十六	十七	十八	十九	二十	二十一	二十二	二十三	二十四	二十五	二十六	二十七	二十八	二十九	
양	월	5																								6					
력	일	8	9	10	11	12	13	14	15	16	17	18	19	20	21	22	23	24	25	26	27	28	29	30	31	1	2	3	4	5	
음	월	五 月																													
력	일	一	二	三	四	五	六	七	八	九	十	十一	十二	十三	十四	十五	十六	十七	十八	十九	二十	二十一	二十二	二十三	二十四	二十五	二十六	二十七	二十八	二十九	三十
양	월	6																									7				
력	일	6	7	8	9	10	11	12	13	14	15	16	17	18	19	20	21	22	23	24	25	26	27	28	29	30	1	2	3	4	5
음	월	六 月																													
력	일	一	二	三	四	五	六	七	八	九	十	十一	十二	十三	十四	十五	十六	十七	十八	十九	二十	二十一	二十二	二十三	二十四	二十五	二十六	二十七	二十八	二十九	
양	월	7																										8			
력	일	6	7	8	9	10	11	12	13	14	15	16	17	18	19	20	21	22	23	24	25	26	27	28	29	30	31	1	2	3	
음	월	七 月																													
력	일	一	二	三	四	五	六	七	八	九	十	十一	十二	十三	十四	十五	十六	十七	十八	十九	二十	二十一	二十二	二十三	二十四	二十五	二十六	二十七	二十八	二十九	三十
양	월	8																												9	
력	일	4	5	6	7	8	9	10	11	12	13	14	15	16	17	18	19	20	21	22	23	24	25	26	27	28	29	30	31	1	2
음	월	八 月																													
력	일	一	二	三	四	五	六	七	八	九	十	十一	十二	十三	十四	十五	十六	十七	十八	十九	二十	二十一	二十二	二十三	二十四	二十五	二十六	二十七	二十八	二十九	三十
양	월	9																												10	
력	일	3	4	5	6	7	8	9	10	11	12	13	14	15	16	17	18	19	20	21	22	23	24	25	26	27	28	29	30	1	2
음	월	九 月																													
력	일	一	二	三	四	五	六	七	八	九	十	十一	十二	十三	十四	十五	十六	十七	十八	十九	二十	二十一	二十二	二十三	二十四	二十五	二十六	二十七	二十八	二十九	
양	월	10																													
력	일	3	4	5	6	7	8	9	10	11	12	13	14	15	16	17	18	19	20	21	22	23	24	25	26	27	28	29	30	31	
음	월	十 月																													
력	일	一	二	三	四	五	六	七	八	九	十	十一	十二	十三	十四	十五	十六	十七	十八	十九	二十	二十一	二十二	二十三	二十四	二十五	二十六	二十七	二十八	二十九	三十
양	월	11																													
력	일	1	2	3	4	5	6	7	8	9	10	11	12	13	14	15	16	17	18	19	20	21	22	23	24	25	26	27	28	29	30
음	월	十 一 月																													
력	일	一	二	三	四	五	六	七	八	九	十	十一	十二	十三	十四	十五	十六	十七	十八	十九	二十	二十一	二十二	二十三	二十四	二十五	二十六	二十七	二十八	二十九	三十
양	월	12																													
력	일	1	2	3	4	5	6	7	8	9	10	11	12	13	14	15	16	17	18	19	20	21	22	23	24	25	26	27	28	29	30
음	월	十 二 月																													
력	일	一	二	三	四	五	六	七	八	九	十	十一	十二	十三	十四	十五	十六	十七	十八	十九	二十	二十一	二十二	二十三	二十四	二十五	二十六	二十七	二十八	二十九	
양	월	21	1																												
력	일	31	1	2	3	4	5	6	7	8	9	10	11	12	13	14	15	16	17	18	19	20	21	22	23	24	25	26	27	28	

서기 2025년 乙 巳 年

음	월									正														月							
력	일	一	二	三	四	五	六	七	八	九	十	十一	十二	十三	十四	十五	十六	十七	十八	十九	二十	二一	二二	二三	二四	二五	二六	二七	二八	二九	三十
양	월	1			2																										
력	일	29	30	31	1	2	3	4	5	6	7	8	9	10	11	12	13	14	15	16	17	18	19	20	21	22	23	24	25	26	27
음	월									二														月							
력	일	一	二	三	四	五	六	七	八	九	十	十一	十二	十三	十四	十五	十六	十七	十八	十九	二十	二一	二二	二三	二四	二五	二六	二七	二八	二九	
양	월	2	3																												
력	일	28	1	2	3	4	5	6	7	8	9	10	11	12	13	14	15	16	17	18	19	20	21	22	23	24	25	26	27	28	
음	월									三														月							
력	일	一	二	三	四	五	六	七	八	九	十	十一	十二	十三	十四	十五	十六	十七	十八	十九	二十	二一	二二	二三	二四	二五	二六	二七	二八	二九	三十
양	월	3			4																										
력	일	29	30	31	1	2	3	4	5	6	7	8	9	10	11	12	13	14	15	16	17	18	19	20	21	22	23	24	25	26	27
음	월									四														月							
력	일	一	二	三	四	五	六	七	八	九	十	十一	十二	十三	十四	十五	十六	十七	十八	十九	二十	二一	二二	二三	二四	二五	二六	二七	二八	二九	
양	월	4			5																										
력	일	28	29	30	1	2	3	4	5	6	7	8	9	10	11	12	13	14	15	16	17	18	19	20	21	22	23	24	25	26	
음	월									五														月							
력	일	一	二	三	四	五	六	七	八	九	十	十一	十二	十三	十四	十五	十六	十七	十八	十九	二十	二一	二二	二三	二四	二五	二六	二七	二八	二九	
양	월	5					6																								
력	일	27	28	29	30	31	1	2	3	4	5	6	7	8	9	10	11	12	13	14	15	16	17	18	19	20	21	22	23	24	
음	월									六														月							
력	일	一	二	三	四	五	六	七	八	九	十	十一	十二	十三	十四	十五	十六	十七	十八	十九	二十	二一	二二	二三	二四	二五	二六	二七	二八	二九	三十
양	월	6						7																							
력	일	25	26	27	28	29	30	1	2	3	4	5	6	7	8	9	10	11	12	13	14	15	16	17	18	19	20	21	22	23	24
음	월									閏							六							月							
력	일	一	二	三	四	五	六	七	八	九	十	十一	十二	十三	十四	十五	十六	十七	十八	十九	二十	二一	二二	二三	二四	二五	二六	二七	二八	二九	
양	월	7							8																						
력	일	25	26	27	28	29	30	31	1	2	3	4	5	6	7	8	9	10	11	12	13	14	15	16	17	18	19	20	21	22	
음	월									七														月							
력	일	一	二	三	四	五	六	七	八	九	十	十一	十二	十三	十四	十五	十六	十七	十八	十九	二十	二一	二二	二三	二四	二五	二六	二七	二八	二九	三十
양	월	8									9																				
력	일	23	24	25	26	27	28	29	30	31	1	2	3	4	5	6	7	8	9	10	11	12	13	14	15	16	17	18	19	20	21
음	월									八														月							
력	일	一	二	三	四	五	六	七	八	九	十	十一	十二	十三	十四	十五	十六	十七	十八	十九	二十	二一	二二	二三	二四	二五	二六	二七	二八	二九	
양	월	9									10																				
력	일	22	23	24	25	26	27	28	29	30	1	2	3	4	5	6	7	8	9	10	11	12	13	14	15	16	17	18	19	20	
음	월									九														月							
력	일	一	二	三	四	五	六	七	八	九	十	十一	十二	十三	十四	十五	十六	十七	十八	十九	二十	二一	二二	二三	二四	二五	二六	二七	二八	二九	三十
양	월	10											11																		
력	일	21	22	23	24	25	26	27	28	29	30	31	1	2	3	4	5	6	7	8	9	10	11	12	13	14	15	16	17	18	19
음	월									十														月							
력	일	一	二	三	四	五	六	七	八	九	十	十一	十二	十三	十四	十五	十六	十七	十八	十九	二十	二一	二二	二三	二四	二五	二六	二七	二八	二九	三十
양	월	11											12																		
력	일	20	21	22	23	24	25	26	27	28	29	30	1	2	3	4	5	6	7	8	9	10	11	12	13	14	15	16	17	18	19
음	월									十							一							月							
력	일	一	二	三	四	五	六	七	八	九	十	十一	十二	十三	十四	十五	十六	十七	十八	十九	二十	二一	二二	二三	二四	二五	二六	二七	二八	二九	三十
양	월	12												1																	
력	일	20	21	22	23	24	25	26	27	28	29	30	31	1	2	3	4	5	6	7	8	9	10	11	12	13	14	15	16	17	18
음	월									十							二							月							
력	일	一	二	三	四	五	六	七	八	九	十	十一	十二	十三	十四	十五	十六	十七	十八	十九	二十	二一	二二	二三	二四	二五	二六	二七	二八	二九	
양	월	1													2																
력	일	19	20	21	22	23	24	25	26	27	28	29	30	31	1	2	3	4	5	6	7	8	9	10	11	12	13	14	15	16	

서기 2026년 丙 午 年

음	월									正													月							
력	일	一	二	三	四	五	六	七	八	九	十	十一	十二	十三	十四	十五	十六	十七	十八	十九	二十	二一	二二	二三	二四	二五	二六	二七	二八	二九	三十
양	월	2												3																	
력	일	17	18	19	20	21	22	23	24	25	26	27	28	1	2	3	4	5	6	7	8	9	10	11	12	13	14	15	16	17	18
음	월									二													月							
력	일	一	二	三	四	五	六	七	八	九	十	十一	十二	十三	十四	十五	十六	十七	十八	十九	二十	二一	二二	二三	二四	二五	二六	二七	二八	二九	
양	월	3													4																
력	일	19	20	21	22	23	24	25	26	27	28	29	30	31	1	2	3	4	5	6	7	8	9	10	11	12	13	14	15	16	
음	월									三													月							
력	일	一	二	三	四	五	六	七	八	九	十	十一	十二	十三	十四	十五	十六	十七	十八	十九	二十	二一	二二	二三	二四	二五	二六	二七	二八	二九	三十
양	월	4														5															
력	일	17	18	19	20	21	22	23	24	25	26	27	28	29	30	1	2	3	4	5	6	7	8	9	10	11	12	13	14	15	16
음	월									四													月							
력	일	一	二	三	四	五	六	七	八	九	十	十一	十二	十三	十四	十五	十六	十七	十八	十九	二十	二一	二二	二三	二四	二五	二六	二七	二八	二九	
양	월	5															6														
력	일	17	18	19	20	21	22	23	24	25	26	27	28	29	30	31	1	2	3	4	5	6	7	8	9	10	11	12	13	14	
음	월									五													月							
력	일	一	二	三	四	五	六	七	八	九	十	十一	十二	十三	十四	十五	十六	十七	十八	十九	二十	二一	二二	二三	二四	二五	二六	二七	二八	二九	
양	월	6																7													
력	일	15	16	17	18	19	20	21	22	23	24	25	26	27	28	29	30	1	2	3	4	5	6	7	8	9	10	11	12	13	
음	월									六													月							
력	일	一	二	三	四	五	六	七	八	九	十	十一	十二	十三	十四	十五	十六	十七	十八	十九	二十	二一	二二	二三	二四	二五	二六	二七	二八	二九	三十
양	월	7																		8											
력	일	14	15	16	17	18	19	20	21	22	23	24	25	26	27	28	29	30	31	1	2	3	4	5	6	7	8	9	10	11	12
음	월									七													月							
력	일	一	二	三	四	五	六	七	八	九	十	十一	十二	十三	十四	十五	十六	十七	十八	十九	二十	二一	二二	二三	二四	二五	二六	二七	二八	二九	
양	월	8																			9										
력	일	13	14	15	16	17	18	19	20	21	22	23	24	25	26	27	28	29	30	31	1	2	3	4	5	6	7	8	9	10	
음	월									八													月							
력	일	一	二	三	四	五	六	七	八	九	十	十一	十二	十三	十四	十五	十六	十七	十八	十九	二十	二一	二二	二三	二四	二五	二六	二七	二八	二九	三十
양	월	9																				10									
력	일	11	12	13	14	15	16	17	18	19	20	21	22	23	24	25	26	27	28	29	30	1	2	3	4	5	6	7	8	9	10
음	월									九													月							
력	일	一	二	三	四	五	六	七	八	九	十	十一	十二	十三	十四	十五	十六	十七	十八	十九	二十	二一	二二	二三	二四	二五	二六	二七	二八	二九	
양	월	10																					11								
력	일	11	12	13	14	15	16	17	18	19	20	21	22	23	24	25	26	27	28	29	30	31	1	2	3	4	5	6	7	8	
음	월									十													月							
력	일	一	二	三	四	五	六	七	八	九	十	十一	十二	十三	十四	十五	十六	十七	十八	十九	二十	二一	二二	二三	二四	二五	二六	二七	二八	二九	三十
양	월	11																						12							
력	일	9	10	11	12	13	14	15	16	17	18	19	20	21	22	23	24	25	26	27	28	29	30	1	2	3	4	5	6	7	8
음	월									十							一						月							
력	일	一	二	三	四	五	六	七	八	九	十	十一	十二	十三	十四	十五	十六	十七	十八	十九	二十	二一	二二	二三	二四	二五	二六	二七	二八	二九	三十
양	월	12																							1						
력	일	9	10	11	12	13	14	15	16	17	18	19	20	21	22	23	24	25	26	27	28	29	30	31	1	2	3	4	5	6	7
음	월									十							二						月							
력	일	一	二	三	四	五	六	七	八	九	十	十一	十二	十三	十四	十五	十六	十七	十八	十九	二十	二一	二二	二三	二四	二五	二六	二七	二八	二九	三十
양	월	1																								2					
력	일	8	9	10	11	12	13	14	15	16	17	18	19	20	21	22	23	24	25	26	27	28	29	30	31	1	2	3	4	5	6

서기 2027년 丁 未 年

음	월	正月																													
력	일	一	二	三	四	五	六	七	八	九	十	十一	十二	十三	十四	十五	十六	十七	十八	十九	二十	二一	二二	二三	二四	二五	二六	二七	二八	二九	
양	월	2																						3							
력	일	7	8	9	10	11	12	13	14	15	16	17	18	19	20	21	22	23	24	25	26	27	28	1	2	3	4	5	6	7	
음	월	二月																													
력	일	一	二	三	四	五	六	七	八	九	十	十一	十二	十三	十四	十五	十六	十七	十八	十九	二十	二一	二二	二三	二四	二五	二六	二七	二八	二九	三十
양	월	3																								4					
력	일	8	9	10	11	12	13	14	15	16	17	18	19	20	21	22	23	24	25	26	27	28	29	30	31	1	2	3	4	5	6
음	월	三月																													
력	일	一	二	三	四	五	六	七	八	九	十	十一	十二	十三	十四	十五	十六	十七	十八	十九	二十	二一	二二	二三	二四	二五	二六	二七	二八	二九	
양	월	4																								5					
력	일	7	8	9	10	11	12	13	14	15	16	17	18	19	20	21	22	23	24	25	26	27	28	29	30	1	2	3	4	5	
음	월	四月																													
력	일	一	二	三	四	五	六	七	八	九	十	十一	十二	十三	十四	十五	十六	十七	十八	十九	二十	二一	二二	二三	二四	二五	二六	二七	二八	二九	三十
양	월	5																										6			
력	일	6	7	8	9	10	11	12	13	14	15	16	17	18	19	20	21	22	23	24	25	26	27	28	29	30	31	1	2	3	4
음	월	五月																													
력	일	一	二	三	四	五	六	七	八	九	十	十一	十二	十三	十四	十五	十六	十七	十八	十九	二十	二一	二二	二三	二四	二五	二六	二七	二八	二九	
양	월	6																										7			
력	일	5	6	7	8	9	10	11	12	13	14	15	16	17	18	19	20	21	22	23	24	25	26	27	28	29	30	1	2	3	
음	월	六月																													
력	일	一	二	三	四	五	六	七	八	九	十	十一	十二	十三	十四	十五	十六	十七	十八	十九	二十	二一	二二	二三	二四	二五	二六	二七	二八	二九	
양	월	7																												8	
력	일	4	5	6	7	8	9	10	11	12	13	14	15	16	17	18	19	20	21	22	23	24	25	26	27	28	29	20	31	1	
음	월	七月																													
력	일	一	二	三	四	五	六	七	八	九	十	十一	十二	十三	十四	十五	十六	十七	十八	十九	二十	二一	二二	二三	二四	二五	二六	二七	二八	二九	三十
양	월	8																													
력	일	2	3	4	5	6	7	8	9	10	11	12	13	14	15	16	17	18	19	20	21	22	23	24	25	26	27	28	29	30	31
음	월	八月																													
력	일	一	二	三	四	五	六	七	八	九	十	十一	十二	十三	十四	十五	十六	十七	十八	十九	二十	二一	二二	二三	二四	二五	二六	二七	二八	二九	
양	월	9																													
력	일	1	2	3	4	5	6	7	8	9	10	11	12	13	14	15	16	17	18	19	20	21	22	23	24	25	26	27	28	29	
음	월	九月																													
력	일	一	二	三	四	五	六	七	八	九	十	十一	十二	十三	十四	十五	十六	十七	十八	十九	二十	二一	二二	二三	二四	二五	二六	二七	二八	二九	
양	월	9	10																												
력	일	30	1	2	3	4	5	6	7	8	9	10	11	12	13	14	15	16	17	18	19	20	21	22	23	24	25	26	27	28	
음	월	十月																													
력	일	一	二	三	四	五	六	七	八	九	十	十一	十二	十三	十四	十五	十六	十七	十八	十九	二十	二一	二二	二三	二四	二五	二六	二七	二八	二九	三十
양	월	10			11																										
력	일	29	30	31	1	2	3	4	5	6	7	8	9	10	11	12	13	14	15	16	17	18	19	20	21	22	23	24	25	26	27
음	월	十一月																													
력	일	一	二	三	四	五	六	七	八	九	十	十一	十二	十三	十四	十五	十六	十七	十八	十九	二十	二一	二二	二三	二四	二五	二六	二七	二八	二九	三十
양	월	11			12																										
력	일	28	29	30	1	2	3	4	5	6	7	8	9	10	11	12	13	14	15	16	17	18	19	20	21	22	23	24	25	26	27
음	월	十二月																													
력	일	一	二	三	四	五	六	七	八	九	十	十一	十二	十三	十四	十五	十六	十七	十八	十九	二十	二一	二二	二三	二四	二五	二六	二七	二八	二九	三十
양	월	12				1																									
력	일	28	29	30	31	1	2	3	4	5	6	7	8	9	10	11	12	13	14	15	16	17	18	19	20	21	22	23	24	25	26

삼한출판사의
신비한 동양철학 시리즈

적천수 정설

유백온 선생의 적천수 원본을 정석으로 해설

원래 유백온 선생이 저술한 적천수의 원문은 그렇게 많지가 않으나 후학들이 각각 자신의 주장으로 해설하여 많아졌다. 이 책은 적천수 원문을 보고 30년 역학의 경험을 총동원하여 해설했다. 물론 백퍼센트 정확하다고 주장할 수는 없다. 다만 한국과 일본을 오가면서 실제의 경험담을 함께 실었다. 공부하는 사람들에게는 많은 도움이 될 것이라 믿는다.

신비한 동양철학 82 | 역산 김찬동 편역 | 692면 | 34,000원 | 신국판

궁통보감 정설

궁통보감 원문을 쉽고 자세하게 해설

『궁통보감(窮通寶鑑)』은 5대원서 중에서 가장 이론적이며 사리에 맞는 책이며, 조후(調候)를 중심으로 설명하며 간명한 것이 특징이다. 역학을 공부하는 학도들에게 도움을 주려고 먼저 원문에 음독을 단 다음 해설하였다. 그리고 예문은 서낙오(徐樂吾) 선생이 해설한 것을 그대로 번역하였고, 저자가 상담한 사람들의 사주와 점서에 있는 사주들을 실었다.

신비한 동양철학 83 | 역산 김찬동 편역 | 768면 | 39,000원 | 신국판

연해자평 정설(1·2권)

연해자평의 완결판

연해자평의 저자 서자평은 중국 송대의 대음양 학자로 명리학의 비조일 뿐만 아니라 천문점성에도 밝았다. 이전에는 년(年)을 기준으로 추명했는데 적중률이 낮아 서자평이 일간(日干)을 기준으로 하고, 일지(日支)를 배우자로 보는 이론을 발표하면서 명리학은 크게 발전해 오늘에 이르렀다. 때문에 연해자평은 5대 원서 중에서도 필독하지 않으면 안 되는 책이다.

신비한 동양철학 101 | 김찬동 편역 |1권 559면, 2권 309면 | 1권 33,000원, 2권 20,000원 | 신국판

명리입문

명리학의 정통교본

이 책은 옛부터 있었던 글들이나 너무 여기 저기 산만하게 흩어져 있어 공부하는 사람들에게는 많은 시간과 인내를 필요로 하였다. 그래서 한 군데 묶어 좀더 보기 쉽고 알기 쉽도록 엮은 것이다.

신비한 동양철학 41 | 동하 정지호 저 | 678면 | 29,000원 | 신국판 양장

조화원약 평주

명리학의 정통교본

자평진전, 난강망, 명리정종, 적천수 등과 함께 명리학의 교본에 해당하는 것으로 중국 청나라 때 나온 난강망이라는 책을 서낙오 선생께서 자세하게 설명을 붙인 것이다. 기존의 많은 책들이 오직 격국과 용신을 중심으로 감정하는 것과는 달리 십간 십이지와 음양오행을 각각 자연의 이치와 춘하추동의 사계절의 흐름에 대입하여 인간의 길흉화복을 알 수 있게 했다.

신비한 동양철학 35 | 동하 정지호 편역 | 888면 | 39,000원 | 신국판

사주대성

초보에서 완성까지

이 책은 과거 현재 미래를 모두 알 수 있는 비결을 실었다. 그러나 모두 터득한다는 것은 어려울 것이다.역학은 수천 년간 동방의 석학들에 의해 갈고 닦은 철학이요 학문이며, 정신문화로서 영과학적인 상수문화로서 자랑할만한 위대한 학문이다.

신비한 동양철학 33 | 도관 박흥식 저 | 986면 | 46,000원 | 신국판 양장

쉽게 푼 역학(개정판)

쉽게 배워 적용할 수 있는 생활역학서 !

이 책에서는 좀더 많은 사람들이 역학의 근본인 우주의 오묘한 진리와 법칙을 깨달아 보다 나은 삶을 영위하는데 도움이 될 수 있도록 가장 쉬운 언어와 가장 쉬운 방법으로 풀이했다. 역학계의 대가 김봉준 선생의 역작이다.

신비한 동양철학 71 | 백우 김봉준 저 | 568면 | 30,000원 | 신국판

사주명리학 핵심

맥을 잡아야 모든 것이 보인다

이 책은 잡다한 설명을 배제하고 명리학자에게 도움이 될 비법들만을 모아 엮었기 때문에 초심자가 이해하기에는 다소 어려운 부분도 있겠지만 기초를 튼튼히 한 다음 정독한다면 충분히 이해할 것이다. 신살만 늘어놓으며 감정하는 사이비가 되지말기를 바란다.

신비한 동양철학 19 | 도관 박흥식 저 | 502면 | 20,000원 | 신국판

물상활용비법

물상을 활용하여 오행의 흐름을 파악한다

이 책은 물상을 통하여 오행의 흐름을 파악하고 운명을 감정하는 방법을 연구한 책이다. 추명학의 해법을 연구하고 운명을 추리하여 오행에서 분류되는 물질의 운명 줄거리를 물상의 기물로 나들이 하는 활용법을 주제로 했다. 팔자풀이 및 운명해설에 관한 명리감정법의 체계를 세우는데 목적을 두고 초점을 맞추었다.

신비한 동양철학 31 | 해주 이학성 저 | 446면 | 26,000원 | 신국판

신수대전

흉함을 피하고 길함을 부르는 방법

신수는 대부분 주역과 사주추명학에 근거한다. 수많은 학설 중 몇 가지를 보면 사주명리, 자미두수, 관상, 점성학, 구성학, 육효, 토정비결, 매화역수, 대정수, 초씨역림, 황극책수, 하락리수, 범위수, 월영도, 현무발서, 철판신수, 육임신과, 기문둔갑, 태을신수 등이다. 역학에 정통한 고사가 아니면 추단하기 어려우므로 누구나 신수를 볼 수 있도록 몇 가지를 정리했다.

신비한 동양철학 62 | 도관 박흥식 편저 | 528면 | 36,000원 | 신국판 양장

정법사주

운명판단의 첩경을 이루는 책

이 책은 사주추명학을 연구하고자 하는 분들에게 심오한 주역의 이해를 돕고자 하는 의도에서 시작되었다. 음양오행의 상생상극에서부터 육친법과 신살법을 기초로 하여 격국과 용신 그리고 유년판단법을 활용하여 운명판단에 첩경이 될 수 있도록 했고 추리응용과 운명감정의 실례를 하나하나 들어가면서 독학과 강의용 겸용으로 엮었다.

신비한 동양철학 49 | 원각 김구현 저 | 424면 | 26,000원 | 신국판 양장

내가 보고 내가 바꾸는 DIY사주

내가 보고 내가 바꾸는 사주비결

기존의 책들과는 달리 한 사람의 사주를 체계적으로 도표화시켜 한 눈에 파악할 수 있고, DIY라는 책 제목에서 말하듯이 개운하는 방법을 제시한다. 초심자는 물론 전문가도 자신의 이론을 새롭게 재조명해 볼 수 있는 케이스 스터디 북이다.

신비한 동양철학 39 | 석오 전광 저 | 338면 | 16,000원 | 신국판

인터뷰 사주학

쉽고 재미있는 인터뷰 사주학

얼마전만 해도 사주학을 취급하면 미신을 다루는 부류로 취급되었다. 그러나 지금은 하루가 다르게 이 학문을 공부하는 사람들이 폭증하고 있는 것으로 보인다. 젊은 층에서 사주카페니 사주방이니 사주동아리니 하는 것들이 만들어지고 그 모임이 활발하게 움직이고 있다는 점이 그것을 증명해준다. 그뿐 아니라 대학원에는 역학교수들이 점차로 증가하고 있다.

신비한 동양철학 70 | 글갈 정대엽 편저 | 426면 | 16,000원 | 신국판

사주특강
자평진전과 적천수의 재해석

이 책은 『자평진전』과 『적천수』를 근간으로 명리학의 폭넓은 가치를 인식하고, 실전에서 유용한 기반을 다지는데 중점을 두고 썼다. 일찍이 『자평진전』을 교과서로 삼고, 『적천수』로 보완하라는 서낙오의 말에 깊이 공감한다.

신비한 동양철학 68 | 청월 박상의 편저 | 440면 | 25,000원 | 신국판

참역학은 이렇게 쉬운 것이다
음양오행의 이론으로 이루어진 참역학서

수학공식이 아무리 어렵다고 해도 1, 2, 3, 4, 5, 6, 7, 8, 9, 0의 10개의 숫자로 이루어졌듯이 사주도 음양과 오행으로 이루어졌을 뿐이다. 그러니 용신과 격국이라는 무거운 짐을 벗어버리고 음양오행의 법칙과 진리만 정확하게 파악하면 된다. 사주는 음양오행의 변화일 뿐이고 용신과 격국은 사주를 감정하는 한 가지 방법에 지나지 않는다.

신비한 동양철학 24 | 청암 박재현 저 | 328면 | 16,000원 | 신국판

사주에 모든 길이 있다
사주를 알면 운명이 보인다!

사주를 간명하는데 조금이라도 도움이 됐으면 하는 바람에서 이 책을 썼다. 간명의 근간인 오행의 왕쇠강약을 세분하고, 대운과 세운, 세운과 월운의 연관성과, 십신과 여러 살이 미치는 암시와, 십이운성으로 세운을 판단하는 법을 설명했다.

신비한 동양철학 65 | 정담 선사 편저 | 294면 | 26,000원 | 신국판 양장

왕초보 내 사주
초보 입문용 역학서

이 책은 역학을 너무 어렵게 생각하는 초보자들에게 조금이나마 도움을 주고자 쉽게 엮으려고 노력했다. 이 책을 숙지한 후 역학(易學)의 5대 원서인 『적천수(滴天髓)』, 『궁통보감(窮通寶鑑)』, 『명리정종(命理正宗)』, 『연해자평(淵海子平)』, 『삼명통회(三命通會)』에 접근한다면 훨씬 쉽게 터득할 수 있을 것이다. 이 책들은 저자가 이미 편역하여 삼한출판사에서 출간한 것도 있고, 앞으로 모두 갖출 것이니 많이 활용하기 바란다.

신비한 동양철학 84 | 역산 김찬동 편저 | 278면 | 19,000원 | 신국판

명리학연구
체계적인 명확한 이론

이 책은 명리학 연구에 핵심적인 내용만을 모아 하나의 독립된 장을 만들었다. 명리학은 분야가 넓어 공부를 하다보면 주변에 머무르는 경우가 많아, 주요 내용을 잃고 헤매는 경우가 많다. 그러므로 뼈대를 잡는 것이 중요한데, 여기서는 「17장. 명리대요」에 핵심 내용만을 모아 학문의 체계를 잡는데 용이하게 하였다.

신비한 동양철학 59 | 권중주 저 | 562면 | 29,000원 | 신국판 양장

말하는 역학
신수를 묻는 사람 앞에서 술술 말문이 열린다

그토록 어렵다는 사주통변술을 쉽고 흥미롭게 고담과 덕담을 곁들여 사실적으로 생동감 있게 통변했다. 길흉을 어떻게 표현하느냐에 따라 상담자의 정곡을 찔러 핵심을 끌어내 정답을 내리는 것이 통변술이다.역학계의 대가 김봉준 선생의 역작.

신비한 동양철학 11 | 백우 김봉준 저 | 576면 | 26,000원 | 신국판 양장

통변술해법
가닥가닥 풀어내는 역학의 비법

이 책은 역학과 상대에 대해 머리로는 다 알면서도 밖으로 표출되지 않아 어려움을 겪는 사람들을 위한 실습서다. 특히 실명감정과 이론강의로 나누어 역학의 진리를 설명하여 초보자도 쉽게 이해할 수 있다. 역학계의 대가 김봉준 선생의 역서인 「알기쉬운 해설·말하는 역학」이 나온 후 후편을 써달라는 열화같은 요구에 못이겨 내놓은 바로 그 책이다.

신비한 동양철학 21 | 백우 김봉준 저 | 392면 | 26,000원 | 신국판 양장

술술 읽다보면 통달하는 사주학

술술 읽다보면 나도 어느새 도사

당신은 당신 마음대로 모든 일이 이루어지던가. 지금까지 누구의 명령을 받지 않고 내 맘대로 살아왔다고, 운명 따위는 믿지 않는다고, 운명에 매달리지 않는다고 말하는 사람들이 많다. 그러나 우주법칙을 모르기 때문에 하는 소리다.

신비한 동양철학 28 | 조철현 저 | 368면 | 16,000원 | 신국판

사주학

5대 원서의 핵심과 실용

이 책은 사주학을 체계적으로 공부하려는 학도들을 위해서 꼭 알아두어야 할 내용들과 용어들을 수록하는데 중점을 두었다. 이 학문을 공부하려고 많은 사람들이 필자를 찾아왔을 깨 여러 가지 질문을 던져보면 거의 기초지식이 시원치 않음을 보았다. 따라서 용어를 포함한 제반지식을 골고루 습득해야 빠른 시일 내에 소기의 목적을 달성할 수 있을 것이다.

신비한 동양철학 66 | 글갈 정대엽 저 | 778면 | 46,000원 | 신국판 양장

명인재

신기한 사주판단 비법

이 책은 오행보다는 주로 살을 이용하는 비법을 담았다. 시중에 나온 책들을 보면 살에 대해 설명은 많이 하면서도 실제 응용에서는 무시하고 있다. 이것은 살을 알면서도 응용할 줄 모르기 때문이다. 그러나 이 책에서는 살의 활용방법을 완전히 터득해, 어떤 살과 어떤 살이 합하면 어떻게 작용하는지를 자세하게 설명하였다.

신비한 동양철학 43 | 원공선사 저 | 332면 | 19,000원 | 신국판 양장

명리학 | 재미있는 우리사주

사주 세우는 방법부터 용어해설 까지!!

몇 년 전 『사주에 모든 길이 있다』가 나온 후 선배 제현들께서 알찬 내용의 책다운 책을 접했다는 찬사를 받았다. 그러나 사주의 작성법을 설명하지 않아 독자들에게 많은 질타를 받고 뒤늦게 이 책 을 출판하기로 결심했다. 이 책은 한글만 알면 누구나 역학과 가까워질 수 있도록 사주 세우는 방법부터 실제간명, 용어해설에 이르기까지 분야별로 엮었다.

신비한 동양철학 74 | 정담 선사 편저 | 368면 | 19,000원 | 신국판

사주비기

역학으로 보는 역대 대통령들이 나오는 이치!!

이 책에서는 고서의 이론을 근간으로 하여 근대의 사주들을 임상하여, 적중도에 의구심이 가는 이론들은 과감하게 탈피하고 통용될 수 있는 이론만을 수용했다. 따라서 기존 역학서의 아쉬운 부분들을 충족시키며 일반인도 열정만 있으면 누구나 자신의 운명을 감정하고 피흉취길할 수 있는 생활지침서로 활용할 수 있을 것이다.

신비한 동양철학 79 | 청월 박상의 편저 | 456면 | 19,000원 | 신국판

사주학의 활용법

가장 실질적인 역학서

우리가 생소한 지방을 여행할 때 제대로 된 지도가 있다면 편리하고 큰 도움이 되듯이 역학이란 이와같은 인생의 길잡이다. 예측불허의 인생을 살아가는데 올바른 안내자나 그 무엇이 있다면 그 이상 마음 든든하고 큰 재산은 없을 것이다.

신비한 동양철학 17 | 학선 류래웅 저 | 358면 | 15,000원 | 신국판

명리실무

명리학의 총 정리서

명리학(命理學)은 오랜 세월 많은 철인(哲人)들에 의하여 전승 발전되어 왔고, 지금도 수많은 사람이 임상과 연구에 임하고 있으며, 몇몇 대학에 학과도 개설되어 체계적인 교육을 하고 있다. 그러나 아직도 실무에서 활용할 수 있는 책이 부족한 상황이기 때문에 나름대로 현장에서 필요한 이론들을 정리해 보았다. 초학자는 물론 역학계에 종사하는 사람들에게 큰 도움이 될 것이라고 믿는다.

신비한 동양철학 94 | 박흥식 편저 | 920면 | 39,000원 | 신국판

사주 속으로

역학서의 고전들로 입증하며 쉽고 자세하게 푼 책

십 년 동안 역학계에 종사하면서 나름대로는 실전과 이론에서 최선을 다했다고 자부한다. 역학원의 비좁은 공간에서도 항상 후학을 생각하는 마음으로 역학에 대한 배움의 장을 마련하고자 노력한 것도 사실이다. 이 책을 역학으로 이름을 알리고 역학으로 생활하면서 조금이나마 역학계에 이바지할 것이 없을까라는 고민의 산물이라 생각해주기 바란다.

신비한 동양철학 95 | 김상회 편저 | 429면 | 15,000원 | 신국판

사주학의 방정식

알기 쉽게 풀어놓은 가장 실질적인 역서

이 책은 종전의 어려웠던 사주풀이의 응용과 한문을 쉬운 방법으로 터득하는데 목적을 두었고, 역학이 무엇인가를 알리고자 하는데 있다. 세인들은 역학자를 남의 운명이나 풀이하는 점쟁이로 알지만 잘못된 생각이다. 역학은 우주의 근본이며 기의 학문이기 때문에 역학을 이해하지 못하고서는 우리 인생살이 또한 정확하게 해석할 수 없는 고차원의 학문이다.

신비한 동양철학 18 | 김용오 저 | 192면 | 8,000원 | 신국판

오행상극설과 진화론

인간과 인생을 떠난 천리란 있을 수 없다

과학이 현대를 설정하여 설명하고 있으나 원리는 동양철학에도 있기에 그 양면을 밝히고자 노력했다. 우주에서 일어나는 모든 일을 과학으로 설명될 수는 없다. 비과학적이라고 하기보다는 과학이 따라오지 못한다고 설명하는 것이 더 솔직하고 옳은 표현일 것이다. 특히 과학분야에 종사하는 신의사가 저술했다는데 더 큰 화제가 되고 있다.

신비한 동양철학 5 | 김태진 저 | 222면 | 15,000원 | 신국판

스스로 공부하게 하는 방법과 천부적 적성

내 아이를 성공시키고 싶은 부모들에게

자녀를 성공시키고 싶은 마음은 누구나 같겠지만 가난한 집 아이가 좋은 성적을 내기는 매우 어렵고, 원하는 학교에 들어가기도 어렵다. 그러나 실망하기에는 아직 이르다. 내 아이가 훌륭하게 성장해 아름답고 멋진 삶을 살아가는 방법을 소개한다.

신비한 동양철학 85 | 청암 박재현 지음 | 176면 | 14,000원 | 신국판

진짜부적 가짜부적

부적의 실체와 정확한 제작방법

인쇄부적에서 가짜부적에 이르기까지 많게는 몇백만원에 팔리고 있다는 보도를 종종 듣는다. 그러나 부적은 정확한 제작방법에 따라 자신의 용도에 맞게 스스로 만들어 사용하면 훨씬 더 좋은 효과를 얻을 수 있다. 이 책은 중국에서 정통부적을 연구한 국내유일의 동양오술학자가 밝힌 부적의 실체와 정확한 제작방법을 소개하고 있다.

신비한 동양철학 7 | 오상익 저 | 322면 | 15,000원 | 신국판

수명비결

주민등록번호 13자로 숙명의 정체를 밝힌다

우리는 지금 무수히 많은 숫자의 거미줄에 매달려 허우적거리며 살아가고 있다. 1분 ·1초가 생사를 가름하고, 1등·2등이 인생을 좌우하며, 1급·2급이 신분을 구분하는 세상이다. 이 책은 수명리학으로 13자의 주민등록번호로 명예, 재산, 건강, 수명, 애정, 자녀운 등을 미리 읽어본다.

신비한 동양철학 14 | 장충한 저 | 308면 | 15,000원 | 신국판

진짜궁합 가짜궁합

남녀궁합의 새로운 충격

중국에서 연구한 국내유일의 동양오술학자가 우리나라 역술가들의 궁합법이 잘못되었다는 것을 학술적으로 분석·비평하고, 전적과 사례연구를 통하여 궁합의 실체와 타당성을 분석했다. 합리적인 「자미두수궁합법」과 「남녀궁합」 및 출생시간을 몰라 궁합을 못보는 사람들을 위하여 「지문으로 보는 궁합법」 등을 공개하고 있다.

신비한 동양철학 8 | 오상익 저 | 414면 | 15,000원 | 신국판

주역육효 해설방법(상·하)

한 번만 읽으면 주역을 활용할 수 있는 책

이 책은 주역을 해설한 것으로, 될 수 있는 한 여러 가지 사설을 덧붙이지 않고, 주역을 공부하고 활용하는데 필요한 요건만을 기록했다. 따라서 주역의 근원이나 하도낙서, 음양오행에 대해서도 많은 설명을 자제했다. 다만 누구나 이 책을 한 번 읽어서 주역을 이해하고 활용할 수 있도록 하는데 중점을 두었다.

신비한 동양철학 38 | 원공선사 저 | 상 810면·하 798면 | 각 29,000원 | 신국판

쉽게 푼 주역

귀신도 탄복한다는 주역을 쉽고 재미있게 풀어놓은 책

주역이라는 말 한마디면 귀신도 기겁을 하고 놀라 자빠진다는데, 운수와 일진이 문제가 될까. 8×8=64괘라는 주역을 한 괘에 23개씩의 회답으로 해설하여 1472괘의 신비한 해답을 수록했다. 당신이 당면한 문제라면 무엇이든 해결할 수 있는 열쇠가 이 한 권의 책 속에 있다.

신비한 동양철학 10 | 정도명 저 | 284면 | 16,000원 | 신국판 양장

주역 기본원리

주역의 기본원리를 통달할 수 있는 책

이 책에서는 기본괘와 변화와 기본괘가 어떤 괘로 변했을 경우 일어날 수 있는 내용들을 설명하여 주역의 변화에 대한 이해를 돕는데 주력하였다. 그러나 그런 내용을 구분할 수 있는 방법을 전부 다 설명할 수는 없기에 뒷장에 간단하게설명하였고, 다른 책들과 설명의 차이점도 기록하였으니 참작하여 본다면 조금이나마 도움이 될 것이다.

신비한 동양철학 67 | 원공선사 편저 | 800면 | 39,000원 | 신국판

완성 주역비결 | 주역 토정비결

반쪽으로 전해오는 토정비결을 완전하게 해설

지금 시중에 나와 있는 토정비결에 대한 책들은 옛날부터 내려오는 완전한 비결이 아니라 반쪽의 책이다. 그러나 반쪽이라고 말하는 사람은 없다. 그것은 주역의 원리를 모르기 때문이다. 그래서 늦은 감이 없지 않으나 앞으로 수많은 세월을 생각해서 완전한 해설판을 내놓기로 했다.

신비한 동양철학 92 | 원공선사 편저 | 396면 | 16,000원 | 신국판

육효대전

정확한 해설과 다양한 활용법

동양고전 중에서도 가장 대표적인 것이 주역이다. 주역은 옛사람들이 자연을 거울삼아 생활을 영위해 나가는 처세에 관한 지혜를 무한히 내포하고, 피흉추길하는 얼과 슬기가 함축된 점서인 동시에 수양·과학서요 철학·종교서라고 할 수 있다.

신비한 동양철학 37 | 도관 박흥식 편저 | 608면 | 26,000원 | 신국판

육효점 정론

육효학의 정수

이 책은 주역의 원전소개와 상수역법의 꽃으로 발전한 경방학을 같이 실어 독자들의 호기심을 충족시키는데 중점을 두었습니다. 주역의 원전으로 인화의 처세술을 터득하고, 어떤 사안의 답은 육효법을 탐독하여 찾으시기 바랍니다.

신비한 동양철학 80 | 효명 최인영 편역 | 396면 | 29,000원 | 신국판

육효학 총론

육효학의 핵심만을 정확하고 알기 쉽게 정리

육효는 갑자기 문제가 생겨 난감한 경우에 명쾌한 답을 찾을 수 있는 학문이다. 그러나 시중에 나와 있는 책들이 대부분 원서를 그대로 번역해 놓은 것이라 전문가인 필자가 보기에도 지루하며 어렵다는 느낌이 들었다. 그래서 보다 쉽게 공부할 수 있도록 이 책을 출간하게 되었다.

신비한 동양철학 89 | 김도희 편저 | 174쪽 | 26,000원 | 신국판

기문둔갑 비급대성

기문의 정수

기문둔갑은 천문지리·인사명리·법술병법 등에 영험한 술수로 예로부터 은밀하게 특권층에만 전승되었다. 그러나 아쉽게도 기문을 공부하려는 이들에게 도움이 될만한 책이 거의 없다. 필자는 이 점이 안타까워 천견박식함을 돌아보지 않고 감히 책을 내게 되었다. 한 권에 기문학을 다 표현할 수는 없지만 이 책을 사다리 삼아 저 높은 경지로 올라간다면 제갈공명과 같은 지혜를 발휘할 수 있을 것이다.

신비한 동양철학 86 | 도관 박흥식 편저 | 725면 | 39,000원 | 신국판

기문둔갑옥경

가장 권위있고 우수한 학문

우리나라의 기문역사는 장구하나 상세한 문헌은 전무한 상태라 이 책을 발간하였다. 기문둔갑은 천문지리는 물론 인사명리 등 제반사에 관한 길흉을 판단함에 있어서 가장 우수한 학문이며 병법과 법술방면으로도 특징과 장점이 있다. 초학자는 포국편을 열심히 익혀 설국을 자유자재로 할 수 있도록 하고, 개인의 이익보다는 보국안민에 일조하기 바란다.

신비한 동양철학 32 | 도관 박흥식 저 | 674면 | 39,000원 | 사륙배판

오늘의 토정비결

일년 신수와 죽느냐 사느냐를 알려주는 예언서

역산비결은 일년신수를 보는 역학서이다. 당년의 신수만 본다는 것은 토정비결과 비슷하나 토정비결은 토정 선생께서 사람들에게 용기와 희망을 주기 위함이 목적이어서 다소 허황되고 과장된 부분이 많다. 그러나 역산비결은 재미로 보는 신수가 아니라, 죽느냐 사느냐를 알려주는 예언서이이니 재미로 보는 토정비결과는 차원이 다르다.

신비한 동양철학 72 | 역산 김찬동 편저 | 304면 | 16,000원 | 신국판

國運·나라의 운세

역으로 풀어본 우리나라의 운명과 방향

아무리 서구사상의 파고가 높다하기로 오천 년을 한결같이 가꾸며 살아온 백두의 혼이 와르르 무너지는 지경에 왔어도 누구하나 입을 열어 말하는 사람이 없으니 답답하다. 불확실한 내일에 대한 해답을 이 책은 명쾌하게 제시하고 있다.

신비한 동양철학 22 | 백우 김봉준 저 | 290면 | 9,000원 | 신국판

남사고의 마지막 예언

이 책으로 격암유록에 대한 논란이 끝나기 바란다

감히 이 책을 21세기의 성경이라고 말한다. 〈격암유록〉은 섭리가 우리민족에게 준 위대한 복음서이며, 선물이며, 꿈이며, 인류의 희망이다. 이 책에서는 〈격암유록〉이 전하고자 하는 바를 주제별로 정리하여 문답식으로 풀어갔다. 이 책으로 〈격암유록〉에 대한 논란은 끝나기 바란다.

신비한 동양철학 29 | 석정 박순용 저 | 276면 | 16,000원 | 신국판

원토정비결

반쪽으로만 전해오는 토정비결의 완전한 해설판

지금 시중에 나와 있는 토정비결에 대한 책들을 보면 옛날부터 내려오는 완전한 비결이 아니라 반면의 책이다. 그러나 반면이라고 말하는 사람이 없다. 그것은 주역의 원리를 모르기 때문이다. 따라서 늦은 감이 없지 않으나 앞으로의 수많은 세월을 생각하면서 완전한 해설본을 내놓았다.

신비한 동양철학 53 | 원공선사 저 | 396면 | 24,000원 | 신국판 양장

나의 천운·운세찾기

몽골정통 토정비결

이 책은 역학계의 대가 김봉준 선생이 몽공토정비결을 우리의 인습과 체질에 맞게 엮은 것이다. 운의 흐름을 알리고자 호운과 쇠운을 강조하고, 현재의 나를 조명하고 판단할 수 있도록 했다. 모쪼록 생활서나 안내서로 활용하기 바란다.

신비한 동양철학 12 | 백우 김봉준 저 | 308면 | 11,000원 | 신국판

역점 | 우리나라 전통 행운찾기

쉽게 쓴 64괘 역점 보는 법

주역이 점치는 책에만 불과했다면 벌써 그 존재가 없어졌을 것이다. 그러나 오랫동안 많은 학자가 연구를 계속해왔고, 그 속에서 자연과학과 형이상학적인 우주론과 인생론을 밝혀, 정치·경제·사회 등 여러 방면에서 인간의 생활에 응용해왔고, 삶의 지침서로써 그 역할을 했다. 이 책은 한 번만 읽으면 누구나 역점가가 될 수 있으니 생활에 도움이 되길 바란다.

신비한 동양철학 57 | 문명상 편저 | 382면 | 26,000원 | 신국판 양장

이렇게 하면 좋은 운이 온다

한 가정에 한 권씩 놓아두고 볼만한 책

좋은 운을 부르는 방법은 방위·색상·수리·년운·월운·날짜·시간·궁합·이름·직업·물건·보석·맛·과일·기운·마을·가축·성격 등을 정확하게 파악하여 자신에게 길한 것은 취하고 흉한 것은 피하면 된다. 이 책의 저자는 신학대학을 졸업하고 역학계에 입문했다는 특별한 이력을 갖고 있기 때문에 더 많은 화제가 되고 있다.

신비한 동양철학 27 | 역산 김찬동 저 | 434면 | 16,000원 | 신국판

운을 잡으세요 | 改運秘法

염력강화로 삶의 문제를 해결한다!

행복과 불행은 누가 주는 것이 아니라 자기 자신이 만든다고 할 수 있다. 한 마디로 말해 의지의 힘, 즉 염력이 운명을 바꾸는 것이다. 이 책에서는 이러한 염력을 강화시켜 삶에서 일어나는 문제를 해결하는 방법을 알려준다. 누구나 가벼운 마음으로 읽고 실천한다면 반드시 목적을 이룰 수 있을 것이다.

신비한 동양철학 76 | 역산 김찬동 편저 | 272면 | 10,000원 | 신국판

복을 부르는방법

나쁜 운을 좋은 운으로 바꾸는 비결

개운하는 방법은 여러 가지가 있으나, 이 책의 비법은 축원문을 독송하는 것이다. 독송이란 소리내 읽는다는 뜻이다. 사람의 말에는 기운이 있는데, 이 기운은 자신에게 돌아온다. 좋은 말을 하면 좋은 기운이 돌아오고, 나쁜 말을 하면 나쁜 기운이 돌아온다. 이 책은 누구나 어디서나 쉽게 비용을 들이지 않고 좋은 운을 부를 수 있는 방법을 실었다.

신비한 동양철학 69 | 역산 김찬동 편저 | 194면 | 11,000원 | 신국판

천직·사주팔자로 찾은 나의 직업

천직을 찾으면 역경없이 탄탄하게 성공할 수 있다

잘 되겠지 하는 막연한 생각으로 의욕만 갖고 도전하는 것과 나에게 맞는 직종은 무엇이고 때는 언제인가를 알고 도전하는 것은 근본적으로 다르고, 결과도 다르다. 만일 의욕만으로 팔자에도 없는 사업을 시작했다고 하자, 결과는 불을 보듯 뻔하다. 그러므로 이런 때일수록 침착과 냉정을 찾아 내 그릇부터 알고, 생활에 대처하는 지혜로움을 발휘해야 한다.

신비한 동양철학 34 | 백우 김봉준 저 | 376면 | 19,000원 | 신국판

운세십진법·本大路

운명을 알고 대처하는 것은 현대인의 지혜다

타고난 운명은 분명히 있다. 그러니 자신의 운명을 알고 대처한다면 비록 운명을 바꿀 수는 없지만 향상시킬 수 있다. 이것이 사주학을 알아야 하는 이유다. 이 책에서는 자신이 타고난 숙명과 앞으로 펼쳐질 운명행로를 찾을 수 있도록 운명의 기초를 초연하게 설명하고 있다.

신비한 동양철학 1 | 백우 김봉준 저 | 364면 | 16,000원 | 신국판

성명학 | 바로 이 이름

사주의 운기와 조화를 고려한 이름짓기

사람은 누구나 타고난 운명이 있다. 숙명인 사주팔자는 선천운이고, 성명은 후천운이 되는 것으로 이름을 지을 때는 타고난 운기와의 조화를 고려해야 한다. 따라서 역학에 대한 깊은 이해가 선행함은 지극히 당연하다. 부연하면 작명의 근본은 타고난 사주에 운기를 종합적으로 분석하여 부족한 점을 보강하고 결점을 개선한다는 큰 뜻이 있다고 할 수 있다.

신비한 동양철학 75 | 정담 선사 편저 | 488면 | 24,000원 | 신국판

작명 백과사전

36가지 이름짓는 방법과 선후천 역상법 수록

이름은 나를 대표하는 생명체이므로 몸은 세상을 떠날지라도 영원히 남는다. 성명운의 유도력은 후천적으로 가공 인수되는 후존적 수기로써 조성 운화되는 작용력이 있다. 선천수기의 운기력이 50%이면 후천수기도의 운기력도50%이다. 이와 같이 성명운의 작용은 운로에 불가결한조건일 뿐 아니라, 선천명운의 범위에서 기능을 충분히 할 수 있다.

신비한 동양철학 81 | 임삼업 편저 | 송충석 감수 | 730면 | 36,000원 | 사륙배판

작명해명

누구나 쉽게 활용할 수 있는 체계적인 작명법

일반적인 성명학으로는 알 수 없는 한자이름, 한글이름, 영문이름, 예명, 회사명, 상호, 상품명 등의 작명방법을 여러 사례를 들어 체계적으로 분석하여 누구나 쉽게 배워서 활용할 수 있도록 서술했다.

신비한 동양철학 26 | 도관 박흥식 저 | 518면 | 19,000원 | 신국판

역산성명학

이름은 제2의 자신이다

이름에는 각각 고유의 뜻과 기운이 있어 그 기운이 성격을 만들고 그 성격이 운명을 만든다. 나쁜 이름은 부르면 부를수록 불행을 부르고 좋은 이름은 부르면 부를수록 행복을 부른다. 만일 이름이 거지같다면 아무리 운세를 잘 만나도 밥을 좀더 많이 얻어 먹을 수 있을 뿐이다. 저자는 신학대학을 졸업하고 역학계에 입문한 특별한 이력으로 많은 화제가 된다.

신비한 동양철학 25 | 역산 김찬동 저 | 456면 | 26,000원 | 신국판

작명정론

이름으로 보는 역대 대통령이 나오는 이치

사주팔자가 네 기둥으로 세워진 집이라면 이름은 그 집을 대표하는 문패라고 할 수 있다. 따라서 이름을 지을 때는 사주의 격에 맞추어야 한다. 사주 그릇이 작은 사람이 원대한 뜻의 이름을 쓰면 감당하지 못할 시련을 자초하게 되고 오히려 이름값을 못할 수 있다. 즉 분수에 맞는 이름으로 작명해야 하기 때문에 사주의 올바른 분석이 필요하다.

신비한 동양철학 77 | 청월 박상의 편저 | 430면 | 19,000원 | 신국판

음파메세지(氣)성명학

새로운 시대에 맞는 새로운 성명학

지금까지의 모든 성명학은 모순의 극치를 이룬다. 그러나 이제 새 시대에 맞는 음파메세지(氣) 성명학이 나왔으니 복을 계속 부르는 이름을 지어 사랑하는 자녀가 행복하고 아름다운 삶을 살아갈 수 있도록 하는데 도움이 되었으면 한다.

신비한 동양철학 51 | 청암 박재현 저 | 626면 | 39,000원 | 신국판 양장

아호연구

여러 가지 작호법과 실제 예 모음

필자는 오래 전부터 작명을 연구했다. 그러나 시중에 나와 있는 책에는 대부분 아호에 관해서는 전혀 언급하지 않았다. 그래서 아호에 관심이 있어도 자료를 구하지 못하는 분들을 위해 이 책을 내게 되었다. 아호를 짓는 것은 그리 대단하거나 복잡하지 않으니 이 책을 처음부터 끝까지 착실히 공부한다면 누구나 좋은 아호를 지어 쓸 수 있을 것이라고 생각한다.

신비한 동양철학 87 | 임삼업 편저 | 308면 | 26,000원 | 신국판

한글이미지 성명학

이름감정서

이 책은 본인의 이름은 물론 사랑하는 가족 그리고 가까운 친척이나 친구들의 이름까지도 좋은지 나쁜지 알아볼 수 있도록 지금까지 나와 있는 모든 성명학을 토대로 하여 썼다. 감언이설이나 협박성 감명에 흔들리지 않고 확실한 이름풀이를 볼 수 있을 것이다. 그리고 아름답고 멋진 삶을 살아갈 수 있는 이름을 짓는 방법도 상세하게 제시하였다.

신비한 동양철학 93 | 청암 박재현 지음 | 287면 | 10,000원 | 신국판

비법 작명기술

복과 성공을 함께 하려면

이 책은 성명의 발음오행이나 이름의 획수를 근간으로 하는 실제 이용이 가장 많은 기본 작명법을 서술하고, 주역의 괘상으로 풀어 길흉을 판단하는 역상법 5가지와 그외 중요한 작명법 5가지를 합하여 「보배로운 10가지 이름 짓는 방법」을 실었다. 특히 작명비법인 선후천역상법은 성명의 원획에 의존하는 작명법과 달리 정획과 곡획을 사용해 주역 상수학을 대표하는 하락이수를 쓰고, 육효가 들어가 응험률을 높였다.

신비한 동양철학 96 | 임삼업 편저 | 370면 | 30,000원 | 사륙배판

올바른 작명법

소중한 이름, 알고 짓자!

세상 부모들에게 가장 소중한 것이 뭐냐고 물으면 자녀라고 할 것이다. 그런데 왜 평생을 좌우할 이름을 함부로 짓는가. 이름이 얼마나 소중한지, 이름의 오행작용이 일생을 어떻게 좌우하는지 모르기 때문이다.

신비한 동양철학 61 | 이정재 저 | 352면 | 19,000원 | 신국판

호(雅號)책

아호 짓는 방법과 역대 유명인사의 아호, 인명용 한자 수록

필자는 오래 전부터 작명연구에 열중했으나 대부분의 작명책에는 아호에 관해서는 전혀 언급하지 않고, 간혹 거론했어도 몇 줄 정도의 뜻풀이에 불과하거나 일반작명법에 준한다는 암시만 풍기며 끝을 맺었다. 따라서 필자가 참고한 문헌도 적었음을 인정한다. 아호에 관심이 있어도 자료를 구하지 못하는 현실에 착안하여 필자 나름대로 각고 끝에 본서를 펴냈다.

신비한 동양철학 97 | 임삼업 편저 | 390면 | 20,000원 | 신국판

관상오행

한국인의 특성에 맞는 관상법

좋은 관상인 것 같으나 실제로는 나쁘거나 좋은 관상이 아닌데도 잘 사는 사람이 왕왕있어 관상법 연구에 흥미를 잃는 경우가 있다. 이것은 중국의 관상법만을 익히고 우리의 독특한 환경적인 특징을 소홀히 다루었기 때문이다. 이에 우리 한국인에게 알맞는 관상법을 연구하여 누구나 관상을 쉽게 알아보고 해석할 수 있도록 자세하게 풀어놓았다.

신비한 동양철학 20 | 송파 정상기 저 | 284면 | 12,000원 | 신국판

정본 관상과 손금

바로 알고 사람을 사귑시다

이 책은 관상과 손금은 인생을 행복하게 만든다는 관점에서 다루었다. 그야말로 관상과 손금의 혁명이라고 할 수 있다. 여러분도 관상과 손금을 통한 예지력으로 인생의 참주인이 되기 바란다. 용기를 불어넣어 주고 행복을 찾게 하는 것이 참다운 관상과 손금술이다. 이 책이 일상사에 고민하는 분들에게 해결방법을 제시해 줄 것이다.

신비한 동양철학 42 | 지창룡 감수 | 332면 | 16,000원 | 신국판 양장

이런 사원이 좋습니다

사원선발 면접지침

사회가 다양해지면서 인력관리의 전문화와 인력수급이 기업주의 애로사항이 되었다. 필자는 그동안 많은 기업의 사원선발 면접시험에 참여했는데 기업주들이 모두 면접지침에 관한 책이 있으면 좋겠다는 것이다. 그래서 경험한 사례를 참작해 이 책을 내니 좋은 사원을 선발하는데 많은 도움이 될 것이라고 믿는다.

신비한 동양철학 90 | 정도명 지음 | 274면 | 19,000원 | 신국판

핵심 관상과 손금

사람을 볼 줄 아는 안목과 지혜를 알려주는 책

오늘과 내일을 예측할 수 없을만큼 복잡하게 펼쳐지는 현실에서 살아남기 위해서는 사람을 볼줄 아는 안목과 지혜가 필요하다. 시중에 관상학에 대한 책들이 많이 나와있지만 너무 형이상학적이라 전문가도 이해하기 어렵다. 이 책에서는 누구라도 쉽게 보고 이해할 수 있도록 핵심만을 파악해서 설명했다.

신비한 동양철학 54 | 백우 김봉준 저 | 188면 | 14,000원 | 사륙판 양장

완벽 사주와 관상

우리의 삶과 관계 있는 사실적 관계로만 설명한 책

이 책은 우리의 삶과 관계 있는 사실적 관계로만 역을 설명하고, 역에 대한 관심과 흥미를 갖게 하고자 관상학을 추록했다. 여기에 추록된 관상학은 시중에서 흔하게 볼 수 있는 상법이 아니라 생활상법, 즉 삶의 지식과 상식을 드리고자 했다.

신비한 동양철학 55 | 김봉준 · 유오준 공저 | 530면 | 36,000원 | 신국판 양장

사람을 보는 지혜

관상학의 초보에서 실용까지

현자는 하늘이 준 명을 알고 있기에 부귀에 연연하지 않는다. 사람은 마음을 다스리는 심명이 있다. 마음의 명은 자신만이 소통하는 유일한 우주의 무형의 에너지이기 때문에 잠시도 잊으면 안된다. 관상학은 사람의 상으로 이런 마음을 살피는 학문이니 잘 이해하여 보다 나은 삶을 삶을 영위할 수 있도록 노력해야 한다.

신비한 동양철학 73 | 이부길 편저 | 510면 | 20,000원 | 신국판

한눈에 보는 손금

논리정연하며 바로미터적인 지침서

이 책은 수상학의 연원을 초월해서 동서합일의 이론으로 집필했다. 그야말로 논리정연한 수상학을 정리하였다. 그래서 운명적, 철학적, 동양적, 심리학적인 면을 예증과 방편에 이르기까지 상세하게 기술했다. 이 책은 수상학이라기 보다 바로미터적인 지침서 역할을 해줄 것이다. 독자 여러분의 꾸준한 연구와 더불어 인생성공의 지침서가 될 수 있을 것이다.

신비한 동양철학 52 | 정도명 저 | 432면 | 24,000원 | 신국판 양장

이런 집에 살아야 잘 풀린다

운이 트이는 좋은 집 알아보는 비결

한마디로 운이 트이는 집을 갖고 싶은 것은 모두의 꿈일 것이다. 50평이니 60평이니 하며 평수에 구애받지 않고 가족이 평온하게 생활할 수 있고 나날이 발전할 수 있는 그런 집이 있다면 얼마나 좋을까? 그런 소망에 한 걸음이라도 가까워지려면 막연하게 운만 기대하고 있어서는 안 된다. 좋은 집을 가지려면 그만한 노력이 있어야 한다.

신비한 동양철학 64 | 강현술 · 박흥식 감수 | 270면 | 16,000원 | 신국판

점포, 이렇게 하면 부자됩니다

부자되는 점포, 보는 방법과 만드는 방법

사업의 성공과 실패는 어떤 사업장에서 어떤 품목으로 어떤 사람들과 거래하느냐에 따라 판가름난다. 그리고 사업을 성공시키려면 반드시 몇 가지 문제를 살펴야 하는데 무작정 사업을 시작하여 실패하는 사람들이 많다. 그래서 이 책에서는 이러한 문제와 방법들을 조목조목 기술하여 누구나 성공하도록 도움을 주는데 주력하였다.

신비한 동양철학 88 | 김도희 편저 | 177면 | 26,000원 | 신국판

쉽게 푼 풍수

현장에서 활용하는 풍수지리법

산도는 매우 광범위하고, 현장에서 알아보기 힘들다. 더구나 지금은 수목이 울창해 소조산 정상에 올라가도 나무에 가려 국세를 파악하는데 애를 먹는다. 따라서 사진을 첨부하니 많은 활용하기 바란다. 물론 결록에 있고 산도가 눈에 익은 것은 혈 사진과 함께 소개하였다. 이 책을 열심히 정독하면서 답산하면 혈을 알아보고 용산도 할 수 있을 것이다.

신비한 동양철학 60 | 전항수 · 주장관 편저 | 378면 | 26,000원 | 신국판

음택양택

현세의 운 · 내세의 운

이 책에서는 음양택명당의 조건이나 기타 여러 가지를 설명하여 산 자와 죽은 자의 행복한 집을 만들 수 있도록 했다. 특히 죽은 자의 집인 음택명당은 자리를 옳게 잡으면 꾸준히 생기를 발하여 흥하나, 그렇지 않으면 큰 피해를 당하니 돈보다도 행·불행의 근원인 음양택명당에 관심을 기울여야 한다.

신비한 동양철학 63 | 전항수 · 주장관 지음 | 392면 | 29,000원 | 신국판

용의 혈·풍수지리 실기 100선

실전에서 실감나게 적용하는 풍수의 길잡이

이 책은 풍수지리 문헌인 만두산법서, 명산론, 금랑경 등을 이해하기 쉽도록 주제별로 간추려 설명했으며, 풍수지리학을 쉽게 접근하여 공부하고, 실전에 활용하여 실감나게 적용할 수 있도록 하는데 역점을 두었다.

신비한 동양철학 30 | 호산 윤재우 저 | 534면 | 29,000원 | 신국판

현장 지리풍수

현장감을 살린 지리풍수법

풍수를 업으로 삼는 사람들이 진가를 분별할 줄 모르면서 많은 법을 알았다고 자부하며 뽐낸다. 그리고는 재물에 눈이 어두워 불길한 산을 길하다 하고, 선하지 못한 물)을 선하다 한다. 이는 분수 밖의 것을 바라기 때문이다. 마음가짐을 바로 하고 고대 원전에 공력을 바치면서 산간을 실사하며 적공을 쏟으면 정교롭고 세밀한 경지를 얻을 수 있을 것이다.

신비한 동양철학 48 | 전항수·주관장 편저 | 434면 | 36,000원 | 신국판 양장

찾기 쉬운 명당

실전에서 활용할 수 있는 책

가능하면 쉽게 풀어 실전에 도움이 되도록 했다. 특히 풍수지리에서 방향측정에 필수인 패철 사용과 나경 9층을 각 층별로 설명했다. 그리고 이 책에 수록된 도설, 즉 오성도, 명산도, 명당 형세도 내거수 명당도, 지각형세도, 용의 과협출맥도, 사대혈형 와겸유돌 형세도 등은 국립중앙도서관에 소장된 문헌자료인 만산도단, 만산영도, 이석당 은민산도의 원본을 참조했다.

신비한 동양철학 44 | 호산 윤재우 저 | 386면 | 19,000원 | 신국판 양장

해몽정본

꿈의 모든 것

시중에 꿈해몽에 관한 책은 많지만 막상 내가 꾼 꿈을 해몽을 하려고 하면 어디다 대입시켜야 할지 모르는 경우가 많았을 것이다. 그러나 최대한으로 많은 예를 들었고, 찾기 쉽고 명료하게 만들었기 때문에 해몽을 하는데 어려움이 없을 것이다. 한집에 한권씩 두고 보면서 나쁜 꿈은 예방하고 좋은 꿈을 좋은 일로 연결시킨다면 생활에 많은 도움이 될 것이다.

신비한 동양철학 36 | 청암 박재현 저 | 766면 | 19,000원 | 신국판

해몽·해몽법

해몽법을 알기 쉽게 설명한 책

인생은 꿈이 예지한 시간적 한계에서 점점 소멸되어 가는 현존물이기 때문에 반드시 꿈의 뜻을 따라야 한다. 이것은 꿈을 먹고 살아가는 인간 즉 태몽의 끝장면인 죽음을 향해 달려가고 있는 인간이기 때문이다. 꿈은 우리의 삶을 이끌어가는 이정표와도 같기에 똑바로 가도록 노력해야 한다.

신비한 동양철학 50 | 김종일 저 | 552면 | 26,000원 | 신국판 양장

명리용어와 시결음미

명리학의 어려운 용어와 숙어를 쉽게 풀이한 책

명리학을 연구하는 이들은 기초공부가 끝나면 자연스럽게 훌륭하다고 평가하는 고전의 이론을 접하게 된다. 그러나 시결과 용어와 숙어는 어려운 한자로만 되어 있어 대다수가 선뜻 탐독과 음미에 취미를 잃는다. 그래서 누구나 어려움 없이 쉽게 읽고 깊이 있게 음미할 수 있도록 원문에 한글로 발음을 달고 어려운 용어와 숙어에 해석을 달아 이 책을 내게 되었다.

신비한 동양철학 103 | 원각 김구현 편저 |300면 | 25,000원 | 신국판

완벽 만세력

착각하기 쉬운 서머타임 2도 인쇄

시중에 많은 종류의 만세력이 나와있지만 이 책은 단순한 만세력이 아니라 완벽한 만세경전으로 만세력 보는 법 등을 실었기 때문에 처음 대하는 사람이라도 쉽게 볼 수 있도록 편집되었다. 또한 부록편에는 사주명리학, 신살종합해설, 결혼과 이사택일 및 이사방향, 길흉보는 법, 우주천기와 한국의 역사 등을 수록했다.

신비한 동양철학 99 | 백우 김봉준 저 | 316면 | 20,000원 | 사륙배판

정본만세력

이 책은 완벽한 만세력으로 만세력 보는 방법을 자세하게 설명했다. 그리고 역학에 대한 기본적인 내용과 결혼하기 좋은 나이·좋은 날·좋은 시간, 아들·딸 태아감별법, 이사하기 좋은 날·좋은 방향 등을 부록으로 실었다.

신비한 동양철학 45 | 백우 김봉준 저 | 304면 | 사륙배판 26,000원, 신국판 16,000원, 사륙판 10,000원, 포켓판 9,000원

정본 | 완벽 만세력

착각하기 쉬운 서머타임 2도인쇄

시중에 많은 종류의 만세력이 있지만 이 책은 단순한 만세력이 아니라 완벽한 만세경전이다. 그리고 만세력 보는 법 등을 실었기 때문에 처음 대하는 사람이라도 쉽게 볼 수 있다. 또 부록편에는 사주명리학, 신살 종합해설, 결혼과 이사 택일, 이사 방향, 길흉보는 법, 우주의 천기와 우리나라 역사 등을 수록하였다.

신비한 동양철학 99 | 김봉준 편저 | 316면 | 20,000원 | 사륙배판

원심수기 통증예방 관리비법

쉽게 배워 적용할 수 있는 통증관리법

『원심수기 통증예방 관리비법』은 4차원의 건강관리법으로 질병이 악화되는 것을 예방하여 건강한 몸을 유지하는데 그 목적이 있다. 시중의 수기요법과 비슷하나 특장점은 힘이 들지 않아 어린아이부터 노인까지 누구나 시술할 수 있고, 배우고 적용하는 과정이 쉽고 간단하며, 시술 장소나 도구가 필요 없으니 언제 어디서나 시술할 수 있다.

신비한 동양철학 78 | 원공 선사 저 | 288면 | 16,000원 | 신국판

운명으로 본 나의 질병과 건강상태

타고난 건강상태와 질병에 대한 대비책

이 책은 국내 유일의 동양오술학자가 사주학과 정통명리학의 양대산맥을 이루는 자미두수 이론으로 임상실험을 거쳐 작성한 자료다. 따라서 명리학을 응용한 최초의 완벽한 의학서로 질병을 예방하고 치료하는데 활용하면 최고의 의사가 될 것이다. 또한 예방의학적인 차원에서 건강을 유지하는데 훌륭한 지침서로 현대의학의 새로운 장을 여는 계기가 될 것이다.

신비한 동양철학 9 | 오상익 저 | 474면 | 15,000원 | 신국판

서체자전

해서를 기본으로 전서, 예서, 행서, 초서를 연습할 수 있는 책

한자는 오랜 옛날부터 우리 생활과 뗄 수 없음에도 잘 몰라 불편을 겪는 사람들이 많아 이 책을 내게 되었다. 이 책에서는 해서를 기본으로 각 글자마다 전서, 예서, 행서, 초서 순으로 배열하여 독자가 필요한 것을 찾아 연습하기 쉽도록 하였다.

신비한 동양철학 98 | 편집부 편 | 273면 | 16,000원 | 사륙배판

택일민력(擇日民曆)

택일에 관한 모든 것

이 책은 택일에 대한 모든 것을 넣으려고 최선을 다하였다. 동양철학을 공부하여 상담하거나 종교인·무속인·일반인들이 원하는 부분을 쉽게 찾아 활용할 수 있도록 칠십이후, 절기에 따른 벼농사의 순서와 중요한 과정, 납음오행, 신살의 의미, 구성조견표, 결혼·이사·제사·장례·이장에 관한 사항 등을 폭넓게 수록하였다.

신비한 동양철학 100 | 최인영 편저 |80면 | 5,000원 | 사륙배판

모든 질병에서 해방을 1·2

건강실용서

우리나라는 아주 오랜 옛날부터 건강과 관련한 약재들이 산천에 널려 있었고, 우리 민족은 그 약재들을 슬기롭게 이용하며 나름대로 건강하게 살아왔다. 그러나 오늘날 현대의학에 밀려 외면당하며 사라지게 되었다. 이에 옛날부터 내려오는 의학서적인 『기사회생』과 『단방심편』을 바탕으로 민가에서 활용했던 민간요법들을 정리하고, 현대에 개발된 약재들이나 시술방법들을 정리했다.

신비한 동양철학 102 | 원공 선사 편저 |1권 448면·2권 416면 | 각 29,000원 | 신국판

명리용어와 시결음미

어려운 명리용어와 숙어를 쉽게 풀이한 책

명리학을 연구하는 이들은 기초공부가 끝나면 자연스럽게 훌륭하다고 평가하는 고전을 접하게 된다. 그러나 음양오행의 논리와 심오한 명리학의 진리에 큰 뜻을 갈무리하고 있는 것으로, 이 모두가 세상의 도리와 관련이 있는 시결(詩訣)과 용어와 숙어는 어려운 한자로만 되어 있어 대다수의 역학도는 선뜻 탐독과 음미에 취미를 잃을 수 있다. 그래서 누구나 어려움 없이 쉽게 읽고 깊이 있게 음미할 수 있도록 원문에 한글로 발음을 달고 어려운 용어와 숙어에 해석을 달아 이 책을 내게 되었다.

신비한 동양철학 103 | 원각 김구현 편저 | 300면 | 25,000원 | 신국판

참역학은 이렇게 쉬운 것이다② – 완결편

역학을 활용하는 방법을 정리한 책

『참역학은 이렇게 쉬운 것이다』에서 미처 쓰지 못한 사주를 활용하는 방법을 정리한다는 의미에서 다시 이 책을 내게 되었다. 전문가든 비전문가든 이 책이 사주라는 학문을 이해하는 데 도움이 되고, 사주에 있는 가장 좋은 길을 찾아 행복하게 살았으면 합니다. 특히 사주상담을 업으로 하는 분들도 참고해서 상담자들이 행복하게 살도록 도와주었으면 한다.

신비한 동양철학 104 | 청암 박재현 편저 | 330면 | 23,000원 | 신국판

인명용 한자사전

한권으로 작명까지 OK

이 책은 인명용 한자의 사전적 쓰임이 본분이지만 그것에 국한하지 않고 작명법들을 그것도 일반적으로 통용되는 기본적인 것 외에 주역을 통한 것 등 7가지를 간추려 놓아 여러 권의 작명책을 군살없이 대신했기에 이 한권의 사용만으로 작명에 관한 모든 것을 충족하고도 남을 것이다. 5,000자가 넘는 인명용 한자를 실었지만 음(音)으로 한 줄에 수십 자, 획수로도 여러 자를 넣어 가능한 부피를 줄이려고 노력하였다. 그리고 작명하는데 한자에 관해서는 다양하게 활용할 수 있도록 하였고, 일반적인 한자자전의 용도까지 충분히 겸비하도록 하였다.

신비한 동양철학 105 | 임삼업 편저 | 336면 | 24,000원 | 신국판

바로 내 사주

행복한 인생을 만들어 갈 수 있는 방법을 소개하는 책

역학이란 본래 어려운 학문이다. 수십 년을 공부해도 터득하기 어려운 학문이라 많은 사람이 중간에 포기하는 일이 많다. 기존의 당사주 책도 수백 년 동안 그 명맥을 유지해왔으나 적중률이 매우 낮아 일반인들에게 신뢰를 많이 받지 못했다. 그래서 지금까지 30여 년 동안 공부하며 터득한 비법을 토대로 이 책을 내게 되었다. 물론 어느 역학책도 백 퍼센트 정확하다고 장담할 수는 없다. 이 책도 백 퍼센트 적중률을 목표로 했으나 적어도 80% 이상은 적중할 것이라고 자부한다.

신비한 동양철학 106 | 김찬동 편저 | 242면 | 20,000원 | 신국판

지은이 오상익 吳相益

·경북 의성 출생
·국립대만사범대 졸업
·중화민국 역경학회에서 역경 연구
·자유중국의 동양오술 각 분야 대가들에게 사사
·동아일보사 『여성동아』에 동양오술의 각 분야에 대한 실체 등 특별 연재

저서에는 『삼원지리추효환상(三元地理換象)』(자유중국, 무릉출판사), 『진짜부적 가짜부적』(삼한), 『진짜궁합 가짜궁합』(삼한), 『운명으로 본 나의 질병과 건강』(삼한)

운명으로 본 나의 질병과 건강

1판 1쇄 발행일 | 1992년 1월 15일
1판 6쇄 발행일 | 2013년 12월 6일

발행처 | 삼한출판사
발행인 | 김충호
지은이 | 오상익

신고년월일 | 1975년 10월 18일
신고번호 | 제305-1975-000001호

411-776 경기도 고양시 일산서구 일산동 1654번지
산들마을 304동 2001호

대표전화 (031) 921-0441
팩시밀리 (031) 925-2647

값 26,000원
ISBN 978-89-7460-167-6 03180